FRANCO CON FRANQUEZA

JOSÉ MARÍA ZAVALA

Franco con franqueza

Anecdotario privado
del personaje más público

PLAZA JANÉS

Primera edición: noviembre, 2015

© 2015, José María Zavala
© 2015, Penguin Random House Grupo Editorial, S. A. U.
Travessera de Gràcia, 47-49. 08021 Barcelona

Printed in Spain – Impreso en España

ISBN: 978-84-01-01546-5
Depósito legal: B-21.486-2015

Compuesto en M. I. maqueta, S. C. P.

Impreso en Cayfosa
(Barcelona)

L015465

Penguin
Random House
Grupo Editorial

Citas memorables

Yo tengo por Franco un gran afecto y admiración.

JUAN CARLOS I

Mi adhesión a Franco y su obra es inquebrantable.

ADOLFO SUÁREZ

Franco seguirá con nosotros por los siglos de los siglos.

TORCUATO FERNÁNDEZ MIRANDA

Dios ha bendecido a Franco, nuestro Caudillo y padre.

CAMILO JOSÉ CELA

Índice

Agradecimientos

«De bien nacido es ser agradecido.» Tampoco en este nuevo libro quebrantaré esa norma de elemental justicia, empezando por mi pequeña-gran «familia editorial» de Plaza & Janés, integrada por David, Emilia, Alberto, Nuria y Leticia. Son ya muchos años trabajando con este magnífico equipo de personas y profesionales.

Mi agradecimiento también a José María Castañé y a la Fundación que lleva su nombre, por permitirme consultar su inmenso tesoro documental sobre Franco y la Guerra Civil española en particular.

Y como siempre, mi sempiterna gratitud a las tres personas que más quiero en este mundo: Paloma, Borja e Inés, cómplices de cada una de mis aventuras literarias.

Una historia distinta

Este nuevo trabajo de investigación no es una biografía más de Francisco Franco Bahamonde, el líder militar convertido de la noche a la mañana en el político que rigió los designios de España durante casi cuarenta años. No es una biografía suya ni pretende serlo en modo alguno.

Se trata más bien de un anecdotario privado, y como tal en muchos aspectos desconocido, del personaje español más público del siglo xx, por paradójico que resulte.

Abordar una biografía de Franco, desde su nacimiento hasta su muerte, sacando a relucir por enésima vez los principales sucesos y fechas que jalonaron su vida, carece a mi juicio de sentido e interés a estas alturas; sobre todo, cuando tantos ríos de tinta han corrido ya sobre el protagonista de estas páginas.

Desde Luis Suárez hasta Paul Preston, pasando por Ricardo de la Cierva, Gabriel Cardona, Carlos Fernández, Juan Pablo Fusi, o más recientemente Stanley G. Payne y Jesús Palacios, cada uno de ellos con su óptica particular, han publicado biografías más o menos extensas del personaje con un orden cronológico.

Franco con franqueza, insisto, es un libro distinto por lo que ofrece de original en cuanto a contenido y estructura se refiere; aunque el fin sea el mismo: conocer mejor a un personaje sobre el que se cree saberlo todo, o casi todo.

Pero ¿sabía el lector, acaso, que los compañeros de colegio del futuro dictador en su Ferrol natal le motejaban «Cerillito» por ser tan delgado y poquita cosa? ¿O la verdadera relación con su hermano bastardo Eugenio Franco Puey, fruto de las veleidades amorosas del padre con una dulce manileña de tan sólo catorce años cuando él estaba a punto de cumplir los treinta y tres? ¿Conocía las circunstancias en que fue asaltado su domicilio particular en plena Guerra Civil española, el fusilamiento de su primo hermano el general Ricardo de la Puente Bahamonde con su insólita pasividad, o la identidad de los «generales malditos» bajo su régimen dictatorial?

¿Estaba al corriente de los pormenores de la relación con su primera novia Sofía Subirán, de la traumática pérdida de un testículo en la guerra de África, o de las dudas que suscitó luego este aciago suceso sobre la paternidad de su única hija, Carmen Franco Polo?

¿Había oído alguna vez que Franco ganó casi un millón de pesetas de 1967 con una quiniela futbolística de la Liga italiana, o a cuánto ascendía el importe de su última nómina como militar? ¿Sabía que él espió a la cúpula de Falange Española, incluida la hermana de José Antonio, en la inmediata posguerra, y que al parecer no hizo todo lo que pudo para rescatar a su fundador de la cárcel de Alicante? ¿Acaso no le resulta llamativo que entre los papeles secretos conservados a su muerte, el único referente a su hermano Ramón fuese un informe encargado por él mismo a la Dirección General de Seguridad en el que se denigraba a la viuda y a la hija del héroe del *Plus Ultra*?

¿Y qué decir sobre los escándalos silenciados durante su Régimen, como la retirada de Miguel Primo de Rivera, hermano de José Antonio, como embajador en Londres tras verse envuelto en un caso de flagrante adulterio? ¿O el tumulto financiero en que se involucró en Estados Unidos a Gonzalo de Borbón, nieto del rey Alfonso XIII, junto al sobrino de Nixon, el primogénito del presidente Roosevelt y el cuñado de Fidel Castro nada menos? ¿O el accidente nuclear en la Ciudad Universitaria de Madrid, en noviembre de 1970?...

Franco con franqueza pretender dar así cumplida respuesta a todos y cada uno de estos sugestivos interrogantes, que podrían agruparse muy bien en siete conceptos diferentes: la familia, las armas, amor y dolor, el gran rival, los «otros Franco», *baraka* y escándalos silenciados.

A partir de ahora, corresponde al lector juzgar si las historias relatadas en estas páginas contribuyen o no a conocer mejor a un personaje sobre el que, repito, se cree saberlo todo pero que en algunas facetas sigue siendo todavía un gran desconocido.

EL AUTOR,
en Madrid, a 24 de junio de 2015

1

«Cerillito»

No estoy muerto; pero ¡qué burros sois!

FRANCISCO FRANCO,
de pequeño, a sus hermanos
Ramón y Pilar

Francisco Franco Bahamonde, futuro Caudillo de España, dio sus primeros pasos en El Ferrol, donde había nacido el 4 de diciembre de 1892, a las 0.30 de la madrugada, en el tercer piso del portal número 108 de la calle de Frutos Saavedra, llamada antes calle de María.

Era un edificio de tres plantas con desván, cuyos bajos estaban alquilados a una señora modesta, de mediana edad, que vivía con su hija soltera.

Se decía entonces que las casas situadas en la misma calle, pero enfrente, pertenecían a la «acera de los tontos», pues su orientación al norte impedía que diese el sol y las familias que allí vivían se pelaban de frío en una época en la que nadie conocía la calefacción.

Francisco, a quien pronto motejaron «Cerillito» en el colegio por ser tan delgado y poquita cosa, residía en aquella casa con sus padres, Nicolás Franco Salgado-Araújo y María del Pilar Bahamonde (se intercaló la «h» después de su nacimiento) y Pardo de Andrade, desposados dos años antes de nacer él en la iglesia parroquial castrense de San Francisco, donde bautizaron también al neófito con cuatro nombres: Francisco, Paulino, Hermenegildo y Teódulo.

Al nacer Francisco, tildado también desde crío con el diminutivo de «Paquito», Ferrol era una pequeña base naval de apenas veinte mil habitantes, amurallada aún, que ni siquiera disponía de luz eléctrica sino de alumbrado de gas, carburo y lámparas de aceite.

El 3 de julio de 1898 Cerillito tenía aún cinco años cuando tuvo lugar en Santiago de Cuba la catastrófica derrota naval infligida por Estados Unidos. España perdió para siempre los restos de su imperio colonial: Cuba, Puerto Rico y Filipinas.

Evidentemente él, dada su corta edad, no tuvo entonces conocimiento del desastre, pero éste sí que apesadumbró a su padre y causó gran conmoción en una pequeña población con guarnición naval como Ferrol. Muchos compañeros de colegio de Cerillito perdieron a sus familiares y llevaron luto por ellos. Por la ciudad se vieron hombres mutilados durante mucho tiempo.

La pérdida de las colonias, y en particular de Cuba, tuvo al menos dos consecuencias trascendentales para el país: reforzó, por un lado, el movimiento regionalista en Cataluña, cuyas elites recelaron del gobierno de Madrid por considerarle responsable del desastre y de la pérdida consiguiente del mercado cubano tan vital para la economía catalana; y por otro, alentó en la oficialidad del Ejército español el firme propósito de poner fin al oprobio de la derrota con una aventura colonial en Marruecos.

De este modo, aun sin tener entonces conocimiento de ello, aquel suceso histórico tendría consecuencias decisivas en la vida de Francisco Franco.

La raigambre de los Franco en El Ferrol databa nada menos que de principios del siglo XVIII, cuando Juan Franco, natural de la localidad gaditana de Puerto Real, se instaló allí como maestro de velas de Su Majestad.

Su hijo, Tomás Franco de Lamadrid, siguió la estela de su padre; igual que el hijo de éste, Juan Franco Viñas, contador de navío, grado equivalente al de coronel en el ejército de Tierra.

Del matrimonio de éste con Josefa Sánchez Freyre de Andrade nació Nicolás Franco Sánchez, casado en terceras nupcias con Josefa Vietti Bernabé. Precisamente el noveno hijo de Nicolás y primero de su matrimonio con Josefa, Francisco Franco Vietti, fue el abuelo de Francisco Franco.

En la detallada memoria de los Franco heredada de su padre Carlos Franco, Concepción Franco Iribarnegaray reseñaba los principales datos biográficos del abuelo de Francisco: Ordenador de Marina de primera clase e intendente del Departamento de Ferrol, nacido el 2 de mayo de 1830 y bautizado el día 5 en la iglesia parroquial de San Julián con los nombres de Francisco, Benito y Anastasio, de manos del presbítero Pedro Irigoyen.

Don Francisco Franco Vietti ingresó en el Cuerpo Administrativo de la Armada y fue autor del *Nuevo Prontuario de haberes de Marina*, texto muy utilizado en las academias de Administración.

En el dossier de Concepción Franco figura un dato curioso:

Aunque aparece [Francisco Franco Vietti] como hijo natural, sus padres estaban casados en reserva debido a las dificultades en el derecho de la viuda a pensión.

A este propósito, el doctor Francisco Martínez López, experto en la familia Franco, publicó un espléndido artículo titulado «Recuerdos y semblanzas de la familia Franco», en el número 20 de la revista *Ferrol Análisis*.

Recordemos, en este sentido, que el padre de Francisco Franco Vietti estaba casado en terceras nupcias y que tenía ocho hijos de sus dos matrimonios anteriores.

El abuelo de Francisco fue uno de los generales más prestigiosos del Cuerpo Administrativo de la Armada. Falleció el 21 de septiembre de 1887 en Ferrol, a los cincuenta y siete años, siendo intendente con categoría de general de brigada.

En 1854, Francisco se había desposado con Hermenegilda Salgado-Araújo, con la que tuvo siete hijos, el primogénito de los cuales, Nicolás Franco Salgado-Araújo, fue el padre de nuestro protagonista.

Como no podía ser menos, Nicolás, nacido el 29 de noviembre de 1855 a las siete y media de la mañana, continuó la tradición familiar ingresando el 28 de enero de 1874 en el Cuerpo Administrativo de la Armada donde, tras cincuenta años de servicio, ascendió a intendente general, rango equivalente al de general de brigada.

Su hermano Antonio —tío paterno de Paquito—, educado en el colegio de los Padres Jesuitas de Ferrol, falleció con tan sólo catorce años tras recibir un fuerte golpe en la cabeza al caerse de un árbol. Horas antes, sus padres habían ido a buscarle al colegio para llevarle de excursión. El chaval subió a un árbol y en un instante ocurrió todo. Su padre, abuelo de Paquito, estaba fuera de sí, recriminándose a sí mismo y a su esposa la falta de cuidado.

De los seis hermanos de don Nicolás, padre de Paquito, los gemelos Eusebio y Paulino murieron también prematuramente. Eusebio no llegó a cumplir un año; Paulino, en cambio, falleció con veintisiete en altamar, mientras regresaba de Manila a España, el 2 de noviembre de 1894. Su cadáver quedó sepultado en el fondo de las aguas. Dicen que murió de «morriña», que entonces lo llamaban «pasión de ánimo». Se puso tan enfermo, que decidieron embarcarle rumbo a Ferrol, pero el joven enamorado se apagó como una vela durante la travesía.

Cerillito residía así en su casa de tres plantas con desván.

Ferrol era entonces una ciudad remota y aislada, separada de La Coruña por una ajetreada travesía que cruzaba la bahía hacia el sur, o por una intransitable carretera de poco más de sesenta kilómetros.

En aquel tiempo, Ferrol anhelaba salir de la crisis de la industria naval, que desde fines del siglo anterior no hacía más que generar desempleo y emigración.

El alcalde era entonces Demetrio Plá y Frige, que lideró un movimiento de protesta numantino contra el gobierno de Antonio Cánovas del Castillo, en defensa de los intereses económicos y empresariales de Ferrol.

El gobierno conservador llegó a declarar el estado de sitio más de dos semanas consecutivas, durante las cuales una comisión ferrolana se entrevistó con el presidente Cánovas, dirigiéndose luego a San Sebastián para trasladar sus reivindicaciones a la mismísima reina María Cristina de Habsburgo.

Finalmente, consiguieron que el Gobierno encargase a los astilleros ferrolanos una docena de calderas para el crucero *Pelayo*, así como otros proyectos de obras que garantizaron el empleo en la comarca durante varios años. Por si fuera poco,

Cánovas ofreció al pueblo de Ferrol la construcción del ferrocarril Betanzos-Ferrol, y la de un nuevo crucero.

Mientras Cerillito daba sus primeros pasos, la economía de su pueblo empezaba a despegar.

Socialmente, en cambio, Ferrol estaba sometido entonces a rígidas jerarquías en las que los oficiales de la Marina y sus familias constituían una casta privilegiada.

Pilar Jaraiz Franco, sobrina carnal de Paquito, lo explicaba con meridiana claridad:

> Allí el que no era marino de guerra, o descendiente de marinos, estaba más o menos discriminado y era moneda corriente decir: «No podemos jugar con Amalita porque su padre tiene una fábrica de chocolates», o bien: «Con Mercedes no saltamos a la cuerda porque su familia tiene un bazar, o una ferretería». No importaba que estos establecimientos fueran de los más importantes de la ciudad.
>
> Estas discriminaciones se me antojaban una especie de racismo, digamos profesional. Algo ridículo y antinatural, sobre todo si se tiene en cuenta que esa actitud se diese en niñas de siete a trece años. Quizá, pienso ahora, esta desagradable cuestión tuviera su origen en un exacerbado espíritu de cuerpo, exacerbado por los prejuicios sociales de la época y el estiramiento producido en ciertas gentes por los uniformes. No hay que eximir de culpa a las mujeres, pues éstas son las que están más cerca de los hijos y su educación.

La tirantez y la discriminación se extendían incluso a la propia Pilar Jaraiz, sobrina, esposa y nieta de militares:

> Yo misma, tengo que decirlo, por ser hija de ingeniero de caminos, no era bien recibida entre las niñas como otras.

¡Y eso que mis abuelos y mis tíos pertenecían a la casta privilegiada!... He de insistir, ser hija de un civil, es más, de un no marino, constituía una especie de hándicap que situaba al sujeto en la última escala de valores infantiles.

Si la exclusión social afectaba a niños y jóvenes, las barreras de clase eran aún más abismales dentro de la propia profesión naval, en la que la intendencia se consideraba inferior al Cuerpo General de la Armada, donde se incluían las escalas de mando.

Los Franco constituían, en este sentido, una clase inferior pues ocupaban puestos en los cuerpos administrativos y burocráticos de la Armada. No en vano, el abuelo paterno de Cerillito, Francisco Franco Vietti, había sido intendente general de la Armada, igual que el materno, Ladislao Baamonde Ortega.

Precisamente don Ladislao, viudo de doña Carmen Pardo, ocupaba la primera de las tres plantas de que constaba la vivienda de su propiedad en la calle Frutos de Saavedra, cuando ya había nacido su nieto Francisco Franco.

La edad no perdonaba a don Ladislao, quien, para evitar las escaleras, residía en el piso más bajo. Los padres de Paquito vivían con sus hijos en las dos últimas plantas, y disponían también del desván.

En sus primeros años, Nicolás y Paquito pasaban largos ratos con el abuelo en su amplia vivienda, compuesta de comedor, despacho, salita, dos alcobas, cocina y lavabo.

Al chiquillo le gustaba acompañar al anciano marino en su despacho mientras hojeaba libros y revistas de su biblioteca, cuyos mejores volúmenes se conservaban en dos librerías cerradas con puertas de cristal en la parte superior, y alacenas de madera abajo. Varios óleos de paisajes campestres decoraban las paredes; entre ellos, uno en el que se distinguía a una hermosa vacada pastando junto a un arroyo.

El despacho daba a un amplio balcón. La sala era sencilla y austera, amueblada con un tresillo pequeño, una mesa de centro y varias sillas incómodas con el respaldo demasiado rígido. Paquito se entretuvo más de una vez con las lustrosas armaduras que parecían montar guardia entre la sala y el despacho, y que a su hermana Pilar le aterrorizaban.

Pero el auténtico hogar de Paquito y de sus hermanos empezaba un piso más arriba de la vivienda del abuelo Ladislao. En la segunda planta destacaba el comedor rectangular con una amplia mesa de roble cuadrada en tono oscuro en la que se comía a diario. Cuando había invitados, la mesa se ampliaba desplegando unos tablones.

Nada más entrar al comedor, a la izquierda, había un trinchero que hacía juego con la mesa, con una pieza de mármol muy blanco encima, estantes en la parte superior y alacenas en la inferior. La madre de Cerillito había adornado el trinchero con figuritas de plata y porcelana y algunas teteras de diversos tamaños.

A la derecha había otro mueble empotrado que llegaba hasta el techo, con vitrinas de cristal arriba y armaritos y cajones abajo. Era este aparador el que atraía a menudo las miradas codiciosas de Cerillito y de sus hermanos. Y la verdad es que era muy fácil de entender, pues a través de sus cristales los chiquillos distinguían unos frascos enormes repletos de guindas en aguardiente, higos en almíbar y otras confituras que hacían sus delicias y las de los mayores de la casa. Doña Pilar Bahamonde preparaba con primor todas esas golosinas que sus hijos celebraban como si fuera una fiesta.

El comedor comunicaba con una galería por la que se accedía a la cocina y, un poco más al fondo, desembocaba en un patio. La cocina era grande y luminosa. Tenía despensa, vasares y fogones de carbón. Era el reino de doña Pilar Bahamonde, consumada cocinera.

Sobre una *lareira* de piedra se situaba un doble hornillo de carbón. Debajo de la *lareira* se colocaba el carbón y el cubo de la basura.

Como no había agua corriente, se utilizaban dos *sellas* o herradas de más de treinta litros cada una, renovadas dos veces al día por las aguadoras.

En el otro extremo de la primera planta se hallaba la sala de visitas, donde se reunía la familia con las amistades o se recibía a los invitados de manera solemne cuando la ocasión lo requería. El suelo de la sala estaba cubierto por una inmensa alfombra floreada de tonos otoñales, sepias y rojizos, que le daban un aspecto campestre muy entrañable.

La sillería era de madera negra tapizada de brocado rojo, con el sofá y las butacas a juego. Todo ello estilo isabelino. Frente a la puerta de entrada había una gran consola con espejo. Llamaba la atención a las visitas una pareja de *étagères* de tres estantes cada uno y soportes curvados. Los estantes estaban repletos de figuritas de plata, jarrones de cristal azul con flores, jarras de metal repujado, y marcos dorados con fotografías familiares.

Arriba, en la tercera planta, se hallaba el dormitorio conyugal donde nacieron Paquito y el resto de sus hermanos. La cama de matrimonio era más grande de lo normal, de metal dorado, con una colcha blanca de hilo bordada a mano.

A un lado del pasillo se alineaban los dormitorios de Nicolás y de Pilar, y justo enfrente, el que compartían entonces Paquito y Ramón «Monchín», futuros Caudillo de España y héroe del *Plus Ultra* respectivamente, en cuya librería destacaba la colección completa de los cuentos de Calleja que ambos devoraban aquellos primeros años. Habían aprendido a leer y escribir con el *Silabario* y el *Catón*, los cuadernos pautados para la escritura elemental, el catecismo y una pizarra, antes de pasar con seis años al colegio.

Los cuatro hermanos disponían de unas pilas muy grandes para bañarse, pues en aquella época no había cuartos de baño.

En el centro de la sala de estar, donde hacían su vida, había una gran mesa velador ovalada, con tapete de terciopelo verde oscuro, la cual solía estar repleta de revistas y periódicos, entre los que no faltaban un solo día el *ABC*, *Blanco y Negro* y *El Correo Gallego*.

Nada más entrar, a la derecha, había un gran sofá y, en uno de los rincones, una mesita con la imagen del Sagrado Corazón de Jesús del cual doña Pilar Bahamonde era muy devota. También había varias sillas tapizadas y unos sillones comodísimos para la época. Frente al sofá grande, se levantaba un imponente mueble biblioteca lleno de libros, con una mesa de cajón grande y sencilla donde cosía la modista cada vez que visitaba a la familia.

Entonces no había trajes ni vestidos de confección, excepto los monos de trabajo, pantalones de mahón y jerséis y trajes de agua de los marineros.

Del resto se encargaban precisamente los sastres, las modistas y las costureras. Cada casa tenía su propia costurera. Había también lavanderas, procedentes en su mayoría de Mandía, las cuales acudían una vez por semana a entregar la colada y recoger la ropa para lavar, acumulada en grandes cestos de mimbre.

Arriba del todo se encontraba el desván o buhardilla, al que subían los chiquillos cuando se aburrían, en compañía a veces de amigos. Desde allí divisaban el paisaje de tejados y chimeneas. Observaban a los gatos pasear por los aleros, rebuscaban en los baúles de viejos uniformes para disfrazarse, removían entre los cachivaches apilados por los rincones, hurgaban en las cajas de cartón con trapos de colores, apartaban las viejas alfombras envueltas en fundas que parecían momias, o se probaban los gorros como quepis con plumas apolilladas. Allí vivían su mundo de fantasía, sobre todo los fines de semana, cuando no iban al colegio.

Entre semana, se levantaban a las ocho para ir a la escuela; a la hora de comer, regresaban todos a casa muertos de hambre.

Don Nicolás envió al principio a Paquito al colegio de don Marcos Leal, donde tuvo como profesor a Eugenio Durán López, que era sacerdote y coadjutor de la iglesia de San Julián, además de un excelente orador.

En Ferrol existían entonces los siguientes centros educativos, según recordaba Alfonso Couce, antiguo alcalde de la ciudad: el de don Alfredo de la Iglesia, el colegio de Masquelet (cuyo hijo llegaría a General de Ingeniero Jefe de Estado con Manuel Azaña), la escuela del Sagrado Corazón y la de don Sabino Tuero.

Cerillito tuvo como maestro a Manuel Comellas durante el bachillerato en el colegio del Sagrado Corazón.

Más tarde, cuando el muchacho decidió seguir la carrera militar, su padre le matriculó en el mismo centro al que iba su hermano mayor «Colás» y luego lo haría también Monchín: en Nuestra Señora del Carmen preparó así con esmero su ingreso en la Academia de Infantería de Toledo.

El colegio de Nuestra Señora del Carmen, propiedad de los hermanos Machado, estaba dirigido entonces por Saturnino Suanzes, capitán de corbeta y padre de Juan Antonio Suanzes, otro ferrolano ilustre que llegaría a ser ministro de Industria y Comercio con Franco, además de fundador y presidente del Instituto Nacional de Industria (INI).

Paquito siguió así la misma estela escolar que su hermano mayor, matriculándose como él en la Escuela de Artes y Oficios, en horario nocturno (a partir de las seis de la tarde), entre 1908 y 1910. Cursó allí la asignatura de Dibujo de Figura con los profesores Vicente Díaz González y Eduardo de la Vega. Era un muchacho inteligente y despierto, al que no le costaba demasiado superar los exámenes.

El destino quiso que Paquito, al igual que Monchín, no fuese marino pues una orden del Gobierno había cerrado la Escuela Naval Flotante de Ferrol a comienzos de 1907. Nicolás sí pudo ingresar en cambio en la Escuela Naval Flotante, instalada en la fragata *Asturias*, pues lo hizo el 1 de septiembre de 1905, antes de su disolución.

Entre tanto, Paquito disfrutaba los días festivos dando largos paseos con su padre y sus hermanos en dirección a Caranza, el Couto, Cadaval, bosque de los Corrales, pinar de San Juan, e incluso hacia San Pedro de Leixa, Neda y otros pueblos más alejados de la ría.

Don Nicolás aprovechaba aquellas excursiones para acercar la naturaleza a sus hijos, haciéndoles fijarse en todos sus elementos. Luego, hacían un alto en el camino para dar buena cuenta de sus viandas y descansar un rato.

Con frecuencia subían también a Chamorro, situado sobre la ladera del pico Douro, donde había una ermita en la que se rendía culto a la Virgen de Chamorro. Se llegaba hasta ella atravesando una senda de montañas que algunas personas subían incluso de rodillas para ofrecer sus votos a la Virgen. Pilar Bahamonde era una de ellas: ascendía descalza por la cuesta empedrada, haciéndose sangre en los pies.

Años después, cuando la vida de su hijo Francisco corrió

grave peligro en la guerra de Marruecos, su madre recurrió con milagroso fruto a la intercesión de la Señora.

«Los moros decían de él que tenía *baraka*», recordaba su hermana Pilar. Y acto seguido, aclaraba: «Yo me atrevería a decir que quizá fue más importante la Virgen del Chamorro que la superstición de los moros».

El propio padre de Paquito contaba una curiosa anécdota de las vacaciones de sus hijos, durante una entrevista publicada en el diario *ABC*, en 1926:

> En verano, los niños solían ir con su madre a bañarse a la playa de La Graña. Al regreso de una de estas excursiones se levantó una enorme marejada. La madre se apuró mucho porque la lancha amenazaba con zozobrar en cualquier momento y los niños dieron prueba de gran serenidad y arribaron sanos, aunque empapados.

Paquito y Monchín se iniciaron en la pesca junto con amigos y compañeros de colegio; solían emplear cañas y anzuelos de fabricación casera.

Su hermana Pilar a veces les acompañaba: «Alquilábamos —recordaba— un bote de remo y nos íbamos con alguna de nuestras muchachas de servicio. Nos marchábamos hasta La Graña, y cuando pescábamos algo volvíamos a casa como locos. Por cierto que esto no pasaba con mucha frecuencia y no por falta de peces, que entonces aún los había».

En aquel tiempo, los pescadores profesionales no faenaban en barcos, sino en traineras de doce y catorce remos.

En Ferrol abundaba el marisco, sobre todo las ostras, que se vendían por dos reales la docena; también había muchas sardinas, cangrejos, pulpos y calamares.

Paquito solía jugar con los compañeros de colegio de su

hermano Ramón —los hermanos Alvariño, los Meirás y los Barbeito Herrera— en la cuesta de Mella, en el monte de San Roque, así como en los muelles de Curuxeiras (el barrio pescador por excelencia), de San Fernando, Fuente Longa y Arboleda del Campo de Batallones.

Otras veces se divertía con sus hermanos en la plaza del Marqués de Amboage, más cerca de su casa, y en el paseo de Herrera, frente a la residencia de sus abuelos y primos.

Los juegos en las calles empedradas, con grandes losas de granito, solían ser dos: el escondite, incluyendo los portales; y las *lombas*. También disfrutaban con el *guá* y el *chau*, empleando canicas de cristal o mármol.

Pero el rey de los juegos era el peón, llamado también trompo o peonza. Entre los niños se codiciaban, como verdaderas joyas, los peones de boj, de júcaro y de guayacán.

Paquito iba con su familia a la verbena de Amboage, donde acudían casi todos los ferrolanos. Participaba también en las batallas de flores que se celebraban en la alameda de Suanzes o en el Campo de Batallones.

Algunas tardes acudía al cine en el maravilloso teatro Jofre, decorado en marfil y oro en sus cinco alturas; o disfrutaba de una inolvidable sesión de payasos y funámbulos en los circos Feijóo y Krone.

Los hermanos jugaban también en casa, corriendo incluso a veces más peligro que si lo hacían fuera. Como en cierta ocasión en que, subidos a un armario, Paquito recibió un empujón de Ramón y cayó de bruces al suelo. El chiquillo quedó allí tendido, semiinconsciente. Pilar y Ramón se asustaron pensando que se había matado. Por si fuera poco, sus padres habían salido a pasear.

Corrieron entonces a la cocina a por una jarra de agua fría y la desparramaron enseguida sobre el rostro de su hermano. De pronto, Francisco abrió los ojos y dijo: «No estoy muerto; pero ¡qué burros sois!».

Ramón no se llevaba bien con Paquito, a quien consideraba un poco estirado y criticaba por comportarse siempre como el niño bueno de la familia.

Ambos se disputaban el cariño de doña Pilar: Ramón, por ser el benjamín de la casa; Paquito, por el rechazo a su despótico e infiel padre, a quien inevitablemente comparaba con su piadosa y abnegada madre.

A menudo se peleaban, como un día en que Monchín casi le arrancó media oreja de un mordisco. Paquito conservó el resto de su vida una gran cicatriz en la oreja, disimulada sólo por las arrugas cuando se hizo mayor.

En Navidades, la familia se reunía junto al belén.

Paquito era el verdadero artífice de aquella obra de arte en la que no faltaba ni un solo detalle: desde las montañas de cartón, el río y la nieve, hasta el castillo de Herodes y la iluminación del portal donde acababa de nacer el niño.

Los Reyes Magos les traían luego «cosas muy modestitas», según Pilar. «A mí —recordaba ella— me dejaban alguna muñeca, aunque lo que yo quería era una espada como la que tenían mis hermanos. Me pegaban mandobles en la espalda y yo, claro, intentaba defenderme. Con el cuento de que era una niña, los Magos nunca me trajeron la dichosa espada.»

Entre tanto, la vida transcurría inmersa en una sociedad jerarquizada, en la que a veces se producían clamorosas desigualdades.

A Paquito y Ramón les impresionó el paupérrimo nivel de vida de las aguadoras que suministraban el agua a las casas. Las mujeres debían aguardar primero largas colas en las fuentes públicas, ateridas de frío, para luego percibir quince miserables céntimos por transportarla y subirlas a los pisos, sobre las cabezas, las *sellas* de veinticinco litros de agua.

Por desgracia, las aguadoras poco tenían que envidiar a esas otras mujeres que, en el puerto, descargaban el carbón de los barcos por una sola peseta al día.

Cerillito se encontró más de una vez con los tipos populares que deambulaban por las calles ferrolanas. Hombres y mujeres pintorescos que atraían la atención de los más pequeños, como el «Moco Podre», un mozo recadero de la aldea de Canido que trabajaba en el mercado; o «El tío Mingallo», tocado con sombrero de copa, camisa hecha jirones y chaleco cruzado con cadenas, que era zambo y atendía por «Andresiño».

Claro que también solía verse a «La Cariaja», mujer pintarrajeada, pasear por la calle Real, junto al Gran Café Español.

En invierno no faltaban las castañeras, que animaban a los viandantes a comprar sus castañas cocidas —llamadas *zonchas* cuando eran sin mondar— al grito de «¡Están *fervendo*!».

Cerillito se cruzó también con los afiladores, infatigables a la hora de darle al pedal de sus máquinas para aguzar navajas y cuchillos.

La primera vez que Paquito vio en persona al rey Alfonso XIII, en julio de 1909, tenía dieciséis años. El monarca fue agasajado entonces por el pueblo ferrolano nada más entrar en la ciudad por la Puerta Nueva, donde tuvo lugar el recibimiento más solemne que se recuerda de las autoridades y del ministro de Marina, José Ferrándiz.

La casa de Francisco Franco era una de las muchas viviendas engalanadas con banderas españolas.

El destino quiso que treinta años después el propio Francisco Franco ocupase como él la Jefatura del Estado.

2
El hermano bastardo

Se trata de que mi suegro, don Eugenio
Franco Puey, es hijo natural del padre de V. E.

Hipólito Escolar,
yerno del hermanastro de Franco,
en carta confidencial al Caudillo

El padre de Paquito ejerció una decisiva y dispar influencia
sobre éste y sus dos hermanos —Nicolás, nacido el 1 de julio
de 1891, y Ramón, nacido el 2 de febrero de 1896— desde su
más tierna infancia.

Pero añadamos antes que Paquito tenía dos hermanas: Pilar, poco más de dos años menor que él, nacida el 27 de febrero de 1895; y María Paz, llamada cariñosamente «Pacita»,
que falleció de meningitis con sólo cuatro años, tres meses y
veintidós días, el 4 de mayo de 1903.

María de la Paz Manuela Martina, Pacita, había nacido a
las tres de la madrugada del 13 de noviembre de 1898, siendo
bautizada, igual que todos sus hermanos, por el sacristán mayor
de la iglesia parroquial castrense de San Francisco, Antonio
Álvarez Ruiz. Su hermana Pilar, años después, evocaba:

La historia de nuestra juventud quedó muy marcada por la prematura muerte de nuestra hermana Pacita. Murió a los cinco años [sic], por lo que dejó pocos recuerdos. Claro, mi madre lo sintió muchísimo, porque la muerte de la niña fue su primera pena de verdad. Pacita cogió una calentura y estuvo cuatro meses enferma. Los médicos no pudieron acertar con su enfermedad, aunque mi madre decía que oía un roce o un cierto ruido en el pulmón. Mamá tuvo una pena como para volverse loca. Yo recuerdo a mi hermanita como si la estuviera viendo. Tenía los ojos muy bonitos, como Ramón. Verdes.

Doña Pilar Bahamonde vestiría de negro el resto de su vida, como si guardase luto eterno por su hijita. Pero entre su ropaje oscuro, destacó siempre su singular atractivo, el negro brillo del cabello, la mirada castaña y profunda, y un óvalo de cara casi perfecto. Su hija Pilar recordaba:

> De todos los hermanos, el que más se parecía a ella era Francisco, muy serio y muy responsable. También Ramón, en los primeros años. Era el más pacífico de todos. Cuando se hizo mayor cambió mucho. Se convirtió en un torbellino. A mamá todos la queríamos mucho, pero lo que es mi hermano Francisco, la adoraba.

El hispanista británico George Hills distinguía así a los cuatro hermanos:

> Nicolás fue un chico listísimo, aunque muy mal estudiante. Realizaba sus estudios caseros con la rapidez de los niños dotados de memoria receptiva. El padre le castigaba mucho, porque le parecía que no estudiaba lo bastante. Paco

fue siempre muy corriente cuando niño… dibujaba muy
bien y en esto tenía mucha habilidad… pero era un chico
corriente. No se distinguía ni por estudioso ni por desapli-
cado. Cuando estaba de broma era alegre, pero desde pequeño fue muy equilibrado. Ramón era más trasto, listo
también [su hermana Pilar aseguraba, en cambio, que entonces «era el más pacífico de todos»]… tuvo una época de
cabeza loca, de trastornado. Los tres, junto con su hermana
Pilar, que de nacer hombre hubiera sido un general en jefe
estupendo… de mucho carácter, mucho temple.

El padre, Nicolás Franco Salgado-Araújo, fue destinado
de joven primero en Cuba y luego en Manila (Filipinas), antes de contraer matrimonio con Pilar Bahamonde y Pardo de
Andrade, hija del intendente general de la Armada, Ladislao
Baamonde (sin «h» entonces) Ortega.

Hacia 1886, el padre de Paquito inició su andadura ultra-
marina en Cuba. Nunca antes había tenido oportunidad de
abrirse al mundo y acercarse al universo colonial. Con treinta
años, don Nicolás llegó a una isla donde reinaban la alegría y
la frivolidad, entre sones de guajira y humo de vegueros.

Aunque la paz de Zanjón había «zanjado», valga la redundancia, la primera guerra, tampoco podía hablarse estrictamente de paz. Fuera de las ciudades, sobre todo en la parte
oriental de la isla, los cabecillas Guillermo Moncada y Calixto
García traían de cabeza al contingente español.

Por lo demás, allí se vivía entre corrupción. El general
Emilio Mola escribió a este propósito:

> En Cuba se puso de manifiesto nuestra incapacidad mi-
> litar llegando a extremos vergonzosos en todos los órdenes
> y muy especialmente en lo relativo a los servicios de man-
> tenimiento: el de Sanidad era tan deficiente que el terrible

«vómito negro» [enfermedad epidémica, caracterizada por fiebres mortales] diezmaba los batallones expedicionarios; el de Intendencia no existía, lo que obligaba a las tropas a vivir del país.

La corrupción se palpaba por doquier: el aprovechamiento particular de los codiciados cargos públicos y las extraordinarias oportunidades de enriquecimiento lejos de la metrópoli convertían el cohecho y la prevaricación en prácticas casi cotidianas.

Algunos intendentes y administradores, compañeros de don Nicolás, decidieron hacer las Américas por su cuenta y huyeron de Cuba con los bolsillos repletos de fondos del Ejército, cuya custodia les había sido encomendada.

Don Nicolás, en cambio, acreditó elevadas dosis de pulcritud y honestidad, las cuales no le impidieron disfrutar de sus tres grandes pasiones: el ron, las mulatas y el juego.

No era extraño así que, al regresar meses después a España, anhelase volver a aquel paraíso tropical, tan distinto de la estrecha vida ferrolana.

En 1888 se le presentó otra oportunidad, esta vez en Filipinas. Una nueva evasión que volvía a colmar sus ansias de aventura. Empezando por el largo viaje en barco, a través de Suez, el Índico y los estrechos, hasta llegar a Manila.

En la década de 1880, Manila era una ciudad colonial muy agradable y acogedora, en la que la simbiosis entre el blanco y el indígena se asentaba en tres siglos de dominación española.

Don Nicolás enseguida se percató de que a las bellas manileñas les gustaba vestir de hilo, adoraban las orquídeas y se perfumaban con *ilang-ilang*, el exótico aceite oriental de dulce y penetrante aroma, muy apreciado como afrodisíaco.

En la base naval de Cavite, situada en la bahía de Manila, el recién llegado pronto sucumbió a las siestas acompañadas de paipái durante las tibias noches aromadas por las flores blancas de la sampaguita.

Poco más había que hacer allí, pues el general Weyler acababa de reducir la sublevación de los moros de Mindanao; y en la vecina isla de Luzón, salvo esporádicas acciones de los piratas, también se respiraba tranquilidad.

A esas alturas, don Nicolás era ya un hombre «de ideología y talante liberales», en palabras de su hija Pilar. Todo lo contrario que su futura esposa, doña Pilar Bahamonde, «más bien conservadora y muy religiosa», añadía ésta.

Calificativos que, en el caso de Nicolás, tal vez fueran en exceso diplomáticos, pues el padre de Paquito siguió desde su juventud una vida disipada, hasta el punto de dejar embarazada a una dulce manileña de tan sólo catorce años, Concepción Puey, hija de un militar, cuando él estaba a punto de cumplir treinta y tres.

Fue así como, al nacer Paquito, a su hermano Nicolás se sumaba desde hacía tres años uno bastardo, Eugenio Franco Puey, alumbrado en Cavite (Filipinas), el 28 de diciembre de 1889.

Con razón exclamó luego doña Úrsula, madre de la esposa de Eugenio Franco Puey:

—¡Vaya inocentada, niña!

Tras la pérdida de las colonias, Eugenio regresó a la metrópoli con nueve años.

Más tarde, quiso ser marino, como su padre, pero acabó en topógrafo, ingresando en el Instituto Topográfico y Catas-

tral, donde transcurrió gran parte de su vida sin hacer la menor ostentación de sus antecedentes, por más que el apellido
Franco abriese entonces todas las puertas.

Abandonada por Nicolás, Concepción Puey se casaría luego con Bernardino Aguado, que alcanzaría el grado de general.

La existencia de aquel hermano bastardo era un secreto a
voces en el seno familiar. Sin ir más lejos, el propio Nicolás le
había escrito sobre su hijo ilegítimo a Francisco Franco Salgado-Araújo, ayudante de campo del Generalísimo Franco, en
marzo de 1940.

Luego, el 8 de abril de 1950, el yerno del hermanastro de
Francisco Franco, Hipólito Escolar Sobrino, casado con Concha Franco (hija de Eugenio), escribió una carta al Caudillo
dándole cuenta de la «buena nueva»:

> Excelentísimo Señor:
> Me tomo la libertad de escribir a V. E. para informarle
> de un asunto familiar, probablemente hasta el momento
> ignorado por V. E.
> Se trata de que mi suegro, don Eugenio Franco Puey,
> es hijo natural del padre de V. E. Nació en Cavite el 28 de
> diciembre de 1889 y fue reconocido legalmente por el pa-
> dre de V. E., que más tarde, en el momento de casarse en el
> año 1918, le dio el consentimiento paternal a que venía
> obligado. Su madre, doña Concepción Puey, ya fallecida,
> casó con don Bernardino Aguado Muñoz Fernández
> Grande, muerto como general de Artillería.
> Una timidez excesiva y, en parte, lo delicado del asun-
> to, han hecho que V. E. no supiera la noticia directamente
> de él, que en la actualidad vive en Malasaña 5, y presta sus
> servicios como topógrafo en el Instituto Topográfico y Ca-
> tastral. Sin embargo, yo me he creído en el deber de infor-
> mar a V. E. simplemente para que sepa que con el mismo

entusiasmo que le defendí en la Guerra de Liberación desde las trincheras y hoy le sirvo en mi destino oficial de director de la Biblioteca Francisco Villaespesa de Almería, seguiré siempre a las órdenes de V. E., con más motivo ahora que un hijo mío [aludía a Alejandro Escolar Franco, ex director de la editorial Gredos] lleva la sangre y el apellido del Caudillo de España.

Poco después de recibir esta carta, el Generalísimo hizo nombrar generosamente a Hipólito Escolar Sobrino director de la Biblioteca Nacional, tal y como éste reconocía en su obra autobiográfica *Gente del Libro*, publicada por su editorial Gredos en 1999.

Hipólito Escolar permanecería al frente de la Biblioteca Nacional hasta 1982. Él mismo recordaba la primera vez que su novia le presentó a su padre, el hermanastro del Caudillo, y al resto de su familia:

> Conchita, que estaba deseando mostrarme a los suyos, me pidió que pasara a recogerla a casa para conocer, y que me conociera, a la familia, en Malasaña 5, casi en la Glorieta de Bilbao. Era una casa de principios de siglo, que carecía de ascensor y los pisos de calefacción y cuarto de baño, lujos modernos que sólo databan de un cuarto de siglo atrás. Se apañaban con una gran estufa en el pasillo y un cuarto de baño amañado.
>
> No estaban bien económicamente porque ahora dependían exclusivamente del sueldo de funcionario del Instituto Geográfico Catastral del padre [Eugenio Franco Puey]. La familia la formaba la abuela Úrsula, mayor, torpe de movimientos y de carácter fuerte, que le permitió sacar, cuando se quedó viuda, a sus dos hijas, María, la titi, madraza para su sobrina, soltera y modista, que había tenido

buena clientela, y Conchita madre, guapa, chatilla, de piel finísima, querida por todo el mundo y viviendo sólo para la felicidad de su hija. Finalmente Eugenio, el padre, un santo que navegaba entre tanta mujer. Había nacido en Cavite y era hijo del contador de navío Nicolás Franco y de Concepción Puey, que posteriormente rehízo su vida y se casó con otro militar, que llegó a ser general, y tuvo varios hijos más del matrimonio.

Tras la muerte del Caudillo, la revista *Opinión* informó sobre la existencia del hermano bastardo de Francisco, en su número del 26 de febrero de 1977:

> Nicolás Franco, tesorero de navío y natural de El Ferrol, había cumplido ya treinta años [sic] cuando fue destinado a la guarnición de Cavite en Manila, la capital filipina. Seguía soltero, pero no tenía precisamente fama de puritano. Por el contrario, era tenido por hombre alegre, vividor y amigo de aventuras amorosas.
>
> Una de estas aventuras tuvo consecuencias. Sedujo y dejó embarazada a una joven española [sic] de sólo catorce años. Concepción... [La revista omitía por discreción el apellido], hija de un compañero de armas. El hijo nació el día de los Santos Inocentes de 1889 y recibió en el bautismo el nombre de Eugenio. Nicolás Franco lo reconoció legalmente como suyo y, más o menos por esas fechas, abandonó su destino en las Filipinas para regresar a España.
>
> El problema, en todo caso, quedó resuelto con el matrimonio de la madre con otro militar, muy poco tiempo después. Eugenio se integró en la familia y se llevó bien con el resto de los hermanos, aunque él conservaba el apellido Franco.

Pese a todas las evidencias, Pilar Franco, obsesionada en sus memorias por salvaguardar el buen nombre de su familia, aseguraba que la historia de su hermanastro era una pura invención:

> Mi padre estuvo en Filipinas de soltero. Esto es cierto. Tenía recuerdos de Filipinas, nos hablaba mucho de aquellas islas. Pero cuando llegó a la Península conoció a mi madre y se casó con ella. Lo que pasa es que al morir el Caudillo empezaron a salir cosas la mar de raras: novias, o que decían haberlo sido, y que no lo fueron, enamoradas que tenía en El Ferrol... En El Ferrol bromeó con unas, bromeó con otras, como se hacía entonces. Nada más. Pues lo mismo que le «salieron» las novias le salió este hermanastro fantasma, que no existió jamás.

Nicolás Franco Salgado-Araújo era un hombre extravertido y dicharachero, mujeriego y amante de la libertad en el sentido más radical del término.

El propio Francisco Franco Salgado-Araújo, primo del Caudillo, lo definía así de una sola pincelada: «Hacía lo que le parecía sin preocuparse del qué dirán».

Incorporado a su guarnición en El Ferrol, don Nicolás recuperó sus hábitos de oficial solterón amante de las correrías nocturnas. Su peña de amigos le consideraba un lenguaraz incorregible, a quien su indolencia le causaba algún que otro apercibimiento.

El autor francés Philippe Nourry iba aún más lejos al describir a don Nicolás en su biografía *Francisco Franco: la conquista del poder*:

> Él [Nicolás Franco] es un libertino de provincias, un hombre de café, discutidor, parlanchín y buen bebedor que

no ha pensado nunca en enterrar su vida de soltero al casarse. Como todos los puertos de guerra, El Ferrol tiene sus burdeles. Cuando le viene en gana acabar en ellos la velada, no hay que contar con su preocupación por la respetabilidad para retenerlo. ¡De esas estupideces que no le hablen! A su manera, Nicolás es una especie de rebelde, un inconformista por exceso de temperamento, un carácter eminentemente egoísta y capaz de todas las provocaciones para afirmar su independencia.

Sólo cinco meses después de nacer su hijo ilegítimo Eugenio Franco Puey, don Nicolás contrajo matrimonio sin decir una sola palabra de ello con María del Pilar Bahamonde, diez años más joven que él.

El certificado de matrimonio de los padres de Paquito, inscrito en el Registro Civil al día siguiente de celebrarse la boda, dice literalmente así:

> En la ciudad de Ferrol, a veinticinco de mayo de mil ochocientos noventa. Siendo el señor don Antonio Rovillard y Sagastizabal abogado y juez municipal de este término y don Constantino Vadell Barallobre secretario, se procede a inscribir el matrimonio canónico a que se refiere el acta que dice así:
>
> Acta: en la ciudad de Ferrol, a las nueve de la noche del veinticuatro de mayo de mil ochocientos noventa. Yo don Constantino Vadell y Barallobre, secretario del Juzgado Municipal de este término, me constituí como delegado nombrado por el Señor Juez en la Iglesia de la Tercera Orden de esta población para asistir, en cumplimiento de lo dispuesto en el artículo setenta y siete del Código Civil, a la celebración del matrimonio convenido entre don Nicolás José Saturnino Franco y Salgado-Araújo y doña María del

Pilar Bahamonde y Pardo; y en virtud de orden del propio Juez declaro: que a mi presencia ha procedido el presbítero don Antonio Álvarez, teniente cura, a unir en matrimonio canónico a los referidos don Nicolás José Saturnino Franco y Salgado-Araújo, de treinta y cuatro años de edad, soltero, contador de navío de la Armada, natural y vecino de esta ciudad, hijo legítimo de los excelentísimos señores don Francisco Franco y Vietti, ordenador de Marina de primera clase, y doña Hermenegilda Salgado-Araújo, difuntos, naturales que fueron de esta ciudad; y doña María del Pilar Teresa Bahamonde y Pardo, de veinticuatro años de edad, soltera, dedicada a las labores propias de su sexo, natural y vecina de esta referida ciudad, hija legítima de los señores don Ladislao Baamonde, ordenador de Marina de primera clase, y doña Carmen Pardo, también naturales y vecinos de este pueblo.

Han asistido a este acto como testigos don Ernesto Ollero, teniente coronel de Artillería de esta Plaza, y don Secundino Armesto, ingeniero primero de la Armada, mayores de edad y vecinos de esta ciudad.

La contrayente manifestó haber obtenido el consejo de sus padres y el documento en que consta se lo entregó al señor cura que acaba de celebrar el matrimonio.

Y para que conste levanto la presente acta del expresado matrimonio, la que será transcrita inmediatamente en la Sección Segunda del Registro Civil de este Juzgado Municipal a los efectos del artículo que queda citado anteriormente, firmándola conmigo los contrayentes y los testigos asistentes a dicho acto, después de enterados de su contenido, de que certifico.

(Firmas de los contrayentes y testigos)

La anterior acta queda archivada en el legajo tercero de la Sección de Matrimonios de este Registro Civil.

Nadie más que Nicolás Franco conocía entonces, en España, la existencia de su hijo ilegítimo, fruto de sus amores tempestuosos con una adolescente filipina.

El 31 de julio de 1889, don Nicolás había dirigido la siguiente carta a la reina María Cristina, a su regreso de aquella colonia:

> D. Nicolás Franco y Salgado-Araújo, Contador de Navío de la Armada, A. S. R. P. de S. M. respetuosamente expone:
>
> Que habiendo regresado del Apostadero de Filipinas por enfermo después de cumplir los tres años de campaña reglamentaria y necesitando atender al restablecimiento de su quebrantada salud, a V. M. suplica encarecidamente la concesión de cuatro meses de licencia reglamentaria por enfermo para las cuatro provincias de Galicia con arreglo a lo dispuesto en la legislación vigente del ramo para los jefes y oficiales que regresan de Ultramar en las condiciones del oficial que suscribe.
>
> Gracia que espera obtener de V. M. cuya vida guarde Dios muchos años.
>
> Señora, A. S. R. P. de V. M.
>
> NICOLÁS FRANCO

Es obvio que el firmante de la solicitud jamás volvió a Filipinas.

Muy pronto, entabló relación con la futura madre de Paquito, mujer católica de misa diaria, virtuosa y abnegada, generosa y discreta. La cara opuesta de él, quien desde el principio representó para ella su particular cruz: el sufrimiento en silencio ante su constante falta de amor y cariño.

«Los disgustos que pudiera darle mi padre con su carácter

fuerte, los llevaba [Pilar Bahamonde] con toda paciencia y con muy buen humor. Jamás le oí una mala contestación a su marido», recordaba Pilar.

Más explícita era aún la primogénita de ésta, Pilar Jaraiz Franco, al comentar sobre don Nicolás:

> Mi madre decía que el abuelo era muy severo. Que castigaba a sus hijos con frecuencia y no muy suavemente; que se enfadaba con facilidad; que llevarle la contraria, fuese su mujer, sus hijos o cualquier otra persona, provocaba escenas borrascosas y que a menudo no mantenía la frialdad y calma debida. En fin, que era una persona de carácter fuerte, algo a la manera de mi tío Ramón Franco, aunque con menos sentido del humor.

Pilar Jaraiz se mostraba incluso más taxativa sobre los caracteres irreconciliables de sus dos abuelos:

> Mi abuelo tenía un carácter dominante, menos riguroso que el de su esposa en muchas tocantes a las relaciones de la familia y bastante pragmático. Mi abuela por el contrario era muy seria, serena y reflexiva, cuando su esposo era mucho más intuitivo e imprudente, si podemos decirlo así. Mi abuela obraba sin salirse de unas normas éticas que a su marido, no es que no le importaran, pero no significaban para él un obstáculo insuperable.

El propio Francisco Franco aludía a sus progenitores dejando clara la preferencia que siempre tuvo por su madre:

> Respondían mis padres al tipo medio de los señores de entonces: ellos, severos, adustos, autoritarios, fríos en religión, que consideraban cosa de mujeres; ellas, virtuosas,

creyentes, fieles, constituían el verdadero ángel del hogar. Religiosas y amparadoras de los hijos, ante los que muchas veces tenían que hacer de padre y de madre.

Precisamente María del Pilar Bahamonde se vio obligada a «hacer de padre y de madre» a partir de 1907, cuando su esposo la abandonó para amancebarse en Madrid con otra mujer, Agustina Aldana, compañera infatigable hasta su muerte.

Don Nicolás fue nombrado jefe del primer Negociado de la Intendencia General en el Ministerio de Marina.

Su hoja de servicios era impecable, desde que hizo sus primeras prácticas de un mes de duración a bordo de la fragata *Sagunto*, el 1 de julio de 1876, hasta el 25 de noviembre de 1924, cuando el rey Alfonso XIII dispuso su paso a la reserva como intendente general de la Armada, con sesenta y ocho años.

En total, don Nicolás permaneció embarcado cuatro años y cinco meses en la fragata *Asturias*, en los vapores *Reina Mercedes*, *Patiño*, *Isla de Panay*, *Legazpi*, *Anadyn*, *Meinat* y *General Álava*, y en el crucero *Aragón*.

La *Libreta del Alumno de Primera Clase D. Nicolás Franco* nos revela su brillante aptitud en la Academia Naval de El Ferrol, donde había ingresado el 1 de febrero de 1877.

El informe final del claustro de profesores es así de elocuente:

> Desde su ingreso en esta Academia hasta el día de hoy, que es baja en ella para trasladarse a la Corte a prestar el examen reglamentario de fin de carrera; lo mismo que durante los dos años de curso como alumno de Administración de 2.ª clase; ha demostrado este joven singular aplicación, clara inteligencia y notable amor al cuerpo, obteniendo siempre los más honrosos testimonios de estimación y apre-

cio por parte del jefe de estudios y profesor que suscriben los cuales se complacen en confirmar el ventajosísimo concepto que les merece y que extensamente justifican las observaciones y diaria calificación consignadas en las libretas que se le han seguido en el curso del plan de estudios, conforme al artículo 8.°, capítulo 4.° del reglamento de 19 de julio de 1869.

Es digno de figurar entre los discípulos más distinguidos de esta Academia en que deja hondo y plausible recuerdo.

Ferrol, 5 de noviembre de 1877

(Firmas ilegibles)

Un año después, el rey Alfonso XII le concedió la Cruz de Primera Clase de la Orden del Mérito Naval con distintivo blanco, en recompensa por los «servicios especiales» prestados durante la guerra civil.

Más tarde, el 25 de junio de 1914, el rey Alfonso XIII le impuso la Gran Cruz de la Orden del Mérito Naval con distintivo blanco, sin pensión. Como militar, siempre fue admirable.

3

Agustina, *mon amour*

Estoy segura de que Agustina cuidaba
mucho al abuelo y tenía una paciencia
infinita con sus muchas impertinencias.

PILAR JARAIZ,
sobrina de Franco, sobre la
amante del padre del Caudillo

Con sólo catorce años, Paquito sufrió la ausencia de la figura
paterna.

Su hermano Nicolás, de dieciséis, estudiaba entonces en la
Academia Naval, mientras él se disponía a ingresar en la Academia de Infantería de Toledo.

Finalmente, Pilar, con doce años, estudiaba en un inter-
nado de religiosas y Ramón, el benjamín, lo hacía en su colegio con un año menos que ella. Rafael Abella escribía:

La separación afecta a los hijos con vario influjo. Nicolás, que es quien más agravios directos pudiera conservar
de la severidad paterna, se ve afectado, aunque su carácter,
propenso a la despreocupación, será amortiguador de los

efectos. Él sentirá más la separación como alivio a una imposición que ha sentido desde niño, que como agravio hacia su madre. Pilar, muy cercana al sufrimiento de su madre, hizo causa común con ella, y Ramón vivió la situación
en el medio engaño de que la marcha a Madrid del padre
era un asunto temporal y que algún día se verían todos
reunidos.

El que sintió más dolorosamente el abandono de familia practicado por el padre fue Francisco, debido a la fija-
ción que sentía por su madre. Ya de muy niño, y debido al
menosprecio con el que le trataba su padre, su madre era el
refugio donde Paquito encontraba comprensión y cariño.
El espectáculo de su madre llorosa y sufriente, bajo los
efectos de los disgustos conyugales, era para él algo intolerable. Desde entonces, todo aquello que recordara el relajo
de la conducta paterna —vino, juego y mujeres— serían
cosas abominables para Francisco, cosas que él se negaría a
probar, rehuyendo toda contaminación con las debilidades
que habían hecho la desgracia de su madre.

Años después, los vecinos del barrio de Fuencarral pudieron ver a don Nicolás acompañado de una niña —Ángeles se
llamaba— a la que se presentó como sobrina de Agustina,
aunque algunos aseguraban que era hija de él.

Residían los tres en una vivienda de las de clase media de
entonces, en el número 47 de la calle Fuencarral; el piso, el
primero, era el mejor de toda la finca. En su despacho, conti-
guo al salón, don Nicolás tenía una modesta biblioteca con sus
autores preferidos: Galdós, la Pardo Bazán y Blasco Ibáñez.

Tampoco faltaban los libros de historia que recreaban
aventuras o batallas navales, como *La vuelta al mundo de la «Numancia»*, del conde de Santa Pola, las obras de Novo y Colsón,
y *La escuadra del almirante Cervera*, del Padre Risco.

Nada rencorosa, doña Pilar Bahamonde había inculcado a sus hijos el amor por el padre, animándoles a visitarle en sus esporádicos viajes a Madrid.

Nicolás, Paquito y Monchín lo hacían siempre que podían. Pero el reencuentro con el benjamín alborozaba especialmente al viejo, deseoso de conocer de primera mano su última hazaña o cualquiera de sus múltiples barrabasadas.

«Estoy seguro de que harás algo grande», solía decirle don Nicolás.

Y así fue: poco después, Ramón culminaba su gesta con el *Plus Ultra*. Tras semejante proeza, el Franco general más joven de Europa era desplazado en la admiración popular por el Franco comandante, conquistador del Atlántico.

La llegada de su hijo Ramón a la Argentina, a bordo del histórico hidroavión, fue uno de los días más felices en la intensa vida de don Nicolás.

Un reportero sagaz logró entrevistarle y publicó su fotografía con una sonrisa abierta tras conocer el exitoso amaraje del *Plus Ultra* en aguas del Río de la Plata. Aquélla fue una de las raras ocasiones en que el padre salió de su anonimato.

Pilar Jaraiz visitó también allí a su abuelo y a su nueva mujer, Agustina Aldana, a quien describía así:

> Tenía unas manos de mujer hacendosa, rojas y algo gruesas, seguramente no usaba guantes de goma para preservarlas y hay que tener en cuenta que ella hacía los trabajos del hogar. Tenía un lunar grueso en la parte inferior derecha de la barbilla y llevaba siempre pendientes de oro, sencillos y sin ostentación. Era trigueña, cutis blanco rosado y pelo castaño claro natural.

Olvidó reseñar, sin embargo, su hipnotizadora mirada azul que cautivó a don Nicolás nada más verla.

De nuevo, otra mujer que podía ser su hija se enfrentaba entonces a su hosco y tempestuoso carácter, como atestiguaba Pilar Jaraiz:

> Mi abuelo la trataba [a Agustina] con confianza y deferencia, menos cuando se enfadaba por cualquier cosa. Entonces nos gritaba a ella y a nosotros. Estoy segura de que Agustina cuidaba mucho al abuelo y tenía una paciencia infinita con sus muchas impertinencias.

Sobre la presunta hija bastarda de su abuelo, recordaba:

> En nuestras visitas, salía siempre la chica que vivía con ellos, según Agustina era la hija de unos hermanos suyos. Era muy mona y tenía nuestra edad, se ha dicho que era su hija, es posible, yo no lo sé, sólo lo que Agustina me dijo.

Algunos vecinos comentaban que don Nicolás celebró con Agustina, hija del secretario del ayuntamiento de Aldea Real, provincia de Segovia, y maestra de profesión, una boda a su manera, sin curas ni nada.

La pareja «se casó» así en el popular y castizo ventorro de La Bombilla, organizando una gran verbena y marcándose un chotis nupcial al son de un organillo, entre tenderetes de churros y puestos de aguardiente.

Con razón, el contador de navío empezó a ser conocido, en sus horas jaraneras, con el sobrenombre de «el chulo de la Bombi».

Agustina se entregó por completo al hombre seductor que veía en ella a una especie de madre comprensiva con sus flaquezas, su carácter gruñón e irascible y su desorganizada vida, propensa al inesperado encuentro con el amigo o a la partida de naipes.

Agustina fue también la esposa atenta y orgullosa de su hombre, al que mimaba y convertía en centro permanente de atención; fue la amante abnegada y respetuosa de su independencia, desafiando todas las normas convencionales.

En resumidas cuentas, Agustina fue para don Nicolás exactamente igual que sería Carmen Díaz para su hijo Ramón: una mujer dócil, paciente y cariñosa.

Entre tanto, doña Pilar Bahamonde seguía residiendo en su casa de El Ferrol junto a sus hijos pequeños y a su padre Ladislao, que supuso para ella un firme apoyo para la economía familiar, además de un antídoto contra la soledad.

La pobre mujer tenía que aguantar encima al coro de plañideras que le relataban escandalizadas las andanzas de su marido.

Sobre su «boda», escuchó así lamentos valleinclanescos del siguiente tenor: «¡Ay, doña Pilar! ¡Usted sabe…! ¡Me tienen dicho que don Nicolás *casóuse* en Madrid con la Agustina! ¡Y más: hizo un banquete de bodas!».

En febrero de 1934, doña Pilar viajó a Madrid, de paso en una peregrinación a Roma para ver al Papa. Se alojó unos días en casa de su hija Pilar, en el número 3 de la calle Columela.

Una mañana, al salir de misa, cayó enferma de pulmonía. Como tenía la tensión arterial muy alta, su estado empeoró. En un golpe de tos tuvo un ataque cerebral. Sangraba por la nariz. Paquito, que se hallaba entonces en casa de su hermana, corrió en busca del vecino doctor Jiménez Díaz. Pero cuando llegó con él, doña Pilar ya estaba muerta.

Tampoco pudo acompañarla entonces su hijo Ramón, que se encontraba en Washington, donde era agregado aéreo en la embajada española.

Doña Pilar tenía sesenta y un años. Su verdadero marido, don Nicolás, no fue al entierro. En la esquela publicada en *ABC* con motivo del primer aniversario de su muerte, el 28 de febrero de 1935, se omitía al viudo, como si no existiese. Simplemente se decía:

> Sus hijos D. Nicolás, ingeniero naval; D. Francisco, general de división; doña Pilar y D. Ramón, aviador militar; hijos políticos, hermana y demás parientes.

Cuando a la muerte de Pilar hubo de reunirse la familia para conocer el testamento, don Nicolás fue convocado junto con sus hijos. Estaba allí, a título de abogado, Ramón Serrano Súñer, emparentado con los Franco tras su casamiento con Zita Polo.

Nicolás padre llegó tarde y con un aspecto desaliñado, parecido al de su hijo Ramón. Francisco se acercó a él para decirle:

—Papá, quiero presentarte a mi cuñado Ramón Serrano Súñer, que nos acompaña como abogado...

No le hizo falta escuchar más. Sin inmutarse lo más mínimo, don Nicolás le espetó:

—¡Abogado... abogado! ¡Picapleitos será!

Al morir su esposa, el viejo quiso casarse por lo civil con Agustina Aldana, a quien había conocido y enamorado siendo un cincuentón. Pero ella se negó, pues por nada del mundo deseaba que alguien pensase que se unía al intendente por su posición y para convertirse en su heredera.

Sin embargo, el dramaturgo Jaime Salom, investigador incansable de la vida del padre de Paquito, pudo localizar a una persona que conoció de cerca a la pareja y aseguraba que se había casado por lo civil, aunque el matrimonio fuese luego anulado por el decreto de Franco de 1938 que invalidaba todas las uniones civiles efectuadas durante la República.

Si aquello era verdad, explicaría la manifiesta inquina de don Nicolás hacia su hijo Francisco.

No en vano, se contaba una anécdota apócrifa, recogida por el escritor Carlos Fernández, que transcurría en un bar madrileño, en los últimos años de vida de don Nicolás.

Avanzada la noche, un hombre de apariencia atrabiliaria, con largos bigotes y un traje desastrado, se encaró con un grupo de jóvenes que ensalzaban al Generalísimo.

—¡Ese Caudillo es un cabrón y un chulo! —gritó.

Cuando aquellos clientes se acercaron amenazantes al anciano que profería tales calumnias, éste les atajó:

—Si lo sabré yo, que soy su padre.

El estallido de la Guerra Civil española sorprendió a don Nicolás en su Galicia natal, mientras veraneaba con su Agustina del alma.

La represión en Galicia fue muy dura y él condenó siempre las barbaridades cometidas.

La represión en la propia Marina le impresionó mucho. Se fusiló al almirante Azarola, al capitán de navío Sánchez Ferragut y a otros muchos oficiales amigos suyos.

En la posguerra, don Nicolás era ya un anciano amargado, sin pelos en la lengua, a quien cierto día le vieron pasar delante de una oficina bancaria con una maleta de cartón, envuelta en cordeles. Pensaron que dentro había fajos de billetes. «¿Confiar mi dinero a esos ineptos, a esos ladrones? ¡Ni hablar! Sobre todo desde que el imbécil de mi hijo está en el poder», arguyó el viejo.

De aquella época datan algunos comentarios salidos de su boca en presencia de testigos: «Si a mi hijo le gustasen las mujeres, otro gallo nos cantaría»; o «¡Paquito, jefe del Estado! ¡Paquito, Caudillo! ¡No me hagas reír!».

El propio Philippe Nourry corroboraba todo cuanto se decía sobre este hombre que a veces parecía un energúmeno:

> Este diablo de hombre debía sentir, en efecto, una satisfacción bastante mórbida en despreciar la figura todopoderosa de su hijo y la dignidad de su Estado, con el espectáculo que daba de sí mismo. Desde hacía tiempo mostraba un carácter agrio y algunos aseguran que esto tenía sus raíces en el esnobismo que demuestran los oficiales de Marina al encontrarse con funcionarios del cuerpo auxiliar. Es muy probable. Los Franco, por su profesión, pertenecían a una categoría social media que les había impedido siempre el ascender realmente a los escalafones más altos.

El antifranquismo de don Nicolás se tornó más agresivo a medida que fue haciéndose mayor.

Su nieta Pilar Jaraiz daba fe de que hasta su padre, Alfonso Jaraiz, era blanco de sus burlas por su tradicionalismo carlista.

A Hitler no le podía ni ver. Era su bestia negra y le dedicaba, como a su hijo, los epítetos más feroces. Así lo confirmaba Pilar Jaraiz:

> Otro de sus temas preferidos era su hijo Francisco después de ser proclamado jefe del Estado. Allí oí llamarle inepto por su propio padre. Decía mi abuelo que su hijo se consideraba un estadista y un político de primera clase, como le hacían creer los aduladores de turno y que aquello era para reírse. «¿A qué le llamarán aquí político?», decía.

Otras veces se indignaba con la persecución de la masonería y se burlaba del «contubernio judeo-masónico» y decía: «¿Qué sabrá mi hijo de la masonería? Es una asociación llena de hombres ilustres y honrados, desde luego muy superiores a él en conocimientos y apertura de espíritu. No hace más que lanzar sobre ellos toda clase de anatemas y culpas imaginarias. ¿Será para ocultar las suyas propias?».

A excepción de Ramón, el resto de la familia se escandalizaba ante los exabruptos de un hombre liberal y enemigo de la moral burguesa como don Nicolás. Pero cuanta mayor incomodidad percibía él a su alrededor, más despotricaba contra el Caudillo, aduciendo que sus nietos debían escuchar que «su hijo estaba completamente loco y nos tenía a todos nosotros en sus manos».

Mientras su padre le agraviaba, Paquito se dispuso a exorcizar sus propios demonios familiares que le rondaban desde niño.

Descubrió que la mejor manera de hacerlo era entregarse a la redacción de una obra familiar, mezcla de ficción y realidad, en la que idealizaba la figura del padre, tal y como él había soñado que fuera desde su más tierna infancia.

El libro se tituló *Raza* y su autor adoptó el seudónimo de Jaime de Andrade, apellido extraído de su propia genealogía. Luego, el cineasta José Luis Sáenz de Heredia estrenó con gran éxito la película.

Como documento curioso, reproducimos en el cuadernillo de fotos la solicitud del propio Francisco Franco al presidente de la Sociedad General de Autores de España, fechada en el palacio de El Pardo el 26 de febrero de 1964 y firmada de su puño y letra.

Dice así:

Muy Sr. mío:

Ruego a usted se acepte mi solicitud de ingreso en esa Sociedad, participándole que, a tal efecto, acato las normas por que se rigen las distintas modalidades del derecho de autor administradas por la entidad, así como las disposiciones que en el futuro acuerde su Consejo de Administración, y confiero a la misma los poderes necesarios para que se administren los derechos de mis obras en cualquiera de sus aspectos (Gran Derecho o Derechos de Representación; Ejecución, Variedades y Reproducción mecánica; música y texto de las películas o derechos de proyección o presentación cinematográfica en los locales; derechos de edición; publicación en prensa, radio y televisión, derechos de traducción, adaptación, etc., etc.) y ostente con carácter de exclusiva mi representación legal y administrativa en todos los países y en todos los casos.

Mi filiación es la siguiente:

Apellidos: Franco Bahamonde

Nombre: Francisco

Seudónimo: «Jaime de Andrade».

Nacionalidad: Española.

Fecha y lugar de nacimiento: 4-12-1892. El Ferrol.

Estado civil: Casado.

(1) Escritor de

(2) Compositor de

(3) Autor de libros.

Domicilio: Palacio Nacional de El Pardo (Madrid).

En *Raza* se narraba la historia de una familia noble de Galicia, los Churruca.

El propio Caudillo explicaba su propósito en el prólogo:

A través de ella encontraréis la fiel imagen de todas las familias españolas que han sabido resistir los furiosos embates del materialismo. Sacrificios sublimes, actos heroicos y reflejos de la más pura grandeza van a desfilar ante vuestros ojos... ¡Pues así es España y así es nuestra raza!

El autor idealizaba su infancia. Su casa de la calle de María aparecía así ante el lector como un suntuoso pazo, a cuya puerta salía un día su madre a despedir al esposo, marino de guerra, quien, en lugar de abandonarla por otra mujer, partía dispuesto a morir como un héroe en Santiago de Cuba.

El marino sentía luego la llamada de la vocación religiosa, convirtiéndose en fraile de San Juan de Dios. Buena forma de redimir a su libertino padre en la vida real.

A su hermano Ramón le ocultaba bajo la identidad de Pedro Churruca, el descarriado de la familia, cómplice de todo tipo de politicastros y militante del Frente Popular. Pero Pedro (Ramón) abriría un día los ojos para abrazar la Cruzada y morir por Dios y por España. «¡Por fin has vuelto a ser digno de los Churruca!», celebraría su hermano.

Precisamente Ramón gozaba de la predilección paterna en la vida real.

En una tertulia a la que solía acudir por la tarde, don Nicolás comentaba, según refería Eugenio Vegas Latapié: «De mis tres hijos, el más inteligente era Ramón; Nicolás es un petardista, y Paquito sigue siendo tonto».

De hecho, la inopinada muerte de Ramón ensombreció su ánimo ya casi en el ocaso de su vida, reabriendo las profundas cicatrices en su alma por la prematura muerte de Pacita, más de treinta años atrás.

Llegó un momento en que, con casi ochenta y seis años, don Nicolás no estaba ya casi para ningún trote. La arterioesclerosis le mermaba sus facultades, pero él seguía saliendo a la calle y cogiendo el tranvía, pues jamás paraba un taxi.

En uno de esos paseos, y a raíz de su manía de llevar siempre encima los ahorros, un ratero le birló 17.000 pesetas. El disgusto debió ser morrocotudo, pues el viejo era muy tacaño, y seguramente no le sentó nada bien a su precaria salud.

Poco después, la madrugada del 23 de febrero de 1942, fallecía en su casa de la calle Fuencarral en compañía de su inseparable Agustina.

Horas antes, en El Pardo se vivió un gran revuelo. Por nada del mundo el Caudillo estaba dispuesto a que su padre falleciese en pecado de adulterio.

Franco hizo un primer intento, enviando a un capellán castrense, el padre Castro, a quien poco después el enfermo echó con cajas destempladas de su casa. A continuación, mandó a su fiel mosén Bulart, que no tuvo mejor suerte. Desesperado, el Generalísimo telefoneó a su hermana Pilar («Pila»):

—Pila, papá parece que esta vez se muere. ¿Vas a ir allí?

—Claro que sí, es mi obligación.

—Te envío entonces un coche oficial.

—No, no, yo me voy en taxi con uno de mis chicos mayores.

—Una cosa entonces, Pila: en cuanto se muera haz que le pongan el uniforme. Puede ayudarte el médico que se va a quedar ahí contigo. Acuérdate: le pones un uniforme de general y me lo traes a El Pardo. Para entonces, ya estará la caja preparada y cuanto sea necesario para velarlo durante toda la noche.

Pilar llegó a la casa de la calle Fuencarral poco antes que el padre Castro, avisado esta vez por Ángeles, a petición de la hermana del Caudillo, pues ésta tampoco quería que don Nicolás muriese en pecado de concubinato.

En cuanto entró el cura, Pilar se aseguró de que Agustina, a quien odiaba con toda su alma, según reconoció luego ella misma en sus memorias, se retirara a otra habitación.

—Asegúrate —le dijo Pilar poco antes a Ángeles— de que Agustina no vuelva a aparecer, porque va a venir un sacerdote y no quiero que él se dé cuenta... de que, en fin, esto es una cosa de arrepentimiento... Dile a tu tía que se quede por ahí leyendo.

Pero el moribundo, al parecer, se negaba a confesarse, provocando la incomodidad del sacerdote.

Sobre las cinco de la madrugada, don Nicolás expiró.

Pilar avisó al Caudillo por teléfono y poco después el cadáver de su padre, vestido entre ella misma y Ángeles con el uniforme de vicealmirante, salió en ambulancia hacia El Pardo.

Aquella misma mañana se celebraron varias misas de *corpore insepulto* en la capilla ardiente instalada en el palacio, en el mismo lugar donde fueron velados los restos del rey Alfonso XII.

Al día siguiente, tuvo lugar el entierro en el panteón familiar del cementerio de Nuestra Señora de la Almudena.

Franco despidió el duelo a las puertas de su residencia y ordenó que una compañía de Infantería de Marina rindiera honores al vicealmirante en el momento de darle sepultura.

Nicolás Franco fue enterrado junto a Pilar Bahamonde. La muerte volvió así a reunirles definitivamente.

Tras glosar la brillante hoja de servicios del finado y su entrañable amor a la Marina y a España, el diario *ABC* trasladaba así su sentido pésame al Caudillo:

ABC comparte la honda tristeza causada por la muerte del intendente de la Armada, excelentísimo señor D. Nicolás Franco Salgado-Araújo, y lleva su duelo y sus oraciones hasta ese hogar cristianísimo aureolado por todas las virtudes, que hoy sufre tan tremenda desgracia. Con fervor de católicos y alma de españoles —españoles de esta España recobrada de Franco, puesta en pie y en marcha por el genio del invicto Caudillo— pedimos a Dios por el alma del finado y deseamos a los que en estos momentos lloran junto al cadáver la resignación necesaria.

En El Pardo se recibieron numerosos telegramas de condolencia; entre ellos, los de Hitler, Mussolini y Pétain.

Muerto don Nicolás, el Caudillo quiso hacerse con su bastón de mando, que correspondía sin embargo a su hermano mayor, llamado igual que el padre y marino de guerra como él.

Una vez más, volvió a repetirse la escena cruel e inhumana que ya habían sufrido otras dos abnegadas mujeres, como veremos con detalle llegado el momento: Engracia Moreno y Ángeles Franco, a quienes se impidió asistir, cuatro años atrás, en octubre de 1938, a los fastos fúnebres de su esposo y padre Ramón Franco, el héroe del *Plus Ultra* que había combatido en la Guerra Civil con el bando nacional al frente de la Aviación en Baleares.

Por desgracia, se cumplió el mal presagio de don Nicolás, preocupado por lo que pudiera sucederle a su Agustina del alma tras su muerte: «Mi todopoderoso hijo te ignorará —la previno—. Te harán el mismo vacío que, influido por su mujer [Carmen Polo], le hicieron siempre a Engracia, la mujer de Ramón».

Y así fue: Agustina padeció ahora su propio Gólgota, alejada sin piedad del hombre con el que había convivido más de treinta años y cuidado con esmero en su última enfermedad.

La pobre mujer se quedó en casa, llorando desconsolada, cuando se llevaron a don Nicolás a El Pardo para hacerle las honras fúnebres de rigor. «Crueldad inútil —advertía Pilar Jaraiz—, pues si hubiesen pedido permiso a Agustina para llevarse el cuerpo, estoy segura de que lo hubiese concedido. Pero claro, eso era rebajarse. ¿Qué derechos le asistían a ella para velar el cadáver del que consideraba su esposo?»

La última vez que Pilar Jaraiz vio a la mujer de su abuelo estaba rezando junto a la tumba de su familia. Iba de riguroso luto. Tras besarla, Agustina le dijo:

—¡Ay, Pilín, nunca podré olvidar a Nicolás!

4

«Franquito»

Pasar de la vida sosegada de la familia a tener
que realizar todo a toque de corneta, agravado
por las novatadas, aumentaba las dificultades
de esta difícil etapa.

FRANCISCO FRANCO BAHAMONDE

Francisco Franco ingresó en la Academia de Infantería de Toledo el 29 de agosto de 1907, donde permaneció hasta el 13 de julio de 1910.

Pero hasta entonces la llegada a la ciudad imperial supuso para él su primera salida al mundo interior de España, lejos de su única perspectiva conocida hasta entonces: el mar.

«Franquito», como le apodarían sus compañeros de Academia, se quedó impresionado al contemplar el Alcázar toledano, la grandeza de su patio de armas presidido por la estatua de Carlos V, con aquella leyenda profética reservada a los valientes: «Quedaré muerto en África o entraré vencedor en Túnez».

El muchachito de quince años no cabía en sí de emoción

y presintió que algo muy importante iba a cambiar dentro de él bajo los gloriosos muros del Alcázar.

La formación de los futuros oficiales duraba cinco años, los tres primeros en la Academia y los dos restantes de prácticas con la graduación de segundos tenientes.

El aspirante empezó sometiéndose a las pruebas de ingreso. Desnudo de medio cuerpo para arriba, formó con el resto de los candidatos en la gran sala de gimnasia del Alcázar.

Atentos a las maniobras del auxiliar de la sala, trataron todos de repetir sus movimientos de gimnasia sueca lo más fielmente posible. Abrir y cerrar la boca, alargamiento y encogimiento de brazos, flexiones y contorsiones, siempre bajo la atenta mirada del presidente del tribunal, el comandante Delgado, asistido por el capitán Salazar, artífice de la aplicación del método escandinavo.

Luego, formados en corro, dieron varias vueltas al campo a paso ligero, para pasar a continuación a la cuerda. Franquito trepaba por ella igual que una ardilla, con ligereza y precisión; otros, sin embargo, apenas podían elevar su pesado cuerpo del suelo, retirándose poco después cabizbajos a los vestuarios tras recibir el suspenso.

Los aspirantes continuaron las pruebas en el pupitre. La hora de la verdad llegaba con el examen de Matemáticas. Franquito se acercó al tribunal y extrajo seis papeles doblados de una pequeña urna, los cuales desplegó luego sobre el pupitre: eran los problemas que le habían tocado en suerte resolver en un máximo de seis horas.

Minutos antes, había llamado poderosamente su atención una larga serie de grandes cuadros con enrejado de alambre que colgaban de los muros de la Academia.

Preguntó qué diablos eran aquellos enormes paneles, bautizados por los veteranos como «fresqueras». Enseguida le explicaron que servían para exponer los ejercicios resueltos por los aspirantes, los cuales se dejaban allí, a la vista de todo el mundo, para evitar reclamaciones.

El candidato superó también con facilidad los exámenes orales y quedó libre al fin de la incertidumbre sobre su admisión en la Academia.

El tribunal verificó que cumplía todos los requisitos: tenía entre catorce y dieciocho años, había asimilado la doctrina cristiana, leía y escribía correctamente, conocía la gramática española, gozaba de buena salud, estaba vacunado contra la viruela, era «de buena configuración», y encima sabía de matemáticas.

Por último, el futuro cadete debió acreditar que era hijo de militar, lo cual no eximió a don Nicolás de pagar religiosamente la estancia del nuevo alumno en el Alcázar.

Sólo por el uniforme, calzado, ropa blanca y mantas, desembolsó el primer año más de 800 pesetas; además, tuvo que abonar otras 120 pesetas de fianza, 50 más de matrícula, y casi 100 por los libros de texto. En total, la factura de un solo curso, incluidos gastos de aseo y otros conceptos, superó las 1.300 pesetas, una cantidad considerable entonces.

El joven disfrutó aún de unos días de estancia en Toledo, antes de regresar a Ferrol para pasar unas merecidas vacaciones de verano, tras las cuales debía incorporarse a su nueva vida castrense.

Franquito visitó el Alcázar, que en 1850 abrió sus puertas al primitivo Colegio de Infantería, transformado luego en Academia.

En marzo de 1874 se creó la Academia de Infantería como tal, en Madrid, y tras la restauración de Alfonso XII en el trono, ésta se trasladó a Toledo.

En 1882, recién constituida la Academia General Militar, se acondicionó el Alcázar mediante la reconstrucción de los edificios de Santiago y Capuchinos, y la instalación en las inmediaciones de la fortaleza del picadero, el comedor y la cocina.

La desgracia se cebó, sin embargo, con el Alcázar en enero de 1887, cuando un incendio iniciado en la biblioteca se propagó por todo el edificio y hubo que reconstruirlo luego casi entero.

Franquito visitó también los hospitales de Santa Cruz y de Santiago. Contempló luego la catedral con todos sus tesoros artísticos; recorrió los terrenos de la Sisla, una extensa comarca natural cuyo nombre toponímico (silva o selva) databa de la época de los romanos, poblada entonces de encinas y chaparros; y admiró las armas, trofeos y retratos del Museo de Infantería, inaugurado por Alfonso XIII en julio de 1908, y trasladado a otro local más amplio en septiembre de 1911, al mes siguiente de incorporarse Ramón a la Academia.

Pero lo que más ilusión hizo al muchacho fue probarse el uniforme, tras recibir alborozado la comunicación oficial de su designación como cadete.

A sus quince años, vestir por primera vez el uniforme con guerrera y pantalón rojo de infantería, además de lucir un sable de acero de la Fábrica de Toledo que costaba 35 pesetas, y un espadín que salía por otras 25 pesetas, era un verdadero orgullo.

Se lo probó mil veces, ensayando el saludo militar frente al espejo, antes del primer acto oficial de su vida: su presentación a la autoridad militar, en la persona del general gobernador de la plaza.

Además del uniforme propio de su arma, debió probarse también el de color gris, compuesto de polaca de paño, lanilla o estambre, según la época del año; y de pantalón o calzón también gris, dependiendo de si se montaba o no a caballo, en cuyo caso se acompañaba de leguis a juego con el correaje.

La gorra era de paño, azul en invierno y blanca en verano; y el ros o chacó llevaba funda de hule negro con el uniforme de paño, y de tela gris cuando era del mismo color.

El impermeable negro, con esclavina, costaba 80 pesetas que tuvo que pagar también don Nicolás.

Muy pronto, el joven cadete aprendería las normas para el empleo del uniforme: gala y media gala; clases y ejercicios, uniforme gris con o sin leguis, a voluntad del director de la Academia; paseo por Toledo con el uniforme gris con pantalón del mismo color, calzón o bota de montar; y para actos sociales, uniforme de paño en invierno y traje gris en verano.

Su padre le hizo llegar semanalmente dos pesetas para atender a sus gastos personales, como merendar durante las dos horas de paseo que tenían los sábados.

Pero no era oro todo lo que relucía en la Academia.

Además de sentirse incómodo paseándose uniformado por la ciudad, a merced de las escrutadoras miradas de jefes y oficiales pendientes de la pretendida marcialidad de los cadetes, Franquito debió enfrentarse a las novatadas de los alumnos veteranos que tan mal recuerdo le dejaron:

> Comenzaba el duro calvario de las «novatadas». Triste acogida que se ofrecía a quienes veníamos llenos de ilusión a incorporarnos a la gran familia militar. La mala impresión que me produjo este abuso y contrasentido de las «novatadas» se conservó durante toda mi vida, cuando hubiera sido tan fácil asignar a cada nuevo alumno un padrino entre los antiguos, que se ocupase de tutelarlos, guiarlos y protegerlos, siendo responsable de cuanto les sucediera, facilitándoles y haciéndoles cordial su ingreso en el Ejército,

como se estableció, pasados los años, en la Academia General Militar de Zaragoza.

Por si fuera poco, el escuchimizado Franquito debía aguantar también las burlas por su voz atiplada y su ridículo bigotito.

Jamás olvidaría su primera noche toledana, durante la cual apenas pudo dormir a causa de las vejaciones a que le sometieron los más veteranos.

Rehusó también uno de aquellos fusiles de asalto Mauser con el cañón recortado unos quince centímetros que los oficiales ofrecían a los cadetes de corta estatura como él, rebelándose así contra aquella humillante imposición, como él mismo recordaba:

> Los recibimos mal y no lo cumplimos, pues nos las arreglamos para coger los fusiles ordinarios disponibles de los compañeros enfermos, aunque exponiéndonos a ser arrestados si nos cogían.

Más tarde que temprano, Franquito hizo valer su dignidad y estalló un día de forma violenta, arrojando un candelabro a la cabeza de uno de sus provocadores.

La posterior pelea fue sonada y acabó con Franquito en presencia del comandante en jefe. El cadete apeló a su dignidad, haciéndose responsable él solo de la trifulca.

Su loable gesto le hizo merecedor para siempre del respeto de sus compañeros, entre ellos Juan Yagüe y Camilo Alonso Vega, futuros compañeros de armas durante la Guerra Civil.

En el Alcázar reinaban la disciplina y la obediencia.

El cadete no tuvo más remedio que resignarse a cumplir las

exhortaciones de sus instructores, que se pasaban el día amenazándoles con duras medidas disciplinarias.

El principio de cohesión que regía la Academia era la obediencia ciega, la cual, como era lógico, excluía la iniciativa individual, que tan necesaria sería luego para los oficiales en la guerra de Marruecos. Precisamente la cualidad que hizo sobresalir a Franquito frente al resto de los mortales.

Pero él, como decimos, acató entonces sin rechistar las órdenes de sus superiores, que parecían emanadas directamente de Dios en servicio de la Patria.

Se inculcó a los cadetes que los rifeños, levantados en armas en 1909, provocando el desastre del Barranco del Lobo, eran enemigos de la Patria a la vez que infieles y herejes, a los cuales había que derrotar por todos los medios, incluida, por supuesto, la guerra.

En julio de 1909, en efecto, una columna al mando del general Pintos enviada desde Melilla, fue atacada por una *harka* apostada en la falda del monte Gurugú, en el paraje llamado Barranco del Lobo, dejando doscientos cadáveres ensangrentados en su retirada. Los soldados, dominados por el pánico, se desbandaron, fueron perseguidos y acuchillados.

La trágica noticia causó gran conmoción en todo el país y, por supuesto, resonó entre los muros de la Academia de Infantería de Toledo, donde los jóvenes cadetes emulaban las hazañas de sus mayores en África.

Aquél sería el inicio de la última guerra de África, que habría de durar dieciocho interminables años y cuyo desarrollo dividiría a la opinión pública española.

Se impuso así una doctrina militar para luchar contra las cábilas, que un oficial de la guerra de Marruecos resumía así, con toda crudeza:

Movilidad, espíritu de ofensiva, vivaquear al término de la jornada, reanudando la marcha hacia delante al día siguiente y sin retirarse jamás. Castigo a los rebeldes, hiriéndoles en sus intereses materiales, quemándoles poblados y destruyéndoles o quitándoles cosechas y silos; condición previa para tratar la sumisión: la entrega de armamento y la toma de rehenes para asegurarse de la disposición del país.

Días después, el embarque en el puerto de Barcelona de tropas de reemplazo destinadas a Melilla provocó el estallido de la Semana Trágica.

Los altos mandos de la Academia contagiaron su indignación a los alumnos más jóvenes, desconcertados aún por su nueva vida, como atestiguaba Franquito:

No es necesario encarecer el cambio sufrido por el alumno en sus primeros días. Pasar de la vida sosegada de la familia a tener que realizar todo a toque de corneta, agravado por las novatadas, aumentaba las dificultades de esta difícil etapa.

La Academia que conoció Franquito tenía un aspecto muy diferente al que se encontró su hermano menor Ramón, cuando ingresó en ella el 28 de agosto de 1911. Para empezar, el campamento era mucho más pequeño: no constaba todavía de ocho barracones, ni disponía de agua en abundancia gracias a la construcción de un gran depósito en la cumbre del cerro de Los Alijares, ni tampoco estaba rodeado de una inmensa arboleda que había sido repoblada con un millar de espléndidas acacias donadas por Alfonso XIII meses antes de llegar él.

Además, hasta el 8 de diciembre de 1910 no existiría alumbrado eléctrico en todos los edificios y dependencias de la Academia, en sustitución de las velas, el aceite y el petróleo.

Ramón sí pudo utilizar las nuevas salas de estudio, a diferencia de Franquito, que debió hincar los codos en su mismo dormitorio.

Absolutamente todo estaba allí milimétricamente reglamentado, incluidas las horas de estudio, antes y después de llegar Ramón:

1.º Cinco minutos antes del toque de Bando estará encendido todo el alumbrado.

2.º Al toque de Bando para el Estudio, y formadas las Compañías, saldrán de los dormitorios, con dos minutos de intervalo.

3.º A medida que llegue cada Compañía al local que le corresponde, se situará cada alumno al frente del puesto que ha de ocupar durante el estudio, abriendo la papelera y sacando sus efectos, pero no se sentará hasta que el corneta toque un punto de atención.

4.º Los alumnos permanecerán en sus puestos en el más profundo silencio y sin que se les permita fumar, y no podrán levantarse sino por urgente necesidad, con permiso del Oficial de servicio, y dos como máximo por Compañía.

5.º A mitad del estudio el Jefe de servicio autorizará un descanso de 10 minutos, durante el cual podrán levantarse y fumar, pero en el local de sus respectivas Compañías, cuarto de estudio o retrete. El comienzo del descanso y su terminación lo determinará un punto de atención del corneta.

El alumno tuvo que acatar también las normas que regían para las marchas durante las maniobras.

El mismo año que se incorporó a la Academia, su director, el coronel Juan San Pedro y Cea, a quien sustituiría al año siguiente su homólogo Luis Fridrich Domec, y finalmente José Villalba Riquelme, le entregó a él y a sus compañeros un documento con la siguiente advertencia:

> Estas instrucciones se repartirán individualmente a todos los Alumnos y se exigirá que todos las conserven para que puedan presentarlas a sus Jefes en todo momento.

¿Qué se decía en aquellas cuartillas mecanografiadas?

Entre otras cosas, Franquito leyó lo siguiente, que probablemente le hizo sonreír:

> El soldado de Infantería debe cuidar de la limpieza de sus pies y de su fortaleza, así como de las condiciones de su calzado, con tanto esmero como el jinete cuida de su caballo... Los pies se lavarán y friccionarán con aceite de manzanilla con alcanfor (al 1 por 100), con colonia, o con aguardiente ordinario... Estas fricciones deben hacerse diariamente al término de la jornada. Conviene fuerte masaje en los dedos de los pies... Las uñas de los pies deben cortarse en forma de media luna con las puntas al exterior.

Los cadetes concluían extenuados las marchas de cuarenta o cincuenta kilómetros. Sometidos a un sol de justicia en verano, algunos padecían los síntomas de la insolación: mareos, zumbidos de oídos, sudores fríos...

Más de una vez allí, o en el desierto, Franquito libró al compañero del peso del fusil, aflojándole el correaje y envolviéndole la cabeza con un pañuelo mojado para ofrecerle luego un poco de agua.

Si algo cultivó él desde entonces fue la camaradería.

Nada más llegar a la Academia, le entregaron el programa de estudios del primer año.

La primera mitad del curso se desglosaba así:

Primera clase — Ordenanzas: Obligaciones del soldado, cabo y sargento. Fusil Mauser. Tácticas de recluta, sección y compañía.

Segunda clase — Física con nociones de Mecánica.

Tercera clase — Constitución del Estado y Ley de orden público. Régimen interior de los cuerpos (título 1.º). Francés, primer curso.

Cuarta clase — Prácticas: Dibujo. Instrucción táctica. Servicio de guarnición. Aplicaciones del reglamento de campaña. Instrucción de tiro. Manejo de ametralladoras. Servicio de piezas de artillería.

La segunda parte se distribuía de esta otra manera, salvo las asignaturas de la cuarta clase, que eran exactamente las mismas que en la primera mitad del curso:

Primera clase — Ordenanzas: Obligaciones respectivas a oficiales y jefes, y órdenes generales para oficiales. Tácticas de batallón, regimiento, brigada y apéndices. Ametralladoras Hotchkiss. Táctica de sección de ametralladoras. Servicio de Guarnición. Tratamientos y honores. Reglamento de campaña.

Segunda clase — Balística. Teoría del tiro. Material de artillería y de guerra en general.

Tercera clase — Régimen interior de los cuerpos (título 2.º). Ley de reclutamiento. Francés, primer curso.

El programa de estudios de los dos cursos siguientes incluía asignaturas tan dispares como las siguientes: Geografía de España y Portugal, Geografía militar general, Geografía militar de Marruecos, Historia militar, Química, Pólvoras y explosivos, Descriptiva, Topografía, Fortificación, Dibujo topográfico y aplicaciones del panorámico, Gimnasia militar, Mando de unidades, Tiro de aplicación de combate, Operaciones de contabilidad, Actuación de procedimientos militares, Organización militar, Logística, Táctica de las tres armas, Armas portátiles, Reglamento de tiro con fusil y ametralladora, Telegrafía, Ferrocarriles, Automovilismo, aerostación, aviación y marina de guerra.

Durante el tercer año, recibió también clases de Equitación, Esgrima, Tiro de pistola, Juego de la guerra y Aplicaciones de la fortificación al terreno.

Tras el período de instrucción, el 5 de junio de 1908, prestó juramento de fidelidad a la bandera en el patio del Alcázar toledano, identificándose plenamente con una nueva madre patria a la que siempre defendería aun a riesgo de su vida.

El jefe supremo de aquella organización piramidal, que era ahora su familia adoptiva, se llamaba Alfonso XIII, el rey-soldado, quien desde hacía varios años peregrinaba por todas las academias militares infundiendo confianza y seguridad a los cadetes, como un padre protector y poderoso, mientras les reclamaba fidelidad insoslayable a la Monarquía. En una de sus visitas a Toledo, dijo el soberano:

> Por eso sois dignos, a vuestra vez, del amor y de la preferencia de España, y de las solicitudes y atención de Vuestro Rey y su Gobierno, que se ha de desvivir, yo os lo aseguro, por el progreso y la grandeza de nuestro Ejército y del arma

de Infantería, que es un servicio cuyas aspiraciones conoce y por cuyo prestigio he de velar como por los míos propios, por vuestro porvenir, y por el de vuestros hijos y por cuanto pueda contribuir a la grandeza de las instituciones militares.

Tan falto de protección paterna, Franquito debió idealizar al principio a ese regio cabeza de familia que trataba de gratificar a todos con sus complacientes palabras.

El día de su jura era viernes. A las once de la mañana comenzó la misa de campaña en el patio del Alcázar, engalanado con plantas y flores junto al pedestal de Carlos V, en el frente de la escalera principal, y ricos tapices cedidos por el clero catedralicio cubriendo el testero.

Sobre un estrado revestido de damasco amarillo se alzaba el altar, con solio de rojo brocatel; a ambos lados, en las paredes, se alineaban coronas de laurel, y sobre los colores nacionales todos podían leer perfectamente los nombres de Tikermin, Zoco del Zebuya y otros no menos ilustres que recordaban las glorias recientes del bravo ejército africano.

Franquito permanecía en formación en el mismo patio, con ros de gala y sable, junto a sus compañeros de primer curso, mientras los alumnos de segundo y tercero, constituyendo un batallón, aguardaban armados en los soportales.

Los que iban a jurar bandera escucharon en silencio el toque agudo del cornetín, que anunciaba la entrada del estandarte en la plaza acogido por el himno real.

Luego, el oficial tomó juramento con voz templada a los allí congregados:

—¿Juráis a Dios y prometéis al Rey servir constantemente sus banderas, defenderlas hasta perder la última gota de vuestra sangre y no abandonar a los que os están mandando en acción de guerra o preparación para ella?

Franquito, como el resto de sus compañeros, contestó enérgicamente:

—¡Sí, juramos!

Desde aquel día, cumplió su compromiso a rajatabla.

Terminada la ceremonia, el orfeón de alumnos entonó el himno patriótico de la Academia.

El cadete Francisco Franco susurró en silencio la letra del *Auras de Gloria*, cuyas tres primeras estrofas decían:

> *Volad, infantes de la raza Ibera*
> *dando al viento el altivo pabellón*
> *tremolando orgullosos la bandera*
> *que un mundo y otro mundo domeñó,*
> *volad.*
>
> *Guardad eternamente inmaculados*
> *los brillantes anales de su historia*
> *por el hispano infante arrebatados*
> *al trono omnipotente de la Gloria.*
>
> *Grabad en los cuarteles de su escudo*
> *más glorias, más hazañas;*
> *vuelva otra vez a ser testigo mudo*
> *el Universo todo ante tu espada.*

La vida normal comenzaba para él a las siete de la mañana, con el toque de diana.

En cuanto escuchaba la corneta, saltaba del colchón como una catapulta para asearse, vestirse y arreglar su cama en un cuarto de hora escaso, antes de pasar revista en formación ante el profesor de servicio, a quien los alumnos llamaban «Proto», abreviatura de «protocolo».

Acto seguido, permanecían estudiando hasta la hora del desayuno, que casi siempre consistía en sucedáneo de café con «migas», hechas con el pan sobrante de la cena, desmigado y frito, al cual se añadían torreznos y manteca de cerdo.

Con semejante revoltijo en el estómago, los alumnos procedían poco después a colocarse el correaje y demás útiles de instrucción.

Formaban y pasaban revista de nuevo, para repetir luego durante dos horas seguidas, como si de un ritual se tratase, las órdenes militares de instrucción y combate. El resto del día lo empleaban en clases, estudio, revistas, gimnasia o equitación.

Sólo al final de la jornada, y antes del toque de silencio, disponían de un breve espacio de tiempo libre.

Cada alumno recibía un «crédito» anual de diez puntos de conducta, el cual disminuía con cada arresto. La calificación final de conducta se promediaba con la de las asignaturas académicas, de modo que cuantas menos sanciones recibía un cadete, más puestos subía en el escalafón, y al revés.

El almuerzo solía consistir en sopa de pan, pastas o arroz; cocido compuesto por seis onzas de vaca o carnero, una de tocino, ocho de garbanzos para cada cinco alumnos, y verdura variada. Había también guisado de vaca o carnero con arroz o patatas; huevos o pescado fresco. Y de postre, cuatro onzas de pasas, higos, manzanas u otra fruta seca en invierno, y su equivalente en verano.

La merienda comprendía cuatro onzas de pan y la misma cantidad de fruta fresca o seca, según la estación, que para el postre de la comida.

Finalmente, la cena constaba de ensalada, guisado de ocho onzas de vaca o carnero, con patatas u otra legumbre, o el equivalente en pescado fresco o bacalao.

Como platos perdurables en la memoria de los cadetes, por

encima de cualquier otro, figuraban, además de las migas: la ropa vieja, los huevos con gabán y la carne con betún.

El joven cadete recibió finalmente su despacho de segundo teniente con una más que discreta calificación, que le situaba en el número 251 de los 337 cadetes de su promoción (la XV) que llegaron a graduarse, frente a los 381 iniciales.

Llegó así el anhelado día en que Franquito iba a recibir el premio a tres años de esfuerzo, durante la solemne entrega del Real Despacho de Oficial en el que se decía:

> S. M. el Rey Don Alfonso XIII nombra segundo teniente del Arma de Infantería a don Francisco Franco Bahamonde.

Al día siguiente, formó la Academia en traje de gala y los nuevos oficiales, en unidad independiente con sable.

El coronel Villalba Riquelme les dirigió una entusiasta arenga.

A continuación, desfilaron uno a uno ante la bandera española para despedirse de ella besándola. Una vez retirada ésta con todos los honores, desfilaron los alumnos de segundo y tercer curso. Al quedar solamente formados los nuevos oficiales, el director les dijo con voz vibrante: «¡Caballeros oficiales de la XV promoción de Infantería, por última vez rompan filas».

Franquito era feliz contemplando al fin la estrella solitaria de segundo teniente cosida en cada bocamanga de su guerrera. Años después, con la divisa de general ya en su poder, decidiría el destino de muchas vidas…

5

Las novias

El que espera desespera, Sofía, y yo espero.

Franco,
en postal a su amada Sofía Subirán

No hay duda de que él bebió los vientos por una mujer antes de contraer matrimonio finalmente con la elegida por el destino, María del Carmen Polo y Martínez-Valdés.

Aludimos, claro está, al pequeño-gran protagonista de estas páginas: Francisco Franco Bahamonde, enamorado hasta el tuétano de una atractiva joven llamada Sofía Subirán a la que conoció durante su estancia en África, cuando él frisaba los veinte años y ella apenas contaba dieciséis.

Con razón, en la Legión se le llamó el militar de las tres «emes»: sin miedo, mujeres y misa.

Tan cierto como que a Cerillito le atraía ya el llamado sexo débil desde su más tierna infancia: Sofía Mille, con doce años, fue su musa ferrolana, con quien luego, siendo ya cadete en la Academia de Infantería de Toledo, paseaba de la mano por los cantones de su ciudad natal. Pero esta relación, con toda su inocencia, pasó sin pena ni gloria. Sofía Mille contrajo matrimonio, años después, con el ingeniero naval Francisco de la Rocha que, en 1937, sería gobernador civil de La Coruña.

A Sofía Mille siguió Paquita Maristany, hija del dueño de un establecimiento de efectos navales de Ferrol. La propia Pilar Franco la describía como una «chica muy guapa y de simpatía encantadora, a quien llamábamos "Pacorra"». Pero, al igual que sucedió con su antecesora, Paquita Maristany mantuvo con Franco una relación superficial.

Hace ya casi cuarenta años que el periodista y escritor Vicente Gracia documentó admirablemente el gran romance frustrado y muy desconocido aún hoy entre Francisco Franco y Sofía Subirán, el verdadero primer amor del futuro Caudillo de España, con más de un centenar de postales afectuosas de éste, las cuales su destinataria conservaba aún tras el paso irremediable de los años, así como con largas entrevistas a la propia coprotagonista del idilio.

El tenientillo, acompañado siempre por el diminutivo Cerillito, Paquito o Franquito, según las distintas etapas de su vida, fue destinado poco después de llegar a Melilla al Regimiento África número 68. Corría el mes de marzo de 1912.

El 13 de junio ascendió a primer teniente, la última vez que lo haría por antigüedad en su ajetreada carrera militar; y el 16 de noviembre recibió su primera recompensa de campaña: la Cruz de Primera Clase del Mérito Militar con distintivo rojo.

Pero aquella misma Navidad, el teniente Franco iba a recibir la mayor gratificación para su virginal corazón, tras obtener el primer permiso largo de campaña en Melilla. Tal y como nos la describe Vicente Gracia, «Sofía es una joven y espigada damita española hija del entonces coronel Subirán, hermano político y ayudante de campo, a la vez, del general Luis Aizpuru, Alto Comisario de Marruecos, lo que equivalía a Capitán General de aquel territorio, y que posteriormente fue ministro de la Guerra con Primo de Rivera».

El ambicioso tenientillo apuntaba alto... también en cuanto a belleza se refiere. No en vano, un cronista de *El Telegrama del Rif* quedó anonadado al ver a la dama cierto día en el palco de su tío, el Alto Comisario, durante una función musical, dejando escrito para la posteridad:

> Los bellos ojos de Sofía Subirán, rostro de indecible encanto, adquieren un prestigio inmenso allá en la penumbra de aquel palco. Son como joyas, como piedras raras, de un fulgor extraño, guardadas y defendidas por el doble cerco de lanzas de las pestañas largas.

Los mismos ojos que con toda seguridad cautivaron al tenientillo de Regulares, dispuesto a conquistar a la muchacha que los lucía centelleantes.

Preguntada sobre qué era lo que a Paquito más le gustaba de ella, la propia aludida respondía, precisamente:

—Mis ojos, sobre todo mis ojos. Al menos eso decía él. Cuando él me pedía alguna cosa que yo no tenía ganas, que fuéramos a pasear o a la hípica, esas cosas, yo me excusaba diciendo: «Es que mi papá me va a reñir...». Lo que también era verdad. Y entonces él me replicaba: «A usted su papá no puede reñirla con esos ojos que tiene». Y yo le replicaba: «Sí, en mis ojos se va a fijar mi padre...».

Sofía amaba la música: tocaba el piano y cantaba que era un primor. Pero también disfrutaba de lo lindo bailando charlestón, chotis, pasodobles, habaneras y lo que se terciase. Contaba ella misma que un chico se ponía a su lado en las fiestas, por indicación suya, y si se acercaba alguien que no le gustase arrancaba a bailar con su amigo. No fue el caso de Paquito, pese a que, según ella, fuese «muy patosillo el pobrecillo» y prefiriese hablar todo el rato, lo cual a la joven le aburría bastante.

Cuando el oficial estaba en la plaza de Melilla, la pareja se veía todos los días: por las tardes, en el Paseo, y por las mañanas, en el parque Hernández.

A Paquito lo veía ella así: «Era fino, muy fino. Atento, todo un caballero. Si se enfadaba tenía un poco de genio, pero en plan fino. Tenía mucho carácter y era muy amable. Entonces era delgadísimo. Parece mentira cómo cambió luego. Conmigo era exageradamente atento, a veces hasta te fatigaba. A mí me trataba como una persona mayor, y eso que era prácticamente una niña». «Demasiado serio para lo joven que era», añadía Sofía. Tan serio, que no contaba jamás un solo chiste y era muy poco ocurrente, o más bien nada.

Las relaciones no podían considerarse formales, al menos para ella. Mientras charlaban, asomada ella a la ventana de su vivienda en un piso bajo y él desde la acera, y de lejos veía acercarse a su padre, gritaba como una energúmena: «¡Por Dios, que viene mi padre!».

«Y entonces él —ironizaba Sofía, en alusión a Paquito— echaba a correr como un gamo. Salía disparado. ¡Ni que lo persiguieran los rojos! Con decir que el hombre que más hizo correr a Franco en esta vida fue mi padre, ya está dicho todo.»

Cuando Franco contrajo matrimonio con Carmen Polo, Sofía Subirán rompió más de doscientas cartas de amor del tenientillo, pero conservó el centenar de postales que encerraban una treintena de mensajes distintos: «Eran bonitas, muy preciosas —evocaba la joven con nostalgia—. En las postales escribía menos comprometidamente y sobre todo me las enviaba para darme a entender que no había recibido respuesta su carta, que era lo más frecuente pues a mí me costaba mucho escribir».

A Vicente Gracia se atribuye todo el mérito de exhumar en su día la colección de mensajes de amor de Paquito Franco, que comienzan el 6 de enero, festividad de los Reyes Magos, de 1913.

El teniente escribía así, enamoriscado desde la posición de Al-laten:

> Mi distinguida amiga:
> De regreso en esta posición le envío estas postales haciéndole presente mi sentimiento por no haber encontrado ocasión de decirle adiós. Deseando pasen pronto los días para tener la alegría de verla, le saluda su buen amigo,
>
> FRANCISCO FRANCO

Más revelador era aún, si cabe, el texto de esta otra postal datado el 22 de febrero en la misma posición africana:

> Mi distinguida amiga:
> Recibí su contestación en el día de hoy que me ha alegrado en parte solamente, pues encuentro tan vaga la palabra tiempo que tanto puede ser poco que mucho, agravando esto el escaso tiempo que dura mi presencia en esa [plaza de Melilla]; pero en fin le he agradecido muchísimo su bondad y esperando que sea V. buena en la apreciación del tiempo se despide de V. su buen amigo,
>
> FRANCISCO FRANCO

Paquito respondía así a la carta de Sofía, en la que ésta le había insistido en que «debía tener paciencia y esperar», pues ella era entonces muy joven. La mujer confesaría a Vicente Gracia, años después, toda la verdad: «Yo no estaba nada decidida, más bien al contrario. A mí, Franco no me gustaba».

El 9 de marzo, el tenientillo quedaba una vez más en evidencia ante su amor platónico: «El que espera desespera, Sofía, y yo espero», escribía.

Pero nunca antes él se había pronunciado tan claro y rotundo, sintiéndose desplazado, como en esta larga postal fechada también en Al-laten, el 6 de abril:

> Mi distinguida amiga:
> […] Hace varios días bajé a la Plaza esperando que después del tiempo pasado y de la confianza que creí tendría en mi cariño hablaríamos y obtendría su respuesta, pero aunque me duela el confesarlo inútiles fueron mis esfuerzos que para ello hice y si bien comprendo que las circunstancias no me ayudaron, éstas nunca podrían justificar se ausentase al verme y solamente la indiferencia puede ser la causa de su conducta; por eso ahora que me convenzo de ello, solamente le ruego perdone mi franqueza o si en algo he podido molestarle…
>
> FRANCISCO FRANCO

Paquito pugnaba así una y otra vez por el amor no correspondido de Sofía. Esta postal constituye otra prueba fehaciente de que, pese a la indiferencia de ella, jamás se daba por vencido, como el bravo luchador que siempre fue.

Datada el 16 de abril, dice así:

Mi buena amiga Sofía:
Aunque en el día de hoy no he tenido noticias suyas como esperaba, le escribo estas líneas a fin de saludarle y decirle varias cosas.
Primero que pronto tendré el gusto de hablarle pues solicité permiso para bajar a la Plaza que me concederán de un día a otro y poder asistir a un baile que me han dicho se va a celebrar (si V. asiste como supongo) [...] Recordándola muchísimo y sintiendo la calma con que pasa el tiempo se despide de V. y le quiere,

FRANCO

El 24 de abril, la triste realidad se hacía todavía más palmaria:

Mi querida amiga Sofía:
He sentido muchísimo en el día de hoy no tener noticias suyas como esperaba pues supongo que tendrá V. diez minutos para acceder a un ruego tan justo y sabiendo lo mucho que me alegrarán sus cartas [subrayado en el original].
Sin más, se despide de V. su buen amigo que le quiere,

FRANCISCO FRANCO

¿A qué obedecía el clamoroso silencio de Sofía ante los mensajes suplicantes de Paquito?
Ella misma explicaba su implacable sigilo, años después: «Pues porque no tenía nada que decirle y, sobre todo, no podía decirle lo que él pretendía que le dijera... Él quería que fuéramos novios o que, al menos, yo aceptara algún compromiso...».

La última postal dejaba entrever ya en el joven teniente el amargo sabor de la derrota en el ingrato campo de batalla del amor.

Fechada el 5 de junio, desde la nueva posición de Sebt, el militar se rendía a regañadientes ante la cruda realidad:

> Mi querida Sofía:
> He recibido en el día de hoy su postal que mucho me ha alegrado, aunque creo que en ella se equivoca, pues yo la quiero bastante por no decir muchísimo y en V. esto es imposible, pero en fin quiero creerle y me haré esa ilusión […] Adiós Sofía, que sea cierto lo que V. me dice y cuente siempre con el cariño de Franco.

Tras esta última postal, la pareja se vio algunas veces más, pero la relación se diluyó finalmente sin remedio. Sofía conservaba un bonito retrato que le hizo Paquito a lápiz. Años después, su hermano Carlos, general en la reserva, coincidió con Franco en alguna que otra recepción y éste le preguntó varias veces por ella: «¿Sigue bien doña Sofía?».

Sostienen algunos así, con razón, que él jamás la olvidó pese a que antes de conocer a Carmen Polo y desposarse con ella, mantuviese aún otro idilio con María de los Ángeles Barcón y Furundarena, en el verano de 1919, cuya belleza le hizo proclamarse reina de los Juegos Florales de Ferrol y deslumbrar, cómo no, al joven «comandantín». Como hija del dueño de una próspera industria metalúrgica, María de los Ángeles pertenecía a la alta burguesía ferrolana.

«A pesar de su profesión —declaró ella al periodista Serafín García, en alusión a Franco— sabía tratar con delicadeza a las chicas… Hablaba poco y justo. Noté que nunca tenía las manos calientes y me gustaba, sobre todo, su concentrada seriedad, su dentadura blanca… El romance vino gradualmente. De la novedad al interés, luego la esperanza y la atracción.»

Atracción que el padre de la chica zanjó para siempre al propinar a su hija un sonoro bofetón, «el mayor que recibí en mi vida», reconoció la propia víctima, para que abandonase al militar de una vez. Obediente a la autoridad paterna, ella contrajo matrimonio finalmente con Gumersindo Azcárate, oficial del Cuerpo General de la Armada.

A principios de los años ochenta, Ángeles Barcón residía sola en Madrid habiendo sido testigo de la muerte de su marido y del hombre por quien en un principio suspiró.

Resultaba llamativo que ella recordase las manos frías de Franco al cabo de más de medio siglo; señal inequívoca de que debieron impresionarle. Sobre la baja temperatura de las manos, precisamente, el insigne doctor don Gregorio Marañón deslizaba esta aguda reflexión en su ensayo biográfico sobre el rey Enrique IV de Castilla, hermanastro de Isabel la Católica, y quién sabe también si pensando en otros grandes personajes de la Historia, como Franco:

> Otro detalle interesante de la morfología de estos eunocoides y deficientes sexuales es la frialdad húmeda de las manos, descrita por mí con el nombre de «manos hipogenitales», que produce, al estrecharlas, una sensación de viscosidad poco agradable, por lo que es muy común que estos individuos esquiven el dar la mano ofreciendo sólo, rápidamente, las puntas de los dedos. Los médicos sabemos esto muy bien, y podemos colegir, en un cierto grado, la tensión sexual de un determinado individuo por la técnica con que realiza este acto simbólico de la sociabilidad.

6

El disparo fatal

Franco sólo tenía un testículo.

ANA PUIGVERT,
andróloga y nieta del célebre
urólogo de la familia Franco

En abril de 1915, reciente todavía el romance imposible con Sofía Subirán, Francisco Franco había sido ascendido a capitán por méritos de guerra.

Recibió entonces la orden de organizar una nueva compañía de Regulares, que iba a ser la tercera del tercer Tabor.

En noviembre, su compañía se integró en el segundo Tabor y Franco fue designado cajero del mismo, lo cual le convertía en responsable de la custodia de los fondos empleados para pagar a los soldados.

Pero en verano de 1916, el segundo Tabor iba a tomar parte en una arriesgada operación de limpieza en los alrededores de Ceuta. El objetivo principal era la conquista de El Biutz, un pequeño poblado a ocho kilómetros de la capital ceutí, que ponía en peligro las comunicaciones con Tetuán.

La defensa de Ceuta había sido encomendada a una gran

línea con apoyos militares en los cerros, de los cuales el más señalado era el de Cudia Federico.

Durante la noche del 28 al 29 de junio, el segundo Tabor en el que iba Francisco Franco ocupó la punta de ataque. Los soldados debían recorrer terreno áspero, ascender por penosas pendientes, y adentrarse luego en fila india por angostos senderos. Arriba, en una loma llamada «de las trincheras», les aguardaba parapetado el enemigo. Su única salida consistía en tomar al asalto aquella cota.

A las tres de la madrugada, se dio la orden de ataque. Poco después, la primera compañía resultaba casi aniquilada por el fuego enemigo y su capitán, Palacio, era evacuado en camilla con gravísimas heridas. Franco, de veintitrés años, tomó el mando, mientras sus compañeros seguían cayendo heridos o muertos a su lado. Hasta el mismo jefe del Tabor, el coronel Muñoz Güi, cayó fulminado de un balazo. Pero aun así, los bravos soldados de Regulares seguían trepando por la loma, hacia la cota de Ain Yir, de cuya conquista dependía el desenlace de la batalla.

Ante la amenaza de una maniobra envolvente, Franco recogió el fusil de un soldado herido, caló la bayoneta, y se lanzó aguerrido al ataque arrastrando al resto de sus hombres. Fue entonces cuando los disparos le alcanzaron en el bajo vientre, y no en el pecho, como se dijo al principio por error. El joven capitán dobló la rodilla y cayó desplomado al pedregoso suelo.

Años después, restablecido ya de sus gravísimas heridas, el protagonista revivía aquella pesadilla bélica a Luis Franco de Espés, barón de Mora. Evocaba así Franco:

> Por cierto, que el famoso moro El Ducali me recogió en sus brazos, mientras mis soldados moros se lanzaban unos a la bayoneta contra el enemigo y otros me rodeaban

para evitar fuese herido nuevamente por el fuego nutridísimo. De aquel día conservo esta *escara* [cartera de pieles policromadas], perteneciente al caíd rebelde, un moro corpulento, de barba venerable, vestido con magnífica chilaba blanca y azul, que al ser muerto por mis Regulares se la arrancaron.

Recostado en la camilla, Franco supo que había sido herido de muerte.

Aun así, con una sorprendente sangre fría, mandó llamar al primer teniente de su compañía y le entregó las 20.000 pesetas que custodiaba para que sus soldados recibiesen la paga aquel mismo día.

En el puesto de socorro improvisado en la cábila de Enciefa, justamente en la Loma de las Trincheras, en el poblado de El Biutz, le atendió de urgencia el capitán médico Enrique Blasco Salas, quien, antes de reconocerle, le dio ya por muerto.

Trasladado enseguida hasta Cudia Federico, el capitán médico del Batallón de Cazadores de Barbastro, Antonio Mallou, le administró una cura que sirvió para cortarle la hemorragia y salvarle probablemente la vida.

Luego, Mallou intentó paliar con morfina los terribles dolores, lamentando que aquélla se agotara enseguida.

En el telegrama oficial de heridos, reproducido en el cuadernillo de fotos, se consignó entonces: «Infantería. Fuerzas Regulares Melilla número dos, Capitán Francisco Franco, herida en región lateral del abdomen; grave».

El herido permaneció en Cudia Federico dos semanas, pues su traslado al hospital Docker en Ceuta habría resultado fatal. Temiendo por su vida, pidió confesión al capellán castrense Carlos Quirós Rodríguez. El sacerdote dispuso que se colocase al herido en uno de los dos asientos de unas artolas sostenidas a lomos de una caballería, y de contrapeso, sobre el otro asiento, a un soldado indígena que no entendía ni una sola palabra de español. En condiciones tan precarias, el clérigo escuchó y absolvió finalmente al joven oficial.

Milagrosamente, el 15 de julio fue enviado a Ceuta, donde permaneció hasta el 3 de agosto, en que fue trasladado a Ferrol para una convalecencia de dos meses.

Pero Franco tenía *baraka*. Había logrado sobrevivir gracias a su buena estrella. Como el día en que, soplando el viento de Levante, salvó la vida siendo comandante mientras luchaba al frente de su Bandera en Dar Riffien. Un golpe de aire arrojó al suelo su «chapiri» o gorro legionario. Decidió apearse del caballo para recogerlo viendo cómo se alejaba cada vez más de él arrastrado por la arena. No fue más que bajar del animal cuando una bala atravesó la montura.

Más tarde, Franco dijo algo profético: «Yo he visto pasar la muerte a mi lado muchas veces, pero, por fortuna, no me ha reconocido».

El parte oficial sobre la victoria de El Biutz le dedicaba los mejores piropos a los que podía aspirar un militar: «Incomparable valor, dotes de mando y energía desplegada en el combate».

Como consecuencia de su heroica acción, el Alto Comisario de España en Marruecos recomendó su ascenso a comandante y la apertura de expediente para la concesión de la Cruz Laureada de San Fernando, la máxima condecoración del Ejército español.

Pero los asesores militares del ministro de la Guerra informaron a éste de que Franco era un oficial demasiado joven para ascender a comandante.

Franco no se dio por vencido y reclamó ante el mismo rey Alfonso XIII, quien aceptó finalmente su petición.

Fue así como el 28 de febrero de 1917 se convirtió, con tan sólo veinticuatro años, en el comandante de Infantería más joven de España.

La encarnizada batalla de El Biutz, que a punto estuvo de costarle la vida, hizo que aquel joven con agallas entrase para siempre en la leyenda.

Desde su amigo y subordinado Millán Astray, hasta su detractor Paul Preston, pasando por Luis Suárez, De la Cierva o Brian Crozier, todos sus biógrafos se hicieron eco de aquella jornada de heroísmo con más o menos detalle.

Millán Astray, en su temprana semblanza *Franco, el Caudillo*, publicada en 1939, se limitaba a decir que «cuando era capitán de Regulares, en El Biutz, en Ceuta, una [bala] le atravesó su cuerpo poniéndole a las puertas de la muerte».

El general legionario no especificaba en qué lugar del cuerpo fue herido. Cosa que el historiador Luis Suárez, en su mastodóntica biografía del Caudillo, sí hacía: «Y entonces le alcanzaron en el vientre los disparos y se derrumbó», recordaba.

Sobre el mismo suceso, Ricardo de la Cierva escribía: «El jefe accidental del Tabor ordena el avance a la tercera compañía dirigida por Franco que se lanza al ataque al frente de sus hombres hasta que cae con una gravísima herida en el abdomen».

Entre la propia familia Franco circuló la versión de que Francisco había sido herido «en el vientre», como consignaba su hermana Pilar:

En África, muchos años antes, el futuro Caudillo fue herido gravemente. La bala hizo un agujero limpio en el vientre y salió por la espalda rozando la columna vertebral. Como estaba en ayunas, era joven y muy fuerte, tuvo suerte y se salvó. La bala no llegó a perforar el estómago, cosa que posiblemente hubiera sucedido si hubiera comido poco antes, ya que con el peso el estómago baja unos centímetros.

Finalmente, Paul Preston, tras localizar el disparo «en el estómago», se hacía eco de los comentarios desatados a raíz del gravísimo percance. Así manifestaba, ecuánime, el hispanista:

> La situación de la herida también dio origen a especulaciones sobre la aparente falta de interés de Franco en materia sexual. El escaso testimonio médico disponible no permite semejante interpretación. Además, mucho antes de recibir la herida, Franco se había abstenido de participar en las aventuras sexuales de sus camaradas, en su época de cadete en la Academia y en los siguientes destinos tanto en España como en África. Su aversión ante la conducta de su padre basta para explicar el extremo recato de su vida sexual.

Sin embargo, Ramón Garriga, autor de varias biografías de los Franco, iba mucho más lejos en su libro *La Señora de El Pardo*:

> En el caso que nos interesa se hablaba de que la gravísima herida sufrida por el general en 1916, en el abdomen, y que puso seriamente en peligro su vida, lo había dejado incapacitado para procrear hijos. Al parecer todo era normal en el acto de realizar el acto sexual, pero algo fallaba en el líquido seminal que impedía que la operación terminara con un feliz engendramiento; los expertos definen estos casos como esterilidad temporal.

Esa misma «esterilidad temporal» podía explicar que Francisco y Carmen tardasen casi tres años en traer al mundo a su primera y única hija, desde su boda celebrada en octubre de 1923.

En enero de 2009 sostuve una reveladora conversación con Ana Puigvert, nieta del célebre urólogo Antonio Puigvert, que tantos entresijos médicos conocía sobre la familia Franco, algunos de ellos inconfesables.

Su nieta sigue hoy, desde hace más de treinta años, los expertos pasos del abuelo. Preside la Asociación Española de Andrología y es socia fundadora de la prestigiosa clínica Iandroms de Barcelona.

Fue ella la que, durante nuestra charla informal en su casa de la Ciudad Condal, destapó inopinadamente la caja de los truenos. Investigaba yo entonces la vida y milagros de Ramón Franco, el hermano maldito del Caudillo, cuando de repente ella me espetó, como si tal cosa:

—Francisco Franco era monórquido.

El comentario me pareció una perogrullada.

—Sí, claro —asentí—. Alfonso XIII aceptó ser su padrino de boda y además le nombró gentilhombre de cámara...

Pero ella enseguida me corrigió, silabeando:

—Le digo que era mo-nór-qui-do.

—¿Y eso qué significa? —pregunté, desconcertado.

—Pues que Franco sólo tenía un testículo.

—¡Uno solo! ¿Está segura de lo que dice?

—Completamente, me lo dijo mi abuelo varias veces.

Comprendí entonces el sentido de ese «algo» que, según Garriga, impedía a Franco procrear: la ausencia de un testículo, precisamente. Lo cual, sin convertirle necesariamente en un hombre estéril, reducía su fertilidad hasta el punto de explicar por qué había sido padre de una sola criatura, cuando la mayoría de sus compañeros lo eran entonces de familias numerosas, como el general Juan Yagüe, con siete vástagos a sus espaldas y miembro de la misma promoción que Franco en la Academia de Infantería de Toledo.

Tras educarse en Francia, donde completó la enseñanza secundaria con matrícula de honor, Ana Puigvert acabó especializándose en Andrología en la escuela de posgraduados de la Fundación Puigvert.

Nadie mejor que ella es consciente del listón tan alto que puso su abuelo, uno de los urólogos más eminentes del mundo.

No en vano, a las expertas manos de Antonio Puigvert se encomendaron presidentes de Gobierno como Juan Domingo Perón (Argentina), Juscelino Kubitschek (Brasil), Rafael Leónidas Trujillo (República Dominicana), Enrique Jiménez (Panamá) y Fidel Castro (Cuba); generales como Agustín Muñoz Grandes; banqueros como Juan March e Ildefonso Fierro; pintores como Salvador Dalí y José María Sert, y hasta Su Santidad el papa Pablo VI.

Puigvert fue quien operó también a Nicolás Franco, hermano mayor de Francisco, a un hijo de Pilar, y a la viuda e hija de Ramón, el héroe del *Plus Ultra*.

El propio doctor recordaba así al Caudillo, en sus memorias: «Me consideré siempre amigo suyo. Amigo personal, no en lo político».

A continuación, desmentía la intervención quirúrgica secreta a la que, según el autor monárquico Víctor Salmador, había sometido él mismo al Caudillo para curarle una inflamación de la próstata; operación de la que daba cuenta Salmador en su obra *El Caudillo y el Otro*, publicada en España en 1977.

Comentaba Puigvert:

Dicen que le operé en secreto de una dolencia muy grave; y que, al despertar, me dijo agradecido:

—Doctor: usted me ha alargado la vida veinte años.

Y dice en el libro que yo le respondí:

—No lo repita por ahí, mi General, que ya tengo bastantes enemigos.

Puigvert negaba rotundo aquella intervención:

Repito que nada de verdad hay en ello. No solamente no lo operé sino que ni siquiera lo atendí jamás profesionalmente, posiblemente porque nunca tuvo necesidad de ello... Pero él no fue nunca paciente mío.

Pero, en otro pasaje de sus memorias, se mostraba enigmático, dando a entender que conocía numerosas interioridades del Caudillo:

He tenido muchas conversaciones con el general Franco. Nos hemos visto en muchos sitios y en muy diversas coyunturas. He hablado con él de temas que nadie llegaría a sospechar...

Recordé entonces la asombrosa revelación de su nieta Ana, de la cual me había hecho partícipe con toda naturalidad, como si fuese algo archisabido entre ella y su abuelo.

Pensé en la posibilidad de que el doctor Puigvert hubiera callado en sus memorias aquella intimidad del Caudillo, ocultándola bajo su misterioso comentario: «He hablado con él de temas que nadie llegaría a sospechar...».

Además, el hecho de que no hubiese sido paciente suyo,

no significaba necesariamente que don Antonio no conociera la supuesta carencia del Caudillo.

De todas formas, ante mi insistencia, Ana Puigvert volvió a confirmarme el diagnóstico de su abuelo, matizando:

—El hecho de ser monórquido no está reñido con la fertilidad. La única forma de saber si Franco podía tener hijos era mediante un análisis de semen para comprobar que no tenía espermatozoides; pero dudo que eso se hiciera.

A continuación, Ana me explicó que la monorquidia podía ser innata o adquirida. Y entonces no me cupo duda de que, si realmente Franco era monórquido, su origen se remontaba a la sangrienta Guerra de África.

Pensé entonces también en que, aparte de las simpatías que pudieran profesarse, a Franco y a Hitler les unía la pérdida de un testículo el mismo año de 1916. Sólo que el del Führer se le había volatilizado en la sangrienta batalla del Somme, librada entre las tropas francobritánicas y las alemanas, en la Primera Guerra Mundial. Una reveladora conversación transcrita de un documento desclasificado entre el médico militar que le atendió, Johan Jambor, y el sacerdote Franciszek Pawlar desvelaba la monorquidia de aquel cabo de veintisiete años que tantos quebraderos de cabeza daría luego a la Humanidad entera: «Su abdomen y sus piernas estaban cubiertas de sangre. Hitler estaba herido en el vientre y había perdido un testículo. Su primera pregunta fue si iba a quedar incapacitado para tener hijos».

Años después, durante la Segunda Guerra Mundial, la tragedia de Hitler era ya objeto de chanzas entre los británicos, que entonaban crueles canciones con esta letra: «*Hitler has only one Ball; his mother cut if off when he was small*» (Hitler tiene un solo testículo; el otro se lo cortó su madre cuando él era pequeño). Pero no fue su madre, sino la terrible metralla que impactó en su cuerpo durante la sangrienta batalla la que segó aquel órgano tan delicado.

«Hermanados» así también por la pérdida de sus respectivos testículos, Hitler y Franco se congratularon por la victoria del bando nacional en la Guerra Civil española. El Führer se apresuró a enviar al Caudillo su más sincera felicitación por el triunfo mediante un telegrama reproducido por primera vez en el cuadernillo central de fotos, y éste le contestó enseguida con estas mismas palabras en otro documento conservado hoy también en la Fundación José María Castañé, el cual exhumó en su día el periodista Jesús Ruiz Mantilla:

> Al recibir vuestra felicitación y la de la nación alemana por la victoria final de nuestras armas en Madrid os envío con la gratitud de España y la mía personal los sentimientos más firmes de la amistad de un pueblo que en los momentos difíciles ha sabido encontrar sus verdaderos amigos.

Cuatro años y medio después de publicar la insólita conversación con Ana Puigvert en mi libro *Franco, el republicano* (2009), la escritora Pilar Eyre abordó el mismo asunto en el suyo *Franco Confidencial* (2013).

Me sorprendió al principio que lo hiciese sin citar, francamente, pues ningún autor hasta la publicación de mi estudio, desde Preston hasta Suárez o De la Cierva mismo, se había pronunciado sobre ese delicado asunto de la monorquidia por falta de información contrastada. Pero Eyre, como digo, lo hizo a su manera, como enseguida veremos.

Huelga decir que el secreto desvelado en mi trabajo de investigación dio la vuelta al mundo, de modo que Eyre no podía alegar ignorancia en este caso: desde *El Mundo* donde ella sigue colaborando hoy y *La Vanguardia* en España, hasta la BBC británica o el mismísimo *Pravda* de Moscú se hicieron eco de la noticia, entre otros grandes periódicos de Estados Unidos, Alemania, Francia o Italia.

¿Qué decía, pues, Eyre en su libro?

Ni más ni menos que esto: «He tenido la suerte —escribía— de encontrar un médico que atendió a Franco en sus últimos años de vida».

Sin facilitar su nombre en un tema de semejante trascendencia, ni siquiera casi cuarenta años después de la muerte del afectado, consignaba a continuación lo que el enigmático doctor le había confesado sobre Franco: «Era monórquido, es decir, tenía un solo testículo a resultas de su herida de guerra, aunque tal circunstancia no impide ni engendrar ni sentir deseo sexual».

Nadie, insisto, hasta la aparición de mi libro había aludido a la monorquidia de Franco, ni mucho menos relacionándola con su gravísima herida en la guerra de África. ¿Casualidad entonces que Eyre lo hiciera, respaldándose en el testimonio de un joven médico, para colmo anónimo e inexperto entonces, quien, según ella, había atendido a Franco en sus últimos años de vida?

En junio de 2015 volví a pulsar la opinión de la doctora Puigvert, y esta vez ella quiso ratificarse por escrito en su testimonio registrado seis años atrás en cinta magnetofónica con una argumentación científica que, pese a su extensión, vale la pena reproducir en su integridad.

Sentencia así Ana Puigvert, a propósito de la versión tan *sui generis* de Pilar Eyre:

> La monorquidia del general Franco fue producto de un grave traumatismo durante la campaña de África de 1916,

en la batalla de El Biutz; concretamente, en las Lomas de Dar Riffien.

Fue un accidente provocado al parecer por un disparo en el bajo vientre; por lo tanto, de elevado índice de gravedad, ya que afectó a múltiples áreas de la zona pélvica.

Advirtamos que en 1916 cualquier traumatismo en el área pélvica o en el hipogastrio representaba un elevado índice de mortalidad, dadas las características de la medicina y cirugía que se practicaba entonces.

Según la bibliografía revisada, en los campos de batalla se seleccionaba a los heridos de acuerdo con la gravedad de sus lesiones de la siguiente forma: no se trasladaba a los moribundos, se administraban primeros auxilios a los heridos, se trataba en el mismo campo de batalla a quienes podían recuperarse, y finalmente se trasladaba a los que tenían posibilidades de sobrevivir. Esta pauta de actuación se instauró a inicios de la Gran Guerra (1914-1916), lo cual permitió aumentar la supervivencia de los heridos más graves.

Éste fue precisamente el caso de Francisco Franco, quien, sin ser un moribundo, podía recuperarse mediante una intervención quirúrgica. De esta forma, se decidió trasladarle al hospital de la Plaza de los Reyes, en Ceuta.

Solamente hay que imaginarse el contexto médico de aquella época, en la que no existían antibióticos y sí, por el contrario, precarios métodos de asepsia y antisepsia. Para colmo, la actuación quirúrgica se realizaba a destajo por la presión asistencial de los heridos de guerra, y la cirugía resultaba muy agresiva, hasta el punto de extirparse cualquier órgano o extremidad que pudiera empeorar la salud y recuperación del paciente.

Franco fue atendido, entre otros, por el doctor Blasco Salas, quien informó enseguida de la gravedad del paciente, lo cual explicaría con contundencia las posibles secuelas que conservó a cambio de salvar la vida de milagro.

Las heridas quirúrgicas en el tejido blando podían afectar a toda el área anatómica y a los órganos vecinos, provocando un proceso de fibrosis y/o adherencias que además de culminar con la pérdida de un testículo, afectaban a la vía seminal contralateral y al sistema vascular peneano dada su proximidad. De este modo, el paciente quedaba imposibilitado para fertilizar por la afectación de la gónada restante y de su vía seminal, provocándose, como digo, una infertilidad secretora y una disfunción eréctil *coeundi*.

Retomemos ahora el testimonio, o más bien elucubración poco o nada científica, recabado por Pilar Eyre del misterioso doctor que incluye, como si fuera un fantasma, en su libro. El presunto especialista agregaba:

Pero [Franco] tenía otra característica que sí nos ayuda a entender cómo había sido su vida sexual: tenía una fimosis acentuada, el prepucio muy cerrado, lo que me permite deducir, por mi larga experiencia en estos casos, que su vida sexual fue inactiva. Que después de conseguir engendrar a su hija, que era inequívocamente suya, no volvió a tener relaciones sexuales con su mujer, y, si lo hizo, fue de forma muy esporádica.

Y añade:

Si tardó tres años en tener un hijo no fue porque su mujer no se quedara embarazada, sino porque seguramente apenas tuvieron relaciones. Y después de que naciera, el asunto se terminó para siempre.
Le pregunté al médico cómo es posible tal cosa, y me contestó, rotundamente: «Se puede permanecer casto toda la vida…».

Veamos a continuación cómo rebate hoy Ana Puigvert el diagnóstico de «fimosis acentuada» atribuido por Eyre al presunto especialista.

Tras aclarar de modo científico que la fimosis «es la situación en la que se produce una dificultad o imposibilidad de retraer el prepucio hasta por debajo del surco balano prepucial», la doctora Puigvert explica que aquélla puede ser «congénita, desde la infancia», o surgir en «la edad adulta, como consecuencia de procesos infecciosos o inflamatorios».

Sea como fuere, Ana Puigvert advierte que el término «fimosis acentuada» al que alude Eyre «no existe en el léxico médico».

Y añade, rotunda:

En cuanto al concepto de «prepucio muy cerrado», cualquier médico sabe perfectamente que es la descripción de una fimosis anular, la cual tampoco impide la actividad sexual.

En la práctica clínica diaria, hoy en día vemos muchos casos de fimosis anulares no intervenidas en la edad adulta que tampoco limitan la capacidad fértil del individuo; si bien pueden producir procesos infecciosos locales, motivo por el cual el paciente acude a la consulta.

Ante esta situación, el paciente refiere dolor tanto en estado de flacidez como de erección. La solución es quirúrgica. La cirugía ha quedado establecida nada menos que desde el siglo XVIII, siendo hoy la técnica de Treves de 1903 [del doctor británico Frederick Treves] la más habitual.

Y sobre el caso concreto de Franco, la doctora Puigvert advierte que «la cirugía de fimosis cuando el futuro Caudillo prestaba sus servicios en el Ejército era ya un protocolo de actuación muy habitual», tal y como refiere a su vez en sus escritos el comandante médico Juan León Taboada, que la efectuaba entonces. Concluye Ana Puigvert:

> Por lo tanto, queda absolutamente claro que en aquella época ya se practicaba de forma sistemática en el entorno militar, y por varios motivos, la cirugía de la fimosis denominada «postectomía». Si el general Franco hubiese presentado una fimosis anular severa, podría haber afectado a su estado de salud como consecuencia de procesos infecciosos locales y del tracto urinario que habrían mermado su calidad de vida. No hay duda entonces de que durante su vida militar, y ante la supervisión médica, si le hubieran detectado dicha fimosis el doctor le habría intervenido sin dudarlo.
>
> Si la fimosis hubiera sido posterior a la vida militar, sería una fimosis 2.º y, como informaba el doctor Juan León Taboada, bien podría ser secundaria a causa de un proceso infeccioso venéreo, cosa que dudo mucho ante la personalidad religiosa de Franco.
>
> Finalmente, como informa Pilar Eyre, la «fimosis acentuada le provocaba [a Franco] que su vida sexual fuese inactiva». Estoy de acuerdo con esa afirmación. Por lo tanto, sin capacidad de engendrar, aunque no fuera en su caso la fimosis el motivo de dicha inactividad sexual, difícilmente hubiese podido tener una hija.

Más claro, agua.

7
La paternidad

[...] para parir hay que estar previamente
embarazada, y nadie ha visto nunca a doña
Carmen en este estado.

José Luis de Vilallonga

Resulta cuando menos sorprendente la siguiente afirmación
puesta en boca del misterioso doctor por Pilar Eyre: «[...]
Que después de conseguir engendrar [Franco] a su hija, que
era inequívocamente suya, no volvió a tener relaciones sexuales con su mujer».

¿Cómo estaba tan seguro el médico, cuya identidad Pilar
Eyre escatima curiosamente en su libro, de que Carmen Franco era hija del Caudillo? Y sobre todo, ¿cómo podía afirmar
con semejante rotundidad el presunto galeno que Franco no
volvió a tener jamás relaciones sexuales con Carmen Polo?
¿Acaso fue testigo ocular de lo que sucedía en la intimidad del
lecho conyugal?

Hace ya más de seis años, investigué sobre la paternidad
de la única hija del Caudillo, Carmen Franco Polo, nacida en
Oviedo el 14 de septiembre de 1926.

Muerto Ramón Franco, la grave herida de El Biutz desató todo tipo de comentarios y habladurías sobre la verdadera paternidad de su hermano mayor, tal y como puse de manifiesto ya en mi libro *Franco, el republicano*.

Sin ir más lejos, José Luis de Vilallonga, biógrafo del rey Juan Carlos, fue el primero en atribuir abiertamente a Ramón Franco la paternidad de Carmen, coincidiendo con la publicación de su libro *El sable del Caudillo*, en octubre de 1997:

> Septiembre de 1926
>
> Hoy, 14 del mes, ha nacido en Oviedo la que será hija única de Franco. Y no digo que hoy ha parido doña Carmen, porque para parir hay que estar previamente embarazada, y nadie ha visto nunca a doña Carmen en este estado. Hay mucho misterio en este asunto. Yo jamás sospeché, ni siquiera últimamente, que doña Carmen estuviese a punto de tener familia. Pero recuerdo, eso sí, unas largas y tensas conversaciones entre marido y mujer a propósito de la última trastada de Ramón Franco. Al parecer, el glorioso aviador había tenido una hija con una tonadillera, o algo parecido, de dudosa reputación. «¡De dudosa, nada!», se indignaba doña Carmen, y como la madre tenía que ganarse la vida haciendo bolos por España, a Ramón se le había ocurrido pedir a su hermano y a su cuñada que se hicieran cargo del bebé durante unos pocos meses. En una de las últimas discusiones con Ramón, le oí gritar a Franco: «¡Si Carmen y yo nos ocupamos de tu hija será para toda la vida!». Así quedaron las cosas. Pero lo cierto es que ni yo ni nadie hemos visto a doña Carmen embarazada. Ni en fotografía. Lo curioso es que «Nenuca» —que así llaman a la criatura— se parece a mi general como dos gotas de agua. Pero también es verdad que los dos hermanos Franco podrían pasar fácilmente por gemelos.

Paul Preston no daba pábulo, en cambio, a los comentarios que atribuían a Ramón Franco la paternidad de Carmencita. El hispanista recordaba en 1993:

> Hubo rumores insistentes de que Carmen no era realmente hija de Franco, sino adoptada, y que el padre podía haber sido su promiscuo hermano Ramón. Ninguna prueba sostiene esta hipótesis que parece surgir del hecho de que no se conocen fotografías de Carmen Polo embarazada y de la fama de aventurero sexual de Ramón.

Tampoco Stanley G. Payne ni Jesús Palacios, en su posterior biografía de Franco, otorgaban el menor crédito a lo que calificaban de meros «chismes». Entre 1962 y 1963, como consigna en su libro, Payne conoció en Madrid a José Pardo de Andrade, un primo gallego de Franco que detestaba al entonces dictador. Payne refiere:

> Una de las expresiones favoritas de Pardo de Andrade, «Franco es un débil sexual», dejaba claro que, tal y como él lo decía, era incapaz de engendrar un hijo. Afirmaba que Carmencita era una hija ilegítima de Ramón, que había sido adoptada por Paco y Carmen cuando vieron que probablemente no podrían tener hijos. Pardo de Andrade, haciendo alarde de cierta imaginación, insistía en que la niña se parecía a Ramón. Naturalmente se le dijo que dado que Paco y Ramón también se parecían, difícilmente su afirmación podía demostrar nada fehaciente.

Preston apuntaba por su parte un hecho, cuando menos, extraño: la inexistencia de imágenes de Carmen Polo embarazada.

Tampoco se conocen hoy fotografías de la madre y de la hija juntas durante la primera infancia de ésta; algo muy raro también, pues existen por ejemplo numerosas instantáneas de la reina Victoria Eugenia con todos sus hijos, desde su misma venida al mundo, a partir de 1907; o incluso de la mayoría de los compañeros de armas de Franco, cuyas esposas aparecen retratadas junto a cada uno de sus vástagos, como sucede con los siete hijos del general Juan Yagüe, compañero de promoción de Franco en la Academia de Infantería de Toledo.

Pero hasta que Carmencita no cumplió diez años, en 1936, no posó misteriosamente ante las cámaras en Santa Cruz de Tenerife.

Ni siquiera se conocen testimonios gráficos de su primera comunión y confirmación, celebradas en la catedral de Palma de Mallorca el 28 de mayo de 1933, donde su padre había sido destinado por Azaña, en febrero, al frente de la comandancia general de Baleares.

Según consta en la certificación de partida de bautismo que obtuve en su día de la archidiócesis de Oviedo, Carmencita recibió el Santo Sacramento el 18 de septiembre, cuatro días después de nacer, de manos del reverendo don Maximiliano Cuesta, en la iglesia de San Juan el Real, donde tres años atrás se habían desposado sus padres.

La certificación, conservada en el libro 22, folio 66, del archivo parroquial, está firmada por don Fernando Rubio Bardón, párroco de San Juan el Real, y sellada por don Jesús Álvarez, vicario general de la archidiócesis de Oviedo.

Más explícito aún, si cabe, que el testimonio de Vilallonga

es el del falangista Ángel Alcázar de Velasco, amigo de Ramón Franco y seguidor fiel de sus increíbles peripecias.

Nacido en octubre de 1909, trece años menor por tanto que el aviador, Alcázar de Velasco llevó también una vida errante y aventurera. Fue matador de toros, y en 1933 acudió con José Antonio Primo de Rivera a la fundación de la Falange en el Teatro de la Comedia, siendo galardonado por su generosidad con la Palma de Plata. Desde el principio, colaboró en la Prensa falangista y en el diario *La Nación*.

El 18 de julio de 1936, se hallaba preso en la cárcel de Larrínaga, en Bilbao, de donde se fugó, como había hecho años atrás su amigo Ramón Franco.

Condenado por un tribunal de guerra en Consejo Sumarísimo por oponerse al Decreto de Unificación en junio de 1937, desafiando así la autoridad de Franco, fue indultado dos años después y enviado a Londres como agregado de Prensa en la embajada española.

Pues bien, asistamos ya a su asombrosa declaración al psicoanalista Francisco Martínez López, que éste tuvo la precaución de registrar en cinta magnetofónica y publicar en el número 20 de la revista anual *Ferrol Análisis*, correspondiente a 2005, de la cual extraemos otros interesantes datos para este mismo capítulo. Alcázar de Velasco aseguraba:

> La hija de Francisco era hija de Ramón y no de él. Esa hija, era de Ramón y de «La Gaviota». Esta chica (La Gaviota) era una gallega, sin padre conocido. Pobre mujer. A los doce años se fue a La Coruña. Esta chica dormía en la calle. Fue a una casa de putas y como tenía las piernas largas la llamaban La Gaviota. La muchacha encontró un indiano viejo. Murió el indiano. Se pensó si la chica le daría alguna pócima. Se marchó a Algeciras. En-

tró en una casa de fulanas llamada La Inglesa. Como era alta, la llamaron «La Garza». Ramón la encontró. Se lió con ella. Se la llevó a su casa. Como era muy celoso, le pegaba.

Alcázar de Velasco relataba así el desenlace:

> Entonces quedó embarazada La Garza. A los cinco días del parto, murió la madre. Entonces Carmen se hizo cargo de la niña. En realidad no consta como embarazada en ningún sitio. En el Registro se amañó muy posteriormente. Durante esa fecha se hace un cortometraje en el que se muestra que doña Carmen no está embarazada.

Pilar Franco, entre tanto, salió una vez más en defensa de su hermano Francisco, asegurando que ella sí vio embarazada a su cuñada.

Pero, al mismo tiempo..., ¡confundió la fecha de nacimiento de su propia sobrina!:

> Este particular [el nacimiento de Carmen Franco] constituye un punto muy debatido en la historia de mi hermano Paco. Voy a intentar aclarar los hechos: En el mes de junio de 1928 mi hermano estaba en Zaragoza, como se sabe, dirigiendo la Academia Militar, mi cuñada se hallaba en estado y esto puedo atestiguarlo yo. El día 10 de junio les comunicaron que don Felipe Polo, padre de Carmen, estaba enfermo de gravedad y su hija acudió a Oviedo de la manera más rápida que le fue posible. Don Felipe falleció el día 13. Carmen dio a luz pocos días después.

Resulta insólito que la propia Carmen Polo no recordase quiénes fueron los padrinos de su única hija, como aseguraba su cuñada; máxime cuando lo habían sido sus propios hermanos, Felipe y Ramona Polo Martínez.

Pero no menos extrañas son las razones aducidas por la propia Pilar Franco para no asistir al bautizo de su sobrina, ni al entierro del padre de su cuñada:

> Precisamente, debido a las tristes circunstancias del momento, el bautizo de la niña se celebró en la más estricta intimidad.
>
> Mi cuñada no se acuerda de quiénes fueron los padrinos, pero parece ser que miembros de la familia Polo.
>
> Yo estaba en El Ferrol ocupada con mis hijos. Me comunicaron el fallecimiento de don Felipe Polo y a los pocos días el nacimiento de Carmencita. Por mis inexcusables obligaciones no pude asistir ni al entierro ni al bautizo.

La fecha de nacimiento de Carmen Franco suscitó numerosos equívocos entre quienes debían conocer perfectamente cuándo se produjo el natalicio.

Acabamos de comprobar cómo incluso Pilar Franco aseguraba que su sobrina había nacido en junio de 1928, cuando en el Registro Civil, como veremos con detalle enseguida, figura inscrita el 14 de septiembre de 1926.

Es decir, que su tía Pilar afirmaba que Carmencita había nacido dos años después y en un mes diferente.

Para acabar de sembrar la confusión, Concepción Franco Iribarnegaray, cuyo padre Carlos Franco guardaba en un baúl libros y documentos sobre la historia de la familia, mostró al doctor Martínez López su perplejidad al reparar, durante la lectura del libro 2.º, en que su padre no había anotado en ningún lado la fecha de nacimiento de Carmencita.

El doctor grabó la estupefacción de Concepción Franco, que leía el texto en voz alta, al descubrir la omisión; posteriormente, transcribió así el contenido de la cinta magnetofónica:

> Contrajo matrimonio [Franco] en la iglesia de San Juan de Oviedo con la señorita asturiana Carmen Polo Valdés el día 16 de octubre de 1923. De este matrimonio nacieron los siguientes hijos: n.º 1 María del Carmen, nació en Oviedo pero... no viene la fecha... pero no viene la fecha [repetía Concepción Franco un tanto sorprendida]. Fíjese. Como fue el general más joven de España, creo que fue el 14 de septiembre de 19... ¡Qué raro que no lo pusiera! [su padre, Carlos Franco].

Siguiendo con el marasmo de fechas, añadiremos que otros dos conocidos biógrafos de Franco, el británico George Hills y el francés Philippe Nourry, coincidían con la hermana del Caudillo en que Carmencita había nacido en 1928.

Nourry daba a entender también que Carmencita podría haber sido incluso adoptada por ser hija de Ramón:

> En Zaragoza, sobre todo, había guiado los primeros pasos de su hija Carmencita, apodada Nenuca, que había nacido en La Piniella en el verano de 1928. Nenuca, la única debilidad aparente de aquel hombre que la naturaleza y las circunstancias no habían hecho ni sensual. A decir verdad, tan visiblemente poco sensual que algunos lo imaginaban incluso impotente. Así, se corrió el rumor de que Carmencita, lejos de ser el fruto de sus obras, habría sido en realidad adoptada, a menos que fuese hija de su hermano Ramón,

que, evidentemente, tenía una reputación muy distinta en el registro de hazañas amorosas. Esta tesis encontró luego serios refuerzos en el hecho de que la pareja, que tendría todas las razones para fundar una familia numerosa, no tuvo nunca otro hijo. A falta de informaciones serias sobre el tema, dejaremos al lector la libertad de opinar libremente sobre el asunto.

El hispanista francés aseguraba que doña Carmen se había recluido para dar a luz en La Piniella, una finca de su familia en San Cucao de Llanera, en el Concejo de Illas, donde el matrimonio Franco había pasado su luna de miel.

Por si fuera poco, el 29 de mayo de 1928, cuando la pequeña contaba poco más de veinte meses, Franco y Carmen Polo concedieron una entrevista a la revista *Estampa* en su propia casa.

A la pregunta del entrevistador, el barón de Mora, sobre cuál había sido la mayor alegría que disfrutaron juntos, Franco respondió de forma insólita: «Han sido tres principalmente: la del día que desembarcó el Ejército español en Alhucemas, el instante de leer que Ramón había llegado a Pernambuco y la mañanita que nos casamos».

Curiosamente, Franco olvidó mencionar el día que nació su única hija.

¿Acaso no fue aquél uno de los tres momentos más felices compartidos con su querida esposa?

Sin embargo, años después, cuando el feliz acontecimiento no era ya tan reciente, Franco diría: «Cuando nació Carmencita creí volverme loco de alegría. Me hubiera gustado tener más hijos; pero no pudo ser».

Concluida la entrevista, irrumpió en el salón una traviesa criaturita. Era Carmen Franco, de la que daba fe así el barón de Mora:

> Súbitamente, a través de los esmerilados cristales de la puerta, se escucha un pequeño rebullicio infantil, y asalta la habitación una pitusa con carita de ángel. Zita [hermana de Carmen Polo y futura esposa de Ramón Serrano Súñer] la eleva en sus brazos y me la presenta gentilmente:
> —Carmencita Franco y Polo, menor de edad.
> —Profesión, revoltosa impenitente... —añade la madre.
> —E irrespetuosa profanadora de mi museo de recuerdos particular —concluye el general.
> La chiquilla, en demostración, indudablemente, del anterior aserto, alza sus manecitas de nieve y rosa, y descubre entre sus bracitos un cornetín, al que intenta soplar inútilmente. Es el cornetín, nada menos que perteneciente a los moros de Alhucemas, y que empleaban para avisar con él a sus baterías cuando pasaba ante la costa algún barco de nuestra escuadra, y disparar sobre él. En el asalto al morro nuevo, fue encontrado por la séptima bandera.
> Pero la chiquilla se desencarama de los brazos de Zita y trata ahora de escalar ruidosamente un damasquinado velador, con grave peligro para el equilibrio de sus cachivaches valiosos.
> —¿No la ve? Es imposible que pueda estar ni un momento quieta.
> Parece imposible, medito yo, que sea el dulce y amoroso fruto de toda la *saudade* gallega y melancolía asturiana...

Para acabar de complicar las cosas, hasta el genealogista Vidal de Barnola, miembro de la familia Franco, aseguraba que Carmencita nació en octubre de 1927; es decir, un año antes y otro mes distinto al de la fecha inscrita en el Registro Civil.

Sobre la paternidad de Carmen, el doctor Martínez López aportaba también el valioso testimonio de Máximo Rodríguez Borrell, a quien Franco había conocido en La Coruña a comienzos de 1932, siendo comandante militar de la plaza.

Max Borrell, como sería luego conocido entre sus amigos, se convirtió tras la Guerra Civil en compañero inseparable del Caudillo de cacerías y pesca. Fue uno de los pocos amigos civiles íntimos de Franco hasta su enfermedad terminal.

Pues bien, el propio Max Borrell, mientras charlaba un día en su casa, acompañado de su esposa, con el doctor Martínez López, no sólo no se extrañó ante la posibilidad de que Carmencita no fuese hija de su amigo Francisco, sino que relató a su interlocutor esta curiosa anécdota: «Un día de pesca estaba leyendo un libro en francés. Franco me preguntó acerca de lo que leía. Le dije que era un libro de un autor francés sobre la "conquista del poder" y que el autor hacía mención de que su hija no era hija de él. Franco me pidió el libro —aunque él no entendía el francés— y nunca más volví a saber del susodicho libro».

Franco recordaba perfectamente el caso contrario: una hija que sí era hija de su padre. No en vano, cuatro días antes de cesar a su cuñado Ramón Serrano Súñer, el 29 de agosto de 1942, había nacido una hija bastarda de éste que, para colmo de males, se llamaba también Carmen.

La gran ofendida por semejante engaño, más escandaloso si cabe en aquella época, era la propia esposa del marido infiel, Zita Polo, de la que el Caudillo había sido padrino de boda. Pero la hermana de ésta, doña Carmen, estaba también que se subía por las paredes.

Aunque la peor parte se la llevó, claro está, la hija ilegítima, Carmen Díez de Rivera e Icaza, que ninguna culpa tenía de las aventuras sentimentales de su padre, don Ramón, de quien era su viva estampa. Del increíble escándalo silenciado durante muchos años nos ocuparemos en un próximo capítulo.

Pero otra Carmen, que era su prima, tuvo mucho más fortuna que ella.

Tres días después de nacer, el 17 de septiembre de 1926, el periódico local *El Carbayón* se hizo eco del acontecimiento bajo el epígrafe *Natalicios*:

> Dio a luz con toda felicidad una hermosa niña la distinguida y bella esposa de nuestro querido amigo el general Franco. Nuestra más cariñosa enhorabuena al feliz matrimonio.

En el mismo número figuraba también el nombre completo de la recién nacida, incluido en la sección *Registro Civil*, bajo el subtítulo *Los que nacen y los que mueren*: «Carmen Ramona Felipa María de la Cruz Franco Polo».

En noviembre de 1979, el psicólogo cordobés Andrés Rueda, autor de una tesis sobre la psicología de los dictadores que le llevó a investigar a fondo la vida del Caudillo, pudo obtener la primera certificación literal de nacimiento conocida de Carmen Franco Polo.

Archivada en la Sección 1.ª, Tomo 183, Página 20, del Registro Civil de Oviedo n.º 1, en la citada certificación se hace constar que el 15 de septiembre de 1926, al día siguiente de venir al mundo Carmencita, compareció Felipe Polo, abogado de veintiocho años y hermano de la madre, ante el juez municipal y el secretario para inscribir el nacimiento de la niña Carmen Ramona Felipa María de la Cruz.

En su calidad de tío, Felipe Polo declaró que la niña había nacido la víspera, a las nueve y media de la mañana, en la casa paterna de la calle Uría número 44, y que era hija legítima de Francisco Franco Bahamonde y de Carmen Polo Martínez-Valdés.

Firmaron también el acta, como testigos, Cándido Rodríguez y Ángel Magdalena, mayores de edad y vecinos de Oviedo.

Treinta años después de la emisión de este certificado, en febrero de 2009, conseguí yo otro del mismo Registro Civil de Oviedo, sólo que ahora el nacimiento de Carmen Franco Polo se consignaba de forma distinta, archivándose de modo también diferente, ignoro por qué razón.

En el nuevo documento se incluye esta observación: «Esta inscripción se practica en virtud de auto de fecha 8 de mayo de 1998, expediente n.º 376/98».

Pregunté a un funcionario y me dijo, al principio, que eso significaba que la inscripción del nacimiento se había efectuado en aquella fecha, es decir, en mayo de 1998, esto es, fuera de plazo.

Le expliqué entonces que existía otro certificado anterior, emitido en noviembre de 1979, y se lo mostré. Pero, al comprobar de quién estábamos hablando, se negó a facilitarme más información, admitiendo que todo eso era algo extraño.

Archivada ahora con el número 844, en el Tomo 636, Página 439, de la Sección 1.ª, la certificación de nacimiento, también literal, «contiene la reproducción íntegra del asiento correspondiente», tal y como se advierte en el reverso del documento, que dice textualmente así:

Registro Civil de Oviedo.

Datos del inscrito: Carmen Franco y Polo.

Sexo: Mujer.

Hora de nacimiento: Nueve y treinta.

Día: Catorce, mes: Septiembre, año: Mil novecientos veintiséis.

Lugar: Oviedo.

Padre: D. Francisco Franco y Bahamonde, hijo de Nicolás y de Pilar, nacido en Ferrol-La Coruña el cuatro de diciembre de 1892, estado casado, nacionalidad española, domicilio [en blanco], profesión [en blanco].

Madre: D.ª María del Carmen Polo y Martínez-Valdés, hija de Felipe y de Ramona, nacida en Oviedo el nueve de junio de 1900, estado casada, nacionalidad española, domicilio [en blanco], profesión [en blanco].

Matrimonio de los padres: Existe.

Día celebración: mes Octubre, año 1923, lugar Oviedo, Tomo 41, Pág. 250, declarante D. [en blanco].

Calidad en que declara [en blanco].

Domicilio [en blanco].

Comprobación [en blanco].

OBSERVACIONES: Esta inscripción se practica en virtud de auto de fecha 8 de mayo de 1998, expediente n.º 376/98.

Encargado D. Ángel Luis Campo Izquierdo.

Secretaria D.ª M.ª Visitación Fernández Gutiérrez.

A las nueve horas del diez y nueve de junio de mil novecientos noventa y ocho.

Confrontada la certificación de nacimiento con la partida de bautismo, la cual también pude obtener del archivo parroquial de San Juan el Real de Oviedo, se advierte que los datos de una y otra coinciden: Carmen Franco Polo nació —al menos eso se hace constar en ambos documentos— el 14 de septiembre de 1926, en la casa de sus padres, Francisco Franco Bahamonde y Carmen Polo Martínez-Valdés, situada en el número 44 de la calle Uría de Oviedo.

¿A qué obedece entonces tanta confusión de fechas? ¿Por qué existen testimonios que atribuyen incluso la paternidad de Carmencita a su tío Ramón?

Es evidente que, para algunos, sólo una prueba de ADN despejaría todas sus incertidumbres.

8

La vivienda del «ex general»

> La Escuadrilla del Amanecer ha encontrado
> allí unas banderas monárquicas, [...] retratos
> con expresivas y recientes dedicatorias de
> José Antonio Primo de Rivera [...].
>
> *ABC* del sábado 22 de agosto de 1936

La noticia pasó inadvertida para muchos en plena Guerra Civil y hoy, con mayor motivo aún, duerme el sueño de los justos en las polvorientas hemerotecas.

El titular del suelto publicado en el diario *ABC* republicano de Madrid, el sábado 22 de agosto de 1936, habla por sí solo: «Registro en el domicilio del ex general Franco».

El texto sigue sin tener hoy desperdicio:

> La Escuadrilla del Amanecer, que tan valiosos servicios viene prestando a la República desde el comienzo de la sublevación fascista, ha continuado durante las últimas horas del día de ayer su labor incesante, gracias a la cual se han llevado a efecto importantes detenciones, practicándose, además, registros de gran interés.

Uno de ellos ha sido realizado en la casa número 16 de la calle de Jorge Juan, donde tiene su domicilio el ex general Franco.

La Escuadrilla del Amanecer ha encontrado allí unas banderas monárquicas, toda la colección de libros sobre el fascio, publicados en español; retratos con expresivas y recientes dedicatorias de José Antonio Primo de Rivera, y documentos y correspondencia de enorme interés, pues están relacionados con el movimiento subversivo y darán lugar a detenciones que, sin duda, producirán sensación en toda España. Asimismo han sido hallados un fusil ametralladora y varios fusiles corrientes y pistolas.

La propaganda republicana convertía así al instante a una banda de asesinos y desalmados en un grupo de héroes y patriotas merecedores de rendida admiración por su honradez acrisolada.

Antes de desenmascarar a esta cuadrilla, que no escuadrilla, de bandidos, conviene señalar que difícilmente iba a regalar José Antonio retratos suyos a Franco, ni mucho menos dedicados tan expresivamente como indicaba el rotativo, cuando la relación entre ambos era casi inexistente y además no se profesaban afecto mutuo, como tendremos oportunidad de comprobar en un próximo capítulo.

Añadamos ahora que la Secretaría General Técnica del director de Seguridad, encomendada a José Raúl Bellido, organizó bajo su mando un grupo de represión con sede en la propia Dirección de Seguridad que practicaba detenciones, asesinatos y saqueos bajo el equívoco nombre —por lo de bucólico— de Escuadrilla del Amanecer. El verdadero significado de tal denominación era patético: los criminales preferían las primeras horas de la mañana para realizar sus registros y detenciones, a fin de provocar mayor terror aún en sus víctimas.

Igual que sucedía con la checa del socialista Agapito García Atadell, la prensa del Frente Popular elogiaba con frecuencia, como hemos visto, las acciones de la Escuadrilla del Amanecer en defensa de la República.

Se trataba de un despreciable puñado de delincuentes, a las órdenes del propio Atadell, que cometían todo tipo de atrocidades en aquella maldita escuadrilla de la muerte. Sus nombres: Valero Serrano Tagüeña (más tarde convertido en jefe del Ejército republicano), Eloy de la Figuera, León Barrenechea, Francisco Roig, Carmelo Olmeda, alias «Tarzán», Marcos de la Fuente Barco, Federico Pérez Díaz, Antonio Serrano Pontones o Abilio Sánchez Fraile. Cuarenta y ocho individuos en total, entre policías readmitidos y milicianos comunistas y socialistas de la peor calaña escogidos por el propio Atadell.

La primera medida de esta brigada fue incautarse de un magnífico palacio situado en la calle de Martínez de la Rosa, esquina a la Castellana, propiedad de los condes del Rincón, donde constituyeron su cuartel de actuación.

La Escuadrilla operaba en pequeños grupos. Uno de los más activos estaba a las órdenes de Luis Pastrana Ríos, empleado de Hacienda procesado por malversación de fondos públicos.

El amanecer de cada uno de esos días estivales llegaba manchado de sangre de centenares de víctimas inocentes que aparecían fusiladas junto a las tapias de la Casa de Campo, detrás de los muros del Cuartel de la Montaña, en los altos del Hipódromo, al final de la calle de Cea Bermúdez, en la Ciudad Universitaria... y muchas veces en el centro mismo de la ciudad, donde la luz de la mañana definía sobre el asfalto, al borde de las aceras, el bulto de un cuerpo exánime. Un hombre o una mujer asesinados, que los vecinos madrugadores contemplaban con ojos de horror o con macabra delectación.

En el «currículum» de estos ladrones y homicidas figuraba el asesinato de Blas Riaza Bravo, vecino de Las Rozas, detenido el 25 de septiembre de 1936 y ejecutado la noche del mismo día en la Ciudad Universitaria, aprovechando el viaje de regreso de la Escuadrilla a Madrid.

Otras veces, aquellos desalmados entregaban sus víctimas a la propia checa de García Atadell y a la de Fomento, que se encargaban de su ejecución.

La Escuadrilla también robaba. Uno de los saqueos más celebrados fue el practicado en la caja fuerte del marqués de Retortillo, dueño de una valiosa colección de relojes de oro depositada en el Banco de España.

Una vez más, el *Heraldo de Madrid* se hizo eco de sus «gestas», atribuyéndoles el 13 de agosto la detención de 486 personas y la realización de doscientos registros domiciliarios. Entre sus detenciones más sonadas figuraban las de Melquiades Álvarez, el doctor Albiñana, el general Araújo, o los capitanes Valdivia y Gándara, que más tarde serían asesinados en la cárcel bajo el fuego atroz de los mosquetones.

Los Linces de la República emulaban las canallescas acciones de la Escuadrilla del Amanecer, actuando muchas veces de forma coordinada. A primeros de agosto, la Dirección General de Seguridad dispuso que se incorporasen a dicho centro diversos miembros del Cuerpo de Seguridad y Asalto, encargados de formar un retén bajo la dependencia de la Secretaría particular del director general de Seguridad. Su misión era practicar también registros y detenciones, que acabaron, como siempre, en saqueos y asesinatos.

El sindicato del crimen estaba formado por Felipe Marcos García Redondo y Virgilio Llorente, a las órdenes del enton ces teniente Juan Tomás Estalrich y del capitán de milicias Emilio Losada, socialista y empleado temporero de la sección de Estadística del Ayuntamiento de Madrid.

También ellos robaban. Uno de sus miembros, Felipe Marcos García Redondo, reconocía al término de la guerra que las alhajas y objetos de valor requisados de los domicilios particulares se llevaban al despacho del propio director general de Seguridad, Manuel Muñoz, entregándose a éste en persona. El propio Muñoz llamó incluso en cierta ocasión a García Redondo para que le diera un cáliz y una custodia procedentes de un registro efectuado en una casa de la calle Barquillo.

Los Linces de la República mantenían también estrecha relación con la checa de Fomento y con la de García Atadell, que dependía de la Dirección General de Seguridad. Entre sus víctimas figuraba una adolescente de quince años, Laura Renedo López, ejecutada junto con su madre y hermanos.

Como premio, Juan Tomás Estalrich fue ascendido en el Ejército republicano; en marzo de 1939 mandaba una de las brigadas que combatieron a favor de la causa del entonces jefe del Gobierno, Juan Negrín.

También fue reconocido por su labor el subjefe de la escuadrilla, Felipe Marcos García Redondo, promovido al empleo de capitán cuando el 18 de julio de 1936 era un simple cabo de Asalto.

El periódico *El Liberal* del primero de septiembre de 1936 elogiaba así las «hazañas» de estos bárbaros que pretendían enmascarar sus robos regalando bebidas y alimentos:

La escuadrilla denominada Linces de la República, al mando del teniente don Juan Tomás Estalrich y el suboficial de Asalto don Marcos García Redondo, ha practicado un registro en el domicilio del abogado César de la Mora

(Alcalá, 66). Se encontraron varios relojes y mantones de Manila, trescientos kilos de plata, tres millones de pesetas en acciones y alhajas de oro por valor de 25.000 pesetas.

La escuadrilla ha donado trescientas botellas de vino para el Hospital de sangre de los Guardias de Asalto. Estas botellas fueron halladas durante el mencionado registro. También fueron donadas para las milicias de Mangada mantas, cajas de manteca y azúcar.

Aludíamos a García Atadell, con cuya Escuadrilla del Amanecer, la misma que puso patas arriba la vivienda de Francisco Franco, estaban compinchados los Linces de la República.

Agapito García Atadell, a quien más tarde Franco, convertido en Generalísimo de los Ejércitos, colocaría sin miramientos ante el paredón, había nacido en el pueblo costero de Vivero (Lugo), el 28 de mayo de 1902; tenía por tanto treinta y cuatro años cuando estalló la Guerra Civil.

Situada a casi veinte metros sobre el nivel del mar, en el fondo de la ría de Vivero que, junto a las de Ribadeo, Foz, El Barquero y Ortigueira, constituían la comarca de las Rías Altas, la villa histórica tenía una profunda raigambre religiosa. En sus alrededores albergaba los conventos de Valdeflores, San Francisco y la Concepción, así como la capilla de la Misericordia y la iglesia de Santa María del Campo. Pero el pequeño Atadell, como su madre Antonia —apodada «La Tadella»—, no comulgaban con la fe católica.

Desde niño, Agapito mostró una inteligencia despierta y una enfermiza afición por el dinero. En su juventud, como buen gallego, soñaba con hacer las Américas y regresar a su tierra al cabo de los años forrado de dinero.

Tuvo que contentarse, sin embargo, con la dote de una monja a la que hizo abandonar, enamorada, el convento de

Cristo Rey. Con esa suma perdió Agapito cualquier preocupación económica en sus primeros tiempos de militancia comunista. Ingresó en la Sociedad del Arte de Imprimir, establecida en la Casa del Pueblo. Más tarde, sus bandazos ideológicos le hicieron abandonar el comunismo para ingresar otra vez en las filas del socialismo moderado.

Ya entonces, Agapito había realzado su vulgar primer apellido, colocando por detrás de García el menos corriente de Atadell. La argucia no tuvo, en realidad, mucho mérito: simplemente se inspiró en el apodo de su madre —«Tadella»— para transformarlo en «Atadell». El toque de distinción se lograba tan sólo situando la última vocal al principio. Pura ortografía.

Con ese nombre más «ilustre» accedió a la Secretaría del Partido Socialista cobrando 850 pesetas mensuales; poco después se convertía en el principal agitador de la huelga convocada en el diario *ABC*, en 1934.

La revuelta laboral fracasó dado que el ministro de la Gobernación, Salazar Alonso, no era precisamente un revolucionario; pero, sobre todo, porque el director del rotativo, el marqués de Luca de Tena, se opuso con todas sus energías al disturbio apoyado por el resto de las empresas periodísticas conservadoras radicadas en Madrid.

De todas formas, la valía revolucionaria de Atadell quedó acreditada en las distintas fases de la huelga.

Poco después del Alzamiento del 18 de julio de 1936, el director general de Seguridad pidió a todos los partidos de izquierdas que confeccionasen listas de personas afectas a la República para ser nombradas agentes de policía. Naturalmente, Atadell figuró como candidato de los socialistas.

Un numeroso grupo de estos improvisados agentes de la autoridad fue agregado a la Brigada de Investigación Criminal. Los nuevos policías funcionaban con plena autonomía bajo el mando de García Atadell. De hecho, se trasladaron al incautado palacio de los condes del Rincón, en la calle de Martínez de la Rosa, número 1, asumiendo la denominación de Milicias Populares de Investigación.

En total, cuarenta y ocho agentes integraban la plantilla de la checa. El segundo jefe era Ángel Pedrero García, y como jefes de grupo figuraban Luis Ortuño y Antonio Albiach Giral, empleado este último en la Gráfica Socialista situada en el número 98 de la calle San Bernardo.

Durante su confesión judicial, durante un Consejo de Guerra, el propio Atadell recordaría los nombres de otros antiguos colaboradores suyos; de criminales como él: Félix Beltrán (empleado de oficina), Francisco Huete, los hermanos Ovidio y José Barba, Ángel García (impresor), los hermanos Florencio y Manuel Sanz, José Luque (tipógrafo), Daniel Ortega (portero de la finca número 24 del paseo de la Castellana), Fernando García (impresor en Gráficas Reunidas), Luis Manzano (ebanista), Irene Morante (viajante de comercio), José Ruipedro (chófer muy conocido en la sección del Transporte de UGT), Juan Romero Solano (hermano del diputado socialista por Cáceres, empleado en la fábrica de cerveza El Águila), José López López, Julián Torres Martín, Pedro Penabad y Ramón Fernández Matos.

Para la realización de sus fechorías, los chequistas de Atadell contaban con el respaldo de la autoridad oficial y de la Agrupación Socialista Madrileña, así como de la minoría parlamentaria del Partido Socialista, cuyos representantes, incluido algún ministro como Anastasio de Gracia, visitaban la checa y alentaban a sus miembros.

La prensa se hacía eco también de las «proezas» de los esbirros de Atadell, elogiando sus actuaciones y reproduciendo fotografías del propio Atadell y de las diversas personalidades políticas y parlamentarias que visitaban sus locales.

El diario *Informaciones*, por ejemplo, en su edición del jueves 17 de septiembre de 1936, daba así cuenta de la detención, a manos de Atadell, de los hermanos Vidal y Díaz, y del capitán Rodríguez del Villar, quienes, sin pasar por una prisión oficial, fueron asesinados por los sicarios de la checa:

> García Atadell tuvo noticias de que los conocidos fascistas hermanos Antonio, Bernardo y Ramón Vidal, en unión de otros, también falangistas, algunos de los cuales habían estado con los facciosos en Teruel, se hallaban escondidos en Madrid. Practicó laboriosas investigaciones y consiguió localizarlos en el domicilio de Eduardo Barriobero González, calle de Núñez de Balboa, número 8. Personadas allí las Milicias detuvieron a los siete afiliados a Falange, entre los que se encontraban, como decimos, los hermanos Vidal, el padre de éstos y el capitán de artillería, procedente de Asturias, Luis Rodríguez del Villar.

Atadell se enorgullecía de sus «hazañas». Disfrutaba viéndose retratado en los periódicos. Era, para él, como sentirse inmortalizado. Tal vez por eso atendía muy gustoso a la prensa en cada una de las visitas a su cuartel general.

Incluso el *Heraldo de Madrid* llegó a publicar diversas crónicas sobre su heroísmo en el frente de batalla que, en honor a la verdad, jamás llegó a pisar dada su notoria cortedad de vista.

El 20 de agosto ese mismo diario, tras referirse a la constitución de la Brigada Atadell «que tantos éxitos había de alcanzar», reproducía estas declaraciones de Agapito:

> La clase trabajadora puede tener la seguridad de que los que aquí trabajamos sólo tenemos una aspiración común: servir enteramente al marxismo contra un capitalismo fracasado y para ello, si es preciso, entregaremos nuestras vidas. Entre nosotros no hay divergencias, ya que todos tenemos el mismo ideal y por él luchamos y siempre seguiremos las rutas que nuestros partidos determinen. Todos, absolutamente todos, estamos llenos de un magnífico espíritu.

Simple demagogia de quien aspiraba a un alto cargo dentro de la República. De hecho, su desmedida ambición le había acercado a Indalecio Prieto, en nombre del cual realizó importantes gestiones incluso en medios diplomáticos.

La fama de Atadell no pasaba inadvertida a los miembros del cuerpo diplomático, empeñados en rescatar a numerosos madrileños de las manos de sus verdugos. Un día se publicaba esta increíble noticia: «El embajador de Rumanía, el de los Países Bajos, el de Inglaterra, y el encargado de la embajada de Francia, se reunieron a merendar con García Atadell, para solicitar del mismo la libertad de un detenido».

A esas alturas había sido nombrado, para bochorno de los gallegos, presidente de honor de las Milicias Gallegas. Debido a su amistad con el joven abogado galleguista Penabad, conoció a Castelao y Suárez Picallo. En el juicio posterior a su detención en la España nacional, aseguraría que Penabad le llegó a ofrecer la secretaría general del Partido Galleguista nada menos.

El *Heraldo de Madrid* servía también de baluarte a sus aires de grandeza publicando, en lugar destacado, una fotografía suya con el siguiente titular: «Defensores de la República»; a continuación, en el pie de foto, se decía: «Agapito García Atadell, uno de los más esforzados defensores de la República, a la que está prestando desde los primeros días del alzamiento militar grandes servicios como organizador y director de la Brigada de Investigación que lleva el nombre de este joven luchador de la democracia española».

Le presentaban como un demócrata modélico, ignorando deliberadamente su espeluznante currículum criminal. La periodista Carmen de Bati, de nacionalidad francesa, figuraba en ese horrible historial: detenida por orden del ministro de la Gobernación, Ángel Galarza, los hombres de Atadell acabaron con su vida. Su cuerpo acribillado a balazos fue hallado en un descampado en las afueras de la ciudad.

Tampoco el periodista Luis Calamita y Ruy-Wamba escapó de sus garras. Adversario político de Galarza, Calamita fue sacado de la cárcel por orden expresa del director general de Seguridad, Manuel Muñoz, y ejecutado por la checa.

El procedimiento era casi siempre el mismo: los agentes conducían en coche a sus víctimas hasta la Ciudad Universitaria, donde las asesinaban sin piedad. Personas con nombres y apellidos como Luis Chico Montes, Luis Rodríguez Villar, Agustín Corredor Florencio, Francisco González Herrera, Miguel Fermín Imaz, Julián Apesteguía Urra, Pedro Fernández Molina, Rafael Benjumea Medina, Pedro Sáinz Marqués, Aurelio García Contento, Simón Serrano Benavides, Emiliana Castilblánquez Amores, Víctor Delgado Aranda... Una larga lista de crímenes imputados a la taimada ferocidad de Atadell.

En total, la Brigada de Atadell practicó alrededor de ochocientas detenciones, buena parte de las cuales acabaron en trágicos paseos, secundados por los Linces de la República.

Pero, curiosamente, la actividad principal de la checa no era el asesinato sino el robo a mansalva. Gracias a la organización sindical socialista de los porteros de Madrid, Atadell accedía a información privilegiada sobre la ideología política y religiosa de los vecinos y, sobre todo, recopilaba datos sobre su posición económica. Sólo así podía entenderse que lograra atesorar millones en dinero y alhajas, con las cuales había intentado en vano fugarse a La Habana.

El 20 de agosto de 1936, *El Heraldo* se despachaba así: «La Brigada de García Atadell ha adquirido gran fama por sus magníficos hallazgos de tesoros escondidos por el clero y la gente de derechas». Seis días después, el mismo periódico añadía: «Un solo saqueo realizado en la casa número 5 de la calle Conde de Xiquena les ha proporcionado 4 millones de pesetas en metálico, joyas y objetos de arte».

Atadell era «generoso» a su manera: un día se incautó del edificio de los padres jesuitas, en el número 23 de la calle Juana de Vega, para «regalárselo» con gran alarde publicitario al grupo escolar Máximo Gorki.

Hasta el 22 de octubre en que escapó con el botín, los anarcosindicalistas —según recordaba el propio Atadell al juez para desviar su atención— eran los auténticos dueños de la situación. Manejaban las mejores armas, conducían los coches más lustrosos, degustaban la comida más apetecible, ocupaban sólidos edificios..., palacios incluso, de los cuales se incautaban para levantar ateneos libertarios o círculos de barriada. Se apoderaban de fincas enteras habitadas y colocaban en cada puerta un cartel con el sello de la FAI, que decía: «Incautada para la Contraguerra». Era la señal de que los inquilinos debían satisfacer a esta organización clandestina los recibos de alquiler a final de mes. Un negocio tan ilegal como rentable en tiempos de guerra.

El entonces ministro de Hacienda, Juan Negrín, tuvo que tomar cartas en el asunto, según recordaba Atadell, enfrentándose a descalificaciones e insultos y teniendo que intervenir al final la guardia del ministerio.

Entre tanto, el ministro de la Gobernación, Ángel Galarza, y el director general de Seguridad, Manuel Muñoz, atemorizados por la FAI, dejaban que ésta actuase a su antojo. Al mismo tiempo, Atadell recibía de Manuel Muñoz todo el apoyo necesario para cometer asesinatos y expolios. Era su aliado fiel para el crimen y el pillaje.

Hasta que, a finales de octubre de 1936, Agapito García Atadell empezó a sentirse inseguro en Madrid. Las tropas nacionales avanzaban peligrosamente hacia la capital y temía que en cualquier momento pudiese caer en sus manos si permanecía allí más tiempo. Además, los comunistas y anarquistas de la FAI le habían proferido amenazas; los comunistas, recurriendo a su órgano de expresión, *Mundo Obrero*.

Reunido con sus indeseables Luis Ortuño, Pedro Penabad y Ángel Pedrero, planeó huir de Madrid. Pero ¿adónde? Acordaron que lo más indicado era alcanzar primero el puerto de Alicante y luego, tras hacer diversas escalas en puertos españoles y extranjeros, poner rumbo a su ansiado objetivo: La Habana.

En sólo tres meses, Agapito se había convertido en un hombre rico gracias a las numerosas requisas efectuadas en los domicilios de sus víctimas. Pero era rico sólo en potencia, porque carecía de dinero en efectivo incluso para pagar los pasajes del barco. Fue entonces cuando tuvo una de sus genialidades: ¿Por qué no robarle los ahorros a su propia esposa?, pensó.

Recurrió a sus contactos en Hacienda para que le autorizasen a sacar dinero de la cuenta corriente de su mujer en el Banco Hispano Americano. Ortuño escribió así una carta con el membrete de la checa, haciendo constar que la señora Piedad Domínguez, como se llamaba la mujer de Atadell, donaba voluntariamente a la brigada la cantidad de 35.000 pesetas. Toda una encomiable obra social.

Con el dinero en el bolsillo, partieron los cuatro socios en coche hacia Santa Pola; desde allí llegaron a Alicante, donde Agapito logró que el vicecónsul de Cuba les extendiese una cédula de súbditos cubanos. El documento llevaba fecha anterior al levantamiento militar para no infundir sospechas.

Luego, el vicecónsul cubano medió ante su homólogo argentino para que les dejase embarcar en el buque *25 de Mayo*, que llevaba pabellón de esa nacionalidad. Era el 12 de noviembre.

Atadell iba en busca de una vida fácil, regalada, junto a sus sicarios de la checa. Las amantes de los cuatro bribones se habían sumado a la aventura. Se las prometían todos muy felices a bordo del barco que había zarpado del puerto de Alicante rumbo a Marsella. En el camarote guardaba él su preciado tesoro: una maleta repleta de sortijas, pulseras, pendientes, gargantillas y diademas de oro y piedras preciosas.

Atrás dejaban una España en guerra; un país sumido en la miseria, sin esperanza ni horizonte, dividido en dos mitades irreconciliables. Dejaban tras de sí un auténtico infierno al que ellos habían contribuido asesinando a decenas de inocentes que luego enterraron en fosas comunes o abandonaron a su suerte en descampados y callejones. La vida a unas cuantas leguas de allí se perfilaba como el auténtico edén en sus laxas conciencias.

En Marsella, Agapito quiso manejar dinero fresco y vendió unos brillantes por 84.000 francos. Sabía que Francia no era un país seguro; por eso no tardó en trasladarse con el resto de la comitiva a St. Nazaire para embarcar rumbo a Cuba en el vapor *Mexique* el 19 de noviembre.

Antes de poner proa hacia el Caribe, el buque atracó en

el puerto de La Coruña, donde Atadell recurrió a un pasajero con el que había congeniado durante la travesía para que desembarcase y le trajese noticias frescas de tierra firme. Se llamaba Ernesto Ricord, aunque a bordo todo el mundo le conocía por «Vivó». Curioso barco aquel en el que casi nadie viajaba con su verdadero nombre.

Deseaba saber Atadell qué se cocía entre las autoridades derechistas. Ricord se hizo pasar por falangista y fue a ver al jefe de Falange de La Coruña, el cual le confesó sus sospechas de que a bordo del barco viajaban «rojos españoles» que era preciso detener en cuanto hiciesen escala en Santa Cruz de la Palma. Ordenó a Ricord que no les perdiese de vista durante el viaje, a lo que éste se comprometió no sin dar pormenorizada cuenta luego a su compañero Atadell de su conversación con el auténtico falangista.

A esas alturas Atadell, con su derroche de simpatía y generosidad, se había ganado a las gentes del barco. Días después, un periódico de Santa Cruz publicaba la crónica de un testigo, titulada «Una verdadera orgía a bordo»:

Agapito García vivía a bordo como un príncipe. Su esplendidez no tenía límites. El dinero lo derramaba a raudales.

—Camarero —decía—, vengan licores para todos estos.

La bebida corría sin tasas. Las risotadas de los pasajeros ponían de tan buen humor a Agapito, que éste repartía dinero entre algunos de aquellos, pagando con crecidas propinas a los camareros. Éstos, cuando pasaba Agapito, le hacían objeto de las más cómicas reverencias. Su fama se extendió pronto por todos los rincones del buque. «¡Qué hombre más espléndido!», decían. Por iniciativa suya se formaban a veces fantásticas orgías. A bordo viajaban unas polacas que pronto hicieron amistad con Atadell. Éste mandaba hacer música organizándose bailes que duraban hasta bien avanzada la noche. Los salones de tercera, cuando esto sucedía, se convertían en un alegre cabaret de Montmartre. El acaudalado «viajero» repetía estas fiestas con frecuencia. Cuando bebía más de lo corriente, se le oía exclamar:

—¡Bueno está el pueblo!

Una noche, antes de llegar el buque a Santa Cruz de la Palma, Atadell dijo a todos los pasajeros de tercera clase que quisieran oírle:

—Cuando el *Mexique* esté próximo a La Habana, organizaremos la noche antes una gran fiesta criolla. Quiero que ustedes guarden un buen recuerdo mío.

Estas visitas de García Atadell al departamento de tercera clase solía siempre hacerlas vestido de pantalón blanco, americana azul y gorra blanca. Parecía un *gentleman*. También usaba siempre colgados al cuello con una correa de cuero negro brillante, unos soberbios prismáticos.

La «crónica social» incluía un pequeño apoyo titulado «Cuatro mujeres a bordo»:

> Cada uno de los cuatro detenidos en Santa Cruz llevaba su correspondiente dama. No sé, y por ello no puedo asegurarlo, si se trataba de verdaderas esposas o eran sus amantes. Las mujeres iban elegantemente vestidas. Su educación no era vulgar. Hablaban con soltura y demostraban saber desenvolverse en cualquier clase de conversación. Durante la travesía muy pocas veces las vimos en cubierta. Permanecían en sus camarotes.

Cuando el *Mexique* atracó en el puerto de Santa Cruz de la Palma, Ricord puso en marcha el plan de Atadell para no levantar sospechas en las autoridades de la isla, alertadas sin duda desde La Coruña. Procedió así a señalar como presuntos culpables a dos pasajeros, uno de los cuales resultó ser un procurador de Bilbao apellidado Zaldivea; el otro era un periodista llamado Rafart, que había escrito en el *Diario de Madrid* y cuya neutralidad en la guerra le hizo exiliarse voluntariamente a La Habana. Rafart reaccionó con virulencia ante su detención y señaló como sospechoso al verdadero culpable: un hombre de gruesas gafas y pasaporte cubano que no era otro que el propio Atadell.

La policía procedió a detenerle, mientras en el barco se armaba cierto revuelo. ¿Cómo podían llevarse así al hombre afable y obsequioso que les había amenizado la travesía? El único inalterable fue Agapito. Se despojó de sus gafas de concha para limpiarlas, y se las guardó ceremoniosamente en el bolsillo interior de la americana sin pronunciar una sola palabra, limitándose a seguir con gesto risueño a los agentes.

Antes de enfilar la pasarela para descender a tierra, reparó en la expectación que despertaba su detención y se volvió a las gentes diciendo:

—No se preocupen, señores. Se trata de un pequeño error que inmediatamente se aclarará.

En la comisaría, Atadell conservó su ademán tranquilo. Mostró al comisario sus documentos en regla y esperó a que apareciese su cómplice Ricord. Éste no tardó en hacer acto de presencia. Según lo convenido, Ricord hizo valer su condición de persona de confianza del jefe de la Falange coruñesa, a quien éste había encargado que vigilase a los sospechosos durante la travesía; al mismo tiempo, defendió la inocencia de su compinche, asegurando que era una persona honorable de quien él mismo respondía y a la que conocía desde hacía años. Juró que la denuncia del periodista Rafart era una absurda patraña para tratar de salvarse él mismo.

Minutos después, los dos tunantes volvían a pisar la cubierta del barco. Atadell se dirigió al pasaje igual de sereno que antes:

—Ya estoy aquí, señores. Como ven, la cosa ha sido rápida. Una confusión explicable en las circunstancias por las que pasa esta gente.

Luego, imperturbable, accedió al camarote.

Faltaba apenas una hora para que zarpase el barco rumbo al paraíso. Atadell se veía a sí mismo disfrutando del sol caribeño, de los habanos y de las mujeres. Tan lejos de la guerra y con una fortuna que le permitiría vivir a cuerpo de rey el resto de su vida.

Entonces, sucedió algo extraordinario. Una de esas jugadas que el destino tiene reservadas a los pájaros de mal agüero. Uno de los policías vestido de paisano, que había quedado poco convencido con las explicaciones de Ricord, decidió seguir a los dos individuos hasta el barco. Una vez allí, se acercó al camarote de Atadell y observó a éste, desde el pasillo, cómo se abrazaba entusiasmado a dos tipos. Uno de ellos era el propio Ricord; el otro, según supo después, era Pedro Penabad. A su lado, sobre la cama, había una maleta. Guiado por un presentimiento, irrumpió en el camarote y detuvo a los tres hombres.

Los sueños de grandeza de Agapito se desvanecieron en un instante. En la prensa, su reputación se desplomó también. Los periódicos, que antes le alababan, al conocerse su detención profirieron toda clase de insultos al canalla que había intentado fugarse de España con 25 millones de pesetas en alhajas.

Condenado a muerte por un Consejo de Guerra, Atadell se despidió de Indalecio Prieto, a quien presumía de conocer, la víspera de su ejecución con esta carta que el general Queipo de Llano leyó desde el micrófono de Radio Salamanca la no-

che del 15 de julio de 1937 y la prensa de Sevilla reprodujo al
día siguiente con alguna que otra tergiversación.

La carta original de Atadell dice así:

> Hospital de la Santa Caridad
> Sevilla
> 15 de julio de 1937
>
> Sr. D. Indalecio Prieto y Tuero
Madrid
>
> Mi amigo Prieto:
> Ya no soy socialista. Muero siendo católico. ¿Qué
> quiere que yo le diga? Si fuese socialista y así lo afirmase a
> la hora de morir estoy seguro de que usted y mis antiguos
> camaradas lamentarían mi muerte y hasta tomarían repre-
> salias [sic] de ella. Hoy, que nada me une a ustedes, consi-
> dero inútil decirle que muero creyendo en Dios. Usted,
> Prieto, antiguo amigo y antes camarada, piense que aún es
> tiempo de rectificar su conducta. Tiene corazón y ése es el
> primer privilegio que Dios les da a los hombres para que
> se consagren a Él.
> Rezaré por usted y pediré al Altísimo su conversión.
> Firmado:
>
> A. García Atadell

Al día siguiente, 16 de julio, la Hermandad de la Santa
Caridad se ocupó de enterrar al difunto Atadell en el cementerio de San Fernando, situado en la calle de San Enrique,
derecha, en el nicho 91. Su compañero Pedro Penabad Rodríguez ocupó el nicho 89.

La justicia había sido cumplida a rajatabla en el bando nacional, sin que tampoco en esta ocasión Francisco Franco ac-
cediese a indultar al cómplice del robo perpetrado en su domicilio el año anterior.

9

Fusilados sin piedad

El 3 de agosto [de 1936] se envió a Franco
el fallo para que, como máxima autoridad,
aportara su enterado y firmara la ejecución o
el indulto. [...] Y no lo hizo. Decidió ceder su
firma al segundo jefe, Luis Orgaz [...].

FRANCISCO SÁNCHEZ MONTOYA,
sobre el fusilamiento del primo
hermano de Franco

El periodista berlinés Peter Wyden, antiguo corresponsal de
la revista *Newsweek* y autor de *La guerra apasionada*, un libro
sobre la Guerra Civil española calificado de «excelente» por
The New York Times —y en realidad lo es en algunos aspectos
destacados, como el narrativo—, recuerda la reveladora anécdota relatada por el propio testigo Pedro Sáinz Rodríguez,
ministro de Educación con Franco.

En cierta ocasión, Sáinz Rodríguez pudo ver cómo el
Caudillo mojaba bollitos en el chocolate mientras trasladaba
carpetas de su escritorio a un sillón que tenía a su derecha, y
otras al sofá de la izquierda. Los expedientes del sillón dere-

cho contenían sentencias de muerte que debían ejecutarse sin demora; los otros quedaban aplazados para consideración posterior. A veces Franco prometía a algún allegado reconsiderar un caso; sus colaboradores tenían orden de no pasarle estas peticiones hasta que la sentencia de muerte estuviese ya ejecutada.

Su propia sobrina Pilar Jaraiz, la primogénita de su hermana Pilar, hizo de tripas corazón en su día tras la ejecución sin contemplaciones del comandante republicano Ricardo de la Puente Bahamonde, quien para colmo era primo hermano del Generalísimo.

Pilar Jaraiz lamentó toda su vida que su tío Francisco hubiese tenido la sangre fría de escurrir el bulto a la hora de conceder el indulto a un miembro de su propia familia.

Ricardo de la Puente había nacido en 1895; era por tanto tres años menor que su primo carnal Francisco. Ingresó en 1911 en la Academia de Ingenieros Militares de Guadalajara. Ascendido De la Puente a comandante en julio de 1934, su primo Francisco, jefe entonces del Estado Mayor Central, intervino ante el propio José María Gil Robles para que le destituyese como jefe de la base en León.

Ambos primos eran antagónicos en su concepción sobre la forma de Estado: uno era monárquico y el otro republicano; así como sobre el carácter del Ejército como institución. De hecho, De la Puente apoyó la revolución de Asturias de octubre de 1934, razón por la cual fue suspendido del Ejército.

En una de sus frecuentes discusiones, Franco dejó escapar este exabrupto: «Un día te voy a hacer fusilar». La frase provocó entonces hilaridad en el interpelado. Pero, años después, adquirió todo el sentido profético.

Jamás olvidó Pilar Jaraiz aquel 17 de julio de 1936 en que Ricardo de la Puente Bahamonde, jefe de la base aérea de Sania Ramel, en Tetuán, permaneció con sus hombres al margen de la sublevación. «Es decir —explicaba ella—, leal al poder legítimo y a la bandera jurada. Que era, por otra parte, lo que tantas veces le había aconsejado su primo, el futuro dictador.»

Ricardo de la Puente tampoco era un cobarde. Todo lo contrario: en 1922 fue destinado como capitán a Larache, en el norte de África, y resultó herido; dos años después recibió una medalla de «sufrimiento por la Patria» y, más tarde, la Cruz de María Cristina por motivos de guerra.

Su obstinación en servir al gobierno republicano defendiendo aun a costa de su propia vida el aeródromo de Sania Ramel del asedio de las fuerzas rebeldes, en la madrugada del 18 de julio de 1936, dio finalmente con sus huesos y los de sus hombres fieles en una celda de la fortaleza del monte Hacho de Ceuta.

El historiador Francisco Sánchez Montoya investigó en su día los pormenores del Consejo de Guerra contra el comandante De la Puente. El proceso sumarísimo empezó a tramitarse el mismo 18 de julio y dio paso el 2 de agosto a la celebración del Consejo de Guerra, resultando condenado a muerte el detenido por traición en cuestión de horas.

A esas alturas, en la mañana del 19 de julio, Franco ya había aterrizado en el aeródromo a bordo del *Dragon Rapide*. Sánchez Montoya escribía:

> El 3 de agosto se envió a Franco el fallo para que, como máxima autoridad, aportara su enterado y firmara la ejecución o el indulto. El general debió de pensar que cualquier condena que no fuera la ejecución sería considerada un signo de debilidad, pero firmar la sentencia de un familiar tan cercano podría ser inquietante. Y no lo hizo. Decidió ceder su firma al segundo jefe, Luis Orgaz, quien la rubricó.

Ricardo de la Puente Bahamonde fue fusilado así el 4 de agosto en los muros exteriores de la fortaleza donde había sido confinado. El reloj señalaba las cinco de la tarde. Sánchez Montoya apostillaba:

> Tras años de haber investigado y consultado cientos de procedimientos, no me consta que durante la represión en Ceuta tuviera lugar alguna ejecución por la tarde. Estaba claro que querían dar por finalizado este consejo de guerra cuanto antes.

El fusilamiento del primo hermano del Caudillo no fue ni mucho menos un caso aislado; tampoco el único efectuado con prisa.

Hubo celeridad también para ejecutar la sentencia contra Pedro Marciano Durruti, el hermano falangista del célebre líder anarquista Buenaventura Durruti.

Celeridad e inquina. El general Múgica, jefe de la División de León, elevó la sentencia telefónicamente al asesor jurídico del jefe del Estado, a quien correspondía en última instancia dar el visto bueno a la pena capital. Tampoco Franco intercedió esta vez por el condenado.

Se organizó todo para que la ejecución del reo se celebrase aquel mismo día, tras las dos horas preceptivas del condenado en capilla.

En un gesto de inusitada crueldad, el general Múgica rubricó un estremecedor documento dirigido al juez militar especial José Manuel Fernández de Blas, que dice así:

> Para la ejecución a la pena de muerte impuesta al falangista Marciano Pedro Durruti Domingo, he designado como lugar de ejecución el Campo de Tiro de Puente

del Castro y hora de las seis de la tarde de hoy, habiéndose oficiado al señor Jefe Provincial de Milicias de F. E. T.
y de las J. O. N. S. para que designe el piquete que al mando de un oficial ha de hacerse cargo del reo en el momento de su entrada en capilla y de ejecutar la pena impuesta.
Dios guarde a V. S. muchos años. León, a 22 de agosto de
1937. Segundo año triunfal. El General Jefe de la División, Múgica.

Obsérvese cómo el propio general Múgica consideraba
«falangista» a Pedro Durruti, y cómo aun así dispuso que sus
mismos compañeros de partido formasen parte del piquete de
ejecución. ¿A qué obedecía semejante ensañamiento? ¿El reo
de muerte ejecutado por sus propios camaradas?

El fusilamiento se efectuó finalmente en el campo de tiro
de El Ferral del Bernesga, en lugar de en el Puente del Castro.

En el documento de entrega del reo al jefe del piquete
figura la firma de éste: «F. Bonge».

Los alféreces del Cuerpo de Sanidad Militar, Fernando
Rico Saavedra y Pablo Sánchez de Linares, reconocieron el
cadáver de Durruti y certificaron su defunción la misma tarde
del fusilamiento.

Tres días después, el 25 de agosto, el juez municipal encargado del Registro Civil de León, Francisco del Río Alonso, extendió el certificado de defunción de Pedro Durruti, de
acuerdo con el cual éste murió a causa de una «parálisis car-
díaca, según resulta de la certificación facultativa y reconocimiento practicado».

Pocos saben hoy todavía que de los siete hermanos de Durruti,
el penúltimo de ellos, Pedro Marciano, «Perico», como le lla-

maba cariñosamente José Buenaventura, correspondido a su vez por aquél con el apelativo de «Pepe» o «Pepín», era falangista.

Así lo acredita su carnet del partido número 1.501, expedido en León el 1 de abril de 1937; documento en el que, además de su nombre, figuran estos otros datos: «Edad: 26 años; Profesión: mecánico; Fecha de admisión: 5 de febrero de 1936».

La rúbrica del titular aparece al pie del texto del «Juramento» reproducido en el mismo carnet, a la derecha de su fotografía y del sello de Falange, y justo debajo del último párrafo, que proclama:

> Juro vivir en santa hermandad con todos los de la Falange y prestar todo auxilio y deponer toda diferencia siempre que sea invocada esta santa hermandad.

Casi todo el mundo ignora también que Pedro Durruti trató a Pilar Primo de Rivera en Madrid, antes de ser encarcelado en la Modelo, como José Antonio; y que luego, tras su puesta en libertad, huyó de la capital con el beneplácito de la directora de la Sección Femenina.

Fue también Pedro Durruti, como recordaba su única hermana Rosa, quien comunicó con gran pesadumbre a su familia el trágico fallecimiento de Buenaventura: «La noticia de su muerte nos la trajo Pedro; vino a casa sudando y nos dijo: "Madre, Rosa, me ha dicho don Nicostrato Vela que han matado a Pepe..."».

Nacido el 6 de marzo de 1911, en León, Pedro Durruti fue inscrito dos días después en el Registro Civil por su padre, Santiago Durruti Malgor, casado con Anastasia Domínguez Soler.

El nombre «Durruti» procedía del término vasco «Urruti», que significa «lejos»; al parecer, se daba este nombre a los vascos que residían lejos de las grandes poblaciones, en los caseríos de la montaña.

De sus siete hermanos (Santiago, José Buenaventura, Vicente Castorio, Rosa, Clateo Pedro, Benedicto y Manuel), Pedro era el más inteligente y cultivado, según los testimonios directos recabados por el escritor José A. Martínez Reñones en su lúcido trabajo sobre los Durruti.

Pedro Durruti terminó el bachillerato y, como añade Martínez Reñones, «la insaciable fe en la perfección humana que derrochaba Buenaventura, se multiplicaba utópicamente en Marciano [Pedro Marciano], que concibe un mundo donde la unidad obrera es posible y donde ésta debe ser la organizadora y rectora de toda la sociedad».

Curiosamente, Pedro se apellidaba «Domingo» de segundo, en lugar de «Domínguez», como sus hermanos Buenaventura, Santiago y Rosa.

La razón era que su padre decidió rectificar el apellido en el Registro Civil de León en 1931, y en la misma no incluyó a sus hijos mayores.

En 1980 la revista leonesa *Margen*, ya desaparecida, publicó una elocuente carta de Buenaventura a su hermano Pedro, fechada en Barcelona el 17 de febrero de 1933, en la que sus planteamientos sociales no diferían ya tanto, como algunos piensan, de los de José Antonio:

Querido hermano Perico:
El trabajo. ¿Cuál es su bandera? La herramienta. No olvides, hermano, jamás que eres hijo de un trabajador; y que nuestro padre fue humillado durante toda su existencia; no olvides que los pedazos de pan que tú comiste desde

niño le costaron a nuestro padre muchas horas de trabajo en las cuales consiguió el hombre como toda recompensa la enfermedad que le hizo sufrir tanto; no olvides, hermano, aquellos cajones en los cuales nuestro padre guardaba con orgullo las herramientas de carpintero [...]

Me hablas, Perico, de un manifiesto que pueda tener la virtud de unir a todos los trabajadores. ¡Qué más quisiéramos nosotros que unir a todos los desheredados! Pero unirlos bajo la bandera proletaria; al margen de toda tutela política; pero hermano esto es difícil. Entre los trabajadores se mezclan ambiciosos que quieren medrar a costa de los explotados; y contra éstos nos levantamos nosotros; no contra los trabajadores, sino contra aquellos que quieren vivir a costa de ellos [...]

Nosotros abrimos los brazos a todos aquellos que quieren venir a nuestro lado siempre y cuando sean trabajadores. ¿Frente Único? Sí; con todos aquellos que no admiten más colaboración que la del trabajo. Frente Único con todos aquellos que son partidarios de una revolución en la cual termina la explotación del hombre por el hombre. ¡Qué más quisiéramos nosotros que unir a todos los trabajadores! Pero, hermano, pregunta a los capitostes del socialismo si quieren hacer el Frente Único con la clase trabajadora; y esa gente te contestará que trabajadores somos todos; lo mismo los que mueren de hambre que los que comen como patricios.

En fin, los socialistas ya han hecho el frente único; puesto que vivimos en una república de trabajadores. ¿Qué te parece? De la clase media no te hablo, porque yo no le doy importancia; para mí sólo hay dos clases: el patrón y el obrero... Te abraza tu hermano Pepe.

Por increíble que parezca, Pedro Durruti fue acusado de «hedillista», a raíz de los célebres Sucesos de Salamanca.

De regreso en León, y tras ser puesto en libertad por decisión del director general de Seguridad, José Alonso Mallol, habiendo permanecido encarcelado en la Modelo con José Antonio Primo de Rivera, el falangista Durruti decidió instalarse en Busdongo aconsejado por su madre, donde residía su hermano Clateo Pedro, que era ferroviario.

En Busdongo, localidad del municipio de Villamanín, a cinco kilómetros del Alto de Pajares, le sorprendió el Alzamiento del 18 de julio.

Por nada del mundo podía imaginarse Pedro Durruti que fueran a involucrarle en la «conspiración hedillista», como se denominó luego a los violentos sucesos de Salamanca en la *Historia del anarquismo leonés*.

Tras la muerte de José Antonio, la Falange quedó dividida en dos grupos: uno encabezado por Manuel Hedilla, y otro que propuso destituir a éste y nombrar un triunvirato dirigente formado por Agustín Aznar, Sancho Dávila y Jesús Muro, reemplazado a última hora por José Moreno; también merodeaba por allí Rafael Garcerán, pasante del bufete de José Antonio.

El 15 de abril de 1937, Hedilla convocó para el día 25 un Consejo Nacional de Falange con objeto de erigirse en jefe principal del partido.

El día 16 por la mañana, el triunvirato se presentó ante Hedilla y lo destituyó. Hedilla fue a ver a Franco y éste le garantizó que él era el jefe nacional de Falange. Pero la lucha interna por el poder no hizo más que empezar. Hubo enfrentamientos violentos, a consecuencia de los cuales murió José María Alonso Goya, jefe de milicias de Santander y amigo personal de Hedilla.

Mientras los falangistas se peleaban entre sí, Franco decretó el 19 de abril la unificación de todas las fuerzas en lo que se llamó desde entonces Falange Española Tradicionalista y de las JONS, dentro de su propio Movimiento Nacional.

Pilar acudió de inmediato a Salamanca para oponerse a la unificación y logró disuadir a Hedilla, cuya nueva actitud desafiante a Franco le costó el cese y la cárcel.

Presionado también por José Antonio Girón de Velasco, Dionisio Ridruejo y Agustín Aznar, Hedilla comprendió al final que la unificación suponía el sometimiento de la Falange a Franco y rehusó el cargo de vocal del secretariado que el Generalísimo le había ofrecido por decreto.

El 5 de junio, durante un consejo de guerra celebrado en Salamanca, Hedilla y otros tres falangistas fueron condenados a la pena de muerte, pero finalmente Franco se la conmutó, esta vez sí, por la de cadena perpetua. Es probable que Franco pretendiese con ese gesto atraer la Falange a su Régimen.

Pedro Durruti fue acusado también de conspirar abiertamente para que la Falange, en lugar del Ejército, acaudillase el levantamiento contra el Gobierno del Frente Popular.

Del sumario del Consejo de Guerra contra él se desprende que los días 21 y 22 de agosto de 1937, Durruti proclamaba también con descaro la disolución de la Guardia Civil, la desaparición del clero o la admisión en Falange de socialistas y comunistas.

Confinado en la prisión leonesa de San Marcos, Durruti coincidió allí con el poeta Victoriano Crémer, el cual aseguraba, por cierto, que «ni siquiera el infeliz Pedro Durruti sabía absolutamente nada del conflicto salmantino».

A diferencia de éste, Crémer sobrevivió a la guerra, fundó la revista *Espadaña* y obtuvo el Premio Nacional de Literatura.

Crémer glosaba así la sincera conversión de Durruti del anarquismo a los ideales de la Falange. En su *Libro de San Marcos* escribe:

Desde que me localizó, entre escondido y fugitivo, Pedro Durruti no me dejó ni a sol ni a sombra. Tampoco yo, al principio, rehuí su compañía, que se me antojaba, en cierto modo, garantía de mi seguridad [...]

¿Por qué se me presentaba uniformado rigurosamente de falangista, camisa azul, negro correaje, botas de campaña y pistolilla urbana al cinto? [...]

Una y otra vez, aquel Durruti sorprendente intentó explicarme el proceso no de su conversión, que no aceptaba, porque en el fondo continuaba nutriéndose de sus ideologías fluctuantes entre el anarquismo clásico y detonador de su hermano Buenaventura y la atracción que la espectacularidad de los fascismos le producía...

Convencido de que ambas fuerzas o versiones de un mismo principio revolucionario, antimarxista y anticapitalista, podían conjugarse, se entregó al juego, siempre peligroso, de las connivencias.

Y dado que de su radicalismo revolucionario nadie tenía derecho a dudar, conocidos los orígenes y biografías familiares y también su anterior militancia cenetista, entendió que debía predicar con el ejemplo, insertándose en las filas de Falange, como signo de la posible y conveniente fusión, que, por cierto, el propio José Antonio contemplaba con ilusión, pues que de esta manera se vendría a dotar de sangre proletaria, de verdad revolucionaria, el cuerpo teórico de un movimiento de señoritos...

Y le acogieron con los brazos abiertos. Y Pedro Durruti comenzó a desplegar actividades en los distintos campos, convertido en conspirador de la fusión o de la confusión. Y fue de José Antonio a Buenaventura y de éste a Ángel Pestaña. Y a punto estuvo de ser estrangulado por su propio hermano cuando le llegó con la embajada del desaforado contubernio.

—No tiene visión de la realidad —me explicaba [Buenaventura Durruti]. Juega a revolucionario de novela rusa. Los tiempos han cambiado y las tácticas revolucionarias han de ajustarse a los tiempos nuevos...

Pedro, el hombre, sentía lo que decía. O al menos a mí me lo parecía.

Entre las acusaciones del Consejo de Guerra Sumarísimo figuraba la entrega del fichero de Falange a la Dirección General de Seguridad, debido a lo cual habrían sido fusiladas decenas de personas de derechas por elementos marxistas.

Pero del testimonio de Crémer es fácil deducir que Durruti no era un traidor, sino un falangista leal y convencido, a quien la propia Pilar Primo de Rivera facilitó el paso a la zona nacional tras su salida de la cárcel Modelo, días antes del Alzamiento militar.

Durruti resultó ser así una víctima propiciatoria de aquel Consejo de Guerra. Su defensor de oficio, el teniente Higinio Guerra Valcárcel, del Regimiento de Infantería Burgos número 31, nada pudo hacer para salvarle la vida.

La sentencia del Consejo presidido por el teniente coronel de Infantería José Usoz Loma cayó sobre él como una terrible losa:

> Fallamos que debemos condenar y condenamos a Marciano Pedro Durruti Domingo como autor responsable de un delito de adhesión a la rebelión con circunstancias agravantes, a la pena de MUERTE.

Durruti fue ejecutado así en un acto de flagrante injusticia, el sábado 22 de agosto de 1937.

Tampoco movió un dedo Franco para salvar a otro falangista del fuego de su propio bando.

Según la versión del catedrático Luis Suárez, la secuencia de los hechos de Begoña comenzó el 14 de agosto de 1942, cuando el jefe del Sindicato Español Universitario (SEU) de Vizcaya, Eduardo Berástegui, acompañado del «camisa vieja» y subjefe provincial de Falange de Valladolid, Hernando Calleja, partieron de esa ciudad en automóvil, deteniéndose en San Sebastián para recoger a Juan José Domínguez, inspector nacional del SEU.

Suárez sostiene que Berástegui y Calleja habían «recibido instrucciones» antes de salir de Valladolid. ¿Qué tipo de instrucciones? ¿Existía acaso un complot? Y si lo había, ¿cuál era su objetivo?

Tanto Domínguez como Calleja eran excombatientes de la División Azul y habían regresado hacía poco tiempo de Alemania. Llegaron a Bilbao en la madrugada del 15 de agosto. Tras tomar unas copas en el bar Amaya, siempre según el relato de Suárez, subieron algo animados a Begoña, donde la Misa en sufragio por las almas de los requetés del Tercio de Nuestra Señora de Begoña caídos en la Guerra Civil debía comenzar a las once y media de la mañana. Fuera de la basílica formaban ya los mozos carlistas con su uniforme tradicional de color caqui y boina roja.

Cuando las autoridades abandonaron el templo se cruzaron gritos e insultos entre éstos y varios grupos de falangistas que oponían el «¡Arriba España!» al «¡Viva España!» y «¡Viva el Rey!» de los carlistas.

En un momento dado, Domínguez arrojó al parecer dos granadas que causaron alrededor de setenta heridos de distinta consideración, carlistas en su mayoría. El general José Enrique Varela estaba presente y telefoneó enseguida a Franco para explicarle lo sucedido, «restándole importancia», según Suárez. «En las horas siguientes —añade el historiador—, las declaraciones obtenidas de los agresores detenidos y las protestas de carlistas y militares hicieron que cambiase el convencimiento: se trataba de un complot en toda regla cuyos hilos apuntaban a Berlín y cuyos ejecutores habían sido los grupos pro nazis de Falange.»

Fue precisamente el ministro Valentín Galarza, según Suárez, quien exigió a Varela la entrega de los detenidos a la jurisdicción militar para que recibiesen un castigo ejemplar.

El 24 de agosto, nueve días después de los violentos sucesos, Franco telefoneó a Varela; la conversación entre ambos quedó registrada por los Servicios de Seguridad y fue recogida años después por Laureano López Rodó en su ya clásica obra *La larga marcha hacia la Monarquía*.

Dada la extraordinaria importancia de esta conversación privada para contextualizar los graves sucesos referidos ahora, merece transcribirse en su totalidad; sobre todo, cuando estaban en juego vidas humanas.

Dice así:

VARELA: A tus órdenes, mi general.

FRANCO: ¿Cómo estás, Varelita? Te llamaba por el asunto de Bilbao, pues por mi información las cosas no sucedieron exactamente tal como me han informado el ministro de la Gobernación y el director general de Seguridad, porque realmente aquello fue una cosa política... porque es que, como se produjeron los hechos de Begoña, hay discrepancias, ya que se trataba de un acto perfectamente lícito en sí, pero del que se quiso aprovechar cierta secta, para provocar con sus gritos subversivos y con unos carteles que llevaban que decían: «¡Viva España!», «¡Viva el Ejército!», «¡Viva el Rey!», «¡Mueran los traidores!».

VARELA: Yo esos carteles no los vi, mi general.

FRANCO: Pero los carteles existían, y también los gritos subversivos con intención de provocar.

VARELA: Yo no oí más gritos que los de «¡Viva España!», «¡Viva el Ejército!», «¡Viva el Rey!», «¡Viva Cristo Rey!» y alguno de «¡Viva Franco!».

FRANCO: ¿Luego se dieron gritos subversivos para provocar?

VARELA: Si los gritos de «¡Viva España!» y «¡Viva el Rey!» los consideras subversivos, sí se dieron, y muchos. Pero ninguno de los dos gritos los considero subversivos… Discrepo de tu opinión: no existe ninguna prohibición legal que los condene. Además, es el grito con el que murió aquella gente, y tú mismo tienes autorizado un himno que empieza: «Por Dios, por la Patria y el Rey…».

FRANCO: Eso es otra cosa, y no tiene nada que ver con esto para que los consideres subversivos.

VARELA: Entonces el «¡Viva España!» es subversivo.

FRANCO: No, el «¡Viva España!», no.

VARELA: No, mi general, pero lo doy yo solo siempre, porque tú has dejado de darlo.

FRANCO: Porque doy el «¡Arriba España!», pero no existe incompatibilidad entre estos dos gritos, sólo que el «¡Arriba!» es un grito más dinámico, un grito que nos envidian los extranjeros, mientras que el «¡Viva España!» es un grito decadente.

VARELA: Un grito por el que murió toda esta gente que te salvó a ti y a España y con el que se inició este Movimiento.

FRANCO: Sí, pero un grito con el que se perdieron muchos millares de kilómetros para España y nuestro Imperio.

VARELA: Ni tú ni yo los perdimos, sino que, por el contrario, al grito de «¡Viva España!» hemos hecho cuanto hemos podido para darle gloria.

FRANCO: Sí, pero lo perdieron nuestros padres y nuestros abuelos.

VARELA: Pues si hay que prohibirlo, ten el valor de dar una orden y crea la figura de delito.

FRANCO: Pero fue el grito de «¡Viva el Rey!» cuando ellos reaccionaron y se cometió el acto.

VARELA: Mira, mi general, veo en qué plan estás y te han engañado una vez más, como siempre, mi general. También te han dicho que se gritó «¡Muera Franco!», y eso no es verdad, porque si eso hubiera sido así en mi presencia, tú me conoces, mi general, y sabes que tengo alma suficiente para que no quedara uno sano y para hundir al que hubiera dado ese grito. El hecho fue como sigue: A la salida de la iglesia el grupo lanzó una bomba a unos diez pasos del grupo donde estábamos las autoridades (que os medimos Vigón y yo), y un hombre que estaba al lado intervino y desvió el brazo del que la lanzaba, cayendo la bomba a la derecha, a unos doce pasos de donde yo estaba: el hecho no ha podido ser más criminal ni más canallesco, mi general.

FRANCO: Ellos no atentaron contra ti, pues tú mismo, cuando hablaste conmigo, no me dijiste nada de eso.

VARELA: Porque yo todos estos detalles los supe después, porque yo entonces no sabía ni que el hombre desvió el brazo, ni había hablado todavía con mi mecánico, que fue quien le encañonó a uno de ellos. Pero ya veo el plan en que estás, mi general. Te he escuchado estos días tus discursos y no has tenido una palabra de consuelo para estas pobres víctimas, todos ellos obreros, y muchos de ellos, muy graves, que probablemente se morirán, entre ellos una madre de doce hijos y un soldado que estaba allí a visitar a la Virgen y que perderá la pierna; pero nadie ha tenido una frase para ellos ni una condenación para los criminales asesinos, sino que tú, por el contrario, los has maltratado hablando de posiciones y banderías, y esto no es justo, mi general; ésta no es la contestación adecuada, todo ello para decir en nombre de una revolución que tú proclamas, cuando tú sabes muy bien, mi general, que soy cincuenta mil veces más revolucionario que tú, pero en revolucionario consciente y en responsabilidad y, por lo tanto, no podré nunca estar con estos criminales y asesinos.

FRANCO: Y en cuanto a los gritos tú no me dijiste nada.

VARELA: Sí que te dije, mi general.

FRANCO: No, no me dijiste.

VARELA: Bueno, pues no me acuerdo exactamente, pero ya te digo cuáles fueron: muchos «¡Vivas!» a España, al Rey, al Ejército, y mucho «¡Viva Cristo Rey!».

FRANCO: Es que ya días antes se decía, en la cárcel de Larrínaga, entre elementos rojos y separatistas: «Parece que el domingo va a haber cosas en Begoña», y la propia mujer del gobernador se lo dijo a su hermana. Así que en la provocación pudiera intervenir alguno de estos elementos... Y con estas provocaciones lo que hacen es el juego al enemigo.

VARELA: Y tanto que lo hacen, pero ellos han sido los que lo han hecho, que ese mismo día daba la noticia la Radio inglesa diciendo que el ministro de la Guerra, al salir de la misa celebrada por los miembros de uno de los integrantes del partido único, había sido víctima de un atentado por parte de los miembros del Gobierno del otro sector de ese mismo partido, habiendo resultado un centenar de víctimas, «la mayor parte, obreros».

FRANCO: Es que en muchas partes los nacionalistas han cogido a elementos obreros a quien ponían la boina roja para dividir y provocar, como lo han hecho en Cartagena, que luego resultó que muchos de ellos eran masones; aquí podía haber también entre ellos algún separatista.

VARELA: Pues yo te digo, mi general, que ninguno de ellos a quienes yo he ido a ver al hospital, era separatista, sino todos ellos tradicionalistas o independientes, muchos de ellos, como es natural, familiares de las víctimas y entre los que se contaban muchas mujeres y niños; y ninguna de las jerarquías que ha pasado por Bilbao se ha dignado ir a ver a las víctimas, que oficialmente son todas ellas de su partido, ni han preguntado por ellas, sino que sólo se han interesado por los asesinos, tratando de desviar la acción de la justicia, como Guitarte.

FRANCO: Guitarte fue allí por el asunto de su coche, y es un gran muchacho, que se ha distinguido mucho en la Universidad.

VARELA: Un gran muchacho, mi general, pero que trató de estar con el auditor, y con esa falta de respeto que caracteriza a esta gente, llamó al gobernador civil a que fuera al hotel a verlo, y luego habló por teléfono con el general Lóriga, un general de setenta años, para decirle que tenía que hablarle, a lo que éste le contestó que si era como amigo, cuando quisiera y donde quisiera, pero que si le hablaba del asunto de los procesados había que saber que la Justicia militar es una cosa muy seria para admitir injerencias de nadie. De modo que, ¿ése es el buen chico? ¿Qué te hubiera parecido a ti si cuando eras Jefe de Estado Mayor hubiera venido un estudiante a proponerte una cosa parecida? Y luego vino Luna [José Luna, vicesecretario del Movimiento], y siendo teniente coronel del Ejército y secretario del partido, no se ha presentado a verme, siendo militar y yo un ministro.

FRANCO: No tenía obligación.

VARELA: Sí que la tenía, mi general, en todos los órdenes, y me extraña mucho eso que estás diciendo. Tenía, además, la obligación moral de ir a ver a las víctimas.

Franco: Es que no sabía que tú estabas.

Varela: ¿Cómo que no sabía que yo estaba? Si eso lo sabía todo el mundo.

Franco: Luna fue a Bilbao por encargo mío, y vino a marchas forzadas desde Valencia, y sólo estuvo en Bilbao unas horas con el gobernador civil y con Maíz [Félix Maíz, «camisa vieja» de Falange, residente en Bilbao], con quien tuvo una conversación en presencia del comisario de Policía, para luego venir inmediatamente a darme cuenta, y su declaración coincide casi exactamente con la del ministro de la Gobernación y la del director general de Seguridad, menos en lo de los carteles, desprendiéndose de todo ello que ni las jerarquías de Madrid ni las de Bilbao tuvieron nada que ver en este asunto, pues no hay nadie de Bilbao.

Varela: Sí, mi general, Berástegui es de origen separatista, y fue jefe del SEU de Vizcaya sin prestigio alguno para ese cargo, como no lo tenía casi ninguno de los de Falange de Bilbao, a quien no hay una persona decente que los siga.

Franco: Eso fue culpa de que han tenido muy malos jefes provinciales.

Varela: Y también un tal Calleja de Orduña, que ahora está en Valladolid y es mutilado.

Franco: Sí, este Calleja es un muchacho que bebe mucho y muy exaltado.

Varela: Y a quien creo hemos fusilado a su hermano de Santander.

Franco: Eso yo no lo sabía. Pero lo que parece que existe contradicción es sobre el lugar en que fueron detenidos, pues parece ser que los detuvieron en Bilbao, donde estaba con la hermana y la novia de uno de ellos.

Varela: No, mi general, nuevamente te han informado mal. Fueron detenidos allí mismo y por mi propio mecánico, que fue quien lo encañonó en el pecho, y entonces él le dijo: «Soy jefe de la Falange y no puedes detenerme», entregándole, en vista de esto, a la Policía Armada, que fue quien lo detuvo, y él trató de escaparse en el coche de Iturmendi, al ver que no podía hacer andar a su coche, y al intimidar al mecánico de Iturmendi a que lo condujera, le dijo: «Llévame, que la Falange te protege». Como siempre, el poder tenebroso y confuso, lo mismo que pasó en el asunto del oficial de Madrid, y siempre el mismo impunismo [sic]. Pero el conductor no hizo caso y fue él mismo quien lo entregó a la Policía.

FRANCO: ¿Y qué clase de bomba era?

VARELA: Hubo dos bombas, mi general: una, que no estalló, y otra que la recogieron allí mismo, pero que no han dado con ella; la otra, por los efectos, parece desde luego mayor que la Laffite, más bien algo que pudiera ser un artefacto preparado por ellos mismos. Se ha recogido la metralla extraída a los heridos y se ha enviado a los técnicos del Parque de Artillería para que la examinen. Además, allí mismo se les cogieron cuatro pistolas del nueve largo sin licencia de armas, y entonces ellos avisaron inmediatamente al gobernador civil y jefe de Falange de Valladolid, para que les enviase una licencia con aquella numeración y fecha atrasada.

FRANCO: Pero no lo encontraron.

VARELA: No, porque estaba en algo del Frente de Juventudes.

FRANCO: No, estaba en Santander. De modo que a los autores se les detuvo allí, porque a mí me han dicho que fue más tarde, en Bilbao.

VARELA: Pues el hecho fue así porque yo lo presencié, y como te digo, fue mi mecánico quien mandó detener al autor. Se sabe ya exactamente todo. Lo que pasa es que ellos no lo han declarado pues, según ellos, nadie sabía nada y se habían presentado allí por casualidad y sólo por curiosidad, pero eso está demostrado que llegaron unos diez minutos antes de que terminara la misa, y el policía que allí estaba les preguntó qué es lo que iban a hacer allí, a lo que contestaron que «iban a ver lo que hacían esos carcas». Trataron de meterse en la iglesia, y al ver que no podían, se situaron a diez pasos de la escalinata, colocando el coche en dirección contraria a Bilbao para poderse escapar, cuando todos nuestros coches estaban naturalmente vueltos hacia Bilbao. La cosa estaba muy pensada, mi general, y como te digo, se les ha cogido allí mismo, pues ellos querían que no fuera juicio sumarísimo, invocando que eran jerarquías, y que los juzgara el Supremo.

FRANCO: Pero eso no puede ser... ¿Y quién preside el Tribunal?

VARELA: El general Castejón, «camisa vieja», para que veas que se ha obrado con toda imparcialidad, y el fiscal es también de Falange, y el auditor, persona muy religiosa y muy buena.

FRANCO: Castejón no es «camisa vieja» ni lo ha sido nunca.

VARELA: Pues eso tenía yo entendido. Que era «camisa vieja» desde que estuvo en Castellón.

FRANCO: Pues eso no lo creo aunque me lo jures de rodillas; y los otros, ¿quiénes son?

VARELA: Los coroneles de San Sebastián, Santander y Burgos.

FRANCO: ¿Y quiénes son?

VARELA: Yo eso no lo sé, mi general, no los conozco; yo me he venido por eso hoy a Madrid, para no estar en Bilbao el día del consejo de guerra.

FRANCO: Bueno, pues que se haga todo dentro de la mayor equidad, porque ya tratándose de una provocación, las cosas varían y ya los hechos no son lo mismo.

VARELA: ¿Cuándo vienes por Madrid, mi general?

FRANCO: Yo iré por Madrid el jueves.

VARELA: ¿Mandas algo más, mi general?
FRANCO: No, nada más.
VARELA: Pues a tus órdenes, mi general.

Sobre esta misma conversación, Luis Suárez recuerda:

> En ella Franco, que adoptó el tono de un compañero
> de armas, llamando al ministro «Varelita», como en las salas
> de banderas de los viejos tiempos de Marruecos, intentó
> desarmar los argumentos de éste, insistiendo en que los fa-
> langistas habían sido provocados por los que gritaron «¡Viva
> el Rey!» con propósitos subversivos.
> Parecía tímido y vacilante, casi a la defensiva. Varela se
> mantuvo tenso, llegando a culparle por consentir que se sus-
> tituyese el «¡Viva España!» por el «¡Arriba España!» de los
> falangistas. No quiso ceder de ninguna manera: se había
> producido un atentado contra su persona y sólo había es-
> capado con vida gracias a la presencia de ánimo de alguien
> que desvió la bomba con el brazo.
> Ante esta actitud no quedaba a Franco otra opción que
> ceder: «Que se haga todo dentro de la mayor equidad, por-
> que ya tratándose de una provocación, las cosas varían y ya
> los hechos no son lo mismo».

La «equidad» que el Caudillo reclamaba consistió finalmente en colocar a Juan José Domínguez, de veintiséis años, ante
el piquete de ejecución mientras entonaba el *Cara al Sol* o más
bien sólo la primera estrofa que las «balas amigas», las mismas
que segaron la vida del Durruti falangista, le dejaron pronunciar.

Previamente, el general Antonio Castejón Espinosa, al
mando del Tercio Duque de Alba de la Legión entre diciembre de 1939 y junio de 1942, había presidido el Consejo de
Guerra y firmado la sentencia de muerte de Domínguez.

La versión del periodista Gustavo Morales difiere bastante de la de Suárez, quien trata de disculpar a Franco al manifestar que «no le quedaba otra opción que ceder»... o tal vez sí.

Según Morales, tres falangistas bilbaínos —Berástegui, Calleja y Mortón— paseaban con sus novias por la zona de Begoña cuando, ante la algarabía tradicionalista, gritaron «¡Viva la Falange!» y «¡Arriba España!».

Sintiéndose provocados, los carlistas se enzarzaron en «una ensalada de golpes». Y fue entonces cuando entró en acción Domínguez con otros camaradas suyos.

Dejemos a Morales que explique cómo, en su opinión, sucedieron los hechos:

> Pasaron por la zona otros cinco falangistas, que acudían a Archanda, para ir después a Irún, a recibir a algunos repatriados de la División Azul. Eran Jorge Hernández Bravo, Luis Lorenzo Salgado, Virgilio Hernández Rivaduya, Juan José Domínguez, Roberto Balero y Mariano Sánchez Covisa.
>
> Al pasar por Begoña, apercibidos de la paliza que les daban los carlistas a sus camaradas, por inferioridad numérica, ante los gritos de las novias, acudieron en su ayuda.
>
> Juan José Domínguez dispersó a los carlistas tirando dos granadas. Los falangistas fueron a denunciar los hechos en la comisaría de Policía. Y los carlistas hicieron lo mismo, cargando la mano, al acusar a los falangistas de «ataque al Ejército», por la presencia de Varela, quien, en el vestíbulo del hotel Carlton de Bilbao, prometió: «Se hará justicia. Yo me encargo de ello».

Por si fuera poco, los carlistas, como recordaba Morales, cargaron aún más las tintas sobre los trágicos sucesos elevando a 117 los heridos: cuatro de ellos muy graves, tres graves y veinticinco de pronóstico reservado, de los que al final murieron tres.

Más significativo resulta todavía, de ser cierto, lo que añade Morales:

> Cuando el obispo de Madrid le pidió al Caudillo clemencia para Juan José Domínguez, Franco le contestó enigmático que tendría que condecorarlo pero ha de ejecutarle.

Quien sí le condecoró, como ya hemos visto, fue José Antonio. Pero de nada le sirvió a Domínguez, ni siquiera como atenuante para conservar la vida, su condición de «vieja guardia» ni su protagonismo en la creación del falangismo en Andalucía; como tampoco los servicios prestados antes de la guerra durante el tiroteo en Aznalcóllar, donde junto con Narciso Perales despojó al ayuntamiento de la bandera republicana, rescatando a varios camaradas tras poner en riesgo su vida. El mismo Domínguez que, ya durante la guerra, llegó a cruzar hasta en seis ocasiones las líneas enemigas desafiando al peligro.

Resumamos ahora las discrepancias entre Suárez y Morales.

El primero aseguraba que la presencia de los dos acompañantes de Domínguez en Begoña obedecía a que éstos habían «recibido instrucciones», y señalaba la existencia de un complot cuyos tentáculos llegaban nada menos que hasta la Alemania de Hitler.

Morales, en cambio, daba a entender que Domínguez pasaba casualmente por Begoña cuando se vio obligado a salir en defensa de sus camaradas, lo cual resultaba extraño si, como ya sabemos, iba armado hasta con granadas de mano; extremo que en el juicio se consideró indicativo de «su intención premeditada de provocar disturbios».

Tampoco queda del todo clara la postura del general Varela, que al principio restó importancia a los sucesos, según Suárez, pero que ya en el hotel Carlton había prometido hacer justicia, en opinión de Morales, lo cual concuerda mejor con la conversación telefónica que luego mantuvo con Franco.

Pero más lejos iba aún Alfredo Amestoy, tras entrevistarse sesenta años después, en septiembre de 2002, con la viuda del ajusticiado Domínguez, Celia Martínez, y con Ramón Serrano Súñer.

El encuentro se celebró en la residencia de Serrano en Marbella y contó también con la presencia de los hijos respectivos: el embajador Fernando Serrano Súñer y Mari Celi, que era un bebé de cuatro meses cuando fusilaron a su padre.

Aseguraba así Amestoy:

> El general Varela, presente, se adjudicó sin razón ser él el objetivo del supuesto atentado (la granada se arrojó en el exterior de la basílica bilbaína cuando Varela aún no había pisado la calle).
>
> El suceso, que serviría a Franco para domeñar a la Falange y destituir a los tres ministros más influyentes del Régimen (Galarza, de Gobernación; el anglófilo Varela, del Ejército y cada vez más carlista por su matrimonio con la tradicionalista y riquísima vasca Casilda Ampuero, y Ramón Serrano Súñer, de Exteriores), se saldó con el sacrificio de Domínguez.
>
> Franco aprovechó lo ocurrido para reafirmar su poder personal, aprovechándose del pulso entre el Ejército (con el apoyo de monárquicos y la derecha más reaccionaria) y

la Falange, el partido único. Relevó a su cuñado, el germanófilo Súñer, tres días después de que, por el referido fusilamiento, dimitieran los falangistas puros Narciso Perales y Dionisio Ridruejo.

Sea como fuere, de los dos condenados a muerte, Calleja y Domínguez, sólo al primero se le conmutó la pena capital por ser caballero mutilado y haber perdido una pierna en la Guerra Civil.

Gracias a las gestiones de Girón de Velasco, la esposa y la hija de Domínguez pudieron viajar a Bilbao para despedirse de él. Llegaron allí el 31 de agosto, el mismo día en que se publicó la sentencia de muerte, alojándose en el hotel Alemania.

Una falangista, Emilia Santos, de la Sección Femenina, llamó a Celia Martínez el 2 de septiembre, a las ocho de la mañana, para decirle que había oído una descarga procedente de la prisión de Larrínaga. A la viuda, de tan sólo diecinueve años, no le dejaron ver el cadáver.

El entierro se celebró al día siguiente. Una docena de falangistas de Bilbao asistieron a la inhumación del cuerpo en una fosa gratuita cavada en un descampado del cementerio de Derio.

Al cabo del tiempo, los restos de Domínguez fueron exhumados para trasladarlos a una sepultura más digna, en el camposanto del pueblo madrileño de Galapagar.

Con razón, Serrano Súñer confesó a Alfredo Amestoy, justo un año antes de su muerte:

Lo de Begoña fue un suceso lamentable, pero no hubo ni fuerza ni unión ni para salvar a Domínguez, ni para mantener el poder.

En aquel momento vivíamos con un dinamismo trepidante, pero Franco, enseguida, se dio cuenta de que esos falangistas que parecían tan intransigentes, los Arrese, los Fernández Cuesta, los Girón, venían a comer de la mano. Y ése fue el principio del fin.

El gran amigo de todas las horas, Dionisio Ridruejo, dimitió de todos sus cargos y lo mismo hizo Narciso Perales, Palma de Plata y el tercer hombre en el mando de la Falange después de José Antonio y Hedilla. Fue por eso por lo que yo propuse que la Falange fuera «dignamente licenciada».

Si no tuvo piedad Franco con los falangistas Durruti y Domínguez, con menos motivo aún la iba a tener con su primo republicano Ricardo de la Puente Bahamonde y no digamos ya con el asesor del Ministerio de la Guerra que denegó el indulto a José Antonio Primo de Rivera, el auditor Emilio Valldecabres Malrás, fusilado en 1941.

El 25 de septiembre de 1944, la madre de Emilio Valldecabres cursó al coronel juez del Juzgado de Ejecutorias letra Z de Madrid la siguiente instancia:

Elisa Malrás Clement, mayor de edad, casada, natural y vecina de Valencia, con domicilio en la misma, calle del doctor Landete número 2, y cédula personal de clase 12.ª, tarifa 3.ª, número 17.517, expedida el día 22 de diciembre del año 1942 en Valencia, a V. E. con todo respeto tiene el honor de exponer:

Que teniendo recogida a mi nieta Marina Valldecabres Tomás, de ocho años de edad, huérfana de padre y madre, hija de mi hijo Emilio Valldecabres Malrás, que fue ejecutado el día 17 de enero de 1941, cuyo sumario llevaba el número 408 del Juzgado Especial Militar D.

SUPLICO a V. E. se sirva dar las órdenes oportunas para que me sean expedidos dos certificados de la defunción de mi hijo (e.p.d.) para que mi nieta pueda disfrutar de los beneficios que la ley concede a los huérfanos.

Favor que no dudo obtener del recto proceder de V. E., cuya vida Dios guarde muchos años. Firmado,

ELISA MALRÁS

El secretario del citado Juzgado Militar de Ejecutorias, teniente de la Guardia Civil Felipe Ruiz Pérez, remitió a Elisa Malrás el certificado de defunción de su hijo, que decía literalmente así:

Don Vicente López-Ceterilla Vázquez, teniente médico, con destino en la Jefatura de Sanidad Militar, certifico que Emilio Valldecabres Malrás, natural de Valencia, vecino de Madrid, de 33 años de edad, estado viudo, ha fallecido en el día de hoy [17 de enero de 1941] a las siete horas, a consecuencia de fusilamiento a cuya pena fue condenado en virtud de sentencia en la causa n.º 408 de Madrid.

Fue así como Emilio Valldecabres, viudo y con una hija de tan sólo cinco años a su cargo, murió pasado por las armas pese a todas las peticiones de clemencia. Y eso que su víctima, José Antonio Primo de Rivera, en un gesto histórico propio del martirologio universal, fue capaz de perdonar a todos los cómplices de su muerte, incluido naturalmente Valldecabres.

10
La mano de santa Teresa

Nada ocurrirá si Dios no quiere.

Franco a su primo
el general Salgado-Araújo

Desde la caída de Cataluña, Franco confiaba en la victoria final aferrado a la mano derecha, que no a la izquierda..., ¡de santa Teresa!

El Caudillo invocaba, en efecto, la intercesión de la santa para obtener un último favor del Cielo: ganar la guerra.

Desde sus tiempos en el palacio arzobispal de Salamanca, vieja ciudad universitaria donde enclavó al principio su Cuartel General, Franco confiaba en el triunfo final no sólo gracias a la superioridad militar de su ejército, sino a la invisible actuación de la Providencia, con mayúsculas, pues la *baraka*, para un católico convencido como él, sólo tenía un sentido supersticioso.

Franco, como todo el mundo sabe, era un enemigo acérrimo de la masonería por considerarla anticatólica. Entre los distintos seudónimos utilizados por él en su actividad literaria (Jaime de Andrade, como ya hemos visto, o Juan de la Cosa), el de Jacking Boor lo empleó en artículos periodísticos de tema masónico y como rúbrica en la recopilación de éstos, en su libro titulado *Masonería*.

Era un secreto a voces, en los círculos políticos, que el nombre de Franco se escondía tras este seudónimo. Apercibido de ello, el Caudillo intentó desvincular su personalidad de la de Jacking Boor, hasta el extremo de que en una relación de audiencias celebradas por el jefe del Estado incluyó en último lugar al inexistente Boor, y así lo publicó en la prensa. «A esto se llama autoaudiencia», señalaba, irónico, el político y escritor Rogelio Baón.

Volviendo a su sentido trascendente de la vida, Franco impetraba con frecuencia el nombre de Dios en sus conversaciones privadas, demostrando una fe inquebrantable en su particular Cruzada:

—Nada ocurrirá si Dios no quiere —aseguraba a su primo el general Salgado-Araújo, mientras permanecía en su despacho impasible al estridente ulular de las sirenas antiaéreas.

Siempre que podía, tenía a la vista la mano derecha de santa Teresa de Jesús, que le fue entregada por las monjas de las Carmelitas Descalzas cuando desalojaron su convento malagueño de Ronda.

En sus desplazamientos por el frente o la retaguardia, un asistente especialmente designado por él transportaba y custodiaba tan valiosa reliquia, con mayor celo aún que si guardase las claves secretas de las posiciones de todas sus baterías. Al acostarse, el Caudillo colocaba la mano de santa Teresa sobre su mesilla de noche.

Años después, con ocasión de su enfermedad circulatoria, la reliquia de la santa fue llevada a la habitación 609 del Hospital del Generalísimo.

Pero hasta entonces, el ambiente del Cuartel General solía ser apacible.

El Caudillo era el primero en dar ejemplo a los suyos: a las ocho de la mañana se le veía sentado ya a la mesa del despacho, consultando papeles; algunos días permanecía allí incluso hasta después de las tres de la madrugada.

Siempre que podía, aprovechaba para reponerse con una siesta de dos horas, durante las cuales reinaba en sus aposentos el más estricto toque de silencio.

En la pared del fondo de su despacho, un tapiz camuflaba una puerta secreta; detrás de ella vigilaba un guardia especial cada vez que Franco recibía a un visitante sospechoso.

El Caudillo no se fiaba ni de su sombra. Solía pasarse horas enteras reflexionando solo, tras consultar los mapas de los frentes. Visualizaba en su cabeza cada movimiento de las batallas, demostrando una paciencia infinita para cuidar del último detalle.

Fascinado por la topografía, era capaz de rechazar a su Estado Mayor un plan de batalla porque no había previsto el desplazamiento de una batería a una loma, seiscientos metros a la derecha.

· Todos los días, a la puesta de sol, recibía por su teléfono privado el informe pormenorizado de sus principales generales en el frente. Con el auricular en una mano, garabateaba su libreta con la otra. Luego, reunía a sus jefes de Estado Mayor y dictaba el parte de guerra, el cual era leído por la radio a las diez de la noche, justo antes del célebre comentario del general Queipo de Llano.

Mientras la mayoría del pueblo dormía, Franco se recluía en sus habitaciones privadas en compañía de su círculo íntimo de oficiales, muchos de los cuales eran antiguos compañeros africanistas de las guerras coloniales.

Era el momento distendido de la tertulia nocturna, durante la cual él jamás fumaba ni bebía, excepto los dos vasos de vino que tomaba poco antes, durante la cena.

A veces se mostraba contradictorio con los suyos, emocionándose por las cosas más nimias, mientras le dejaban frío otras que hubiesen desatado el furor y la indignación de la mayoría.

Su ministro de Educación, Pedro Sáinz Rodríguez, pudo ver con sus propios ojos, tal y como ya vimos en su momento, cómo mojaba bollitos en el chocolate de la merienda mientras repartía con serenidad pasmosa multitud de carpetas entre los dos sillones que tenía a derecha e izquierda. Los situados a su derecha contenían sentencias de muerte que debían ejecutarse sin demora.

Más tarde, el palacio de los Muguiro, en el paseo burgalés de la Isla, se convirtió en el nuevo Cuartel General del Caudillo.

Designado con el nombre en clave de «Términus», estaba muy cerca del colegio de Las Francesas, donde se había instalado su Estado Mayor.

Franco redactaba unas notas en su despacho, que luego su Estado Mayor transformaba en órdenes o en partes oficiales, firmados por el general Martín Moreno.

Precisamente de aquel colegio salió cierto día emocionado el teniente coronel Antonio Barroso, según relató él mismo, después de la guerra, al que fue alférez provisional suyo y luego destacado historiador de la contienda, José María Gárate Córdoba.

Eran casi las diez y media de la noche del histórico 1 de abril de 1939, hora en que siempre se leía por Radio Castilla (convertida en Radio Nacional de España) el correspondiente parte de guerra.

Pero aquel día, su difusión tuvo que retrasarse hasta las 11.15 horas por una razón casi sobrenatural: el parte que llevaba eufórico el oficial franquista era el último de todos; en él se decía, al final, lo que el propio Barroso y tantos otros ansiaban leer algún día: «La guerra ha terminado».

Minutos antes, pudo palparse la tensión nerviosa en el Cuartel General de Franco.

En su despacho, el teléfono de su escritorio había dejado por fin de sonar. En el ecuador de la estancia había otra mesa mayor, despejada y sobria, alrededor de la cual se reunían los jefes del Cuartel General.

Justo enfrente, sobre un caballete, podía apreciarse uno de los últimos vestigios del arte franquista de hacer la guerra: aprovechando la transparencia de un mapa Michelín del centro y sur de España, el propio Franco había trazado con firmeza y rapidez, en una enorme hoja superpuesta, diversas zonas de acción, direcciones de ataque, flechas de penetración y grandes despliegues en lápiz azul. Era un gran mural de los últimos resquicios militares de una guerra agonizante.

Aquella noche, en su Cuartel General, Franco guardaba cama, aquejado de un catarro gripal.

¿Fiebre? Hubo incluso quienes osaron medir la temperatura corporal del Caudillo sin un termómetro a mano, asegurando que superaba los 38 grados centígrados.

Pero años después, el ya teniente general Barroso seguía dudando que Franco tuviese realmente fiebre aquel día.

El propio Gárate transcribía el diagnóstico que Barroso le facilitó tras entrevistarse con él, en julio de 1975: «Se trataba de una especie de distensión psicosomática, algo así como un relax de reacción orgánica refleja, consecuencia del contraste entre la enorme tensión de tantos meses y la tranquila seguridad que producía el fin de la guerra».

Desde el 28 de marzo, las tropas franquistas ocupaban sin combate la España que aún no había sido liberada.

Cuando al fin toda España se hubo teñido de azul, los jefes militares corrieron a informar de ello a Franco. Éste, desde su cama, repuso simplemente: «Muchas gracias». Acto seguido, se incorporó, se puso una bata y bajó al despacho.

De su escritorio, cogió esta vez un lápiz negro y empezó a redactar el último parte de guerra. Dudó al principio, pues tachó y corrigió algunas palabras.

Luego, entregó el borrador a su ayudante, el comandante José María Martínez Maza, para que lo pasase a máquina. Éste se lo presentó a su vez al general Martín Moreno, jefe del Cuartel General, quien, tras leerlo detenidamente y sin hacer la menor observación, lo hizo llegar al teniente coronel Barroso, jefe de la Sección de Operaciones.

Barroso dictó su contenido al mecanógrafo de servicio, Rafael Muñoz Navarro, soldado de un destacamento del pueblo alicantino de Novelda, la última provincia reconquistada por los nacionales.

Gárate recordaba que Muñoz Navarro había cruzado el Estrecho con los jefes del Cuartel General, pues estaba destacado entonces en Tetuán.

En la *Causa General* constaba que este hombre era hermano de Vicente Muñoz Navarro, uno de los dos requetés fusilados con José Antonio Primo de Rivera en el patio de la prisión provincial de Alicante, el 20 de noviembre de 1936; el otro requeté era Luis López y López, que corrió la misma suerte que otros dos falangistas: Ezequiel Mira y Luis Segura.

Como recordaba Gárate, pese a ser el más hábil de los nueve taquimecanógrafos del Cuartel General, el soldado Muñoz Navarro fue incapaz de terminar aquel último parte de guerra. Temblaba de emoción mientras introducía el cliché de multicopista en el rodillo de la máquina de escribir.

A duras penas empezó a pulsar con orden las teclas; instantes después, se declaró agotado pese a la brevedad del texto: «Por favor, Hernández, termínalo tú», rogó a uno de sus compañeros.

El falangista Eugenio Hernández López, incondicional de Ramiro Ledesma Ramos y compañero de celda en Salamanca de Bravo, su jefe de milicias, cogió entonces la máquina y continuó la transcripción por donde Muñoz la había abandonado: «... las tropas nacionales han alcanzado los últimos objetivos. LA GUERRA HA TERMINADO».

Gárate advertía que las mayúsculas debieron ser una ocurrencia del teniente coronel Barroso, dado que no figuraban en el manuscrito de Franco.

Fue entonces cuando Barroso tomó el primer ejemplar salido del ciclostil y se lo llevó al Generalísimo para que lo firmara.

Observó cómo éste lo rubricaba con cierta vacilación debida, probablemente, a su indudable excitación.

El soldado mecanógrafo Constantino Maté, a los mandos de la multicopista, pudo advertir también que la firma de Franco había quedado poco grabada en el cliché, como si no hubiese sido trazada con la presión suficiente, fruto de la exacerbación del momento.

Poco antes, el comandante Martínez Maza, consciente del histórico documento que sostenía en su mano derecha, preguntó al Caudillo:

—¿Me permite quedarme con este borrador, como recuerdo?

A lo que Franco repuso:

—Quédeselo, Maza. Le regalo también el lapicero.

Fue así como éste conservó el Faber negro que estaba sobre la mesa.

Sin ser un best seller, naturalmente, del parte se hicieron muchos más ejemplares que de costumbre.

Constantino Maté sacó todo el partido que pudo al cliché, muy deteriorado al final. Enseguida, entre agregados y enviados de prensa, embajadas y diversos organismos agotaron las copias existentes.

Maté se vio obligado a confeccionar una segunda edición, a raíz de la cual el cliché quedó ya inservible por completo.

Agotada también esta segunda serie, los propios mecanógrafos tuvieron que desprenderse de sus copias para atender la demanda de personajes importantes.

Sin pérdida de tiempo, el teniente coronel Barroso partió hacia Radio Castilla con la primera copia de la multicopista, llevándose también bajo el brazo una botella de champán.

Daban las diez y media de la noche en el reloj de la catedral burgalesa cuando el coche de Barroso pasó como una exhalación frente a ella.

Varias veces había repetido Barroso a Fernando Fernández de Córdoba, el locutor de guerra de Radio Nacional de España: «El último parte se lo llevaré yo personalmente al estudio. Esa noche sustituiré al ordenanza».

Y aquella noche de inmensa emoción, Barroso cumplió su palabra.

Poco después de llegar a los estudios de Radio Nacional, Fernández de Córdoba había recibido el aviso telefónico del propio Barroso: «Dice que hoy me trae el parte él y con una botella de champán para que brindemos por España y por Franco», le indicó al redactor Juan Hernández Petit.

A las diez y media en punto, Barroso cruzó el umbral de Radio Nacional acompañado del comandante Medrano y del teniente Melgar, entre otros jefes y oficiales.

Al cabo de un rato, arrancó la emisión.

Gárate reconstruía con gran emoción y dramatismo aquellos inolvidables momentos vividos en el estudio, el 1 de abril de 1939:

«Españoles, atención: A las once y cuarto en punto, daremos lectura al parte oficial.» Tras una pausa, Fernando [Fernández de Córdoba] comienza a leer: «La liberación de Alicante ha traído a la memoria de los españoles...». El texto que sigue es un recuerdo a José Antonio.

Marcaba el reloj las once y trece, cuando el locutor, con los labios secos, pero clara y pausadamente, sin un rozamiento, comenzó: «Radio Nacional de España: Vuelven banderas victoriosas». Hizo sonar el gong y con un gesto pidió a Chávarri que pusiera el himno de Falange. Al terminar añadió: «En este momento son las once y quince en punto, hora oficial de España». Señaló el control con la mano y Rufo Bañales, el cornetín, aislado en la gran sala del sexteto, ante el micro de oradores, arrancó de su cornetín el toque de silencio, con brío, en notas largas, solemnes y limpias que le hacían enrojecer, y al fin sudar, por el esfuerzo y la emoción. Se encendió la luz roja y, a golpes contra el aire, Fernández de Córdoba dijo el último parte, sobrio, medido, clásico; leyó de pie y parecía que le fuesen a saltar las venas de la frente. El teniente coronel Barroso lo miraba con ojos turbios y Antonio Tovar, el director de RNE, inclinada la cabeza, los tenía cerrados.

Después, como siempre, se escuchó brazo en alto el himno nacional.

Por último, la prosa maestra del comentario de Tovar, que bajo el título de *El último parte*, comenzaba diciendo: «Con lágrimas en los ojos recibimos hoy el último parte...» y afirma que fue verdad.

Cuando terminó la ceremonia, con una copa del champán que llevó Barroso, brindaron por el que les había conducido a la victoria y por sus colaboradores. Luego se abrazaron unos a otros sin distinción de grados ni jerarquías, dice Fernández de Córdoba.

No debió estar redactado a tiempo aquel recuerdo a los héroes y a los mártires que se prometía repetir todas las noches en sustitución del parte de guerra, pero ya el día siguiente, tras la repetición del parte de la paz, lo leía el locutor de guerra con el énfasis de los días grandes: «¡Españoles! La paz no es un reposo cómodo y cobarde frente a la historia. La sangre de los que cayeron no consiente el olvido, la esterilidad ni la traición. Perpetuamente fiel a sus caídos, España sigue en marcha. Una, Grande y Libre, hacia su irrenunciable destino».

El documento más importante de cuantos rubricó Franco a lo largo de su vida se conserva hoy como el mayor tesoro de guerra o, mejor dicho, de paz: «En el día de hoy —escribió el Generalísimo—, cautivo y desarmado el Ejército rojo, han alcanzado las tropas nacionales sus últimos objetivos militares. La guerra ha terminado».

El propio teniente coronel Barroso redactó la siguiente leyenda en el margen superior de ese primer ejemplar salido de la multicopista: «Último parte de guerra, que llevó personalmente a Radio Nacional, el día primero de abril, el teniente coronel Barroso, jefe de la Sección de Operaciones del C. G. del Generalísimo, y que fue leído ante los firmantes».

Y esos «firmantes» a los que aludía Barroso no eran otros que los siguientes: Franco; Carmelo Medrano, comandante de E. M. de la Sección de Operaciones del C. G. del Generalísimo; Antonio Barroso, jefe de la misma; Antonio Tovar, director de Radio Nacional; Luis Peral, teniente coronel de la Segunda Sección de E. M.; Fernando Fernández de Córdoba, locutor; Mauricio Melgar (marqués de la Regalía), teniente auxiliar de E. M. del Cuartel General, y Juan Hernández Petit, cronista de guerra de Radio Nacional.

Pero más valor tenía aún el borrador manuscrito de Franco que éste entregó al comandante Martínez Maza y que hoy conservan sus descendientes junto al lápiz negro con el que el Generalísimo lo redactó.

Escrito tal vez con fiebre, y desde luego con intensa emoción, se observan los trazos rápidos e irregulares fruto también de la improvisación.

Sólo una tachadura, «Enemigo», pues nada más consignarlo Franco reparó en que ya no existía tal «Ejército Enemigo», sino el «Ejército rojo».

El borrador, a diferencia del parte oficial que casi todo el mundo conoce, decía textualmente así:

> En el día de hoy, después de haber desarmado a la totalidad del Ejército rojo, han alcanzado las fuerzas nacionales sus últimos objetivos militares. La guerra ha terminado. Burgos, 1 de abril de 1939. Año de la victoria.

Como recordaba Gárate, lo más importante era que tres años después de haber afirmado sin titubeos: «Yo os aseguro que mi pulso no temblará», al quedarse de nuevo España sin latido —como Silvela dijo en el trágico año 1898—, Franco pudo finalmente escribir, aunque fuese con pulso febril: «LA GUERRA HA TERMINADO».

Y lo hizo con una valiosa mano de repuesto a su lado: la de santa Teresa de Jesús.

11
Guerra química y bacteriológica

Envío a Barcelona, procedente de París, de
«una caja de ampollas para cultivar bacilos
de tifus para que los rojos puedan envenenar
el agua».

Consulado italiano en Toulouse

La Guerra Civil española no se libró sólo con el fuego de mosquetones, tanques y aviones. Nada de eso. Franco no tuvo más remedio al final que pertrechar a su ejército con otro tipo de armas para ejercer un poder disuasorio contra el enemigo.

En un revelador documento conservado en el Archivo General Militar, el entonces presidente del Gobierno, Juan Negrín, se había mostrado tajante sobre su política de resistencia a ultranza para impedir que Franco se saliese al final con la suya.

Su discurso fue radiado, e incluso difundido en octavillas, en enero de 1939, poco antes de que se desmoronase el frente catalán.

Negrín arengó entonces a su ejército para que resistiese a cualquier precio, aun a costa de alcanzar «los extremos que sean necesarios para impedir que el fascismo llegue a Barcelona, para lo cual cuenta con medios hasta ahora desconocidos».

¿Cuáles eran esos «medios desconocidos» a los que aludía Negrín, tratando de intimidar al enemigo?

El Servicio de Información y Policía Militar (SIMP) franquista respondía a esa inquietante cuestión en otro relevante documento, fechado a finales de diciembre de 1939, en Irún, que decía:

> Si la actual ofensiva nacional hace cundir el desaliento en la zona roja como en la primavera de 1938, no sería nada de extrañar, ya que se ha hablado mucho del asunto, que los rojos intentaran el empleo de gases tóxicos, principalmente cloro, pues la mayor parte de las mascarillas de que dispone el ejército rojo son de filtros de ese gas.

Negrín nada tenía que ver ya con Prieto, quien siendo ministro de Defensa Nacional en el quinto gobierno republicano desde el estallido de la guerra, denominado pomposamente de «la Victoria», había enviado un informe de alto secreto al Consejo de Ministros, mostrándose contrario al empleo de armas químicas.

El trascendental documento decía en parte así:

> Primero. La producción de gases en la España gubernamental alcanzaría una cantidad de gas de un máximo de una tonelada y media a dos toneladas, en un lapso de tiempo excesivamente largo para las necesidades de la guerra y, por lo tanto, caso de emplear los gases, éstos tendrán que ser importados.
>
> Segundo. Por datos obtenidos de nuestros confidentes en la zona fascista, las defensas de que disponen los Nacio-

nales son muy superiores a las que tenemos nosotros y, en cuanto a la población civil, actualmente la defensa es nula en la totalidad de los pueblos de la España gubernamental. En cuanto a los efectivos de defensa de gases de nuestro ejército en el frente, no son suficientes en ningún sector para poder hacer frente a la defensa ni de los gases empleados por nosotros mismos.

Tercero. La respuesta fascista sería inmediata, efectiva y de caracteres terribles y definitivos para el aniquilamiento de nuestros frentes, por lo tanto me considero contrario en absoluto al empleo de la guerra química.

Claro que la postura «de puertas adentro» de Indalecio Prieto no implicaba que los republicanos renunciasen al empleo de gases en algunos frentes.

De hecho, un informe del Servicio de Información de la Frontera Nordeste (SIFNE), fechado el 14 de agosto de 1937 en Biarritz, aseguraba que:

> Miaja había conseguido autorización para emplear gases. Esta noticia había sido confirmada por el Cónsul rojo en Perpiñán, Puig Puchades, quien añadía que el Gobierno de Valencia, caso de emplear gases, simularía ignorarlo, dando a la cosa un aspecto de iniciativa particular de Miaja.

En febrero de 1938, el citado servicio de información confirmaba que «Miaja insistía en emplear gases en el frente de Madrid costase lo que costase».

En noviembre, en el Cuartel General de Franco se manejaba una relación de las fábricas de agresivos químicos enemigas, por si fuese necesario ordenar a la aviación que destruyese todos aquellos objetivos.

Sólo en Barcelona, los nacionales habían localizado, entre otras, la Fábrica de Colorantes y Explosivos, la Fábrica Elizalde, la Empresa de Industrias y Manufacturas, y los Laboratorios de la Universidad Industrial.

Consciente de la amenaza que se cernía sobre el Ejército nacional en su avance imparable hacia Barcelona, Franco ordenó el 17 de enero a todas sus fuerzas de Operaciones y al Servicio de la Guerra Química que intensificasen la instrucción con caretas antigás.

El Generalísimo no era, desde luego, un lunático. Si por algo se caracterizaba el valeroso militar que estaba a punto de alzarse con la victoria final en una guerra de desgaste que duraba ya treinta meses, era por haber mantenido siempre los pies firmes sobre la tierra. La guerra química no era, pues, invención suya.

El propio fundador e inspector general de la Brigada Sanitaria Antigás, el anarquista Juan Morata Cantón, presidente del Colegio de Médicos, recordaba que en 1853 se habían empleado ya en la guerra de Crimea gases desprendidos de hogueras de alquitrán, azufre y paja húmeda, por iniciativa del mando británico.

Sólo un año después, el almirante Dundonald había utilizado proyectiles de gases venenosos durante el sitio de Sebastopol.

Ya en el siglo XX, como evocaba Cantón, en 1912, el Laboratorio Municipal de París preparó ampollas de éter bromoacético para utilizarlas, dado su gran poder lacrimógeno, en las algaradas promovidas por los indios apaches.

Veinticinco años después, Franco sabía perfectamente que los franceses habían recurrido a ese mismo agresivo en la Primera Guerra Mundial, ensayando antes el lanzamiento de 30.000 ampollas en el bosque de Argonne.

Este primer intento animó a los alemanes a seguir por el mismo camino. Siguiendo instrucciones de los profesores Nerst y Haber, el Ejército alemán utilizó así, en octubre de 1914, algunos proyectiles cargados con sales de diamisida, a los cuales denominó abreviadamente *Ni* (de *Nies-Geschoss*, «proyectil estornutatorio»).

Un año después, los alemanes ensayaron en Verdún el lanzamiento de otros proyectiles cargados con bromuro de bencilo, xililo o bromoacetona.

Pero la hora de la verdad llegó a las seis de la tarde del 22 de abril de 1915, cuando el Ejército alemán dejó que el cloro contenido en 8.000 botellas se dispersase lentamente en un frente de unos seis kilómetros de longitud, en el sector de Iprés.

La suave brisa que soplaba en dirección de las filas aliadas favoreció la propagación del gas, produciendo 15.000 bajas, de las que 5.000 se registraron en las mismas trincheras.

Desde entonces, Alemania intentó aprovechar toda la potencialidad de su industria química para desplazar el equilibrio existente con otras armas.

Pero Francia, que hasta aquel momento importaba cloro y bromo de Alemania, supo responder al desafío de su enemigo. Con ayuda de Inglaterra, fabricó así armas tóxicas de combate, las cuales empleó por primera vez con gran eficacia en Verdún, en febrero de 1916.

La respuesta de los alemanes a los proyectiles de fosgeno lanzados por los franceses no se hizo esperar: el 19 de marzo, arrojaron proyectiles de cruz verde, cargados con cloroformiato de metilo triclorado, conocido también como perstoff o difosgeno.

Luego, los alemanes recurrieron a los proyectiles de cruz azul, que contenían sustancias irritantes sólidas, llamadas arsinas por estar compuestas de arsénico. Su poder mortífero era entonces enorme, pues al explosionar la granada, las arsinas se fragmentaban en partículas muy pequeñas capaces de atravesar los filtros de las máscaras antigás. De ahí que se las denominase «rompemáscaras».

Pero el arma más poderosa en aquel momento fue, sin duda, el proyectil distinguido con una cruz amarilla.

Los altos mandos militares recordaron entonces que, en 1886, el químico alemán Viktor Meyer había estudiado y preparado un cuerpo líquido (sulfuro de etilo declorado), que resultó ser un instrumento bélico de gran valor, pues no sólo actuaba sobre los órganos internos del enemigo, sino que lo hacía también sobre la misma piel, aun cuando ésta se hallase protegida por uniformes y botas.

La noche del 12 de julio de 1917, las tropas alemanas lanzaron numerosos proyectiles cargados con esa sustancia en el frente de Iprés; por eso, los franceses le dieron el nombre de iperita, mientras los ingleses lo denominaban gas mostaza a causa de su fuerte olor.

Más cerca aún de la contienda civil española, durante la guerra de Etiopía, a finales de 1935, los italianos emplearon abundantes cantidades de iperita, fosgeno y arsinas.

La amenaza de un ataque con armas químicas no era así una fábula al comienzo de la Guerra Civil española.

Franco recordaba, en efecto, la primera vez que el enemigo utilizó su armamento químico contra sus diezmados hombres que resistían heroicamente tras los muros del Alcázar de Toledo, el 8 de agosto de 1936.

A las diez de la mañana de aquel día, un bimotor Potez arrojó varias bombas de gas, tres de las cuales penetraron en el patio de la antigua fortaleza mora que luego fue palacio real; otra cayó en unas barricadas de los sitiadores, a unos doscientos metros del Alcázar, el colosal bloque de cinco pisos de piedra gris, con sus cuatro torres de vigilancia en las esquinas.

Por fortuna, y debido también a la excelente preparación de los nacionales contra ese tipo de armas, ninguna de aquellas bombas causó efectos importantes.

Los defensores las cubrieron enseguida con tierra para evitar las emanaciones de gases; luego, encendieron hogueras para favorecer la evaporación y dispersión del agresivo que ya se había derramado.

El gas fue poco después identificado: se trataba del conocido como cloroacetofenona, el lacrimógeno más fácil de usar.

Pese a ser estudiado por Gräbe en Alemania, en 1869, no fue empleado en la guerra europea. Pero, por su manejabilidad y resistencia al agua, muchos lo preferían al cianuro de bromobencilo.

El gas utilizado por los republicanos soportaba sin problemas altas temperaturas; por eso era el más indicado para cargar con él bombas aéreas y de mano, sin quemarse ni descomponerse al producirse la explosión. Tampoco alteraba el metal de los proyectiles.

En altas concentraciones irritaba la piel, provocando un intenso picor y enrojecimiento semejante al de la luz solar.

Pero lo peor de todo era que bastaba con respirar, durante sesenta segundos, una concentración de cuatro gramos por metro cúbico de aquel gas para morir asfixiado.

No resultó extraño así que, aquel mismo mes, Franco mandase llamar al farmacéutico mayor Celso García Varela, jefe de los Servicios Farmacéuticos de la División Orgánica de Sevilla, para que le pusiera al corriente enseguida de las posibilidades que tenía el enemigo de volver a utilizar armas químicas.

En su excelente trabajo sobre la guerra química y bacteriológica en España, José María Manrique y Lucas Molina recordaban que el 21 de agosto de 1936, Franco pidió a Italia que suministrase a su ejército máscaras y gases para utilizarlos sólo en caso de que el enemigo los emplease abiertamente.

El Caudillo tenía noticias de la fabricación de cloro en Valencia y del nuevo uso de gases lacrimógenos en la sierra del Guadarrama.

Sólo dos días antes, el general Emilio Mola había hecho unas explosivas declaraciones al prestigioso diario británico *The Times*, asegurando que los nacionales poseían grandes reservas de gas, pero que no vulnerarían los convenios internacionales que prohibían su uso.

Mola fijaba así, ante los ojos del mundo, la estrategia disuasoria que desplegó desde el principio el mando nacional; estrategia que corroboró, como acabamos de ver, el mismo Franco cuarenta y ocho horas después.

De hecho, si no estalló una guerra química total durante la contienda civil fue, sin duda, porque el Ejército republicano no recurrió a ese tipo de ataques más que en contadas ocasiones, lo cual evitó que Franco respondiese a las agresiones, manteniéndose firme en su estrategia disuasoria.

Franco consolidó, en efecto, su poderío disuasorio, como aseguraban Manrique y Molina. Sin ir más lejos, en octubre de 1936 comenzaron en el bando nacional los estudios para fabricar un gas sofocante, otro lacrimógeno y un detector de campaña en la Región Militar de Aragón.

La sociedad elegida para este proyecto fue Energía e Industrias Aragonesas, que poseía una fábrica en la localidad oscense de Sabiñánigo, donde se instaló un taller de fosgeno, bombardeado poco después por la artillería republicana.

Entre enero y febrero de 1937, Franco recibió de sus aliados italianos cincuenta toneladas de iperita destilada, suficientes para cargar alrededor de 40.000 proyectiles de artillería, además de un pedido de 20.000 proyectiles que contenían arsina.

Poco antes, Alemania había enviado a la Península cincuenta toneladas de bombas de doce kilos de iperita y otras tantas cargadas con difosgeno.

Al mismo tiempo, Franco reforzó sus medios defensivos ante la amenaza generalizada de una guerra química.

En octubre de 1936 se organizó así, en Sevilla, el primer Equipo de Neutralización de Guerra Química, encomendado al farmacéutico Raimundo Blasco; este equipo fue incorporado a la columna nacional que se dirigía hacia Talavera de la Reina en aquel momento.

En Salamanca se instaló una Academia de Guerra Química, donde se impartieron cursos para oficiales sobre aspectos relacionados con la defensa y con el peligro que entrañaba ese tipo de armas.

Incluso el jefe de la Inspección de Movilización, Instrucción y Recuperación (MIR) propuso en junio de 1937, al Cuartel General del Generalísimo, la creación de alféreces provisionales del Servicio de Guerra Química.

Las medidas defensivas incluían, como era natural, la producción de medicamentos para combatir los efectos de las temidas armas químicas, razón por la cual en septiembre se habían fabricado 8.500 tubos de pomada contra la iperita en el Hospital Militar de Sevilla.

Los republicanos, sin embargo, llevaron siempre la iniciativa no sólo en la retaguardia sino, como acabamos de ver, también en algunos frentes de batalla.

Entre tanto, Franco era puntualmente informado por sus servicios de espionaje de los principales pasos del enemigo en este sentido.

Así, por ejemplo, supo que en octubre de 1936 los barcos *S.S. Guincho* y *S.S. Capitán Segarra* hicieron escala en Malta, durante su travesía hacia Rusia, para cargar allí gases tóxicos y regresar luego a España.

A primeros de noviembre, tuvo noticia también de que en Marsella había atracado el velero *Carmen* para cargar gas mostaza en sus bodegas.

Sus espías averiguaron igualmente que el ejército enemigo había adquirido 5.000 caretas antigás en Etablissements Luchaire, en París, por 500.000 francos. Poco después, llegaron a Barcelona cuatrocientas caretas más procedentes de Toulouse.

Los propios brigadistas internacionales que cruzaban la frontera de Portbou lo hacían equipados con máscaras antigás.

Todo ello desató una psicosis en los dos bandos ante una posible guerra química.

El propio servicio de información nacional daba cuenta así escuetamente: «Confidencias de Roma alertan del empleo de gases los días 6 o 7 de enero para frenar las columnas que atacan Madrid».

Sea como fuere, la principal acción documentada de guerra química en España tuvo lugar poco después, en junio de 1937, tras un eficaz golpe de mano de una sección de la 6.ª Bandera de Falange para destruir un nido de ametralladoras republicanas en las proximidades del pueblo de Cilleruelo de Bricia, coincidiendo con los planes del enemigo de descongestionar el frente de Vizcaya y llegar como fuese hasta Burgos.

El entonces teniente coronel Sagardía, ascendido luego a general, estaba al frente de media brigada de hombres de la 62.ª División al mando del general Ferrer.

El propio Sagardía relataba así en sus memorias, con todo lujo de detalles, el empleo de armas químicas por parte del enemigo:

> Después de terminada esa operación [la destrucción del nido de ametralladoras], que se realizó a unos ochocientos metros del pueblo de Cilleruelo, la artillería roja, que hasta entonces había estado muda, comenzó a tirar. Los primeros disparos cayeron cerca del grupo que me acompañaba, y nada se notó al principio que fuese anormal; pero a los pocos minutos algunos empezaron a sentir náuseas, vómitos y sofocaciones, pronto todos sentimos iguales sofocaciones, dándonos cuenta de que los proyectiles rojos traían gases. Como no había caretas, dispuse que la gente se esparciese por el campo lo más lejos posible de donde caían los proyectiles, pero sin abandonar del todo el terreno. Siguieron disparando proyectiles de gases, de los cuales algunos no llegaron a estallar y fueron analizados por nuestros laboratorios. Contenían iperita y fosgeno, y eran de fabricación inglesa. Se evacuaron los enfermos más graves al hospital, se tomaron las medidas convenientes de saneamiento de los lugares donde cayeron y se proveyó de caretas a las tropas. Todavía la artillería roja disparó dos días más proyectiles de gases.

Este mismo oficial, en su hoja de servicios, proporcionaba aún más detalles de las consecuencias de aquellos ataques con armas químicas:

> En vista de su derrota, el enemigo cañoneó intensamente el pueblo de Cilleruelo con proyectiles de 10,5 [ca-

libre] que contenían gases asfixiantes, a consecuencia de los cuales hubo de guardar cama como gaseado durante 48 horas [se refería, en tercera persona, al propio teniente coronel Sagardía]; en las fuerzas que guarnecían Cilleruelo sufrieron los efectos de los gases unos 200 individuos aproximadamente. El día 4 de julio, la artillería enemiga hizo 12 disparos de 10,5 con gases, quedando un proyectil sin explotar que fue recogido con precaución y llevado al Laboratorio de Burgos; varios individuos fueron hospitalizados por intoxicación de gases. El día 6 fue nuevamente bombardeado Cilleruelo con proyectiles de gases como en días anteriores. El 22 y 24 volvió nuevamente a ser bombardeado con gases.

Otro importante testimonio de la ofensiva química en el frente de Burgos-Santander trascendió muchos años después, el 21 de enero de 1991, cuando el diario *ABC* publicó la carta de un tal Corpus Rasero San Vicente; se trataba de un antiguo alférez provisional, a las órdenes del teniente coronel Sagardía. Corpus Rasero transcribía en su misiva el siguiente certificado que aún conservaba en su poder:

> Don Custodio Ruiz Martínez, médico de la Primera Compañía del Sexto Batallón de la Columna Sagardía, certifico:
> Que Corpus Rasero San Vicente, Alférez habilitado de la Compañía de Ametralladoras del Sexto Batallón de la Columna Sagardía, fue atacado de gases lanzados por el enemigo en Cilleruelo de Bricia, frente de Santander, los días 30 de junio y 2, 4 y 8 de julio de 1937, teniendo que guardar cama por espacio de ocho días debido a las lesiones producidas en su aparato circulatorio y respiratorio. Según el análisis recibido del Cuerpo de Antigás de Tole-

do, las granadas lanzadas por el enemigo contenían iperita, cloro y fosgeno.

Y para que conste, certifico a 20 de noviembre de 1937.

¿Eran necesarias más pruebas del empleo de gases tóxicos en la guerra por parte del Ejército republicano?

El oficial e historiador Ramón Salas Larrazábal exhumaba una reveladora orden militar, según la cual los nacionales temían que el enemigo utilizase de nuevo armas químicas, coincidiendo con su ataque por sorpresa al inicio de la batalla de Brunete, en julio de 1937. El mismo mes, como acabamos de ver, que ya se habían lanzado gases en el frente de Santander:

> Peligros que deben preverse y poder contrarrestar:
> [...] 2.º Gases. Si la operación fuese coronada por el éxito, cabe esperar también esta represalia, y para hacerle frente sólo disponemos en pequeña cantidad de medios defensivos.

Manrique y Molina aportaban otro documento esencial sobre la situación de la industria química a finales de diciembre de 1936: un informe reservado del coronel Juan Izquierdo, al que sin duda tuvo acceso Franco.

Izquierdo hacía constar en ese documento la existencia de una fábrica de cloro electrolítico, capaz de producir 1.400 kilos de cloro líquido y otros 1.500 kilos de sosa cáustica cada veinticuatro horas.

Había sólo un inconveniente: la maquinaria de aquella planta aún no había sido estrenada. Algo parecido sucedía con los talleres de fosgeno, que llevaban ya doce años sin fabricar los 1.500 kilos de antaño de ese producto con una pureza superior al 90 por ciento.

Tampoco estaban acondicionados los talleres de iperita, puesto que carecían de un reactor apropiado; aunque Izquierdo advertía a Franco que las instalaciones serían capaces de producir 1.200 kilos de iperita en un plazo de dos o tres meses.

Existía además un laboratorio industrial de cloroacetofenona (el mismo gas arrojado contra los defensores del Alcázar de Toledo) en la fábrica de La Marañosa, donde se producían pequeñas cantidades de ese lacrimógeno, que podían incrementarse hasta cien kilos diarios gracias a la instalación de unos modernos aparatos.

La infraestructura industrial se completaba con dos talleres de carga de proyectiles y bombas: uno para iperita y otro para fosgeno, en «mediano estado de conservación», según informaba Izquierdo.

Por último, los laboratorios de verificación de máscaras antigás estaban «bien dotados».

Otro informe, destinado esta vez al propio coronel Izquierdo el 22 de julio de 1937, reflejaba los cambios observados en la industria química del bando nacional tras el primer año de guerra.

El jefe de la Sección Técnica, L. Blas, extraía así dos conclusiones:

—La fabricación de antiagresivos está regularizada, salvo la sosa hasta que esté en marcha la fábrica de Cortes, dado que la única fábrica de España está en Torrelavega (zona roja).

—Si se necesitaran más agresivos, se podría llegar diariamente a 10 Tn de cloro, 5 de iperita y 8/10 de fosgeno, para lo cual bastaría con instalar en la provincia de Zamora una fábrica de cloro electrolítico a base de material alemán (6/7 Tn diarias), otra de fosgeno (6/8 Tn) en sus proximidades y distribuir por el Norte y el Sur dos nuevas y pequeñas instalaciones de iperita (2 Tn). Todo ello por un coste aproximado de 4 a 6 millones de pesetas.

Pero al margen de su propia producción, el ejército de Franco contaba con la valiosa ayuda de sus aliados alemanes e italianos.

Sólo la Legión Cóndor aportaba más de 50.000 máscaras antigás, cerca de 500 filtros de repuesto, otros 500 cartuchos de gas para verificar el funcionamiento de las máscaras, y un número indeterminado de elementos para la protección contra gases.

Italia, por su parte, había llevado hasta la Península más de 300.000 máscaras antigás, 300 trajes de protección contra la iperita, otros 105 trajes de amianto, más de 500 lanzallamas, 50 toneladas de iperita, 36.000 proyectiles cargados con ese componente, y 19.500 proyectiles de arsina. Todo ello por un importe superior a los 65 millones de libras esterlinas.

Al final de la guerra, la mayor parte de los trajes y máscaras se almacenaban en Palencia, Grijota y Aranda de Duero (Burgos), debido a la proximidad de las antiguas bases logísticas italianas.

Pero, además de guerra química, en España se cernió también la amenaza de una guerra bacteriológica, de cuyo peligro se hicieron eco autores como los ya citados Manrique y Molina, o Pedro Barruso Barés, quien aludía a un revelador informe del Servicio Secreto italiano, enviado al general Roatta el 3 de febrero de 1937.

¿Qué se barajaba en aquel documento «reservadísimo»?

Ni más ni menos que la posibilidad de bloquear la frontera francesa para evitar que el Ejército republicano pudiese propagar una grave epidemia en Barcelona si recibía el material necesario para ello.

Por si fuera poco, cuatro días después, el consulado italiano en Toulouse advertía del envío a Barcelona, procedente de París, de «una caja de ampollas para cultivar bacilos de tifus para que los rojos puedan envenenar el agua».

Increíble, pero cierto.

Tan cierto, como que durante la Primera Guerra Mundial se habían empleado ya gases asfixiantes, mientras se ensayaba una rudimentaria guerra química y bacteriológica.

El tifus exantemático, en concreto, constituía una verdadera plaga que en tiempos de guerra causaba verdaderos estragos entre la población.

En 1900, el médico ruso Mock Zud Cewsky se había inoculado ya él mismo una muestra de la sangre de un enfermo en Odesa.

Nueve años después, otro médico, Charles-Nicolle, evidenció el papel exclusivo de los piojos en la propagación de esa enfermedad.

El agente causal del tifus exantemático resultó ser el parásito descubierto por el doctor Rocha-Lima en la pared intestinal de los piojos infectados.

Años después, el temible bacilo tífico pretendía contagiarse mediante el agua de Barcelona.

La prueba fehaciente del maquiavélico plan para acabar con las vidas de miles de inocentes se encuentra hoy en el Archivo del Tribunal Regional Militar número 4 de El Ferrol, en La Coruña.

En concreto, en el legajo 50 del expediente 3.209 puede consultarse la causa seguida en consejo de guerra contra Louis

Chabrat y Jean-Paul Bougennac, detenidos el 27 de abril de 1937 cuando intentaban cruzar la frontera francesa haciéndose pasar por corresponsales de guerra.

A mediados de junio, el *Diario de Burgos* y *Arriba España* publicaron sendos reportajes, titulados «Yo he sido un espía rojo», en los que relataban la odisea con todo lujo de detalles.

El 29 de julio, *La Voz de España*, de San Sebastián, se hacía eco de que los dos detenidos que intentaron burlar en vano los controles fronterizos habían sido condenados a muerte.

La noticia, sin embargo, fue desmentida el 8 de agosto.

En octubre se supo que los dos recluidos en el campo de concentración de Fuenterrabía habían sido condenados el día 13 a veinte años de prisión.

El 30 de julio, el mismo rotativo ampliaba su información con datos muy relevantes, como que el escritor de origen alemán Max Aub, amigo de Azaña y exiliado como él en Francia en 1939, había participado en el descabellado complot para extender peligrosas enfermedades en Barcelona. Si bien la información periodística aludía a la enfermedad del sueño o tripanosomiasis, propagada en África por la mosca tse-tse.

Sea como fuere, se decidió que los encargados de cruzar la frontera, los dos detenidos Bougennac y Chabrat, se vacunasen antes de ser inoculados con el bacilo que pretendían propagar en Barcelona, convirtiéndose así en letales transmisores del mismo.

Entre los acusados figuraba otro personaje ligado al mundo de la cultura, el pintor socialista Luis Quintanilla, quien, curiosamente, había participado ya en la venta de las bombas cargadas con gas que fueron arrojadas sobre el Alcázar de Toledo, al comienzo de la Guerra Civil.

También se encontraba el cónsul de Bayona, Pedro Lecuona, y el diputado francés Bossoutrot.

Intimidado por los intensos interrogatorios, Chabrat se desmoronó y acabó confesando a la policía que había cobrado 10.000 francos por ofrecerse a cruzar la frontera portando la enfermedad.

Tanto él como su cómplice Bougennac fueron minuciosamente reconocidos por varios médicos, quienes hallaron huellas de incisiones por todo su cuerpo; señales inequívocas de las inoculaciones a las que fueron sometidos.

Pero había en juego mucho dinero: nada menos que 200.000 libras esterlinas se habían invertido en el diabólico plan.

Sus verdaderos cerebros, Jean-Jacques Pavie, un millonario vendedor de coches, y su compinche Teddy Graham, habían suscrito una póliza de seguros por valor de un millón de francos, la cual harían efectiva si Bougennac y Chabrat eran finalmente detenidos por los nacionales, como esperaban.

La avaricia pudo más al final que los colores de un bando.

El juez instructor de la causa estaba convencido de ello: «El exceso de escarificaciones —consignó en su auto— que presentan los detenidos se debe a que los directores de la trama deseaban que tan pronto como se les cogiera en España fuesen fusilados, pues esto les permitiría cobrar una buena suma y poder intentar otro negocio parecido».

El jefe del espionaje español en la frontera francesa, el comandante Troncoso, tenía también su propia opinión: «El asunto —declaró— era un timo y Bougennac y Chabrat son simples comparsas, aunque el proyecto de extender una enfermedad contagiosa en España existe».

Por fortuna para los contendientes, la amenaza de una guerra bacteriológica no volvió a presentarse ya nunca más.

12
El atentado de Prieto

Todos ellos, incluyendo a Franco, asistirán
al funeral. Podemos aprovechar esa oportunidad para destruirlos a todos, si sus pilotos
rusos les rociasen generosamente con bombas y fuego de ametralladora.

INDALECIO PRIETO
al general Alexander Orlov

Los bravos guerrilleros del temible líder rifeño Abd-el-Krim
aludían, admirados, a la *baraka* de Franco; una especie de
«bendición» personal que sólo una bala de oro podía maldecir
con la pérdida de la vida.

La acepción árabe fue absorbida por la lengua francesa durante la colonización de Argelia, e incluso influyó etimológi-
camente en algunos nombres propios como el de Barack Obama (Barak Hussein Obama II), presidente de Estados Unidos.

Franco había demostrado con creces su *baraka*, primero
en la gravísima herida sufrida en la batalla de El Biutz, a raíz
de la cual, como a estas alturas ya sabe el lector, perdió un testículo, y más tarde, en los numerosos atentados frustrados con-

tra su vida, el más espectacular de los cuales abordaremos en el próximo capítulo.

De todas las arriesgadas circunstancias que le reservó el destino antes, durante y después de la Guerra Civil española salió airoso siempre; al contrario que otros compañeros suyos de armas, como los generales Sanjurjo y Mola, que perecieron en extraños accidentes; o sin ir más lejos, el propio José Antonio, quien, como algunos otros significados políticos del momento, no pudo librarse, o tal vez no quisieron librarle, del fusilamiento.

Todo el mundo quería estar cerca de él en el frente para beneficiarse de esa *baraka* suya. Incluido el futuro general Andrés Saliquet, a quien el propio Franco concedería el título de marqués, en abril de 1950.

Pero en el campo de batalla, la oronda figura de Saliquet le dificultaba guarecerse en los llamados «embudos» provocados por las explosiones junto al escuchimizado Franquito, a salvo de los incesantes disparos de la artillería de Abd-el-Krim.

Franco mantuvo así cariñosas trifulcas con Saliquet por resistirse a perder unos kilitos que facilitasen el acomodo de su prominente barriga en aquellos cráteres que hacían las veces de trincheras.

El 22 de agosto de 1935, el futuro Caudillo había conseguido ya salir ileso de un grave accidente de automóvil a raíz del cual resultó muerto el ciclista Agustín Curto Pérez con sólo veinticuatro años, mientras otro llamado Matías Martín Miguel sufrió heridas de consideración, y la propia esposa del general que viajaba con él a bordo del vehículo oficial Hispano, con matrícula ARM número 2.583 y conducido por el sargento de Ingenieros Emilio Arranz, salió magullada.

El Adelanto de Salamanca publicó en portada la crónica detallada de su enviado especial al lugar de los hechos.

Para colmo de *baraka*, en febrero de 1965, mientras Franco y su invitado Hassan II, rey de Marruecos, disfrutaban de la caza en una finca de la provincia de Córdoba situada en Lugarnuevo, ambos eludieron sin saberlo un accidente de ascensor. Entre ojeo y ojeo, conversaron en el parador nacional de La Arruzafa, habilitado como alojamiento oficial.

El último día de la cacería se adelantó la salida de Hassan II, dado que el monarca alauí debía regresar a su país a causa de un imprevisto. Justo a la hora en que Franco solía bajar de sus habitaciones en el ascensor, el jefe de Alojamientos de la Subsecretaría de Turismo, señor Silvela, subió al mismo con tan mala fortuna que el aparato descendió de repente por su propio peso hasta el fondo del foso. El improvisado ocupante se fracturó un pie del golpetazo. Franco, en cambio, se libró una vez más del percance como si tal cosa.

Pero, por mucho que los guerrilleros rifeños creyesen en su *baraka*, Franco creía a pies juntillas en la Providencia, con mayúscula, como católico de Misa y Comunión diarias que era, siempre que las circunstancias bélicas no se lo impedían.

Con Emilio Mola, mientras su ejército resistía a duras penas prácticamente sin municiones en las posiciones de Somosierra conquistadas por los requetés navarros en los primeros días del Alzamiento, sostuvo este diálogo a horas intempestivas:

—Mola, ¿tú crees en Dios? —inquirió Franco.

—¡Claro que sí, hombre! —repuso aquél.

—Dale, pues, gracias a Dios porque ahora mismo te enviamos municiones.

El entonces jefe del Ejército del Sur le contó acto seguido la captura providencial de un barco republicano cargado con armas automáticas y cartuchos por millares.

El 3 de junio de 1937, la radio nacional anunció precisamente la trágica muerte de Mola en un accidente aéreo. El líder socialista Indalecio Prieto intentó servirse del cadáver del general para cambiar por completo el curso de la contienda.

La rocambolesca historia se la contó con todo lujo de detalles el general Alexander Orlov, jefe de la NKVD, la policía secreta soviética precursora del KGB que campaba a sus anchas por la España en guerra, a su amigo norteamericano Edward Gazur, muchos años después de la conflagración.

No parece disparatado pensar que un episodio así pudiese haber ocurrido. Prieto y Orlov mantenían en aquel momento una buena relación; aún no se había producido el detonante que precipitó su ruptura.

Además, él era de por sí intrigante y confabulador. Fue uno de los cabecillas de la huelga revolucionaria de 1917; más tarde, implicó sin prueba ninguna al rey Alfonso XIII en el desastre de Annual, propiciando el derrumbe del régimen constitucional.

Haciendo honor a su condición de conspirador, en 1934 se había puesto de parte de Largo Caballero para preparar la revolución en Asturias, desplazando dentro del PSOE al líder moderado Julián Besteiro. Más tarde, urdió con Azaña y Strauss la liquidación del Partido Radical y de su principal figura, Alejandro Lerroux. Y luego también, en connivencia con Azaña, expulsó a Niceto Alcalá Zamora de la presidencia de la República, en una delicada maniobra que supuso otro peligroso avance hacia la contienda civil.

Por si fuera poco, persistiría sobre él cierto halo de sospecha en relación con su posible participación en el complot para asesinar a Calvo Sotelo, que algún historiador ha dado casi como segura.

No debieran pasar inadvertidas, en este sentido, las atinadas reflexiones de Pío Moa sobre este delicado asunto. ¿Quién si no Prieto tenía, a juicio de este historiador, más interés en propiciar de una vez la intervención de los militares conjurados? Él consideraba la situación insostenible. Había intentado convencer sin éxito al Gobierno para que interviniera y, sin duda, un golpe como el de Calvo Sotelo era el detonante que necesitaba.

Pero había más pistas que confluían en Prieto: el director del secuestro y asesinato, el capitán Condés, le era muy afecto; igual que Victoriano Cuenca, el pistolero que apretó el gatillo en la nuca del líder monárquico. Cuenca era miembro destacado de su guardia personal, La Motorizada, y había sido uno de los fieles que le habían salvado la vida en el mitin de Écija.

Por si fuera poco, a las dos semanas del crimen el sumario judicial fue robado a punta de pistola por militares prietistas.

Contaba el propio Prieto que el capitán Condés se presentó ante él, tras el asesinato, muy abatido y dispuesto a suicidarse. Estaba, según le dijo, «abrumado por el deshonor».

Pero tal actitud, como señalaba Moa, no se correspondía con el odio profesado entonces a las derechas, cuando Calvo Sotelo y Gil Robles habían sido amenazados de muerte y cualquier izquierdista habría considerado un honor cumplir ese desafío. Además, el ministro de la Gobernación, Ángel Galarza, confirmaría ese ambiente hostil poco después: «A mí, el asesinato de Calvo Sotelo me produjo un sentimiento. El sentimiento de no haber participado en la ejecución».

Prieto dijo haber disuadido a Condés de su intención de suicidarse, alegando que la guerra era inevitable. Lejos de denunciarle ante la Justicia, le ocultó de ella, erigiéndose en su cómplice.

El líder socialista cometió además un grave desliz el día 15 de julio, durante la dramática discusión por el atentado en la Diputación Permanente de las Cortes; o tal vez, como argumentaba Moa, no fue un descuido: por tres veces llamó «Gil Robles» al asesinado. No en vano Gil Robles figuraba entre los objetivos de la operación.

Finalmente, otra actitud de Prieto aquel día fue también muy reveladora: equiparó el asesinato de Calvo Sotelo con el del teniente de Asalto José Castillo, cometido unos días antes. Eso significaba parangonar a las fuerzas de seguridad del Estado que habían liquidado a Calvo Sotelo con los terroristas que acabaron con la vida de Castillo. Y al mismo tiempo, suponía esgrimir una perfecta excusa propagandística para justificar el magnicidio. Sigamos a Moa en su hipótesis:

En mi opinión, todo pudo haber sucedido así: Prieto y otros habrían acordado utilizar cualquier asesinato derechista como pretexto para liquidar a Gil Robles y a Calvo Sotelo, y desencadenar la acción bélica. Ello explicaría que Prieto se hallara descansando en Vizcaya el día mismo de la acción. Al siguiente, en su periódico *El Liberal*, de Bilbao, escribía unas expresivas frases: «Hoy se dijo que la trágica muerte del señor Calvo Sotelo serviría para provocar el alzamiento de que tanto se viene hablando. Bastó este anuncio para que, en una reunión que sólo duró diez minutos, el Partido Socialista, el Partido Comunista, la Unión General de Trabajadores, la Federación Nacional de Juventudes Socialistas y la Casa del Pueblo quedaran de acuerdo [...] para una acción común [...]. Será una batalla a muerte, porque cada uno de los bandos sabe que el adversario, si triunfa, no le dará cuartel. *Aun habiendo de ocurrir así, sería preferible un combate decisivo a esta continua sangría*» [las cursivas son del autor].

Retomemos ahora la insólita historia del general Mola. Prieto tampoco iba a ser tan ingenuo de dejar constancia escrita en sus recuerdos de un episodio que podía comprometer su buen nombre ante las generaciones venideras.

Según Orlov, nadie más que él, Stalin y unos pocos miembros escogidos de la NKVD y del Gobierno republicano, además de Prieto, por supuesto, estaban al corriente del plan.

Los hechos sucedieron como a continuación se relatan. El día que murió Mola, poco después de la medianoche, Orlov recibió una llamada de teléfono de su vecino Indalecio Prieto.

El ministro de Defensa Nacional en el Gobierno de Negrín le dijo al agente soviético que tenía un asunto muy urgente que tratar con él, y que fuera a su casa cuanto antes. Ambos residían en el pequeño pueblo valenciano de Betera; Orlov se presentó en la mansión de Prieto al cabo de unos minutos.

El anfitrión le aguardaba en el salón vestido con una bata de seda y en zapatillas. Sobre la mesa había una cafetera preparada y una botella de brandy francés.

Prieto fue al grano enseguida: quiso saber si Orlov podía averiguar a través de sus agentes en la España nacional el lugar donde Mola iba a ser enterrado.

El futuro inspirador del Servicio de Investigación Militar (SIM) le contestó que podía hacerlo sin demasiados problemas. Entonces, Prieto se acercó a él y, como si temiese que alguien pudiese escuchar lo que decía, le susurró al oído:

—Todos ellos, incluyendo a Franco, asistirán al funeral. Podemos aprovechar esa oportunidad para destruirlos a todos, si sus pilotos rusos les rociasen generosamente con bombas y fuego de ametralladora.

Orlov pudo apreciar el semblante excitado del ministro, a quien, años más tarde, comparó por su parecido físico con el actor británico Charles Laughton.

El jefe de la NKVD reflexionó unos instantes sobre lo que acababa de escuchar. El plan no le parecía descabellado. En el funeral de Mola estarían los altos mandos de Hitler y Mussolini en España, además de los del Ejército nacional. Pero sobre todo estaría Franco. Si la operación tenía éxito, la guerra podía ganarse desde ese mismo momento. De todas formas, advirtió que debía obtener antes el visto bueno de su Gobierno.

A Prieto le satisfizo que Orlov considerase su propuesta y se dirigió a él como «amigo mío», advirtiéndole que nadie del Gobierno republicano debía saber nada de aquello. «Será nuestro secreto», le dijo. Y le explicó por qué: «Algunos miembros de nuestro Gobierno son débiles, y otros son católicos devotos. Uno no puede hablarles de esta clase de cosas».

Tras charlar sobre el asunto, los dos «socios» se relajaron bebiendo unas copas de brandy. Prieto relató a Orlov su dura infancia de huérfano, obligado a ganarse la vida vendiendo periódicos por las calles de Bilbao. Y cómo luego, superadas las adversidades, logró convertirse en propietario del diario *El Liberal*, lo cual le permitió incorporarse a la política.

Orlov durmió unas pocas horas y se dirigió luego a su oficina de Valencia para enviar un mensaje cifrado al agente de la NKVD en el bando nacional. A continuación se puso en contacto con la central de la policía secreta soviética para que el comandante del Ejército del Aire en España, el general Iakov G. Schmutchkievich, se encargase del ataque aéreo.

Este militar soviético, conocido como «General Douglas», era uno de los jefes más jóvenes y prestigiosos del cuerpo aéreo ruso. Distinguido por la eficaz coordinación de sus escuadrillas durante la batalla de Guadalajara, incorporándose al aeródromo de Alcalá de Henares y pilotando su propio «chato», intervino también en uno de los bombardeos sobre Salamanca, donde resultó herido. Por dos veces fue designado héroe de la

Unión Soviética. Como muchos otros militares que cumplieron con su deber en la guerra de España, acabaría siendo fusilado a su regreso a la URSS por orden del jefe de la NKVD, Laurenti Beria, el 7 de junio de 1941.

Al cabo de unas horas, Orlov obtuvo el beneplácito de los mandos supremos de la policía secreta soviética. El general Schmutchkievich recibiría órdenes directas del comisario de Defensa Voroshilov para que prestase sus servicios a Orlov. Era evidente que el propio Stalin estaba detrás de esa resolución, como lo estuvo, en última instancia, del fusilamiento de José Antonio Primo de Rivera y, un año después, del asesinato también de Andreu Nin, secretario general del Partido Obrero de Unificación Marxista (POUM), a quien ordenó secuestrar y desollar vivo poco después.

Casi al mismo tiempo, Orlov fue informado de que el funeral del general Mola se celebraría en Burgos. Faltaban por confirmar aún la hora y el recorrido que seguiría la comitiva fúnebre. Poco después, la radio nacional proporcionaba esos datos.

El responsable de la NKVD en España voló entonces a la base aérea soviética, donde se reunió con el general Schmutchkievich, que preparaba ya los detalles de la incursión aérea. La comitiva fúnebre sería atacada cuando se aproximase al cementerio, en una zona de la carretera en la que fuese difícil que los vehículos pudiesen escapar.

Los bombarderos soviéticos bimotor SB descargarían una primera oleada de bombas sobre el cortejo. Se trataba de aparatos armados con cuatro ametralladoras, muy rápidos y de sencilla maniobra, que los rusos emplearían a fondo durante toda la Segunda Guerra Mundial. En España eran conocidos como «Katiuskas»; los primeros habían llegado a las costas de Cartagena en octubre de 1936, a bordo del buque soviético *Komsomol*.

Inmediatamente después, un escuadrón de cazas Polikar-
pov I-16, los llamados «Moscas» o «Ratas», armados con dos
ametralladoras capaces de efectuar 3.500 disparos por minuto, barrerían a la caravana asegurándose de que nadie quedaba
con vida. Por si acaso, otro escuadrón de aviones soviéticos
aguardaría en las proximidades ante la posibilidad de que aviones nacionales prestasen cobertura aérea en el funeral.

Orlov regresó a Valencia y fue a ver a Prieto para decirle
que todo estaba listo. Éste insistió en que nadie más que los
implicados debía estar al corriente de los preparativos. Ahora
ya sólo cabía esperar.

El agente de Stalin volvió a su oficina y se dirigió luego al
campamento de entrenamiento de tácticas de guerrilla que
él mismo había puesto en funcionamiento en Benimanet, al
norte de Valencia, aprovechando sus conocimientos adquiri-
dos durante su etapa de combatiente en la URSS. A esas alturas, 1.600 guerrilleros eran adiestrados en las seis escuelas or-
ganizadas por él en los alrededores de Madrid, Valencia y
Barcelona, y otros 14.000 habían sido ya entrenados, abaste-
cidos y dirigidos por instructores rusos en territorio enemigo,
la mayor parte de los cuales hostigaban desde las montañas a las
columnas nacionales, atacaban sus convoyes de abastecimien-
to, e interrumpían las comunicaciones.

En cuanto llegó al campamento, Orlov fue avisado de que
Prieto había llamado para hablar urgentemente con él.

Tan pronto como le fue posible, se presentó en el despacho del ministro. Sin más preámbulos, Prieto le comunicó
que la operación quedaba cancelada. Admitió su grave error
por haber confiado los detalles del plan a su amigo Julián
Zugazagoitia, ministro de la Gobernación. Éste se opuso a que
la comitiva fúnebre fuese bombardeada y corrió a informar al
presidente Azaña, quien telefoneó a Prieto al Ministerio de

Defensa y cursó de inmediato una orden para prohibir el ataque.

Azaña le colgó el teléfono con brusquedad y volvió a llamarle al cabo de unos minutos para que se personase con Orlov en su despacho. Quería asegurarse de que los agentes soviéticos no seguirían adelante con sus planes en un país profundamente religioso como España, donde aquel acto se consideraría inmoral.

El propio Azaña se jactaba de haber permitido el culto y las devociones durante su jefatura de Gobierno y luego en la primavera de 1936, como gobernante y como presidente.

El general soviético reparó entonces en que Prieto no había dicho a Azaña toda la verdad, haciéndole creer que el plan había sido concebido por él mismo. Sin revelar la verdad, Orlov garantizó al presidente que ninguna operación se llevaría a cabo sin su autorización.

Al llegar a su oficina, el jefe de la NKVD llamó de inmediato al general Schmutchkievich para suspender el ataque, y envió un telegrama cifrado a la central de la policía soviética en Moscú, informando de que Azaña había prohibido la operación.

Ahí quedó todo. Nunca más se mencionó el caso Mola. Ni Azaña, ni Zugazagoitia, ni mucho menos Prieto aludieron ya nunca más al asunto. Nadie sabía hasta qué punto Franco tenía *baraka*, o mejor dicho, le protegían desde Arriba...

13

Un polvorín volante

La victoria más aplastante de Franco fue
morir en la cama. [...] su 20 de noviembre
[de 1975] fue su 1 de abril [de 1939].

LAUREANO CERRADA SANTOS,
anarquista

De todos los intentos para acabar con la vida de Franco, el protagonizado por el anarquista Laureano Cerrada Santos el domingo 12 de septiembre de 1948, en San Sebastián, es sin duda
el más espectacular.

Su historia, de llevarse al cine algún día, merecería un Os-
car al mejor documental, en lugar de a la mejor película, por
una sencilla razón: la realidad supera, en su caso, con creces a la
ficción.

Advirtamos antes de sumergirnos en ella que asesinar a
Franco, como a otros grandes jefes de Estado o presidentes
del Gobierno a lo largo de la Historia, no ha sido una obsesión exclusiva de España: desde Kennedy hasta De Gaulle o el
mismo Hitler, pasando por el «Che» Guevara, lord Mount-
batten, Mahatma Gandhi, Martin Luther King o el papa Juan

Pablo II han estado en el centro de un rifle con mira telescópica, de una simple pistola o de una bomba de singular poder destructivo.

En España, sin ir más lejos, a los magnicidios perpetrados contra el general Juan Prim, José Canalejas o Eduardo Dato, se han sumado los regicidios frustrados contra Isabel II, Alfonso XII, Alfonso XIII o el mismo Juan Carlos I.

Pero volviendo a Franco, el Generalísimo de todos los Ejércitos ha sido una pieza muy codiciada por los asesinos de uno u otro signo desde los primeros compases de la Guerra Civil, o incluso antes. El investigador canario Ricardo García Luis ha situado el primer intento de acabar con su vida el 14 de julio de 1936, a manos del anarquista Antonio Vidal, quien se propuso liquidar al entonces comandante militar de Canarias en la misma sede castrense de Tenerife.

Una vez más, como tendremos oportunidad de comprobar, la traición de un compañero impidió que el atentado se saldase con éxito. Vidal logró escapar y se enroló como espía durante la Guerra Civil al servicio de la República.

Tampoco pudieron salirse al final con la suya los cabos veteranos José Rico, Pedro Veintemillas, Anselmo Carrasco y Pablo Frutos, quienes, mediante el conocido «complot de los cabos», planearon matar a Franco el mismo 18 de julio en Ceuta, aprovechando que el general pasaría revista a las tropas del Regimiento de Infantería del Batallón del Serrallo número 8 al que ellos pertenecían.

El propio José Rico se ofreció a disparar al general a bocajarro en aquel preciso instante, mientras los demás implicados reducían al resto de las tropas apuntándolas con sus armas desde las ventanas de la primera planta del acuartelamiento. De nuevo la delación, como advertimos, en este caso de uno de los soldados de reemplazo implicados, atemorizado ante las funestas consecuencias para su vida si eran descubiertos, hizo que informase del plan al coronel jefe del cuartel, que ordenó de inmediato las detenciones.

Un año antes del magnicidio que vamos a relatar con todo detalle en este mismo capítulo, en concreto el 17 de mayo de 1947, el anarquista Domingo Ibars se propuso también asesinar a Franco durante su visita a Barcelona, pese a que las fuerzas de seguridad vigilaban estrechamente todos los itinerarios de la comitiva oficial. Puesto en contacto con sus camaradas del grupo denominado Los Anónimos para que le ayudasen, la indecisión final frustró el magnicidio.

No obstante, de todos los anarquistas que anhelaron matar a Franco, emerge de forma destacada la figura de Laureano Cerrada Santos, nacido en Miedes, provincia de Guadalajara, en 1902. Un idealista para quien la injusticia social fue siempre su bestia negra. Aprendió a leer componiendo los titulares del diario *El Imparcial*, tras una jornada de dieciséis horas. Fue alumno de José Alberola, discípulo a su vez de Francisco Ferrer Guardia y difusor de las ideas anarquistas en Cataluña y Aragón, acribillado a balazos en México. Compañero del «Noi del Sucre» y de los legendarios anarquistas de la década de los años veinte, compartió la cárcel con ellos.

En 1936, tras participar en la toma del cuartel de Atarazanas y de la Capitanía General de Barcelona, Laureano Cerrada ocupó la Estación de Francia. No en vano, él era ferroviario. El 19 de julio de 1936 se hizo cargo de la Caja Central de la Administración de los Ferrocarriles y estampó luego de su puño y letra en un cartel esta frase lapidaria: «Local requisado por la oficina auxiliar del Comité Revolucionario». La CNT, la UGT y el POUM le eligieron de forma unánime delegado del servicio técnico de Vías y Obras.

El periodista y escritor Eliseo Bayo tuvo oportunidad de entrevistarse con él antes de que lo asesinaran el 18 de octubre de 1976, y compuso luego su interesante libro *Los atentados contra Franco*, publicado en diciembre del mismo año.

Laureano Cerrada Santos, como decimos, protagonizó el atentado contra Franco más increíble de la Historia. El propio Cerrada dijo a Eliseo Bayo, pocos días antes de morir:

> El análisis es elemental. Los atentados personales son eficaces en la medida en que la víctima acapara poderes. Matar a un rey constitucional por un complot y no por una revolución no cambia las cosas, salvo para su heredero. Pero si alguien hubiera eliminado, por ejemplo, a Hitler en 1939, ¿cómo se puede afirmar que su muerte no habría sido beneficiosa para Europa?
>
> Nosotros, cuando intentamos liquidar a Franco en 1948, estábamos convencidos de que habríamos modificado por completo la Historia de España. En esa época Franco no había conseguido todavía legitimar su sistema.

Pues bien, retrocedamos ya al domingo 12 de septiembre de 1948. Aquel día festivo lucía un sol espléndido en San Sebastián. Se celebraba por la mañana, con ligero viento del nordeste, la II Jornada de las regatas de traineras que contaban con un espectador de excepción: Francisco Franco.

Millares de personas procedentes de Guipúzcoa, Vizcaya y Santander se dieron cita en las inmediaciones de la Concha para presenciar una competición tan reñida como emocionante, que enfrentaba en la primera regata a las embarcaciones de Sestao y Peñacastillo, seguidas en la segunda por las de Fuenterrabía y Pedreña.

Ninguno de los presentes podía imaginar que el anarquista Laureano Cerrada hubiese dispuesto ya todo para asesinar a Franco de la forma más insólita.

Antes de nada, el magnicida necesitaba una tapadera; en su caso, la constitución de una agencia de transportes que sirviese de enlace con la organización anarquista en Francia, integrada por una flota de camiones de gran tonelaje y por otra de furgonetas. Si el plan fallaba, podría intentarse después de todo un atentado en la misma carretera. Uno de los hombres de confianza de Cerrada, cuya identidad jamás ha trascendido, adquirió así dos camiones Studebaker de diez toneladas cada uno, procedentes de una subasta del Ejército, por los que desembolsó en total 400.000 pesetas de la época.

Con esos mimbres y la ayuda de un transportista de Zaragoza, al margen por completo de lo que se tramaba, se fundó la Empresa Transportes de Galicia. El negocio era legal. Se contrataron chóferes y agencias comisionistas para tener mercancías que transportar. La empresa organizó viajes a Valencia para llevar estiércol y cargar allí frutas con destino a Bilbao y maquinaria a Zaragoza. El negocio se movía y pronto generó beneficios.

En uno de sus viajes a San Sebastián, el hombre de confianza del cerebro de la operación, Laureano Cerrada, observó con detenimiento la playa de la Concha y dibujó un plano de las fortificaciones. Era imprescindible averiguar, para el futuro éxito de la operación, el funcionamiento, la potencia y la capacidad de respuesta de las baterías de cañones británicos, modelo Vickers 1928, dispuestos a lo largo de la costa, dado que la artillería antiaérea no tendría tiempo de reaccionar.

La policía no tardaría, sin embargo, en desmantelar la empresa de transportes, tras una eficaz redada efectuada en los domicilios de sesenta cenetistas, entre ellos José Carrero, José Ponce Mulero, Felipe Mora y Luis Abadía, saldada con sus detenciones y la obtención de valiosa información.

Cerrada y su máximo hombre de confianza siguieron aun así adelante con su plan. Pese a perderse la empresa de transportes, habían cumplido ya su misión en San Sebastián, la primera fase del atentado contra Franco.

Pero faltaba todavía el elemento material más importante, sin el cual no podrían llevar a cabo el magnicidio. En la avenida de la Grande Armée, de París, Laureano Cerrada descubrió una oficina de venta de aviones. Le sobraba dinero para adquirir uno. No en vano, el veterano anarquista era el falsificador de documentos y dinero más buscado por la policía internacional y el organizador más tenaz de las acciones armadas contra el Régimen. Así que compró finalmente un aparato Nord 1202-Norécrin II, matrícula FBEQB, con una velocidad máxima de 280 kilómetros por hora. El titular del avión no podía ser obviamente él mismo ni ningún otro español para no levantar sospechas, de modo que se puso a nombre de Georges Fontenis, un viejo anarquista francés que era entonces secretario de la Federación Anarquista de su país.

Cerrada había comprobado antes, naturalmente, que el Norécrin tenía una autonomía de vuelo suficiente para cometer el atentado. Disponía además de cuatro plazas confortables y podía llevar una carga útil de doscientos kilos. Justo lo que se necesitaba.

¿Y por qué pensó Cerrada en un avión para acabar con la vida de Franco, cuando nadie hasta entonces había recurrido jamás a ese medio?

Laureano Cerrada estaba convencido de que no era en modo alguno fácil asaltar la caravana del Caudillo en la carretera, ni minar el palacio de El Pardo, ni provocar el hundimiento de las Cortes. Cualquiera de esos proyectos requería demasiado tiempo de preparación y un número elevado de conspiradores.

Él partía de una teoría tradicional sobre los atentados: la quietud de la víctima en un punto determinado favorecía su ejecución. Era así más eficaz atacar el objetivo en una parada, que perseguirlo en una carretera. Había demasiados impedimentos en este segundo caso, empezando por la multitud que lo rodeaba y siguiendo por la vigilancia máxima que hacía prácticamente imposible llegar hasta él. La única forma de salvar todos esos obstáculos era, por lo tanto, atacar por el único lugar desprotegido: desde el aire.

El avión podía despegar de Francia, a pocos kilómetros de la frontera española, sobrevolar el mar y llegar a San Sebastián sin alertar a la vigilancia. Antes de que el cordón aéreo de seguridad se pusiese en marcha, el aparato de los terroristas habría descargado ya su polvorín entero, robado en Orleans durante la ocupación alemana: nada menos que veinticinco bombas rasantes de fabricación teutona, de cinco kilos cada una, y otros cincuenta kilos de bombas incendiarias.

Asesorado por expertos en armamento de confianza, Laureano Cerrada había comprobado que los explosivos se hallaban en buen estado.

El director de la operación había conocido al piloto, Primitivo Gómez Pérez, por mediación de Pedro Mateu, una personalidad influyente durante muchos años en el movimiento libertario español, tras su participación en el atentado en que murió Eduardo Dato, el 8 de marzo de 1921.

El piloto Primitivo Gómez, de treinta y dos años, había tripulado aviones de caza durante la guerra. Una vez inscrito en el Club Aéreo de Saint-Jean d'Angely, Primitivo obtuvo en el año 1945 una licencia para pilotar.

Laureano Cerrada le indicó que llevase el avión a Cognac (Charenta), donde le aguardaba el resto de la tripulación integrada por Antonio Ortiz, antiguo comandante de una división

de la CNT, dirigente del Sindicato de la Madera y combatiente en el Ejército inglés, a quien acompañaba José P. «Valencia», también del Sindicato de la Madera.

Poco después, perforaron la parte inferior de la carlinga
y colocaron dos tubos que servirían de rampa de lanzamiento
para las bombas. A mediados de agosto de 1948, Cerrada ordenó que el avión volase a Tarbes, en el sudoeste de Francia
y al pie de los Pirineos, con el piloto y los otros dos miembros de la tripulación a bordo. Una vez allí, los tres hombres
permanecieron escondidos en una casa segura, mientras el Norécrin estaba camuflado en un campo de la localidad francesa,
vigilado día y noche para que nadie lo descubriera.

Todo estaba listo así para el atentado. Sólo había que esperar, en medio de la más estricta cautela. La víspera del sábado 11 de septiembre, el principal hombre de confianza de
Cerrada telefoneó a éste desde San Sebastián para confirmarle
que Franco presidiría las regatas al día siguiente, tal y como
estaba previsto.

El avión despegó de Tarbes y aterrizó en Dax, a unos cincuenta kilómetros de Bayona. Su llegada no causó extrañeza
alguna en una población habituada a la presencia de avionetas
privadas, cuyos propietarios pasaban unos días de asueto en los
balnearios.

El principal contacto de Cerrada observaría los movimientos de las autoridades desde su atalaya al pie del monte
Urgull, próximo a un hotel donde podría solicitar conferen-
cias telefónicas internacionales. El avión cargado con bombas
tardaría una hora en recorrer la distancia entre Dax y la capital
donostiarra.

En el momento en que se disponían a tomar la salida las
embarcaciones de Fuenterrabía y Pedreña, Franco y su esposa
Carmen Polo, acompañados de los jefes de sus Casas Militar

y Civil y demás miembros del séquito, llegaron al Club Náutico, en cuyos alrededores se había concentrado ya una gran muchedumbre.

Franco y doña Carmen embarcaron en una canoa de la Comandancia de Marina para presenciar las regatas desde el mar, acompañados de los ministros de Asuntos Exteriores y de Justicia con sus respectivas esposas, entre otras personalidades.

Mientras tanto, el enlace de Laureano Cerrada permanecía muy atento a todos los movimientos. El periodista Eliseo Bayo le entrevistó para su libro, respetando su anonimato bajo el único parapeto de dos iniciales (L. R.):

Es fácil imaginar mi estado de ansiedad. Tenía la mirada fija en el horizonte para descubrir la llegada del avión. El atentado tendría que producirse en pocos segundos, y confiábamos en la pericia del piloto… La tensión aumentó al máximo cuando oí murmullos del público que pronto se convirtieron en algazara. Coincidió con el ruido de motores. En lugar de un avión había tres. Pronto observé que llevaban distintivos del Ejército español. Evolucionaban encima de la Concha y el público creyó que se trataba de un ejercicio de acrobacia aérea, en homenaje al Caudillo. Continué en mi puesto y esperé. Los aviones, después de efectuar varias pasadas, se dirigieron hacia el horizonte, por encima del mar. Mientras tanto, la fiesta continuaba.

¿Qué fue lo que sucedió?

El propio Laureano Cerrada se lo explicó, desengañado aún al cabo de los años, a Eliseo Bayo:

Cuando llegó el piloto a la base me dijo que estando
en alta mar, divisando ya la Concha, le salieron al encuentro dos bimotores y un caza que le impidieron la entrada
en la bahía. Él intentó burlarlos, ganando altura y lanzán-
dose después en picado, pero los otros eran más potentes y
no le dejaron pasar. Lo intentó varias veces, rodeando San
Sebastián y pasando a muy poca distancia de la vertical de
la motora de Franco.

Transcurriría más de una década hasta que Laureano Cerrada hallase una explicación plausible a tan inesperado fiasco.
Por mucho que los aviones españoles de la base de Fuenterrabía recibiesen órdenes de mantenerse alerta, las instrucciones
de salida no debieron cursarse cuando el Norécrin apareció en
el horizonte, pues no habrían tenido tiempo de interceptarlo.

¿Hasta dónde habían logrado infiltrarse entonces los servicios especiales de Franco? Fue la gran pregunta que obsesio-
nó al anciano anarquista en sus últimos años de vida, antes de
ser asesinado con setenta y cuatro años, convencido finalmente de que el fracaso del atentado se debió a la delación de un
compañero.

Poco antes de morir, Cerrada sentenció, decepcionado:

La victoria más aplastante de Franco fue morir en la
cama. Ni uno solo de los proyectos de la oposición y ni una
sola de sus esperanzas se cumplieron en vida de él. Para el
general Franco, su 20 de noviembre [de 1975] fue su 1 de
abril [de 1939].

14
La vida del heredero de la Corona

Sufro horrores, como sabes, con esta
imposibilidad forzosa de luchar por
mi Patria.

DON JUAN DE BORBÓN
a su biógrafo Francisco Bonmatí
de Codecido

Franco salvó también con su proverbial *baraka*, esta vez sin
saberlo, la vida del entonces heredero de la Corona española
en el exilio.

Aludimos, naturalmente, a su acérrimo enemigo sucesorio don Juan de Borbón, cuya temprana vocación por el mar,
desde que estudió en la gaditana Academia Naval de San Fernando y luego en la británica de Dartmouth, donde se convirtió en oficial de la Royal Navy nada menos, le dispuso a
jugarse la vida en varias ocasiones.

La primera, en plena Guerra Civil española. Don Juan no
esperó así ni un minuto para intentar cruzar la frontera.

El mismo 18 de julio de 1936, telefoneó desde Cannes
al intrépido aviador monárquico Juan Antonio Ansaldo para

preguntarle por qué paso fronterizo podía entrar en España. Pero como aún no se habían definido los distintos frentes de guerra, el voluntario de veintitrés años tuvo que posponer su viaje.

El conde de Barcelona no se dio ni mucho menos por vencido. Al día siguiente intentó acompañar a su ayudante, Luis Roca de Togores, en su viaje a España para unirse a las tropas franquistas, pero éste le disuadió, advirtiéndole que era más seguro esperar a que algunos fieles pudiesen escoltarle.

Aún protagonizó una cuarta tentativa, antes de abordar la tercera que abortó providencialmente Franco y que enseguida veremos.

Lo curioso de aquel último intento es que, como advertía el escritor Víctor Salmador, ni el propio don Juan estuvo al corriente del mismo hasta que se malogró. El aviador Juan Antonio Ansaldo lo relataba así:

> Todo provino de conversaciones con otros monárquicos, especialmente con el infante don Alfonso de Orleáns, que ostentaba el mando de la Brigada Aérea a la que yo pertenecía. En la mentalidad preponderante en aquella época, parecía perjudicial el alejamiento del príncipe don Juan. Imaginé la posibilidad de ir a Italia en un avión, desde Mallorca, recoger al príncipe en una audaz maniobra y regresar con él a nuestra base, desde donde don Juan podría realizar servicios de guerra en una especie de semiincógnito, por lo menos hasta que fuese descubierto y puesto otra vez en la frontera. Pero esto colocaría ya a Franco en una situación difícil y, sobre todo el hecho de insistir don Juan en el deseo de compartir la suerte de la mocedad que participaba en la contienda, le acercaría más a aquellos jóvenes.

El plan se desbarató cuando el general Jordana informó a Franco del mismo, como si de una conspiración para proclamar rey a don Juan en Pamplona se tratase. Franco arrestó a Ansaldo en el castillo de Santa Catalina, en Cádiz.

Sólo entonces don Juan se enteró de la iniciativa, y comentó:

> Lo que me choca es que se diera por hecho que yo me sometería incondicionalmente, para bien o para mal, a los deseos de Ansaldo y de quienes le acompañaban en aquel propósito secreto.

Tras cumplir su arresto de dos meses, el comandante Ansaldo visitó a Franco en Burgos: «Figúrese —le dijo el general— en qué condiciones me hubiera puesto ante el extranjero, si en plena guerra me trae a don Juan y se le proclama rey...».

Entre tanto, hasta la madre de don Juan, la reina Victoria Eugenia de Battenberg, hizo todo lo posible para apoyar la causa de Franco.

Ella tenía gran influencia entre los británicos por su parentesco con la Familia Real inglesa. Así que escribió al diplomático español José Antonio Sangróniz avisándole de que iba a celebrarse un banquete oficial en el palacio de Buckingham, al que había sido invitada. Como se esperaba también la asistencia del secretario del Foreign Office, mister Eden, la reina le indicó a Sangróniz que preguntara a Franco si convenía que ella le dijera algo a Eden para favorecer a la causa nacional.

Alfonso XIII no le andaba a la zaga a su regia esposa al escribir y rubricar de su puño y letra una desconocida carta, que constituye la prueba fehaciente de la trascendencia que para él siempre tuvo la causa nacional.

Datada en Roma el 4 de noviembre de 1937, iba dirigida a su tía la infanta Paz, y decía así:

> Perdona vaya escrita a máquina esta carta pero aparte de que la leerás mejor, es que tengo bastante dificultad en hacerlo por unos granos de ácido úrico que me obligan a forrar los dedos y limitan los movimientos... Como verás, nuestra Cruzada continúa metódica y victoriosa, aunque lenta. No es de extrañar, dadas las enormes dificultades al encontrar todos los puentes volados y tenerse que hacer todo el abastecimiento por camiones automóviles y ser la región entre Santander y Asturias tremendamente montañosa.

Los soldados a las órdenes de Franco eran para Alfonso XIII unos auténticos «cruzados» que luchaban por la causa más noble que podía ambicionarse: el restablecimiento de los valores cristianos frente al marxismo... y de la Monarquía, claro está. Aunque sobre esto último, Alfonso XIII se llevase la mayor desilusión de su vida al terminar la guerra.

Franco, en efecto, incurrió entonces en una gran paradoja histórica: pese a ser monárquico, optó por prescindir del rey para perpetuarse él en el poder; cosa que logró hasta su muerte, aunque convirtiese a España en reino con su Ley de Sucesión de 1947.

Erigido en rey sin corona de su propia corte, el Caudillo dispuso a su antojo de la Diputación de la Grandeza, dependiente en teoría del jefe de la Casa Real, para otorgar nuevos títulos nobiliarios. Por ejemplo, el de conde de Fenosa concedido a Pedro Barrié de la Maza, utilizando la denominación de su empresa eléctrica. Con razón se dijo con sorna, al conocerse la noticia: «Es el único título nobiliario que cotiza en Bolsa».

Y junto a él, otros muchos títulos como el ducado de Primo de Rivera a José Antonio, en 1948, a título póstumo; igual que a José Calvo Sotelo y a Emilio Mola los ducados con sus respectivos nombres, al general Moscardó el condado del Alcázar de Toledo, y a su homólogo Saliquet su propio marquesado. Y así, un sinfín de títulos que culminaron con el ducado de Carrero Blanco a la muerte de éste, en 1973.

A esas alturas, Alfonso XIII ya había presumido incluso de ser falangista. Sucedió en Milán, en los primeros días de noviembre de 1936, durante una tertulia con su hijo don Juan, su biógrafo Francisco Bonmatí de Codecido y César González Ruano, antiguo corresponsal en Roma del *ABC* de Sevilla.

Hallándose Alfonso de Borbón con sus contertulios en el suntuoso vestíbulo del hotel Excelsior Galia de la ciudad italiana, de pronto Ruano le dijo:

—Como que yo soy el carnet número cinco de Falange.

A lo que el monarca, como una centella, le espetó:

—Y yo, el menos quinientos. ¡Mira tú éste! ¿A ver si los primeros falangistas de España no fuimos el general Primo de Rivera y yo? Lo que pasa es que no siempre puede uno hacer lo que quiera ni aun siendo rey.

Resulta cuando menos curioso que Alfonso XIII fuera capaz de proclamarse como uno de los primeros falangistas de España... ¡antes incluso de la constitución de ese partido! Y para colmo, cuando su fundador había ratificado el definitivo hundimiento de la Monarquía un año antes del estallido de la Guerra Civil, en un mitin muy celebrado por sus huestes, durante el cual proclamó, rindiéndose a la evidencia, que la Monarquía «se quedó sin sustancia y se desprendió, como cáscara muerta, el 14 de abril de 1931».

Sea como fuere, lo cierto es que Alfonso XIII se puso desde el principio del lado de Franco, a quien enviaba telegramas de felicitación cada vez que el Ejército nacional se adjudicaba una importante victoria.

El 9 de abril de 1939 le reiteraba así, rindiéndose él también a sus pies, «las más efusivas felicitaciones por la victoria final de las gloriosas tropas de su mando».

Y remataba su mensaje con estas incondicionales palabras: «A sus órdenes, como siempre, para cooperar en lo que de mí dependa a esta difícil tarea, seguro de que triunfará y de que llevará a España hasta el final por el camino de la gloria y de la grandeza que todos anhelamos».

Abordemos, ahora sí, la tercera tentativa de don Juan para combatir en la Guerra Civil. Previamente, el conde de Barcelona pidió permiso a su padre para alistarse en el Ejército sublevado. El rey depuesto no pudo entonces más que exclamar: «Me alegro de todo corazón. ¡Ve, hijo mío, y que Dios te ayude!».

Su madre doña María, más comedida que el marido, aceptó el destino de su hijo con un proverbio inglés: «Así tiene que ser. Las mujeres a rezar, los hombres a luchar».

El 1 de agosto de 1936, don Juan cruzó así la frontera por Dancharinea, el único puesto fronterizo abierto en la España rebelde, acompañado del conde de Ruiseñada y del infante José Eugenio de Baviera, junto a otros fieles.

Al llegar a Pamplona, el príncipe de Asturias se vistió con un mono de mecánico y se caló la boina roja carlista, luciendo también el símbolo de la Falange en el pecho.

Pero una orden tajante del general Emilio Mola impidió que «Juan López», nombre con el que don Juan pretendía pasar de incógnito, alcanzase el frente de Somosierra y se sumase a la columna del general García Escámez.

Meses después, hallándose en el hotel Eden de Roma, don Juan asió del brazo a su biógrafo Francisco Bonmatí de Codecido, militante de Renovación Española y sobrino político del líder monárquico José Calvo Sotelo, para conducirle hasta su dormitorio, donde desahogó con él su tremenda impotencia al no poder combatir junto a los sublevados:

—Mira, Paco, yo no puedo seguir ni un minuto más como estoy. Sufro horrores, como sabes, con esta imposibilidad forzosa de luchar por mi Patria. Esto es algo superior a mis fuerzas —le confesó, desesperado, el conde de Barcelona.

Y a continuación le tendió el documento en el que reclamaba a Franco un puesto a bordo del crucero *Baleares*.

La histórica carta estaba fechada el 7 de diciembre de 1936, cuando España llevaba ya cinco meses enzarzada en la guerra fratricida. El texto estaba escrito en papel con membrete del hotel Eden, y decía así:

> Excmo. Sr. General Don Francisco Franco
> Mi respetado General:
> En forma tal vez impremeditada, cuando la guerra de España tenía sólo el carácter de una lucha interna, he intentado tomar parte en ella. Aunque me impulsaban sentimientos bien ajenos a la política, comprendo y respeto las razones que entonces movieron a las autoridades militares a impedir mi incorporación a las tropas.
> Actualmente, la lucha parece tomar, cada vez más, aspecto de una guerra contra enemigos exteriores, guerra en la que todos los buenos españoles de mi edad habrán podido hallar un puesto de combate. El deseo de hallarlo

yo también, y en forma que aleje toda suspicacia, me mueve a someter a la benévola atención de V. E. mi aspiración.
Según noticias de prensa, se hallará pronto listo para
hacerse a la mar el crucero *Baleares*, en el que podría prestar
algún servicio útil, ya que he realizado mis estudios en la
Escuela Naval Británica, he navegado dos años y medio en
el crucero *Enterprise* de la cuarta Escuadra, he seguido luego un curso especial de artillería en el acorazado *Iron Duke*,
y por último, antes de abandonar la Marina inglesa con la
graduación de teniente de navío, estuve tres meses en el
destructor *Winchester*.

Yo me incorporaría directamente al buque, me absten-
dría en absoluto de desembarcar en puerto alguno español,
y desde luego le empeño mi palabra de que no recibiría ni
aun a mis amigos personales.

Yo no sé, mi General, si al escribirle así infrinjo las
normas protocolarias con que es normal dirigirse a un jefe
de Estado. Le ruego, en todo caso, disculpe el que confíe a
su corazón de soldado este anhelo mío de servir a España
al lado de mis compañeros.

Con mis votos más fervientes porque Dios le ayude en
la noble empresa de salvar a España, le ruego acepte el testimonio del respeto con que se reitera a sus órdenes y muy
afectuosamente e.s.m.,

JUAN DE BORBÓN

El Caudillo se hizo un poco el remolón y tardó más de un
mes en responder a don Juan desde su Cuartel General de Salamanca, donde residía con su Estado Mayor, aunque la capital
política de la España nacional estuviera en Burgos.

La misiva era algo más breve que la de don Juan, y en ella
Franco no se andaba por las ramas, oponiéndose tajantemente
a que el conde de Barcelona tomase parte en la contienda. Su

decisión providencial y muy diplomática, por cierto, dado que Franco argumentaba su negativa en «el lugar que ocupáis en el orden dinástico», aludiendo a don Juan como si pensara en él como posible sucesor, tendría consecuencias históricas de primer orden. A mitad más o menos del documento, Franco decía esto mismo:

> Hubiera sido para mí muy grato el haber podido acceder a vuestro deseo, tan español como legítimo, de combatir en nuestra Marina por la causa de España; pero la seguridad de vuestra persona no permitiría que pudierais vivir bajo el sencillo título de oficial, pues el entusiasmo de unos y las oficiosidades de otros habrían de dificultar tan nobles propósitos; sin contar con que el lugar que ocupáis en el orden dinástico y las obligaciones que de él se derivan imponen a todos, y exigen de vuestra parte, sacrificar anhelos tan patrióticos como nobles y sentidos, al propio interés de la Patria.
>
> Por todo ello, no obstante ser tan halagador vuestro deseo y tan valioso para la Marina española el aprovechamiento de vuestra pericia de oficial y vuestros sentimientos, en momentos que tantos compañeros han sido sacrificados por la barbarie roja, no me es posible seguir los dictados de mi corazón de soldado aceptando vuestros ofrecimientos.
>
> Muy agradecido en nombre de España y de todos los compañeros de este Ejército y Marina por vuestros fervientes votos y entusiasmo, sabéis contáis con toda la simpatía y respetuoso afecto de este leal soldado que afectuosamente os saluda,

FRANCISCO FRANCO

Esta vez el destino salvó a un Borbón de morir en la Guerra Civil española. Y no a un Borbón cualquiera, sino al heredero de la Corona en el exilio, como decíamos. No en vano la noche del 5 al 6 de marzo de 1938, muy cerca de la isla de Formentera, fue hundido el crucero *Baleares*, el más moderno de la escuadra nacional. A bordo del buque perdieron la vida algunos compañeros de promoción de don Juan en la Escuela Naval de San Fernando, en Cádiz. Pero don Juan, milagrosamente, se salvó... gracias a la *baraka* de Franco.

15

José Antonio, «ese muchacho»

> Recuerdo que un día, en la mesa, a la hora
> del almuerzo, me dijo [Franco] muy nervio-
> so: «Lo ves, siempre a vueltas con la figura de
> "ese muchacho" (se refería a José Antonio)
> como cosa extraordinaria».
>
> RAMÓN SERRANO SÚÑER

Mucho se ha especulado sobre la relación entre Franco y José
Antonio en uno u otro sentido, a veces según la óptica partidista.

Nadie puede negar, eso sí, que eran dos personas muy distintas y sin duda incluso hasta diametralmente opuestas en más
de un sentido. Para empezar, Franco era un líder militar, mientras que José Antonio lo era de la política.

El primero era parco en palabras y reservado, como buen
gallego; al contrario que el fundador de la Falange, locuaz y
persuasivo, dotado de un carisma avasallador que dominaba
para colmo el inglés y el francés en aquella época en la que
quien sabía sumar con los dedos era casi licenciado.

Franco, en cambio, se lamentó a lo largo de su vida por no
saber inglés: «En ocasiones como ésta, siento de verdadero co-

razón no dominar el inglés», entonó su mea culpa el 7 de mayo de 1950, ante una audiencia de congresistas estadounidenses.

Su ejército de aduladores aseguraba, por el contrario, que Franco dejaba a los intérpretes en sus audiencias con personalidades extranjeras que tradujesen las palabras que él ya conocía de antemano por falta de tiempo para responder como él hubiese deseado.

Su relación con José Antonio se basó, como todas las de su vida, en su casi innata desconfianza. Franco recelaba de todo el mundo.

Coincido con el periodista y escritor Carlos Fernández Santander, gallego como Franco, en que éste, por mucho que digan algunos, jamás tuvo amigos íntimos: «Ni en sus años de Ferrol, ni en las campañas de Marruecos, ni en la Guerra Civil, ni en sus largos años de poder», asegura. «El más próximo a ser su amigo —agrega— fue Máximo Borrell, el eterno acompañante de cacerías y pescas, y ello porque éste sólo le hablaba de salmones, atunes y cachalotes.»

Esa misma suspicacia y recelo le inducían a rodearse de colaboradores mediocres o menos inteligentes que él, salvo raras excepciones como la de Ramón Serrano Súñer. No toleraba que alguien brillase a su lado más que él. Y José Antonio, le gustase o no, resplandecía como un auténtico lucero.

Es justo reconocer que a los dos les apasionaban los libros. Uno de los primeros de cierta relevancia que leyó Franco fue una biografía del presidente ecuatoriano García Moreno que le prestó en 1911, con casi diecinueve años, su antiguo maestro Manuel Comellas. Sentía predilección también por las figuras de Alejandro Magno, Carlos V, Felipe II y Napoleón Bonaparte.

Durante la Guerra Civil, como recuerda su biógrafo inglés S. F. Coles, suscitó su interés *El Príncipe*, de Maquiavelo, comentado por Bonaparte. Al parecer, como no existía un solo ejemplar de esta obra en la zona nacional, su servicio de inteligencia lo estuvo buscando con ahínco en el bando republicano.

Entre sus autores predilectos se incluían, cómo no, sus paisanos Ramón María del Valle-Inclán y Wenceslao Fernández Flórez. Tras la Guerra Civil, cuando Aguilar editó las obras completas del humorista coruñés, éste le regaló los nueve tomos al Caudillo, que quedó encantado con sus dos novelas sobre la contienda, *Una isla en el mar rojo* y *La novela número trece*, amén de *El bosque animado*, que José Luis Cuerda llevaría años después al cine.

Durante su estancia en Madrid como general de brigada, el doctor Gregorio Marañón le prestó varias obras políticas para escribir unos artículos, las cuales, en contra de lo que por desgracia suele ser habitual, el futuro Caudillo se las devolvió rigurosamente por medio de un ordenanza.

En 1928, como relata su biógrafo inglés Brian Crozier, se suscribió a la revista suiza *Entente Internationale Anticommuniste*, cuya colección encuadernada junto con parte de su biblioteca privada se perdió en agosto de 1936, cuando una banda de milicianos requisó su piso madrileño, como ya vimos.

Devoró también las obras de Mauricio Carlavilla sobre el comunismo y la masonería; así como *Entre Hendaya y Gibraltar*, de su cuñado Serrano Súñer.

Pero nadie hubiese sospechado ni siquiera que el Caudillo llegase a ser cliente nada menos que de la editorial antifranquista Ruedo Ibérico, radicada en París y perseguida a toda costa por su propio régimen.

La anécdota referida por Carlos Fernández, además de curiosa y deslumbrante, resulta muy ilustrativa sobre el denodado afán de Franco por mantenerse informado a toda costa incluso sobre las publicaciones «políticamente incorrectas» de entonces.

Cierto día irrumpieron en la librería coruñesa Arenas dos policías que reclamaron al dueño, Fernando, la relación de clientes de aquellos libros prohibidos.

La conversación discurrió por estos derroteros:

—Tarde o temprano nos enteraremos y será peor para usted —le advirtieron los agentes.

—Está bien, les diré el más importante, aunque no sé si le van a poder detener... —repuso el librero con una mueca de cinismo.

—¡A ver, díganoslo de una vez! —le apremiaron los policías.

—Pues miren, se llama Francisco Franco y vive en el Pazo de Meirás. Aquí tienen ustedes la relación del último pedido y el cheque que me acaba de enviar el señor Catoira, de su Casa Civil.

Huelga describir el rostro estupefacto de la pareja policial, que se retiró de allí sin hacer el menor comentario.

Entre esos libros figuraban el de Hugh Thomas sobre la Guerra Civil española y el de Stanley G. Payne sobre la Falange.

José Antonio era, aun así, mejor lector que Franco.

Sólo durante su estancia carcelaria, devoró muchos libros de su biblioteca particular de la calle de Serrano, 86, traídos por el secretario de su despacho de abogado, Andrés de la Cuerda.

Empezando por la Biblia que le regaló su camarada y amiga malagueña Carmen Werner y por el ejemplar de *El Quijote* proporcionado por Azorín, con una cariñosa dedicatoria en la que proponía que a José Antonio se le motejase «el Bueno».

Entre aquellos volúmenes figuraba también la biografía del conde-duque de Olivares en la que su autor, el doctor Gregorio Marañón, estampó esta larga dedicatoria:

Como la lectura de mi libro ha suscitado tantos comentarios, hasta el punto de establecer algunos un paran-
gón con la interpretación que doy a mi biografiado y la
figura de su padre, tengo interés en que sepa usted, admirado José Antonio, que esto no responde a ningún propósito
determinado, ya que la figura del general Primo de Rivera
aparece día en día clara y alta, diáfana y sincera, en el pensamiento de los españoles, agigantándose ante la labor del
historiador.

El instruido recluso releyó aquellos días *La revolución de
febrero*, de León Trotski, en traducción directa del ruso de Andreu Nin, líder del Partido Obrero de Unificación Marxista
(POUM), a quien los soviéticos, con la complicidad de los comunistas y del propio Juan Negrín, liquidarían salvajemente
en junio de 1937.

De Werner Sombart, leyó su obra más emblemática:
L'apogée du capitalisme, en dos volúmenes; de Alexis Carrel, *La
incógnita del hombre*; de Ortega y Gasset, uno de sus títulos predilectos: *La rebelión de las masas*; así como dos biografías de
Hilaire Belloc: *Cromwell* y *Enrique IV*.

Otros dos libros completaban su «biblioteca carcelaria»:
Historia de la filosofía, de August Messe, recién traducida por
Zubiri y Xirau; y el manual clásico *La conjuración de Catilina*,
de Cayo Salustio.

Al margen de su apariencia física tan distinta también, Franco
y José Antonio comulgaban con la fe católica. Ambos fueron
testigos, junto a Pedro Sáinz Rodríguez, de la boda por la
Iglesia de Ramón Serrano Súñer con Ramona Polo, celebrada en febrero de 1932.

Desde entonces, poco trato hubo entre ellos.

El primer reencuentro del que se tiene constancia es puramente epistolar: una extensa carta de José Antonio a Franco, del 24 de septiembre de 1934.

En ella, el líder falangista prevenía al general del peligro inminente de la revolución de Asturias, tras su infructuosa entrevista con el ministro de la Gobernación:

> Ya conoce usted lo que se prepara: no un alzamiento tumultuario, callejero, de esos que la Guardia Civil holgadamente reprimiría, sino un golpe de técnica perfecta, con arreglo a la escuela de Trotsky, y quién sabe si dirigido por Trotsky mismo (hay no pocos motivos para suponerle en España). Los alijos de armas han proporcionado dos cosas: de un lado, la evidencia de que existen verdaderos arsenales; de otro, la realidad de una cosecha de armas risible. Es decir, que los arsenales siguen existiendo.

José Antonio se despedía así de Franco:

> Todas estas sombrías posibilidades, descarga normal de un momento caótico, deprimente, absurdo, en el que España ha perdido toda noción de destino histórico y toda ilusión por cumplirlo, me ha llevado a romper el silencio hacia usted con esta larga carta... Por si en esa meditación le fuesen útiles mis datos, se los proporciono.

La carta, que sepamos, no obtuvo contestación.

Dos años después, poco antes de las elecciones de febrero de 1936, José Antonio recurrió al cuñado de Franco para que le organizase una entrevista personal con éste.

El general acudió con sus andares sedentarios, de soldadito de cuerda, a casa del padre de Serrano Súñer, en la calle Ayala de Madrid.

El contraste físico entre ambos interlocutores era palmario: uno, de cuarenta y tres años, bajito y poco agraciado, con voz atiplada; el otro, de treinta y dos años aún, alto, apuesto y con ademán juvenil.

Recordaba Serrano Súñer:

> José Antonio estaba entonces obsesionado con la idea de la urgente intervención quirúrgica preventiva [un alzamiento en toda regla] y de la constitución de un gobierno nacional que, con ciertos poderes autoritarios, cortaran la marcha hacia la revolución y la guerra civil.

José Antonio quedó desengañado después de aquel encuentro, tal como advertía el propio Serrano Súñer, que lo presenció:

> Fue una entrevista pesada y para mí incómoda. Franco estuvo evasivo, divagatorio y todavía cauteloso... José Antonio quedó muy decepcionado y apenas cerrada la puerta del piso tras la salida de Franco, se deshizo en sarcasmos hasta el punto de dejarme a mí mismo molesto... «Mi padre —comentó José Antonio— con todos sus defectos, con su desorientación política, era otra cosa. Tenía humanidad, decisión y nobleza. Pero estas gentes...»

La cosa no acabó ahí; poco después, los estamentos mayores de la derecha acordaron proponer a José Antonio como candidato para la segunda vuelta electoral que debía celebrarse en la circunscripción de Cuenca. Deseosos de una mayor espectacularidad, decidieron unir en la misma candidatura el nombre de Franco y el de José Antonio.

Encarcelado entonces en la Modelo, el líder falangista se negó a concurrir a los comicios en la misma lista que Franco; encomendó a Serrano Súñer que gestionase en el círculo próximo al general su propia exclusión de la candidatura alegando sin más que no deseaba presentarse junto con el entonces comandante general de Canarias.

A lo que su hermano Fernando Primo de Rivera, preso también en la Modelo, apostilló con ironía, según recordaba Serrano Súñer: «Sí, aquí y para asegurar el triunfo de José Antonio no faltaba más que incluir el nombre de Franco y además el del cardenal Segura».

Con semejantes antecedentes no era extraño que el propio Serrano Súñer dejase constancia en sus memorias de lo que vio y oyó durante su estancia en el Cuartel General de Salamanca, tras lograr evadirse de la cárcel en febrero de 1937, siendo designado por Franco ministro del Interior en su primer gobierno constituido allí mismo, el 30 de enero de 1938.

Abogado y diputado en Cortes, Serrano era astuto, pulcro y dotado de una simpatía extraordinaria.

Consiguió escapar de la cárcel Modelo de la forma más increíble, salvando milagrosamente el pellejo tras la carnicería perpetrada por los milicianos el 22 de agosto de 1936.

Cuando Juan Simeón Vidarte, vicesecretario general del PSOE y fiscal del Tribunal de Cuentas, bajó al sótano de la prisión antes del amanecer, provisto de una linterna, tropezó con los cadáveres, identificando poco después a los políticos que habían sido sus compañeros de escaño en las Cortes.

Fernando Primo de Rivera llevaba aún el cigarrillo en la mano. Melquiades Álvarez mantenía los ojos abiertos; Vidarte se los cerró piadosamente.

Al salir éste de la Modelo, Serrano fue devuelto a su celda a empellones, asombrado de verse aún vivo.

Hasta que un día decidió sacarle partido a la úlcera que le torturaba.

Cuando recibió la visita de su hermana Carmen, le pidió que su hermano Pepito, ejecutado poco después, escribiese a un amigo que era diputado socialista, insistiéndole en lo de su úlcera para que lo trasladasen a una clínica. Y funcionó: días después, Serrano se convirtió en paciente de la clínica España, en la calle Covarrubias.

Cierto día, con ayuda del médico de cabecera, logró que su hermana Carmen le llevase lo que necesitaba para fugarse: polvos, lápiz de labios, gafas, una peluca, unas medias y varios imperdibles.

Al día siguiente, el encargado de negocios de la embajada de Holanda le dijo a la señora que estaba en la habitación de Serrano:

—¡Agárrese de mi brazo, por favor!

Cuando la pareja pasó frente a los guardias de la puerta, Serrano estuvo a punto de echar a correr, pero el diplomático le retuvo diciendo en voz alta:

—¡No, querida! Está usted muy débil todavía.

Un mes después, Serrano salió clandestinamente de Madrid y llegó finalmente al Cuartel General de Franco, instalado en el palacio arzobispal de Salamanca, donde presenció lo que, años después, relataba con todo detalle:

> La Falange causaba preocupación en el Cuartel General y, con frecuencia, irritación. Mis constantes elogios de la personalidad de José Antonio y de sus ideas causaban allí malestar y a veces determinaban fricciones.

Sus restantes palabras son, desde luego, de las que dejan una huella indeleble.

Juzgue si no el lector. El «cuñadísimo» añadía:

> Respecto al mismo José Antonio no será gran sorpresa, para los bien informados, decir que Franco no le tenía simpatía. Había en ello reciprocidad, pues tampoco José Antonio sentía estimación por Franco y más de una vez me había yo —como amigo de ambos— sentido mortificado por la crudeza de sus críticas. Allí en Salamanca me correspondía sufrir la contrapartida. A Franco el culto a José Antonio, la aureola de su inteligencia y de su valor, le mortificaban. Recuerdo que un día, en la mesa, a la hora del almuerzo, me dijo muy nervioso: «Lo ves, siempre a vueltas con la figura de "ese muchacho" (se refería a José Antonio) como cosa extraordinaria, y Fuset [Lorenzo Martínez Fuset, teniente coronel jurídico y auditor, hombre de confianza de Franco] acaba de suministrarme una información del secretario del juez o magistrado que le instruyó el proceso en Alicante, que dice que para llevarle al lugar de la ejecución hubo que ponerle una inyección porque no podía ir por su pie».Y lo decía con aire de desquite bien visible.

No debe pasarse por alto, a la hora de interpretar estos pasajes de las memorias de Serrano, el posible rencor que guardase a Franco su cuñado al cabo de los años como consecuencia de su destitución fulminante como ministro de Asuntos Exteriores, de la cual nos ocuparemos con detalle en un próximo capítulo.

Aun así, es evidente que José Antonio no era precisamente santo de la devoción de Franco, y viceversa. No hay más que leer la fría respuesta del general a Marina Santos Kant, que se hizo pasar por novia de José Antonio, pero que en realidad era uno de los muchos enlaces del fundador de Falange en la Sección Femenina, como me aseguraba Llanín Marco, sobrina carnal de la heroína falangista Llanitos Marco.

La carta de respuesta de Franco, así como la que dirigió Marina Santos Kant al general, recogidas ambas en *El País* el 12 de marzo de 2015, se reproducen ahora por vez primera íntegras en el anexo documental por gentileza de la Fundación José María Castañé.

Al interés de la falsa novia de José Antonio por averiguar la suerte del líder falangista, Franco respondió una semana después de recibir la carta, el 1 de diciembre de 1936, a través de su ayudante:

> El Sr. General Franco me encarga manifieste a usted que recibió su carta del 24 actual referente al Sr. Primo de Rivera. El Sr. General no sabe directamente nada relativo a la suerte de dicho señor, porque las emisoras rojas aseguran haberlo fusilado y no es creíble lo digan sin que sea ello verdad, pues el mentir en este asunto no tendría para ellos utilidad. Sintiendo no poderle dar mejores noticias…

A juzgar por su respuesta, Franco sabía ya que José Antonio había sido fusilado. Desaparecido éste, sus hermanos Miguel y Pilar acataron finalmente la autoridad del Caudillo, no sin antes plantarle cara a raíz de los nombramientos efectuados en mayo de 1941, tal y como señalaba el académico de la Historia Luis Suárez:

> El 5 de mayo, en un golpe sorpresa, Franco restableció el Ministerio de la Gobernación, designando a Valentín

Galarza para ocuparlo, con la misión de expulsar de allí a
todos los pronazis protegidos en otro tiempo por Serrano
Súñer. El mismo día Fidel Dávila era nombrado jefe del
Alto Estado Mayor. Todos los nombramientos de estos primeros días de mayo constituyeron un poderoso refuerzo
de influencias monárquicas.

Los sectores de Falange más inclinados a procurar la
amistad alemana consideraron los nombramientos de mayo
como un ataque al partido y trataron de provocar un movimiento de resistencia de «camisas viejas» contra Serrano
Súñer y contra Franco... De hecho se había planteado
una oposición desde la cúspide de Falange, incluyendo a
los dos hermanos de José Antonio, a este giro anunciado
por Franco.

Previamente se habían reunido, convocados por Miguel
y Pilar en el domicilio de los Primo de Rivera, Ramón Serrano Súñer, Dionisio Ridruejo, José Antonio Girón, José
Luis de Arrese y Antonio Tovar.

A la cúpula falangista liderada por Serrano Súñer no le
había gustado ni un ápice el nombramiento del coronel monárquico Valentín Galarza como ministro de la Gobernación, hasta entonces en la Subsecretaría de Presidencia, donde Franco colocó al capitán de fragata Luis Carrero Blanco,
cuya presencia al frente del traslado de los restos de José Antonio, en 1959, levantaría suspicacias en sectores falangistas
por su talante monárquico, tal y como señalaba la propia Pilar: «También lo aumentó —aseguraba ella— en alto grado
[el descontento] el traslado de José Antonio de El Escorial al
Valle de los Caídos, por motivos no muy explicables, de carácter monárquico, que sustentaba, sobre todo, el almirante
Carrero Blanco».

Pilar y Miguel barajaron incluso, según recordaba ella, «recuperar para la familia el cuerpo de José Antonio y alejarlo de actos oficiales, pero la Falange exigió como suyos, y con razón, sus restos, y nosotros, finalmente, accedimos a ello».

Retrocediendo, en efecto, a mayo de 1941, Pilar Primo de Rivera hizo llegar a Franco, por mediación de Serrano Súñer, una carta fechada el 1 de mayo que se conserva en el Archivo de la Fundación Nacional Francisco Franco, presentándole su dimisión al frente de la Sección Femenina por considerar que se estaba traicionando nada menos que la memoria de José Antonio.

Serrano adjuntó así al Caudillo la carta de Pilar con esta otra suya, datada cuatro días después, en la que decía escuetamente:

> Mi querido General:
> Ayer [4 de mayo], al regresar de La Granja, me encontré con la carta que te adjunto de Pilar. La he llamado para hablar con ella y con la mayor consideración y la mayor tristeza —es una gran verdad que se trata de su vida misma, que es un ejemplo de virtud eficaz en medio de tanta frivolidad o de tanto «tópico virtuoso»— me insiste en que dé curso a su carta. Y así lo hago.

Vale la pena reproducir la reveladora epístola de Pilar a Franco, fechada el mismo día que la de su hermano Miguel, en la que éste renunciaba a su vez a los cargos de gobernador civil de Madrid y de Jefe Provincial del Movimiento para apartarse también de la política.

Pilar dibujaba un panorama desolador de la Falange, que a su juicio no era más que «una lánguida desorganización en la que lo único que queda en pie es la Sección Femenina», y cuyas Delegaciones estaban «totalmente deshechas», incluidas las Milicias y el Frente de Juventudes:

> Mi General:
>
> Después de meditarlo mucho por la gravedad de la resolución y porque dejo en ella toda la ilusión de mi vida, he decidido pedir a V. E. que me autorice para cesar en el cargo de Delegada Nacional de la S. F. *porque yo en conciencia no puedo seguir colaborando en esto que estamos haciendo creer a la gente que es la Falange pero que en realidad no lo es* [todas las cursivas son del autor].
>
> No vea V. E. en esta carta una impaciencia injustificada, ni la menor sombra de indisciplina; día tras día hemos estado aguardando la solución que había de traernos la dicha, pero como el tiempo pasa sin que esto suceda, creo que honradamente *sólo puedo entregar mi vida a lo que sea servicio de la Falange, que es servicio de España, porque así lo he jurado y porque sé también que así me lo exige José Antonio desde su tumba de El Escorial.*
>
> La Falange, que debía ser un cuerpo total inspirador de los actos del Estado en este momento crítico quizás para España, desde hace mucho tiempo no es más que una lánguida desorganización en la que lo único que queda en pie es la Sección Femenina. Y esto por mucho que me halague no es bastante, teniendo en cuenta que se trata de un Movimiento como es este de la Falange, total, arriesgado, varonil y difícil...
>
> Primeramente ha sido *la ausencia casi total en los cargos del Estado de gente falangista.* Desde los puestos más importantes se ha combatido a la Falange con toda clase de armas, y por otro lado una Secretaría de camaradas tibios no ha sabido hacerle frente a estas dificultades. Además, las Delegaciones están totalmente deshechas, así sucede con las Milicias y con el Frente de Juventudes.

Por otro lado, la Secretaría General vacante y los Jefes Provinciales totalmente desilusionados y desmandados haciendo cada uno por su cuenta lo que cree que es mejor pero sin unidad de mando.

Yo, como es natural, no voy a indicarle a V. E. quién debe poner en cada uno de los puestos. V. E., con su superior criterio, sabrá a quién designar; lo que sí le digo es que la solución es que los hombres elegidos para los cargos del Estado y del Partido, cualesquiera que sean, fueran falangistas de verdad, porque sólo ellos saben calar hasta el fondo de la doctrina y transmitirla a los afiliados en todo su rigor y con toda su pureza.

Franco reaccionó modificando el Gobierno el 19 de mayo con la inclusión de dos ministros falangistas: José Luis de Arrese, como ministro secretario general del Movimiento, y Miguel Primo de Rivera en Agricultura, además de confirmar a José Antonio Girón de Velasco en Trabajo.

El Caudillo logró así que Pilar y Miguel olvidasen sus respectivas dimisiones pero, como advierte, atinada, la historiadora María Antonia Fernández, la relación entre la directora de la Sección Femenina y el Generalísimo obedecía en realidad a posturas personales y políticas muy distintas:

Ella apoyaba al régimen en la confianza de contribuir de la mejor manera posible a salvar a España de sus enemigos, mientras que él veía en la autoridad moral de la delegada nacional de la Sección Femenina un instrumento idóneo para alcanzar la obediencia civil. Además, a Franco este apoyo le salía muy barato, pues apenas conllevaba contrapartidas.

José María Velo de Antelo, fundador de Alianza Popular y ex director de la Escuela Diplomática, además de buen amigo de Pilar Primo de Rivera, me hacía partícipe en 2011 de la convicción que ésta le expresó en más de una ocasión:

> Pilar estaba segura de que su hermano José Antonio, de haber sobrevivido, hubiese acatado la autoridad de Franco. Y me decía: «¿Acaso crees, José María, que Miguel y yo respaldaríamos a Franco de no tener la completa seguridad de que José habría hecho lo mismo?».
> Pilar también me aseguró que José Antonio pensaba abandonar la política activa para dedicarse a su verdadera vocación: la abogacía.

Que José Antonio hubiese aceptado finalmente a Franco, como sostiene Velo de Antelo amparado en el valioso testimonio de Pilar Primo de Rivera, no parece descabellado, pese a que jamás existiese química entre el falangista y el militar. Máxime, si José Antonio apoyó antes sin miramientos a dos generales como José Sanjurjo y Emilio Mola.

Entonces, ¿por qué razón no iba a respaldar también a un tercer general, Franco en este caso, alzado con la victoria que sus dos predecesores no pudieron alcanzar y que él mismo tanto anhelaba?

Más verosímil resulta aún que José Antonio se retirase de la política para volcarse en los asuntos de su despacho profesional, como también advertía Velo de Antelo. Especialmente cuando el propio José Antonio había expresado ya al conde de Mayalde, según recoge Girón en sus memorias, su gran malestar por participar en el sistema:

—La política me da asco en estos tiempos. Es una tarea infame —se lamentó el jefe de Falange.

—Pues déjala —repuso Mayalde.

—No puedo. Me sujetan los muertos.

Sea como fuere, Franco no las tenía todas consigo en la inmediata posguerra cuando decidió espiar a la Falange por medio de su incondicional Luis Carrero Blanco...

16
Consigna: espiar a la Falange

> Pilar está enamorada de Ridruejo y éste y
> sus hermanas influyen enormemente en ella.
>
> M.ª DOLORES DE NAVERÁN,
> en un informe secreto sobre
> la hermana de José Antonio

Muchos siguen ignorando hoy que Franco espió a la Falange a través de la red de información APIS, cuyos informes secretos publiqué ya por primera vez en mi libro *La pasión de Pilar Primo de Rivera* (2013).

La casi enfermiza desconfianza del Caudillo a la que aludíamos en el capítulo anterior, al abordar su relación con José Antonio, fue sin duda el detonante de esta red de espionaje.

Como señala Javier Domínguez, doctor en Historia y autor de una exhaustiva investigación sobre este delicado asunto: «En el período comprendido —al menos— entre comienzos de los años cuarenta y mediados de los sesenta, Franco recibió sin cesar innumerables informes que procedían de una red de espionaje dedicada sobre todo a la investigación antimasónica».

Y añade, en concreto, Domínguez: «Al menos una veintena de sus informes llegaron a Franco en 1942, más de cincuenta en 1943 y aún unos veinte en 1944».

Es curioso comprobar cómo, sobre todo entre 1942 y 1944, la mayoría de los informes procedían de la misma red de investigación: APIS, cuyas siglas Javier Domínguez, a falta de una confirmación definitiva, desglosa hipotéticamente como «Acción Patriótica contra las Internacionales Sectarias».

Buena parte de los documentos obrantes en los archivos de la Fundación Nacional Francisco Franco y del Archivo de la Guerra Civil de Salamanca relacionados con este asunto contienen referencias y hasta el mismo sello de la organización, donde el nombre «APIS – España» rodea la figura de una abeja, cuya raíz etimológica —*apicula*— significa precisamente «pequeña abeja».

Todo el mundo sabe que la abeja simboliza el trabajo abnegado y meticuloso de las obreras de la colmena, o de la red de espionaje en este caso, con un componente claramente femenino, pues todos los agentes de APIS eran mujeres.

En los informes secretos se advierten dos lemas: uno que los encabeza, atribuido a Franco («Por el mejor servicio a la Patria»); y otro estampado al final del texto manuscrito, reducido casi siempre a las iniciales «Q. C. D.», pero algunas veces explicitado: «Quién como Dios». Las mismas palabras vociferadas por el arcángel san Miguel a Lucifer y a los demás demonios sublevados contra Dios.

De ahí que, como arguye Domínguez, se eligiese al jefe de las milicias celestiales, que expulsó del Cielo a Satanás y a sus ángeles infieles, para encomendarle el combate de APIS contra la masonería.

La principal agente de la red de espionaje era una mujer que escondía su identidad bajo las siglas «A. de S.», y que solía enviar sus informes desde Cascais (Portugal), donde residía la Familia Real española en el exilio, pero también desde Ginebra, París e incluso Tánger.

Toda la información era canalizada por el verdadero alma máter de la organización, María Dolores de Naverán y Sáenz de Tejada, en calidad de secretaria general de APIS.

¿Quién era en realidad esta enigmática mujer que firmaba los informes confidenciales sobre Pilar y otros camaradas suyos enviándolos a continuación a Luis Carrero Blanco, subsecretario de la Presidencia del Gobierno desde mayo de 1941, de modo que acabasen en manos del Caudillo, tal y como se precisaba al comienzo de algunos documentos: «Preparado para S. E.»?

María Dolores de Naverán era hija del conocido poeta vasco Onofre de Naverán, autor de *Álbum poético infantil de Escuelas* (1930); curiosamente, era monja teresiana dedicada en un principio a la docencia, como profesora en la Escuela Normal de Vizcaya, el centro de formación de maestros.

Durante los años en que trabajó para APIS, era la vocal del Consejo Superior de Protección de Menores, dependiente del Ministerio de Justicia, según consta en el encabezamiento de una carta confidencial suya a Carrero Blanco, fechada en Bilbao el 27 de diciembre de 1942, exhumada en *La pasión de Pilar Primo de Rivera* junto a otros muchos documentos inéditos.

Años después, en febrero de 1952, sería nombrada inspectora extraordinaria permanente en Enseñanza Primaria por orden del Ministerio de Educación Nacional.

Su hermana mayor, Clementina de Naverán, fue la primera maestra de las escuelas infantiles Solokoetxe de Bilbao desde 1915 y, más tarde, directora de la Escuela del Tívoli de la misma ciudad.

La vinculación de Clementina de Naverán con la Sección Femenina era absoluta; sobre todo, desde la celebración del Consejo de Segovia, en enero de 1938, el segundo en la historia de la organización falangista, durante el cual Pilar incluyó a Clementina entre sus elegidas, junto con Dora Maqueda, Laly Ridruejo, Carmen Werner, Syra Manteola, María Luisa Terry y las hermanas Irene, Maribel y Marilú Larios.

A Clementina de Naverán, Pilar la cubría incluso de halagos en sus memorias: «Procedente de la Comunión Tradicionalista —decía de ella— [era] honrada y noble persona que, aunque en apariencia discrepante, se mataba por España igual que nosotras y se encontraba en nuestro ambiente como pez en el agua».

Examinemos ya los informes que, antes de su muerte acaecida el 13 de febrero de 1967 en Madrid, cursó María Dolores de Naverán a Carrero Blanco sobre Pilar.

Uno de ellos, datado en Madrid el 13 de octubre de 1943, lo exhumó el académico de la Historia Luis Suárez entre un montón de legajos del Archivo de la Fundación Nacional Francisco Franco, pero aun así, descontextualizado, es natural que haya pasado casi inadvertido hasta hoy.

Tras criticar a Pilar por pedir la dimisión de José Luis de Arrese, ministro secretario general del Movimiento y años después primer ministro de la Vivienda en España, María Dolores de Naverán calificaba a la directora de la Sección Femenina de «energúmena», de «muy apta para dejarse influir», y hasta de poseer una «escasísima inteligencia», cuestionando también su liderazgo dentro de la organización.

Dice así el documento, en cuyo texto me he permitido introducir algunas matizaciones entre corchetes:

Excmo. Sr. D. Luis Carrero
Mi respetable y buen amigo:
Como hasta mañana no podré enviarle lo recibido de A. de S., y creo, sin embargo, que debe Vd. saber, sin pérdida de tiempo, una pequeña maniobra que se prepara aquí, me apresuro a interrumpir mi trabajo para comunicársela.

Pilar Primo de Rivera va a pedir que se reúna la Junta Política, pero hablará previamente a Miguel [su hermano era entonces ministro de Agricultura], Mora Figueroa, Pemartín y otros más que no recuerdo, para pedir la destitución de Arrese por haber dicho, en su discurso de Burgos (de 18-IX-43), que España no es un Estado totalitario.

Dice Pilar que no cuenta con Elola, que es adicto a Arrese, «ni con el ministro de la Guerra [en realidad había un ministro del Ejército, el teniente general Carlos Asensio Cabanillas], porque ése irá a favor del Ejército y nada más.

Pero que ella y esos que antes ha citado dimitirán (como ya lo ha hecho Julián Pemartín del Instituto de Estudios Políticos) y que a ella la seguirá toda la Falange Femenina. Yo creo que de esto último está equivocada, pero debe Vd. saber lo que hay.

Afirma Pilar que «decir que España no es totalitaria es hacer traición a la Falange», y que «la Falange es antes que nada». ¡Antes que España, por lo visto!

La colaboradora de APIS que estaba presente [¿aludía acaso a la propia hermana de la informadora: Clementina de Naverán?] procuró calmarla diciéndole que, en primer lugar, quizá Arrese hablara por sí mismo; pero que si lo hacía de acuerdo con el Caudillo teníamos que tener confianza ciega en éste, que sabe, en cada caso, circunstancias que nosotros ignoramos, y que bien probado tenía su amor a España y su sacrificio por la Patria y sus ambiciones para ésta y sin ningún egoísmo.

Añadió que hay que buscar el bien superior de la Patria, y que puede convenir, por diplomacia, decir una cosa en circunstancias determinadas, por lo que es un crimen estorbar al Caudillo en momentos tan difíciles.

Pilar replicó que eso es ser liberal (¡!) y quedó muy descontenta con nuestra colaboradora [recordemos, por si acaso, cómo la propia Pilar, al referirse a Clementina de Naverán, sólo le ponía un «pero»: «Aunque en apariencia discrepante...»].

Sé que [Pilar] ha empezado a cumplir lo dicho, poniéndose al habla con esos camaradas, que está decidida a pedir la reunión de la Junta Política con el fin dicho de censura; que no tolerará, ni ella ni su grupo, que no se vuelva atrás Arrese, y se deje sin declarar nuevamente que España es un Estado totalitario; que si no logra esto, ella y los otros se irán y cree que a ella le seguirá toda la Sección Femenina (?); que Pemartín anda en conciliábulos con ella, y que ambos afirman que se ha cambiado totalmente la ortodoxia de la Falange, y que hay que plantarse; que ayer —12 del actual y onomástica de Pilar— reunió ésta en su casa a un grupo de camaradas (a fumar, a beber, por cierto), entre los que estaban las Ridruejo [Laly, Angelita y Cristina] —que influyen mucho y mal en Pilar—, Marichu de la Mora, Villalonga, Veglison [Josefina Veglisón], Ontiveros [María o su hermana Pilar] y esa desdichada de Romañá [Montserrat Romañá] (casi todo el grupo «juanista» y anglófilo, como ve, excepto las Ridruejo).

Se habló fuerte, censurando «el optimismo del Caudillo, siendo así que no están las cosas para ello». Se referían al discurso de la Ciudad Universitaria.

Pilar, fuera de sí, excitada además por lo de las Azores, dijo que ya está armado el bollo y que quieren hacer «que

© Agencia EFE

Nicolás Franco Salgado-Araújo y María del Pilar Bahamonde y Pardo de Andrade, padres de Francisco.

© Agencia EFE

Franco con dos de sus hermanos, Pilar y Ramón.

Francisco y Nicolás vestidos de cadetes, en 1906.

Cavite, localidad filipina donde estuvo destinado el padre de Francisco. Allí dejó embarazada a una quinceañera que alumbró al hermano bastardo del Caudillo, Eugenio Franco Puey.

S. N.

TELEGRAMA OFICIAL

Transmitido á

á las

EL OFICIAL,

Para

Número

Palabras

Fecha

El

Al

Primer Teniente Caballería Ramón Ciria López herida penetrante en la Región escapular derecha con orificio de salida; leve.

Infantería Fuerzas Regulares Melilla número dos, Capitán Francisco Franco, herida en región lateral del abdomen; grave.

Capitán Francisco Paicion, atravesado ante brazo derecho; grave.

Primer Teniente Manuel Tejer Abad, herida.

Telegrama oficial con el parte médico de la grave herida sufrida por Franco en la guerra de África, a raíz de la cual perdió un testículo.

Francisco con el rey Alfonso XIII.

Sofía Subirán, el primer gran amor del Caudillo.

José Antonio Primo de Rivera, el gran rival de Franco.

Ramón Franco con su segunda esposa, Engracia Moreno, que posó para la célebre alegoría de la República, y su hija Ángeles, ambas repudiadas por Franco. La foto se tomó en el transatlántico en el que viajaron hasta Nueva York en agosto de 1935. Ramón era entonces agregado aéreo en la Embajada de España en Washington.

Carmen Franco Polo posando para un escultor.

El general Emilio Mola, que encarceló a Ramón Franco con el beneplácito del propio Francisco.

Indalecio Prieto, artífice junto con el general soviético Alexander Orlov de un proyecto de atentado contra Franco en plena Guerra Civil.

Don Juan de Borbón, a quien Franco salvó la vida sin saberlo.

Alfonso XIII y Victoria Eugenia de Battenberg apoyaron la causa nacional desde el principio.

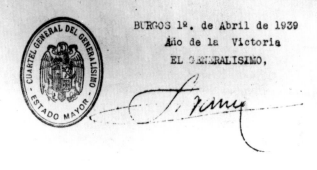

CUARTEL GENERAL DEL GENERALISIMO
ESTADO MAYOR

SECCION DE OPERACIONES.

PARTE OFICIAL DE GUERRA
correspondiente al día 1º. de Abril de 1939.- III Año Triunfal

En el día de hoy, cautivo y desarmado el Ejército rojo, han alcanzado las tropas Nacionales sus últimos objetivos militares. LA GUERRA HA TERMINADO.

BURGOS 1º. de Abril de 1939
Año de la Victoria
EL GENERALISIMO,

Último parte de guerra firmado por Franco.

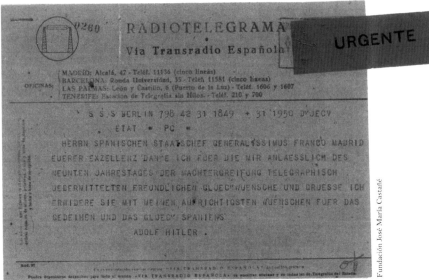

MINISTERIO DE ASUNTOS EXTERIORES

COPIA TRADUCIDA.

PROTOCOLO

———

Al Jefe del Estado español Generalísimo Franco.- Madrid.

NÚM. _____

Agradezco mucho a Vuestra Excelencia

el telegrama que con motivo del noveno ani-

versario de asumir el poder me ha dirigido.

Yo a mi vez le renuevo los votos más since-

ros por la prosperidad y felicidad de Espa-

ña. - ADOLDO HITLER.

Telegrama de Hitler a Franco, recién terminada la Guerra Civil, agradecien-
do la felicitación recibida de éste con motivo del noveno aniversario de su
llegada al poder en Alemania.

Hitler y Franco en Hendaya. Ambos tenían en común la pérdida de un testículo en acción de guerra.

Miguel Primo de Rivera, hermano de José Antonio, en dos imágenes desconocidas durante su estancia en Estados Unidos, donde le envió su padre, el dictador, para alejarle de la infanta Beatriz, con la que flirteaba.

La relación entre Miguel Primo de Rivera y Helen Rosemary, esposa del comandante británico Anthony Greville-Bell, dio lugar a una demanda por adulterio. En 1958 Franco tuvo que afrontar el escándalo internacional y retirar a Miguel Primo de Rivera como embajador de España en Londres.

Carmen Díez de Rivera e Icaza, hija ilegítima de Ramón Serrano Súñer, hecho que motivó la destitución fulminante del cuñado de Franco.

Sr. Presidente de la "SOCIEDAD GENERAL DE AUTORES DE ESPAÑA".

M A D R I D

Muy Sr. mío:

Ruego a usted se acepte mi solicitud de ingreso en esa Sociedad, participándole que, a tal efecto, acato las normas por que se rigen las distintas modalidades del derecho de autor administrados por la entidad, así como las disposiciones que en el futuro acuerde su Consejo de Administración, y confiero a la misma los poderes necesarios para que administre los derechos de mis obras en cualquiera de sus aspectos (Gran Derecho o Derechos de Representación; Ejecución, Variedades, y Reproducción mecánica; música y texto de las películas o derechos de proyección o presentación cinematográfica en los locales; derechos de edición; publicación en prensa, radio y televisión, derechos de traducción, adaptación, etc., etc.) y ostente con carácter de exclusiva, mi representación legal y administrativa en todos los países y en todos los casos.

MI FILIACION ES LA SIGUIENTE:

Apellidos   FRANCO BAHAMONDE
Nombre   FRANCISCO
Seudónimo   "Jaime de Andrade"
Nacionalidad   española
Fecha y lugar de nacimiento   4-12-1.892 El Ferrol
Estado civil   casado
(1) Escritor de
(2) Compositor de
(3) Autor de   libros
Domicilio   Palacio Nacional de El Pardo (Madrid)
    En   El Pardo   , a 26 de   Febrero   de 196 4

(Firma)

(1) Hágase constar si es autor de { —obras teatrales (Gran Derecho), o
                                    — letras de números de variedades o de baile (Pequeño Derecho).

(2) Hágase constar si es compositor de { — obras teatrales (Gran Derecho), o
                                        — números de variedades o de baile (Pequeño Derecho).

(3) Hágase constar si es autor de { —novelas (cuentos, narraciones).
                                   —poemas.
                                   —ensayos.
                                   — obras científicas o pedagógicas.
                                   — investigación o erudición

Si es guionista cinematográfico, consigne el título de la primera película estrenada.

MUY IMPORTANTE: Esta solicitud deberá ser fiel y exactamente cumplimentada. La omisión o inexactitud de un solo dato será motivo de su anulación, inmediata o posteriormente, quedando sin efecto la adhesión si se hubiera tramitado ya.

(Véase al dorso)

Curiosa instancia de Franco a la Sociedad General de Autores de España, en febrero de 1964, en la que adopta el seudónimo de «Jaime de Andrade» con el que escribirá la célebre novela *Raza* llevada al cine por José Luis Sáenz de Heredia.

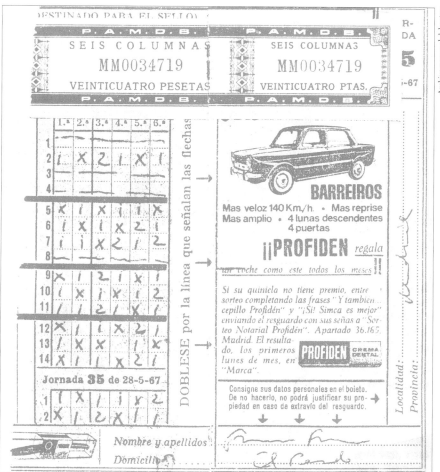

Documento de la quiniela con la que Franco ganó casi un millón de pesetas en mayo de 1967.

CLASE 3.ª
Serie B

Nº 198074

EJO GENERAL
DE
MEDICOS DE ESPAÑA
autorizados por el Estado:
IEN PESETAS

CERTIFICADO MEDICO DE DEFUNCION

Colegio de _____

Ucente Pomolo Brandero _doctor_

ina y Cirugía, con ejercicio en _Madrid. Serrano 6_ _____, inscrito

mero _6943_ en el Colegio Oficial de Médicos de esta Provincia,

CERTIFICO la defunción de _l Excmo Sr. D. Francisco Franco
Bahamonde, Jefe de Estado_

que ocurrió a las _cinco veintidos_ horas del día _veinte_ de _noviembre_
de _mil novecientos setenta y_ en la _Residencia de La Paz. Seguridad Social_
núm. _____, cuarto _____, _población de Madrid_

Murió a consecuencia de _Parada cardiaca_ (Causa inmediata de fallecimiento)
Choque endotoxico peritonitico (Causa fundamental)

y son manifiestas en el finado las señales de descomposición _y la ausencia del
pulso y latido_ _____. El finado tenía la edad de _ochenta y dos años_

de estado _casado_ _____. Era natural de _El Ferrol del Caudillo_ (Ciudad y provincia)

hijo de _Nicolas_ y de _Pilar_ _____, cuya identidad (1) _____
conozco de ciencia propia

Observación especial (2) _____

Madrid _____ a _20_ de _Noviembre_ _____ de 19_75_

[firma]

acredito con _____ o ese me asegura por don _____, domiciliado
_____ identidad me acredita y firma este parte, o «Conozco de ciencia propia»,
_____ comunicará urgente y especial mente al Encargado del Registro Civil.

_____ ser expedido por el Médico si no se extendido en este impreso, editado por el C_____
_____ estampado el sello oficial del Colegio Médico Provincial.
_____ la Dirección General de Sanidad son independientes de los Timbres que exigen las de justi_____

Certificado médico de defunción de Franco.

seamos colonia inglesa». Añadió que se había perdido la
oportunidad histórica respecto a apoderarnos de Portugal
(¡!) como pedía la Falange y que «hay que pedir cuentas».
Pilar es buena, D. Luis, muy buena y piadosa. Pero de
escasísima inteligencia y no sabe distinguir lo que es un desi-
derátum de lo que es una posibilidad y de lo que ésta deter-
mina sin renunciar a aquél. Es además muy apta para dejarse
influir, y yo creo que convendría ponerse al habla disimula-
damente con ella y atraerla también por nuestra parte.

Desde luego, eso de que la siga la Sección Femenina
no hay que temer; pero habría defecciones y escándalo que
aprovecharían los agitadores anglófilos y germanófilos,
que de todo hay. ¡Cuándo seremos españoles y nada más!
Llamen a Pilar, por Dios. Si nosotros hemos de hacer algo,
dígamelo [...]

Volviendo a Pilar: otra de las cosas que la ha enfureci-
do es que, según dice, ayer desfilaron ante el Caudillo las
Milicias Universitarias, al grito de «¡Viva España!» y la palabra «viva» ella no la traga, ¡qué pena! Se trató de calmarla
indicando que quizá se fijó mal, que, aunque lo oyera bien,
habría alguna razón, por ejemplo el que entre los estudiantes, los hay de todas las ideologías, y el «viva» es el grito del
Ejército. Pero está como energúmena. Hay que calmarla,
D. Luis, porque los mismos antifalangistas la azuzan y ella
se deja manejar, la infeliz [...]

Perdóneme la lata, pero también yo me he agitado al fin.
Mándeme siempre,

Q. C. D., M.ª DOLORES DE NAVERÁN

María Dolores de Naverán se cebaba no sólo con la directora de la Sección Femenina, sino que se permitía incluso
la licencia de criticar también a algunas de sus camaradas más
queridas y admiradas, como las hermanas Ridruejo, «que in-

fluyen mucho y mal en Pilar», según denunciaba a Carrero Blanco.

Entre ellas, Eulalia Ridruejo Jiménez, hermana de Dionisio: la misma que, durante veintidós años, hasta su fallecimiento el 22 de febrero de 1956, tras una larga y penosa enfermedad, se entregó en cuerpo y alma a la Falange durante la República, la guerra y la paz, mereciendo el distintivo «Y» de oro individual.

No contenta con su primer informe, María Dolores de Naverán volvió a la carga al día siguiente, 14 de octubre de 1943, con este otro dirigido también a Carrero en el que, además de arremeter de nuevo contra las hermanas Ridruejo, aseguraba que Pilar estaba cada vez más exaltada:

> Mi respetable y muy estimado amigo:
> Creo debo añadir, sin pérdida de momento, algo más a mi carta de anoche.
> La actitud de Pilar sigue en creciente exaltación. Asegura a gritos que Inglaterra ha obligado a S. E. a suprimir la División Azul, y que el Caudillo ha aceptado la orden.
> Al replicarle que eso será un bulo y que en todo caso debemos tener confianza en el Generalísimo, porque él sabe lo que más conviene a la Patria en cada momento, se ha puesto a gritar diciendo que no hay tal bulo, que dentro de dos días se hará pública la supresión de la División Azul y que eso es una traición a la Falange y a Alemania, que se vengará de nosotros como lo está haciendo con Italia.
> Se le ha contestado que nosotros no hemos enviado nuestra División a luchar por Alemania sino a pelear contra el comunismo; pero ella no atiende a razones, y sigue insistiendo en que va a pedir la reunión de la Junta Política.
> Es una pena esta actitud, pues indudablemente está influida por las Ridruejo principalmente y por algunos exal-

tados falangistas, y aprovechan este estado de ánimo para azuzarla más y más ciertas camaradas «juanistas», que abundan en el grupo que la rodea y están envalentonadas y más osadas en su acción con la marcha de la guerra

Incluyo nuevos informes que hemos recibido.

Mándeme siempre,

Q. C. D., M.ª DOLORES DE NAVERÁN

Una vez más, la confidente se equivocaba: la División Azul, tal y como se temía Pilar, sería disuelta a finales de aquel mismo año.

Tras la caída del frente en Stalingrado, Alemania desplegó más tropas en relevo de las españolas. La nueva situación coincidió con el cambio de Agustín Muñoz Grandes por Emilio Esteban Infantes al frente de la División, de modo que, desde mediados de octubre y tras una negociación con las potencias aliadas, hubo una repatriación escalonada de efectivos.

Se preguntará el lector, con razón, a qué «nuevos informes» se refería María Dolores de Naverán al final de su escrito.

Pues bien, de los dos remitidos a Carrero, el que más nos interesa ahora es el segundo, donde se denigra nada menos que al heroico sargento Luis Nieto de la División Azul, nombrado luego inspector general de Excombatientes; así como a su propia madre, de quien también se asegura que estaba «loca», y a sus hijas, del SEU, «siempre excitadísimas».

Y por si fuera poco, se arremete al final contra José Luis de Arrese, tildándole poco más o menos que de ser un cobarde.

Una vez más, su autora —cuesta creer que fuese monja— se mueve en la delgada línea roja entre el chismorreo y la calumnia.

Juzgue si no el lector:

[...] Después de regresar ayer de verle a V., se presentó en mi despacho Luis Nieto, falangista «camisa vieja» que ha estado en Rusia en la División Azul, y que además de varias Cruces de Hierro, en las últimas recompensas que se dieron aquí el Día del Caudillo fue condecorado con las Aspas Verdes.

Dicho muchacho es un falangista estridente, más bien algo loco. Pertenece a los «Amigos de Alemania» del grupo de Federico Urrutia.

El hijo de Luis Nieto Antúnez (que fue presidente de la Diputación Provincial de Madrid, y destituido por hablar en público mal del ministro de Industria y Comercio). El sobrino de ese Sr. también Nieto Antúnez, director de la Escuela Naval de Marín, muy buena persona y que recordará V. que, cuando en el pasado mes hizo la ofrenda a Santiago, dijo con parecidas palabras: «España siempre estará y luchará al lado de la Cruz».

Quiero decir que esta familia Nieto Antúnez es buena, pero la madre del muchacho en cuestión está, a más de loca, siempre excitada, y es muy ambiciosa y creo que sin temor a equivocarme puedo decir que a padre e hijos los mete en danza, los azuza, etc.

Las hijas, hermanas del chico, están en el SEU femenino, siempre excitadísimas.

Luis Nieto, el chico, formó parte de aquella «escuadra» que hubo al terminarse la guerra, estilo FAI, y mató a gente, etc., etc. Creo que con esto queda dicho todo.

Se presentó, pues, ayer él en mi despacho, excitadísimo, enseñándome unas notas en un cuaderno en las que había copiado, al pie de la letra, trozos de los discursos de José Antonio, en los que define el Estado totalitario y una carta para dirigírsela a Arrese invitándole a que leyese a José Antonio.

Ahora bien, sabemos por triste experiencia que Arrese, cuando se ve acosado, se resguarda en que obedeció órdenes superiores: incapaz el hombre de sacrificarse y pudiera derivarse de ahí algo enojoso para España.

María Dolores de Naverán tenía la desfachatez de dedicar el siguiente colofón a la hermana de José Antonio —con ruego incluido para Carrero Blanco— en su informe del 14 de octubre de 1943:

Antes le dije, y guarde por Dios secreto de esto [rogaba Naverán a Carrero], salvo para el Caudillo por si le sirve para utilizar alguna fuerza contraria, que Pilar está enamorada de Ridruejo y que éste y sus hermanas influyen enormemente en ella.

Pero debo añadir que Suanzes podría contrarrestar mucho esto, puesto que la acompaña mucho y parece, a su vez, enamorado de Pilar.

Como el otro sentimiento de ésta no se vio nunca correspondido, por fuerza tiene que ser poco profundo, y en la Sección Femenina nos parece que acabará casándose con Suanzes (con lo que saldría ganando), pues va notándosele simpatía creciente por éste. ¿Y no podría influir ahora este Sr. para calmarla?

Me limito a decírselo, pero, ¡por Dios! que no se tome en boca de Pilar, que es merecedora de todo respeto, por ella misma y por su hermano José Antonio.

Le avisaré de cuanto haya. Pidiendo mucho,

Q. C. D.

De este modo Pilar, según la espía, estaba enamoriscada de Ridruejo pero no era correspondida por él.

¿Cómo averiguar si esto era o no verdad?

Ni más ni menos que por la correspondencia cruzada entre Pilar y Dionisio, la cual nos ofrece pistas de sus respectivas trayectorias vitales en aquellos años para poder discernir en parte si lo que sostenía María Dolores de Naverán, en su informe a Carrero Blanco, tenía o no visos de realidad.

En el Archivo de la Guerra Civil de Salamanca se custodia una carpeta dedicada por entero a Dionisio Ridruejo, que contiene, entre otros muchos documentos, las cartas microfilmadas que recibió de Pilar, las cuales publiqué por primera vez en mi referido libro sobre la directora de la Sección Femenina; ésta, a su vez, conservaba alguna que otra epístola y varias postales de él en su archivo privado e inédito que tan amablemente me dejó consultar su sobrino nieto y albacea testamentario, Pelayo Primo de Rivera.

De entre las seis cartas seleccionadas de Pilar a Dionisio, la primera aparece fechada el 13 de junio de 1937, en plena Guerra Civil.

Llama la atención la cuidada y recta caligrafía de su autora, así como el escrupuloso respeto a los márgenes, en claro contraste con la letra de las restantes cartas correspondientes a los años 1941 y 1942, principalmente, que aparece ya un tanto deslavazada y orientada hacia la derecha.

Pues bien, en ninguna de ellas se trasluce el menor indicio de que Pilar estuviese enamorada de Dionisio, ni viceversa.

La red de informadoras APIS hizo llegar así a Franco por mediación de Carrero Blanco, para quien trabajaba a su vez la monja teresiana María Dolores de Naverán, numerosos dossieres confidenciales cuyo contenido fue considerado de alto secreto en su día.

Nadie sabía entonces en Falange que el Caudillo estaba puntualmente informado de algunos comentarios efectuados de puertas adentro en la Sección Femenina; ni tampoco de los referidos informes secretos sobre destacados falangistas, ministros del Gobierno de Franco o monárquicos, como Pedro Laín Entralgo, Ernesto Giménez Caballero, Carlos María Rodríguez de Valcárcel, Pedro Sáinz Rodríguez, Blas Pérez, Eduardo Aunós, y hasta el monje benedictino Justo Pérez de Urbel, director espiritual de la Sección Femenina. Verlo para creerlo.

17

Yo estuve en el juicio

Aquél no era un tribunal de justicia sino
una especie de convención de la Revolución
francesa [...].

JOSÉ RAMÓN CLEMENTE TORREGROSA,
abogado y testigo

La siguiente historia también desconocida merece la pena
contarse por primera vez en un libro. Aludimos a la increíble
odisea del abogado y cineasta alicantino José Ramón Clemente Torregrosa, a quien Franco mantuvo encarcelado durante
cuatro interminables años, desde el 14 de abril de 1939 hasta
mayo de 1943.

Es posible que a muchos su nombre no les sugiera gran
cosa, pero si añadimos que conoció en persona a José Antonio
Primo de Rivera, el incómodo rival de Franco, y que se ofreció a defenderle como abogado colegiado que era en el juicio
celebrado en la cárcel provincial de Alicante, el cual también
presenció íntegro en vivo y en directo, el interés por el personaje cobra ya sin duda otra dimensión.

¿Supo acaso el Caudillo en algún momento que aquel preso político fue testigo de las últimas horas de José Antonio, a quien el propio Generalísimo había llamado con desprecio «ese muchacho», como testimoniaba Serrano Súñer?

A Clemente Torregrosa no se le perdonaba que hubiese sido oficial del Ejército republicano durante la contienda ni fundador de Izquierda Republicana en Alicante, partido del que se desligó por completo en cuanto tuvo noticia de los primeros desmanes cometidos por el Frente Popular.

Recién concluida la Guerra Civil, José Ramón Clemente cumplió al pie de la letra las instrucciones publicadas en la prensa: como teniente auditor que fue en la demarcación Levante Sur, debía presentarse en el cuartel de Benalúa para responder a unas cuantas preguntas. Desconfiado, tuvo la precaución de llevar consigo una manta para la entrevista, mientras que otros más incautos que él se presentaron allí con su mejor traje, como si se les fueran a contratar en una multinacional. Pero al llegar al acuartelamiento, introdujeron al medio millar de convocados en una gran sala de la que sólo salieron poco después para ser conducidos en calidad de detenidos al castillo de Santa Bárbara.

Empezó así el periplo carcelario de Clemente Torregrosa, que le llevó desde el penal de Santa Bárbara hasta el mismo Reformatorio de Adultos donde estuvieron recluidas la hermana, la tía y cuñada de José Antonio Primo de Rivera durante la guerra y donde, desde el 29 de junio de 1941, se encontraba también confinado el insigne poeta Miguel Hernández, con quien entabló una estrecha amistad.

En octubre de 2010, a la edad de noventa y ocho años, José Ramón Clemente era el único superviviente del grupo de reclusos que acompañó a Miguel Hernández entre rejas hasta el fatídico día de su muerte.

El escritor Joaquín Santo le entrevistó providencialmente

por última vez, pues dos años después, el 23 de junio de 2012, Clemente Torregrosa falleció a punto de cumplir un siglo de existencia desde que nació el 16 de octubre de 1912, poco antes de que asesinasen al presidente del Gobierno José Canalejas.

Instalado en la celda 22 de la cuarta galería, Miguel Hernández volvió a coincidir con Clemente, esta vez ambos privados de libertad.

Se habían visto por primera vez en la terraza del Ateneo de Alicante, del cual el propio Clemente sería secretario en 1933. En plena Explanada, hicieron buenas migas truncadas por el devenir propio del poeta y las circunstancias bélicas. Miguel Hernández le pidió que no le llamase por su nombre de pila, sino «Visenterre», el apodo familiar por el que era conocido en su tierra natal de Orihuela.

En la claustrofóbica celda, de apenas dos metros y medio de largo, con un lavabo y retrete de los de suelo, llegaron a hacinarse entre siete y nueve reclusos, incluidos el poeta y Clemente. Establecieron así turnos para dormir a los que llamaron «de tresbolillo». Como ninguno de ellos deseaba pernoctar pegado al apestoso retrete, rotaban en hileras paralelas. Una luz tenue permanecía encendida toda la noche. Los primeros días, cuando Clemente se daba la vuelta en el camastro y veía a Miguel inerte con sus grandes ojos azules abiertos, temía que estuviese muerto hasta que volvía a percibir, aliviado, su respiración. El poeta padecía una exoftalmia provocada por un problema de tiroides que le impedía cerrar los ojos incluso estando dormido.

Clemente jamás olvidaría la madrugada del 28 de marzo de 1942, cuando su amigo el poeta falleció, tras una terrible agonía, a causa de una fimia pulmonar. La noticia corrió como un reguero de pólvora por todo el recinto carcelario.

Llevado a hombros de compañeros y con el resto formando en el patio de la prisión, a los sones de una marcha fúnebre tocada por músicos presos, el austero ataúd de pino con los restos mortales del poeta fue conducido hasta el cementerio.

A esas alturas, Clemente Torregrosa había tenido oportunidad de entablar amistad también con otro gran poeta como Federico García Lorca, y de crear años después la Asociación Independiente de Cine Amateur de la que formaron parte Pedro Almodóvar o Alejandro Amenábar.

Su padre, Federico Clemente, fue teniente de alcalde y diputado provincial de Alicante, además de presidente de la Junta de Obras del Puerto.

Entre 1930 y 1933, José Ramón estudió Derecho en Madrid, donde conoció precisamente a Lorca. Cierto día avistó un cartel en la misma facultad de Derecho donde se anunciaba un grupo teatral llamado La Barraca y le faltó tiempo para presentarse en su local, situado en un sótano detrás del Museo del Prado. En 2004, en una entrevista a Rosalía Mayor, directora de la revista alicantina *El Salt*, evoca Clemente:

> García Lorca pensó que yo, que en aquel entonces tenía muy buena planta, vamos que me decían mis admiradoras que era el más guapo de Alicante, podía hacer de soldado *fourrier* en el entremés de *Retablo de las Maravillas*... Pero al final, con mi buena planta y todo, terminé de tramoyista.

Clemente presentó a Lorca a su amigo el pianista Gonzalo Soriano, y una de aquellas tardes la pasaron entera tocando juntos el instrumento musical en casa del propio Soriano, que vivía con sus hermanas en el número 100 de la calle Alcalá.

Otro de esos días, Clemente fue a ver a Ramón Gómez de la Serna al teatro María Guerrero. Así recordaba el propio testigo la conferencia del célebre periodista y escritor:

Sacaba figuritas de una maleta, las iba rompiendo y luego extraía papelitos con greguerías que arrojaba al público. Yo cogí una que decía: «Las cintas de las gorras de los marinos van diciendo adiós a todos los mares». En mis vacaciones de Navidad de 1932 hablé con Álvaro Botella y con Félix Roberto, muy amigo de Ramón, sobre la posibilidad de traerlo a Alicante. Me dijeron que Gómez de la Serna cobraría 600 pesetas. Entonces contacté con Luis Altolaguirre, empresario del teatro Principal, quien me dijo que alquilarlo costaba 2.000 pesetas. También me advirtió que iba a ser un fracaso traer a Gómez de la Serna el día 4 de enero, como yo pretendía, y que no pusiera las entradas a más de tres pesetas cada una porque no iba a venir nadie. Salí un poco defraudado del teatro… En ese momento se me ocurrió que podía llamar a García Lorca, al que había invitado a pasar las vacaciones, y le pregunté si podía venir en torno al día de Reyes. Me contestó que tenía que ser el día 22, así que acordamos que quien comprara una entrada para ver La Barraca, que iba a actuar gratis pero el público no lo sabía, le regalábamos otra para el día 4. Fue un éxito.

Retomando el periplo carcelario, Clemente fue trasladado del Reformatorio de Adultos de Alicante a la prisión de Murcia, antes de retornar una vez más al penal de su ciudad natal. Él mismo relataba su tremenda peripecia allí:

Como había estado de teniente auditor en la demarcación Levante Sur, me llevaron a Murcia donde me hicieron presenciar un fusilamiento. Cuando se hizo de noche nos llevaron a todos al patio y fusilaron a dos presos delante de todos. Recuerdo que antes de morir, gritaron: «¡Ay, mis hijos!», «¡Viva la República!» y «¡Viva Cristo Rey!».

De regreso en Alicante, fue juzgado por «adhesión a la rebelión» y condenado a treinta años de prisión, recurridos y rebajados a veinte años, de los cuales finalmente cumplió sólo cuatro.

En 1936, con veinticuatro años, era ya secretario y asesor jurídico del presidente de la Diputación alicantina, Álvaro Botella.

Estallada la Guerra Civil y antes de ser movilizado, fue enviado por el presidente del Colegio de Abogados de Alicante, José Guardiola Ortiz, a cuya Junta de Gobierno también él pertenecía, a la cárcel provincial como abogado de oficio para defender a José Antonio Primo de Rivera.

Nadie, hasta ahora, había publicado los detalles de su visita a la prisión, relatados por el propio Clemente Torregrosa en un documento audiovisual que todavía hoy se conserva:

> Guardiola me llamó para decirme que tenía un problema: Tras enumerar por orden alfabético los abogados colegiados que se negaban a defender a José Antonio alegando que eran de derechas, me dijo: «Y yo veo que es un hombre y abogado que está en prisión y lo menos que puede tener es una defensa en condiciones. Yo ya le he visitado y, si no tienes inconveniente, vete a verle tú también y ofrécele tus servicios».

Clemente obedeció sin rechistar y tuvo oportunidad de conversar luego a solas con José Antonio en estos mismos términos:

—No hay nada que hacer —se lamentó el líder de Falange.

—Si te han detenido... —alegó Clemente en su defensa, tuteándole, como se hacía entre profesionales—. Yo veo que no hay motivo para acusarte de adhesión a la rebelión, sencillamente porque tú estabas en la cárcel.

—Sí, ésa es mi defensa —asintió el recluso.

—Si quieres que busque algún testigo... —se ofreció el visitante.

—No es necesario. Voy a defenderme yo solo, aunque si me dejasen hablar por radio diría todo lo que piensa la Falange.

Años después, Clemente Torregrosa recordaba:

Yo estuve presente en todo el juicio. La impresión que saqué de aquel Tribunal Popular fue un desastre. Aquél no era un tribunal de justicia sino una especie de convención de la Revolución francesa, pese a lo cual José Antonio se defendió con mucha habilidad:

—Bueno, sí —admitió él—, tenencia ilícita de armas pero por lo otro [rebelión militar] no pueden condenarme porque yo no estoy de acuerdo con eso.

Y sobre el destino aciago del fundador de Falange, Clemente Torregrosa deslizó entonces este gran interrogante alusivo a Franco: «¿Qué hubiera pasado si a José Antonio le hubiesen arrojado en paracaídas sobre Burgos...?».

18
¿Hizo Franco todo lo posible...?

> Se me cayó entonces la venda de los ojos,
> convencido de que Franco no quería y
> que ya nada más podía hacerse para salvar
> a José Antonio.
>
> RAFAEL GARCERÁN
> a su hija María Ángeles

En abril de 2011 sostuve varias conversaciones cruciales mientras componía mi libro *La pasión de José Antonio*, que tan calurosa acogida de público y crítica tuvo tras su aparición; un conjunto de entrevistas encaminadas a esclarecer el verdadero papel que jugó Franco en los diversos intentos de rescate de José Antonio de la prisión de Alicante, tratando de responder a la gran cuestión de fondo: ¿hizo Franco todo lo posible para salvar al líder de Falange?

Sobre tan delicado asunto, se pronunció entonces sin rodeos Federico Kindler von Knobloch y del Alcázar, primogénito del barón Joaquín von Knobloch y von Zawadsky, el hombre que se obstinó hasta el final en salvar la vida de José Antonio mientras era cónsul alemán en Alicante.

Federico von Knobloch me comentó:

Cuando todo estaba preparado para rescatar a José Antonio, se llevaron a mi padre y lo mantuvieron retenido a la
fuerza durante una semana entera a bordo del *Admiral Graf
Spee*, que más tarde fue hundido en la costa de Montevideo.
Mi padre me decía que nunca supo quién fue en última
instancia el responsable de que no se salvase a José Antonio:
si sus propios compatriotas alemanes, o tal vez Franco; es
posible que a los alemanes no les interesase que hubiese dos
mandos en España, dos cabezas...
A lo mejor Franco no hizo grandes esfuerzos por salvar a José Antonio, pero que intentó rescatarlo es indudable; el barco donde retuvieron a mi padre era alemán, pero
la orden pudo provenir de Salamanca. Aunque eso mi padre, insisto, nunca lo supo.

¿Por qué decidió Franco apartar al cónsul alemán del intento de rescate de José Antonio, tal y como evidenciaba el
revelador telegrama de Warlimont al vicealmirante Carls que
reproduje ya en *La pasión de José Antonio*? ¿Por qué se impidió al cónsul y a Gabriel Ravelló, consignatario de la naviera
Ybarra en Alicante, participar en la importante entrevista con
el gobernador civil republicano, Francisco Valdés Casas, a
bordo del buque alemán? ¿Hubiese variado tal vez el rumbo
de la Historia en caso de haber intervenido ambos en el encuentro, como estaba previsto?
María Ángeles Garcerán, hija de Rafael Garcerán, pasante del bufete de abogados de José Antonio y hombre de
su máxima confianza, iba aún más lejos que Federico von
Knobloch durante nuestra entrevista celebrada antes de su
muerte:

Mi padre fue varias veces al Cuartel General de Salamanca a ver a Franco. Estuvo allí en noviembre de 1936 [tras el fracaso de las dos intentonas con ayuda alemana] y le dijo:

—Mi general, yo me la juego por mi jefe y conozco muy bien Alicante, porque además he nacido muy cerca de allí, en la huerta de Cartagena. Conozco también la prisión, muy cerca del mar...

Y Franco, que era muy gallego, le contestó:

—Pues no sé, déjeme ver, espere... yo no conozco aquel terreno.

Entonces, volviéndose a un militar que les acompañaba, añadió:

—Usted que también es de allí, ¿es posible realizar la operación que sugiere Garcerán?

El militar respondió, diplomático:

—Pues sí, puede ser que sí...

Franco no acababa de decidirse. Mi padre no se dio por vencido y volvió al Cuartel General. Uno de aquellos días coincidió allí con un militar alemán apellidado Schubert [el capitán Schubert, del mando supremo de la Marina de guerra alemana], quien, palmeándole el hombro, le dijo:

—Garcerán, ¿usted cree que será bueno que haya dos cabezas?

Al cabo de los años, mi padre me decía aún, lamentándose:

—Se me cayó entonces la venda de los ojos, convencido de que Franco no quería y que ya nada más podía hacerse para salvar a José Antonio.

Le he escuchado a mi padre decir esto millones de veces. Por eso, entre otras razones, él no le guardaba simpatía a Franco.

Y matizaba María Ángeles Garcerán:

De todas formas, le diré que hay gente que afirma por ahí que Franco mató a José Antonio... ¡Cuidado! Eso no es cierto. Ahora, que no hizo todo lo que pudo para salvarle, eso sí es verdad. Lo sé muy bien por mi padre.

Tanto Federico von Knobloch como María Ángeles Garcerán coincidían en señalar la bicefalia que podía inquietar a los alemanes, según el primero, o al mismo Franco, en opinión de la segunda.

Parece más lógico pensar, en principio, que la existencia de «dos cabezas» al frente de la nación española preocupase más a Franco que a los alemanes en aquel momento.

Recordemos que en septiembre y octubre de 1936, cuando se produjeron los intentos de rescate de José Antonio, los líderes políticos que podían importunar al Caudillo estaban neutralizados por completo: Sanjurjo y Calvo Sotelo ya habían muerto, Gil Robles se hallaba exiliado en Lisboa, y don Juan de Borbón había sido puesto de patitas en la frontera por orden de Franco tras sus tres intentos de combatir en la Guerra Civil del lado de los sublevados.

Franco conservaba entonces sólo un rival destacado: el general Emilio Mola, que perecería en accidente aéreo el año siguiente; y acaso otro menos inquietante, como el general Queipo de Llano.

Al mismo tiempo, la Falange estaba descabezada: mientras Onésimo Redondo, Ramiro Ledesma, Julio Ruiz de Alda y Fernando Primo de Rivera habían sido asesinados, José Antonio y Raimundo Fernández-Cuesta permanecían en prisión.

Franco conservaba así la sartén por el mango, sobre todo

desde el 27 de septiembre, cuando la Junta Militar le designó jefe del Estado y Generalísimo de los Ejércitos.

Aquella mañana, el teniente coronel Juan Yagüe, el vencedor de Badajoz, cruzó el pulido suelo de ladrillo del despacho de Franco, situado en lo alto del palacio de los Golfines de Arriba, el más grande de Cáceres, donde el general se había instalado provisionalmente la noche anterior.

Yagüe y sus legionarios anhelaban el mando unificado, igual que los embajadores de Alemania e Italia.

Entre tanto, el jefe de la fuerza aérea, general Kindelán, en colaboración con el intrigante Nicolás Franco, habían jugado sus cartas en favor de Francisco Franco ante los miembros de la Junta de Defensa Nacional, divididos en diferentes matices ideológicos.

Constituida en Burgos el 24 de julio de 1936, figuraban en la Junta de Defensa otros generales como Emilio Mola, Fidel Dávila, Andrés Saliquet y Miguel Ponte, junto a los coroneles del Cuerpo de Estado Mayor del Ejército Federico Montaner y Fernando Moreno Calderón.

La Junta de Defensa actuó como gobierno en la zona nacional hasta su disolución por Franco, proclamado ya jefe del Estado. El primero de octubre de 1936 fue sustituida por la Junta Técnica del Estado, cuyo mando estuvo en Salamanca, Valladolid y Burgos.

La audiencia de Yagüe duró poco tiempo. Aquella noche, Franco habló desde el balcón del palacio a la multitud, congregada allí para festejar la caída de Toledo.

Luego se asomó Yagüe y dijo: «Hoy ha sido un gran día, pero el de mañana será un día aún más grande. Mañana. O muy pronto, tendremos a un general que nos conducirá a la victoria. Y ese general es... el general Franco».

Franco se reunió con la Junta al día siguiente, en el aeropuerto de Salamanca.

Todos parecían aceptarle como la única cabeza del Ejército, especialmente tras la gran victoria en el sur y la exitosa campaña del Alcázar de Toledo.

Desde los alemanes e italianos, hasta el magnate Juan March, estaban de su parte; el almirante Wilhelm Canaris, jefe de la Abwehr alemana, el servicio de inteligencia militar del Tercer Reich, viajó a España para conocer a Franco e informó luego rotundo, en Berlín: »Merece plena confianza y apoyo».

Todavía resonaba en la memoria reciente el mensaje cablegrafiado por el embajador de Estados Unidos, Claude G. Bowers, a Washington para satisfacer la curiosidad sobre el general insurgente: «Sin duda Franco es el de mente más brillante de entre todos los militares».

Pero cuando Kindelán leyó el decreto que había redactado junto con Nicolás Franco, proclamando al hermano de éste no sólo Generalísimo de los Ejércitos, sino también jefe del Estado, algunos generales torcieron el gesto.

Pidieron tiempo para sopesar la inesperada propuesta y levantaron la reunión para irse a almorzar. Yagüe defendió con entusiasmo el decreto durante la comida, tras la cual todos acabaron firmando el documento.

Desde entonces, lemas como «Una Patria, un Caudillo» o «Un Estado, una Nación, un Jefe» se acataron, cual dogma de fe, en la España nacional, descartándose la mínima insinuación de bicefalia.

Rafael Garcerán, hijo, compartía en su día conmigo la opinión de su hermana:

Si Franco se hubiese empeñado de verdad, José Antonio se habría salvado... Su postura fue algo pasiva: no se opuso, como se ha dicho, pero tampoco activó decididamente el proceso. Por otra parte, mi padre me contó en varias ocasiones que José Antonio veía venir el peligro de que Franco se apoderase de todas las facciones de la Falange, aunque fuese un partido pequeño con 15.000 afiliados. José Antonio, que conocía bien a los militares y sentía hacia ellos cierta prevención, le ordenó a mi padre que impidiese la unificación.

¿Hizo entonces Franco todo lo que pudo para salvar a José Antonio?

Ramón Serrano Súñer, tras su providencial huida de la cárcel Modelo, conversó luego largo y tendido, como ya sabemos, con Franco en su Cuartel General instalado en el palacio arzobispal de Salamanca: «La supervivencia de José Antonio —consignaba el "cuñadísimo" años después, en sus memorias— no representaba [para Franco] una perspectiva agradable desde el punto de vista político, llegó a dudar de su muerte. "Probablemente —me dijo un día, asombrándome esta ocurrencia— lo han entregado a los rusos y es posible que éstos lo hayan castrado." [...] Doy por seguro que Franco no consideraría en aquellos días esencial el rescate de José Antonio, pero tampoco me parece imaginable —como algunos decían sin el menor fundamento— que llegara a torpedearlo; al contrario, ofreció dinero y facilidades para que se intentara».

Pedro Sáinz Rodríguez, amigo de José Antonio y testigo como él de la boda de Ramón Serrano Súñer con Ramona Polo, hermana de doña Carmen, estaba convencido también de que Franco no hizo todo lo que estuvo en su mano.

Igualmente lo estaba don Juan de Borbón, cuya madre, la reina Victoria Eugenia de Battenberg, atendió la súplica de la familia Primo de Rivera para interceder por José Antonio ante el Gobierno inglés.

El propio don Juan recurrió con tal fin a sus contactos en la Royal Navy, donde le dijeron: «Basta con que haya luz verde del lado nacional. Nos personamos en Alicante con nuestros marineros, sacamos a José Antonio y no pasa nada».

El conde de Barcelona confesaba luego a Sáinz Rodríguez:

> Yo busqué la manera de que me lo ofrecieran [el apoyo de la Marina inglesa], pero querían luz verde, y no conseguimos que nos la dieran. Llegó a decirse que hubo un telegrama. Yo no tengo el tal telegrama, aunque sí me comunicaron el texto: «No interesa, no interesa», así, repetido.

Luis María Anson, en su *Don Juan*, confirmaba ese mismo extremo:

> Don Juan recibe desde Burgos un telegrama brutal: «No interesa». No figura en su archivo. Alguien lo destruyó. Pero don Juan lo recordaba perfectamente y lo contó repetidas veces.

Sáinz Rodríguez pudo corroborarlo también por medio de un funcionario del Ministerio de Asuntos Exteriores alemán, a quien tuvo oportunidad de tratar tras la conferencia de Hendaya.

Su conversación con don Juan, mantenida en Lisboa el 25 de septiembre de 1979, discurrió así:

> —De manera —concluyó Sáinz Rodríguez— que lo que queda claro es que Franco no tuvo interés en que se salvase a José Antonio. Dejó que lo fusilasen. No movió un dedo.

—A mí no me gusta decir —advirtió don Juan— que tuvo interés en que lo fusilasen; pero que no quería que incordiase en Burgos, eso es seguro.

—No le querría; no le quería al lado.

—Efectivamente, no quería tenerle a su lado. Nunca le quiso; tú lo has vivido. Cuando las elecciones últimas, José Antonio no quiso ir con Franco en la misma candidatura, aun a costa de quedarse sin acta. Tampoco Franco le quería, en absoluto. Y además era tan falangista, como yo chino.

[...] —El único —añadió don Juan— que vio aquello claro fue Prieto; pero tampoco él pudo salvarle. Claro es que Prieto quería que José Antonio se salvase para fastidiar al de Burgos...

—Justamente, para darle un disgusto a Franco —corroboró Sáinz Rodríguez.

—Un disgusto padre, vamos...

—Pensaba: «Le planto en Burgos a José Antonio y esa careta que Franco está utilizando de falangista se le viene abajo».

La opinión de Serrano coincidía, en lo fundamental, con la expresada por los hijos de Von Knobloch y de Garcerán; así como con la de don Juan de Borbón, quien, recordemos, matizaba con diplomacia: «A mí no me gusta decir que [Franco] tuvo interés en que lo fusilasen; pero que no quería que incordiase [José Antonio] en Burgos, eso es seguro».

Incluso Mercedes Fórmica, «camisa vieja», miembro de primera hora del SEU y de la Sección Femenina, planteó también dudas sobre la misma cuestión en sus memorias: «¿Qué hubiera sucedido con José Antonio si se hubiese salvado?

Los intentos realizados para liberarlo de su prisión de Alicante todavía permanecen en la sombra».

Más tarde, quizás con nuevos datos ya en su poder, Mercedes Fórmica declaró a su biógrafa Rosario Ruiz Franco: «Mi desengaño llegó cuando comprendí que Franco no salvaba a José Antonio porque no quería».

El socialista Guillermo Cabanellas, hijo del general Miguel Cabanellas, destacaba la «imposibilidad de convivir en una misma área dos ambiciones de primer orden, como la suya de José Antonio y la de Franco».

Sobre el argumento esgrimido por los partidarios de Franco para demostrar que éste sentía gran admiración y afecto por José Antonio, Cabanellas alegaba:

> Con la muerte de Primo de Rivera, la bomba de tiempo que iba a estallar en plazo no lejano, quedó convertida en una burbuja. Entonces nace la gloria de José Antonio Primo de Rivera; porque ya muerto no hace sombra a nadie. Puede exaltarse su nombre, glorificársele, sin que el Caudillo pierda con el culto a la personalidad que se le rinde. Se le trata como a una divinidad. Es el Ausente. El culto a José Antonio Primo de Rivera constituye una válvula de escape que Francisco Franco deja a los falangistas.

Para el hispanista Stanley G. Payne, uno de los más prestigiosos historiadores de la España de Franco, éste pudo haber hecho también mucho más de lo que hizo.

En una entrevista a la revista *Tribuna*, en diciembre de 1997, Payne declaró:

> En la última etapa, cuando la situación era más difícil y la vida de José Antonio pendía de un hilo, Franco empezó

a negar recursos, alegando presiones internacionales y problemas políticos. A Franco no le convenía políticamente salvar la vida de José Antonio.

El historiador y periodista Ramón Garriga Alemany, que asistió al nacimiento, progreso y desenlace del franquismo desde sus diferentes cargos desempeñados en Salamanca, Burgos, Madrid y Berlín, compartía esa misma opinión:

> Cuando tenemos prueba del interés y el resultado que dio la intervención alemana en el caso de los parientes de Nicolás Franco, cabe llegar, con pocos reparos, a la conclusión de que humanamente no se hizo todo lo que se requería para evitar que José Antonio Primo de Rivera fuera fusilado.

Sin ir más lejos, la propia Pilar Franco Bahamonde, tras afirmar en sus memorias que José Antonio «habría representado una gran ayuda para él» entonces, matizaba a continuación: «Aunque luego quizá hubiesen chocado mi hermano y José Antonio».

Si lo decía la hermana del Caudillo, por algo sería...

19

Top secret

> Supongo que fue el Caudillo quien ordenó
> que se efectuara dicha investigación.
>
> Pilar Franco Bahamonde

El 29 de diciembre de 1939, Franco se dispuso a leer un informe de alto secreto en su alhajado despacho del castillo de Viñuelas.

La investigación, cuyo contenido había permanecido inédito hasta que la publiqué en mi libro *Franco, el republicano*, considerado por el hispanista Stanley G. Payne como «la mejor biografía de Ramón Franco» hasta la fecha y del que este nuevo libro es en parte deudor, había sido encargada con el visto bueno del Caudillo a la Dirección General de Seguridad.

Su propia hermana Pilar iba aún más lejos al manifestar, en sus memorias, sobre el origen de aquel dossier: «Supongo que fue el Caudillo quien ordenó que se efectuara dicha investigación».

¿Qué asunto tan truculento se ventilaba en sus poco más de cinco folios de extensión?

El documento era el único e insólito vestigio del hermano menor del Caudillo, Ramón Franco, que aún se conservaba digitalizado en la Fundación Nacional Francisco Franco cuando tuve el privilegio de consultarlo e imprimir una copia del mismo hace ya más de seis años, la cual guardo celosamente en mi archivo.

Ningún otro legajo ni carta cruzada entre ambos hermanos pude hallar, por más que busqué incrédulo en el ordenador, durante mi visita al archivo, cuyas puertas se me abrieron generosamente sin el menor reparo.

Con la autorización del Caudillo, los sabuesos de su nuevo régimen removieron registros civiles en busca de partidas de nacimiento y certificados de matrimonio, escudriñaron en juzgados y notarías, solicitaron padrones municipales de habitantes, y recabaron testimonios y chismes de conocidos y vecinos.

¿Qué perseguían con tan celosas pesquisas? Ni más ni menos que denigrar a la viuda y a la hija del valeroso aviador Ramón Franco, que el año anterior había entregado su vida por España en acto de servicio.

El hidroavión que pilotaba Ramón cayó en picado al abismo, en aguas de Palma de Mallorca, minutos después de despegar. Algunos calificaron la tragedia de simple accidente; pero otros, incluida Pilar Franco, aseguraron que había sido un sabotaje.

Sea como fuere, flaco tributo rindió Francisco Franco con aquel despiadado informe a la memoria de su díscolo hermano; documento que mezclaba de forma ladina datos fidedignos, obtenidos de instituciones públicas, con falsos testimonios y pistas engañosas tratando de ofrecer un aire de verosimilitud.

Pero por nada del mundo estaba dispuesto el Caudillo a que la segunda esposa de su hermano, Engracia Moreno Casado, fuese considerada su viuda; ni mucho menos a que Ángeles Franco Moreno, la única hija de Ramón, llevase su mismo apellido, como sobrina suya que era.

Conocidos autores como Ramón Garriga y José Antonio Silva han mencionado en sus obras respectivas la existencia del informe policial sobre Engracia y Ángeles, sin que pudiesen transcribir parte alguna de su contenido.

He aquí, íntegro, el increíble documento que Franco conservó hasta su muerte en su despacho de El Pardo; señal inequívoca del valor que debió tener para él:

> Engracia Moreno Casado nació en Alcubilla de Avellaneda (Soria), en donde pasó su niñez con sus padres Tomás Moreno y Ángela Casado, y sus hermanas Petra y Guadalupe.
>
> El padre fue herrero en el pueblo, por lo que ellas eran conocidas por «las herreras». Al morir aquél, no tardó mucho tiempo [sic] para que su esposa estuviera señalada en el pueblo de inmoral porque hacía contacto carnal con hombres de la localidad. Esto fue una de las causas que motivaron su salida del pueblo con sus hijas, pasando a residir en Burgo de Osma. En este pueblo, Engracia estuvo de niñera en casa de un tal Eloy, dueño de una fábrica de harinas, y su hermana Petra de sirvienta.
>
> Petra fue deshonrada por un individuo del pueblo apodado «El Soguero»; y por esto y la conducta inmoral de la madre [sic] fueron causas para que haciéndoselas la vida difícil en dicho pueblo decidieran trasladarse a Madrid.
>
> Ya en Madrid, la madre [estuvo] de portera en un convento, Engracia de cocinera, y sus hermanas Petra y Guadalupe de sirvientas. Fue donde Engracia conoció al que luego había de ser su amante y padre de su hija, que tuviera en Barcelona.

Este individuo es natural de Madrid, llamado Leoncio
Álvarez del Valle, de cuatro años de edad más que Engracia,
y se dedicaba en Madrid y provincias a hacer exhibiciones
en los circos y espectáculos de esta índole, que consistían en
excentricidades tales como tragarse un reloj, monedas, sables, etc.

Se hizo novio de Engracia y la llevó consigo utilizán-
dola en sus trabajos, auxiliándole [sic] en facilitarle durante
su actuación los objetos que se tragaba.

Así recorrieron juntos varios puntos de España, y donde principalmente trabajaron fue en los circos de Barcelona, en donde él se afamó por haber llegado en sus trabajos
a conseguir tragarse una bombilla encendida que se trans-
parentaba a través de la pared abdominal, y entonces Leoncio se aplicó el nombre artístico de «Kanisca», por el que es
muy conocido en su ambiente.

Pasaron después a trabajar al extranjero, principalmente a Francia, en cuyo país le cogió a Kanisca (Leoncio) la
edad del servicio militar y no regresó a España quedando
en aquel país como prófugo.

Tal vez cansada Engracia de estar con Kanisca, quizá
aprovechando la circunstancia de ser éste prófugo, el caso
es que aquélla cogió al repetido Kanisca unos miles de
francos (se cree que 6.000) y regresó sola a Barcelona desde Francia. Con aquel dinero tomó lecciones de música y
cante, compró algún vestuario, y empezó a trabajar como
canzonetista en los cabarets de Barcelona denominados
Apolo, Pompeya, y algún café cantante [sic], con el nombre
artístico de Dolores Moreno.

Ella por entonces hace vida licenciosa sin limitación;
su madre y sus hermanas, ya en Barcelona, Guadalupe entra
en relaciones íntimas con un militar con el que hace vida
militar y Petra pretende hacerse artista como su hermana
Engracia. No lo consigue Petra y se emplea de dependien-

ta en los almacenes El Siglo y allí conoce a un individuo llamado Dimas Rodríguez de la Vega, ayudante de minas, casualmente cuando éste iba de compras, y con él se une a hacer vida marital yéndose a vivir a la calle Provenza 424 entresuelo, puerta primera.

Con él continúa actualmente viviendo Petra y ha tenido dos hijos. (Dimas Rodríguez es el que después habría de ser padrino de boda de Engracia, y está al tanto de todo lo relacionado con el asunto que nos ocupa.)

Vuelve Kanisca a Barcelona (se cree que con falsa documentación), y reanuda sus relaciones íntimas con Engracia. Fue entonces cuando ésta quedó embarazada de él. Kanisca se ausenta de nuevo y en su ausencia nace la niña.

Este nacimiento ocurre en la calle Pi y Molist número 2, piso 1.º, puerta 1.ª (barrio de Horta). Es de suponer que a este domicilio vino Engracia solamente a salir de su cuidado, en compañía de su madre, pues entran en la casa con contrato a nombre de la madre, en diciembre del año 1927 y salieron en los primeros días de abril siguiente.

Engracia llamaba la atención entre la vecindad por su manera de vestir ostentosa que desentonaba con el de la vecindad y el sitio, toda gente modestísima así como la casa, por cuyo piso pagaban 45 pesetas al mes.

Engracia hace allí manifestaciones (así como su madre) de que el padre de la niña es artista, significando que «se tragaba sables y cuchillos y bombillas eléctricas», y que la tenía muy abandonada y falta de recursos, agregando que creía que por entonces se hallaba en Madrid.

Algunos vecinos de la casa la ayudaron cuando nació la niña, principalmente la esposa de un tal Vicente Barraxina, que también tuvo un niño por entonces, la que amamantó alguna vez a la hija de Engracia, y la madre de aquélla, llamada María Zaragoza, que cogía y asistía muchas veces a la niña diciendo que ni su madre ni su abuela sabían asistirla ni alimentarla, además [sic] que se ausentaban de su domicilio dejándola a su cuidado.

Estos comentarios los hace María Zaragoza (así como lo de que el esposo de Engracia y padre de la niña «se metía cuchillos en la panza» y que, según le decía Engracia, las tenía abandonadas a causa de sus trabajos de artista de constante viaje) un día precisamente, en casa del administrador de la casa en que vivían, Sr. Nialet, domiciliado en una «torre» próxima, y a la esposa y cuñada de este señor.

Como pruebas documentales del sitio de nacimiento y paternidad de la niña, existen en los libros registros del Ayuntamiento de Barcelona y Juzgado municipal del distrito de Horta respectivamente, las inscripciones que copiadas literalmente se adjuntan al presente informe señaladas con los números 1 y 2 [los documentos no se hallan hoy junto al informe en la Fundación Nacional Francisco Franco].

(Los testigos del acta de nacimiento de la niña, Ángel Sadornil López y Juan Gracia Mora, se trata: el primero de un guardia civil que por entonces era a la vez ayudante de oficial en aquel Juzgado y reside en igual domicilio; y el segundo, el alguacil de dicho Juzgado que aún lo es actualmente. Los que circunstancialmente fueron testigos, como lo eran en distintos casos, por una propina, dado el sitio y puesto que en el repetido Juzgado ocupaban.)

A la niña se le puso por nombre Ángeles Leoncia: Ángeles se llama la madre de Engracia, y Leoncio su «esposo», padre de la niña.

De la calle Pi y Molist se trasladan a vivir a la calle de Cabañes número 60, piso 2.°, puerta 1.ª, Engracia, su madre y su hija.

Por entonces vuelve Leoncio a Barcelona y convive con Engracia en este nuevo domicilio corto tiempo. Como prueba de que vivió en dicho domicilio con Engracia existe en el Padrón General de Habitantes de 31 de diciembre de 1930 de Barcelona, distrito 2.°, sección 7.ª, cédula número 100, la siguiente inscripción:

Casa propiedad de Francisco Martínez, n.° 60, piso 2.°, puerta 1.ª de calle Cabañes. — Ángela Casado Boillos, hem., 51 años, viuda, sus labores, madre, de Cantalucia (Soria), residencia legal en Barcelona 5 años, clasificación, vecina. — Engracia Moreno Casado, hem., 22 años, soltera, artista, hija, de Alcubilla de Avellaneda (Soria), residencia legal en Barcelona 5 años, clasificación, vecina. — Ángeles Moreno Casado, hem., 2 años, soltera, nieta, de Barcelona, clasificación, domiciliada. — Leoncio Álvarez del Valle, var., 26 años, artista, huésped, de Madrid, residencia legal en Barcelona 8 años, clasificación, vecino.

Kanisca (Leoncio) y Engracia tienen frecuentes altercados por la vida licenciosa de ésta, así como por la conducta de él que gastaba cuanto dinero ganaba, que a veces era abundante, en diversiones sin que atendiera a su hija y a la madre debidamente.

Se ausenta prontamente Kanisca de Barcelona y Engracia trabaja como canzonetista de tangos argentinos, con el nombre de Dolores Moreno, en el cabaret denominado Apolo. (Tiene por entonces un nuevo embarazo por el que sufre una operación quirúrgica que la deja imposibilitada de tener hijos.)

En este domicilio de la calle Cabañes también hacía manifestaciones Engracia de que su marido y padre de la niña, por ser artista, tenía que viajar siempre por lo que se hallaba ausente. Precisamente a la portera que había entonces en dicha casa, esposa de un tal Tomás Bergua, que actualmente viven [sic] en la calle de las Flores número 12, segundo piso, hizo más de una vez esas manifestaciones.

Engracia recibía pocas visitas. Salía a trabajar al cabaret por las tardes y noches, y regresaba a altas horas de la madrugada. No obstante, ocurrieron en este domicilio de Engracia algunas «juergas» a las que concurrían un marino amigo de ella, y el tal Dimas Rodríguez, amante de la hermana Petra.

De cuanto allí ocurriera de cosas de esta índole y demás, sabe una paisana de Engracia que vive en el último piso del mismo domicilio y que era su mandadera.

Estuvieron unos dos años en este domicilio y se mudaron a la calle Floridablanca 27. Aquí también frecuentaba [sic] el marino, con quien tenía relaciones íntimas.

Ya aparece en este domicilio de Floridablanca D. Ramón [Franco]. Con él hacía tiempo que se relacionaba Engracia y por su causa tenía frecuentes discusiones Engracia con su madre, porque ésta decía que no hiciera caso a D. Ramón, que era muy alocado, y sí al marino que era más formal y daba más dinero.

Se aparta Engracia de otras amistades de hombres y ya prevalece la de D. Ramón, que hace vida íntima con ella en esta casa. Deja de trabajar en los cabarets y se aviene a vivir costeada por éste.

De la calle Floridablanca se van a vivir al barrio de la Bonanova, ya con D. Ramón. Fue en este último domicilio adonde fue por última vez Kanisca en busca de Engracia y de la niña, instándola a que se marchara con él, o si no, a que le dejara llevarse a la niña. Fue recibido por Ángela Casado, la madre de Engracia, y amenazado por aquélla con que si volvía a insistir en ello sería puesto en conocimiento de D. Ramón y éste procedería en consecuencia.

Kanisca no volvió más. Sufrió mucha indignación y hacía referencias de lo ocurrido entre sus amistades y de que la mujer (Engracia) se portaba muy mal con él, no le quería dejar a su hija y que la iba a matar. En este sentido se expresó en más de una ocasión a su agente artístico José Cariteu, el que actualmente vive en la calle Pelayo número 5, entresuelo 1.ª puerta.

Kanisca después se ausenta de Barcelona y, que se sepa, no vuelve a intentar relacionarse, aunque sí desde el extranjero le escribió.

En enero de 1935 se trasladan a vivir a la calle Cerdeña 332 principal, 2.ª puerta, y también reza el piso a nombre de Ángela Casado Boillos, madre de Engracia, yendo con ellas D. Ramón.

El 24 de julio del mismo año, D. Ramón se casa con Engracia, como consta en el acta de matrimonio existente en el Juzgado número 2 de Barcelona, y cuya copia literal se acompaña a este escrito señalada con el número 3.

El 29 del mismo mes y año comparece D. Ramón ante el notario de Barcelona don Antonio Arenas y Sánchez del Río y otorga testamento en el que hace constar que reconoce como hija suya a la niña Ángeles Moreno Casado a que se refiere el acta número 80, tomo 49 de nacimientos, folio 94 v., del Registro Civil del Juzgado número 12, distrito de Horta, Barcelona.

Engracia hacía manifestaciones entre sus íntimos y familiares diciendo que procuraría conseguir dar buena situación a su hija, pues temía por su suerte dado que era feúcha y no tenía padre reconocido. (En efecto, la niña era fea, tenía la cabeza excesivamente gorda y padecía estrabismo. Engracia consiguió lo que se proponía al hacer reconocer a su hija por D. Ramón.)

Engracia, con su hija Ángeles, están viviendo accidentalmente en Barcelona desde el mes de octubre pasado, y aquí tienen piso puesto, así como casa en Palma de Mallorca.

De lo principalmente interesante que en el presente escrito se refiere están perfectamente enterados mejor que cualquier otra persona, las dos siguientes, residentes en Barcelona:

Dorotea Ortega Lucas, de Alcubilla de Avellaneda (Soria), de 43 años de edad, soltera. Es conocida por Dora; vive actualmente en la calle Margarit 52, y desde primeros del próximo mes y año vivirá en la calle Carmen 35, entresuelo.

Dimas Rodríguez de la Vega, natural de León, de 62 años de edad, casado, ayudante de minas, funcionario del Estado. (Este individuo es el amante de Petra, la hermana de Engracia, a que se hace referencia.)

También, pero en [sic] menos: la cuñada del Sr. Nialet, administrador de la casa de la calle Molist n.º 2 (digo: Pi y Molist), que vive con su hermana y cuñado en una «torre» próxima a la casa.

La esposa de Vicente Barraxina, ya viuda, que vive actualmente por el barrio de San Andrés, por «La Reforma», calle Malast. (La madre de ésta, María Zaragoza, también ha fallecido.)

La esposa de Tomás Bergua, portera de la calle Cabañes, que vive actualmente en la calle de las Flores 12, 2.º piso.

Madrid, 29 de diciembre de 1939
Año de la Victoria

Pero ni Engracia Moreno era una mujer de vida fácil, ni mucho menos Ángeles era hija de aquel ridículo tragasables circense.

El 3 de abril de 1928, Engracia se había personado en el Registro Civil del distrito de Horta para inscribir a su hija sin padre reconocido.

La razón de esa omisión era comprensible, pues Ramón Franco convivía entonces maritalmente con Carmen Díaz, con quien se había desposado en Hendaya cuatro años atrás, el 22 de julio de 1924, eludiendo así en Francia el preceptivo permiso del rey de España.

Pese a su condición de militar, Ramón se negó a solicitar la autorización regia para casarse pues no entendía cómo debía someterse a la voluntad ajena, por muy rey que fuese Alfonso XIII, para cumplir una decisión tan íntima.

A las once de la mañana, el teniente de alcalde de Hendaya, monsieur Léon Lannepouquet, declaró marido y mujer a Ramón y Carmen; media hora después, la pareja legal se desposaba ante Dios en la iglesia de San Vicente, en una ceremonia oficiada por el abate Frobbert.

Los testigos fueron dos buenos amigos de Ramón: Pedro Acítores e Hipólito Ostolaza, hoteleros de Hendaya.

Carmen, igual que sucedería luego con Engracia, fue sometida al principio a una malvada campaña de descrédito proveniente de la familia de su propio marido.

Sin ir más lejos, Pilar Franco se lamentaba así, en sus memorias, por la suerte de su hermano: «Ramón fue un héroe nacional malogrado socialmente por su matrimonio con Carmen Díaz, que era una calamidad».

No contenta con eso, Pilar siguió despachándose a gusto con su cuñada, a la que dedicaba estos otros «piropos»:

Este desdichado matrimonio le incapacitó [a Ramón] socialmente para alternar en ciertos sectores... Al casarse con la «Carmenchu» tuvo que apartarse de todo, pues a ella, naturalmente, no se la aceptaba. Más adelante Carmenchu lo abandonó por un marino... Ramón, por culpa de Carmenchu, pasó de relacionarse con la más alta aristocracia a codearse con gentes de los bajos fondos... Carmenchu era de una cultura muy baja. Una mujer arrabalera de rompe y rasga.

Pero acto seguido, seguramente sin proponérselo, la hermana de Franco hacía una interesante revelación: «Paco tuvo mucha razón al querer anular aquel matrimonio».

¿Intentó realmente el Caudillo anular el primer matrimonio de su hermano Ramón? ¿Barajó acaso, antes de su trágica muerte, la posibilidad de que su hermano, a quien había permitido establecerse en Palma de Mallorca con Engracia, pudiese desposarse con ésta por la iglesia tras la Guerra Civil?

Lo cierto era que, tras calumniar a Carmen Díaz, la hermana del Caudillo reconocía de forma insólita que sólo la había visto una sola vez:

> Fue en El Ferrol, donde había ido con Ramón a conocer a mi madre. Aquella vez recuerdo que estuvo normal. De ninguna manera la podíamos aceptar en la familia. No tenía ni el más mínimo requisito para que esto fuera posible… ¡Cómo podíamos aceptar a una mujer así en nuestra familia!

Pero conozcamos ahora la verdad.

La primera vez que Carmen vio a Ramón fue a mediados de 1923. «No era alto —recordaba ella, años después—, apenas un metro sesenta centímetros, tenía algo de tripa, y su pelo rizo había comenzado a desaparecer, pero yo no veía nada de eso. Sólo sus ojos. Ni siquiera su uniforme con las alas de aviador y el pasador de la Medalla Militar.»

Les presentó su amiga Ángeles Argüelles. Carmen tenía diecinueve años y Ramón, veintisiete.

Ella residía temporalmente en casa de unos primos, en Madrid. Acababa de completar el Bachillerato en París, en el colegio del Sagrado Corazón de la calle Sainte Dominique, muy cerca de la Torre Eiffel.

Había nacido en el bello pueblecito cántabro de Castro Urdiales, pero siendo muy pequeña tuvo que trasladarse con su familia a París, donde su padre, ingeniero industrial, entró a trabajar en la Règie Renault.

Luego, su padre abrió un gran garaje con taller de reparación y alquiler de automóviles en Irún, donde residía su familia cuando ella conoció a Ramón en Madrid. «Confieso que me enamoré de él totalmente, porque toda su persona, una desarreglada persona por cierto que siempre llevaba el uniforme arrugado, emanaba un extraño magnetismo y un atractivo que lo convertía en el príncipe azul de mis sueños de colegiala», evocaba con los años.

Muy pronto, las tías de Carmen repararon en aquel furtivo noviazgo, del cual informaron al rígido padre y a la puritana madre, descendiente nada menos que del cardenal Guisasola. La enamorada tuvo que volver así resignada a Irún. Pero Ramón no se dio por vencido y la visitó allí, pidiendo poco después su mano.

Carmen era una mujer de su época, que enseguida empezó a preparar animosa su ajuar.

Se pasaba los días aprendiendo de su madre todas las tareas del hogar: cocina, costura, plancha... y por supuesto, a bordar con ilusión la ropa de su dote: manteles y sábanas en las que ella misma puso las iniciales «F/D» (Franco/Díaz) con primorosas figuras de hilo de seda. «Mis padres —explicaba— le aceptaron pero sé que su familia no quería que se casara conmigo, ya que aspiraban a "algo más" para Ramón... Pero yo tenía el cariño de Ramón y no me importaba lo que opinara su familia.»

La pareja, entonces, se casó.

Todavía en enero de 1928, cuando tuvo oportunidad de entrevistarla en su casa la periodista Matilde Muñoz, de la revista *Estampa*, Carmen ignoraba la doble vida de su marido, a quien seguía idealizando y llamaba afectuosamente Monchín.

La esposa engañada declaraba a la reportera, ingenua: «Mi marido me adora. Puedo asegurarle que yo soy lo que él más quiere en este mundo... y después de mí, la aviación».

Y añadía: «Lo único que puedo afirmar a usted es que es imposible encontrar un hombre más bueno, ni un corazón más noble que el suyo».

Ramón dirigía entonces la Oficina de Mandos de la Aeronáutica, en el Ministerio de la Guerra, y preparaba un nuevo *raid* con su compañero y amigo Eduardo González Gallarza.

Entre tanto, Engracia Moreno residía en Barcelona embarazada de seis meses de Ángeles, cuyo padre era Ramón precisamente.

Pero Carmenchu posaba ajena a ese trascendental hecho, mientras su esposo miraba, imperturbable, a la cámara del fotógrafo Zapata.

El marido infiel intentó ocultar la verdad, pero al final ésta salió a relucir cuando él menos lo esperaba.

De hecho, cuando Carmen se lo echó en cara, él se quedó anonadado. Comenzó a preguntarle las razones de su decisión de separarse. Pero, según ella, «cada pregunta era una confesión de infidelidad, una declaración de culpa».

Los cónyuges desposados por la Iglesia acabaron divorciándose en plena República, gracias a la Ley del Divorcio de 2 de marzo de 1932.

En la demanda presentada por el abogado de Ramón, Eduardo Morales Díaz, a instancias de la propia Carmen, se aludía así a los motivos de la ruptura:

> Desde el comienzo principió a dibujarse en sus caracteres una línea divisoria de tal naturaleza que bien pronto

uno y otro pudieron apercibirse de que era imposible la vida en común. No obstante ello siguieron reunidos, creyendo que la cortesía consiguiente a una educación esmerada les podría hacer soportar lo que comenzó en diferencia de apreciaciones y terminó en mutua antipatía, siguiendo la mujer la accidentada vida militar del comandante, pero con la natural y consiguiente repugnancia cuando los azares y preocupaciones del matrimonio no están guiados por un recíproco amor y se inspiran sólo en las normas de una fría convivencia social.

Transcurrido el plazo legal de tres años de separación, la pareja obtuvo el divorcio.

Pero, para un católico practicante como Franco, sólo podía considerarse válido el primer matrimonio de su hermano Ramón pues jamás fue declarado nulo por un tribunal eclesiástico.

En cuanto se hizo con el poder, el Caudillo impulsó la ley de 23 de septiembre de 1939 que derogaba el divorcio.

Anteriormente, mediante la Ley de 12 de marzo de 1938, se habían dejado ya sin efecto los matrimonios civiles celebrados durante la República. Luego, el 22 de septiembre se anularon las inscripciones en el Registro Civil; y el 22 de abril del año siguiente se estableció la obligación de inscribir los matrimonios canónicos celebrados durante el régimen anterior.

La derogación de la Ley del Divorcio fue uno de los principales objetivos de la jerarquía católica española, que desde 1937 negociaba ya con Franco este y otros aspectos de la legislación laica para devolver al país el sentido tradicional católico.

De modo que para el Caudillo, tanto el divorcio como el segundo matrimonio civil de su hermano Ramón eran papel mojado.

Aquellas dos mujeres (viuda e hija) se convirtieron así en
dos extrañas para el Régimen, sin el menor vínculo legal con
su difunto esposo y padre.

Se intentó incluso arrebatar a Ángeles su legítimo apellido en el Registro Civil de Barcelona de modo ignominioso,
aprovechando que Ramón Franco ya había fallecido.

La artimaña consistió en incluir en su partida de nacimiento una anotación manuscrita que, al reparar yo mismo en ella,
no pude evitar sentir repulsión, como seguramente les sucedió
a la propia afectada y a su madre.

Juzgue si no el lector:

> Nota: La precedente nota de fecha treinta y uno de
> julio de mil novecientos treinta y cinco sobre reconoci-
> miento de la hembra inscrita en esta acta hecho por don
> Ramón Franco Baamonde ha sido anulada de oficio por
> Resolución de la Dirección General de los Registros y del
> Notariado, según comunicación recibida de dicha Direc-
> ción de fecha cinco de los corrientes y de conformidad
> con lo dispuesto en dicha Resolución se declara cancelada
> la referida nota.
>
> Barcelona, once de noviembre de mil novecientos cua-
> renta y dos.
>
> Firmado:
>
> El juez municipal

Era evidente que nadie en la Administración de Justicia
iba a mover un dedo para arrebatar la paternidad legal de Ramón Franco Bahamonde a su hija Ángeles Franco Moreno si
no era con el beneplácito del Caudillo.

La «precedente nota» que se pretendía invalidar de forma
canallesca era ésta:

Nota: Según testimonio del testamento otorgado con
fecha 29 del actual ante don Antonio Arenas y Sánchez del
Río, Notario del Ilustre Colegio de Cataluña, con residencia en la capital, el cual se archiva con el número 240 en las
declaraciones de nacimiento, se hace constar que la niña a
que la presente acta se refiere fue reconocida como hija
por don Ramón Franco Baamonde, mayor de edad, natural de Ferrol, vecino de esta ciudad, domiciliado en la calle
Dominicos n.º 17, hijo de don Nicolás Franco Salgado-
Araújo, viviente, y de doña Pilar Baamonde Pardo, difunta,
ambos naturales de Ferrol.

Barcelona, 31 de julio de 1935
Firmado: El juez municipal

Retomando la ley de abolición del divorcio, ésta estable-
cía en sus disposiciones transitorias primera y segunda la necesidad de que la nulidad se produjera «a instancia de cualquiera de los interesados».

En concreto, en la segunda de estas disposiciones se decía:

Las uniones celebradas durante la vigencia de la ley que
se deroga y en que uno o ambos de los cónyuges se hallasen
divorciados, a tenor de la misma, encontrándose ligados ca-
nónicamente a otra persona, se entenderán disueltas, para todos los efectos civiles que procedan, mediante declaración
judicial, solicitada a instancia de cualquiera de los interesados.

Sin embargo, era evidente que ni Carmen Díaz Guisasola, facultada por la muerte de su marido para contraer nuevo
matrimonio canónico con quien le diese la gana, como así haría luego, ni mucho menos el difunto Ramón Franco, iban a

pedir a un juez que declarase nulo el matrimonio civil celebrado durante la Segunda República.

De todas formas, Franco no las debió tener todas consigo cuando autorizó o encargó él mismo que investigasen a Engracia Moreno y a su hija, pasando por encima del cadáver aún reciente y de la última voluntad de su hermano menor.

Además, si Engracia no era para el Régimen la viuda legal de Ramón, ¿por qué permitió el Caudillo que ésta percibiese la pensión a la que sólo tenía derecho como viuda de coronel muerto en acto de servicio?

Pero existe un enigma aún mayor, que conlleva otras preguntas de difícil respuesta: si Engracia y Ángeles no iban a ser reconocidas legalmente por el franquismo, ¿cómo consintió entonces el Caudillo que su hermano regresase con ellas a España, abandonando su destino de agregado aéreo de la República en la embajada de Washington, para luchar junto a él en el bando nacional?

¿Cómo un hombre intransigente como Francisco Franco pudo ascender a teniente coronel y nombrar jefe de la base aérea en Baleares a su hermano masón y republicano, casado civilmente con Engracia Moreno gracias a la legislación del Régimen que él mismo combatía?

Reparemos, por ejemplo, en que Blas Infante, amigo y compañero de revolución de Ramón Franco, acababa de ser fusilado por los nacionales en la carretera sevillana de Carmona, en agosto de 1936.

Más tarde, el 4 de mayo de 1940, Blas Infante sería condenado post mórtem por un tribunal franquista por haber «formado parte de una candidatura de tendencia revolucionaria en las elecciones de 1931». Curiosamente, la misma candidatura en la que militó Ramón, quien, sin embargo, fue recibido con todos los honores a su vuelta de Washington.

Por si fuera poco, la viuda y los cuatro hijos de Blas Infante debieron pagar una multa de 2.000 pesetas, cantidad muy considerable para la época.

Tampoco gozó del mismo trato de favor que Ramón, el comandante Ricardo de la Puente Bahamonde, jefe del aeródromo de Sania Ramel, en Tetuán, quien, pese a ser primo del Caudillo, fue detenido y fusilado por no querer sumarse a la sublevación del 18 de julio, como veremos con detalle en un próximo capítulo.

Parecida suerte corrió el general Miguel Campins, gobernador militar de Granada, que pagó también con su vida por no haberse puesto a las órdenes del general Queipo de Llano el mismo día del Alzamiento.

De nada le valió tampoco a Campins haber sido gran compañero del Generalísimo en Marruecos, donde participó al frente de una columna en el desembarco de Alhucemas; ni haber ejercido las funciones de subdirector de la Academia General de Zaragoza. Queipo de Llano se empeñó en fusilarlo, acusándole de traidor, y Franco no movió ni un dedo para salvarle del pelotón de ejecución pese a las súplicas de la esposa del condenado, que llegó a escribirle una desconsolada carta al Caudillo en la que clamaba: «Franco, Franco, ¿qué han hecho con mi marido? ¿Quién me lo ha matado?».

Pero Ramón, nadie sabía exactamente por qué, era diferente.

Tras instruírsele un expediente de depuración en Burgos, quedó virginalmente absuelto. Hasta que el 23 de noviembre de 1936, una resolución de «S. E. el Generalísimo de los Ejércitos Nacionales» le habilitó para ejercer el empleo inmediato superior, confiándole el mando de la Aviación nacional en Baleares.

Una vez en España, envió dinero a su primera esposa, dirigiéndose a ella por carta como «Mi querida hermana», tratamiento que desconcertó a Carmenchu, quien llegó a sospechar que aquel extraño modo de llamarla obedecía a sus costumbres anarquistas, o tal vez a que Ramón no deseaba que Engracia supiese que la ayudaba económicamente.

Más de una vez, embarcó él en el hidroavión de Ala Littoria, que cubría el trayecto entre Mallorca y Cádiz, para visitar a Carmenchu y cerciorarse de que no le faltaba de nada. La relación entre ellos era entonces como la de parientes de segundo grado: afectuosa, sin más.

A medida que avanzó la guerra, las noticias de Ramón se fueron espaciando. Carmenchu ansiaba sólo que la contienda acabase cuanto antes para tramitar la anulación de su matrimonio canónico y poder casarse con Luis, el hombre a quien entonces amaba.

Recibía, eso sí, visitas esporádicas de algunos militares enviados dudosamente por Ramón, que le sugerían la posibilidad de que volviera junto a él tras la guerra, augurándole un prometedor futuro junto al héroe.

La propia Carmenchu recordaba así sus excesivos temores en aquel momento:

> Estas embajadas nos llenaban de zozobra a Luis y a mí, y aunque mi decisión estaba absolutamente tomada comencé a sentir miedo, verdadero pánico por lo que pudiera ocurrirle a Luis. Éste pudo ser fusilado en aquellos días de sangrienta represión, pues ante los ojos del clan de Franco no cabía duda de que yo aparecía como el más serio obstáculo para solucionar una situación que se les presentaba

muy enojosa, pues, de no haber muerto Ramón, ¿cómo podía consentir su hermano un matrimonio que, según las leyes que él dictó, no era sino un concubinato? Yo misma
podía ser acusada de revolucionaria y «paseada» en cualquier
momento, con lo cual Ramón podría contraer matrimonio
canónico una vez que yo hubiera desaparecido... Luis y yo
pudimos ser también asesinados por los rojos, pues yo sabía
demasiadas cosas, conocía demasiados nombres y mi testimonio podía ser condenatorio para muchos. Pero no pasó
nada. En gran parte por mi silencio, pues nunca mencioné a
nadie mi pasado y jamás nada pedí ni nada reclamé.

Muerto Ramón, su hermano el Caudillo nada podía objetar
ya a la decisión de su viuda Carmenchu de casarse con Luis
por la Iglesia.

Pero sí podía impedir, moviendo sus omnímodos resortes, que otros pensasen que Engracia Moreno era su cuñada y
Ángeles, su sobrina.

Entre tanto, para evitar el escándalo, Engracia había tenido el gesto encomiable de callar el nombre de Ramón al inscribir a su hija Ángeles en el Registro, pues el aviador seguía
casado entonces con Carmenchu.

Archivado con el número 80 en el tomo 49/12 de la Sección Primera del Registro Civil de Barcelona, Distrito de
Horta, el certificado de nacimiento de Ángeles reza así:

En Barcelona, provincia de Barcelona, a las doce horas
del día tres de abril de mil novecientos veintiocho, ante
D. Domingo Carles Moliné, juez municipal, y D. Juan
Amat Carreras, Secretario, se procede a inscribir el nacimiento de una hembra ocurrido a las veintidós horas del
día primero del actual en la calle Pi Molist número 2, piso

1.º 1.ª, es hija natural de la declarante Doña Engracia Moreno Casado, natural de Alcubilla de Abellaneda [sic] «Soria»
de veinte años de edad, soltera, dedicada a las ocupaciones
propias de su sexo y domiciliada en el de la recién nacida.
Nieta por línea paterna de desconocidos y por línea
materna de Don Martín Moreno, difunto, y de Doña Ángela Casado, viuda, naturales de Osma y de Cantalucia «Soria» respectivamente.

Y se le ponen los nombres de Ángeles y Leoncia.

Esta inscripción se practica en el local de este Juzgado
en virtud de manifestación personal hecha por la infrascri-
ta madre de la referida hembra, y la presencian como testigos D. Ángel Sadornil López, mayor de edad, casado, domiciliado en esta plaza de Ibiza número 9, 2.º C, y D. Juan
Gracia Mora, mayor de edad, casado, domiciliado en esta
calle de Provenza número 77.

Leída esta acta, se sella con el de este Juzgado, y la firma el señor Juez con los testigos y la declarante.

Más tarde, cuando la menor contaba catorce años, su tío
Francisco ordenó que se añadiese aquella ignominiosa anotación en su partida de nacimiento, mancillando así el nombre
de la pequeña y el de su propio hermano.

20
Sepultadas en vida

Para él [Franco], yo no existo; ni mi hija
tampoco, aunque se llame Franco como ellos
porque eso lo quiso así Ramón y no puede
quitárselo nadie.

ENGRACIA MORENO,
segunda esposa de Ramón Franco

Conocí a Elena Salvador en enero de 2009, cuando ella tenía
ochenta y siete años.

Bajo su nombre artístico de María Teresa Ramón Blanes,
conservaba ella aún en su rostro las huellas inequívocas de
una gran belleza.

Todavía era capaz de estremecerse al recordar cuando, hacía ya más de treinta años, asió de la mano a Ángeles Franco
Moreno, la única hija de Ramón Franco y sobrina por tanto
de su hermano Francisco, mientras agonizaba en el lecho de
muerte.

—Aquel dossier —denunciaba ella entonces— fue una
gran calumnia. Pretendieron arrebatar injustamente la dignidad a dos mujeres desamparadas. Muerto Ramón Franco,

ellas no tenían ya a nadie que defendiese su honor. Fue una crueldad y una vileza...

El mismo 30 de abril de 1976 en que expiró Ángeles Franco consumida por el cáncer, Elena Salvador recibió de ella un documento confiándole a su hijita de cuatro años, llamada Ángeles como ella, para que le asegurase un porvenir en una buena familia.

—Me cogía las manos y no quería soltármelas, implorándome que me ocupara de la criaturita —recordaba, conmovida.

Aquella niña huérfana no era en realidad hija natural de Ángeles, pues ésta contaba ya cuarenta y cuatro años cuando nació la cría, a principios de 1972.

Tras separarse de su marido, Ángeles Franco sintió el deseo de tener un hijo; decía que un pequeño alborozaría el hogar de ella y de su madre. Consultó el caso y pidió que la informaran sobre las posibilidades de una inseminación artificial. Viajó a París con tal fin, pues en España nada se hacía entonces en ese campo de la medicina.

El caso es que, pasado el tiempo, se la vio con una niña en brazos que ella decía haber adoptado.

Elena Salvador me pidió que le acercase el álbum de fotos donde se veía al rubio angelito correteando por la finca de la familia en compañía de un pequinés.

Era una niña preciosa, parecida curiosamente a su madre, con una cara redondita y una mirada alegre y profunda.

Buscando entre más de una treintena de álbumes apilados en varias estanterías del dormitorio, la Providencia me condujo hasta la pequeña. Nada más verla, intuí que era ella. Elena Salvador me lo confirmó luego, estupefacta. Hacía mucho tiempo que no localizaba esas imágenes.

Aquella misma mañana del 28 de enero de 2009, mientras viajaba a Barcelona en el AVE para encontrarme con Elena en su domicilio de la calle Manila, frente a la iglesia de Santa Gema, no pude evitar imaginarme cómo sería la nietecita de Ramón Franco.

Días atrás, ella ya me había hablado de la pequeña durante una conversación telefónica:

—Le habíamos comprado hasta la ropita de cama... Pero al final no pudo ser...

Percibí entonces una voz entrecortada al otro lado del teléfono.

—¿No pudo ser? —pregunté, extrañado.

—Me hubiese encantado quedarme con ella, pero al final hice lo que consideraba mejor: cederla en adopción a un matrimonio sin hijos que vivía en Palma de Mallorca.

—¿Y su abuela, Engracia Moreno? —quise saber yo.

—Engracia ya era mayor, y además la muerte de su hija Ángeles la volvió loca. Estaba ensimismada; se mostraba huidiza incluso conmigo... Quería que la niña llevase el apellido Puigvert, pero yo insistía en que debía llamarse Franco, como su madre y su abuelo. Se tramitó la adopción por medio de un abogado. Engracia me dijo entonces que en cuanto ella entregara a la niña, desaparecería para siempre. Y así lo hizo. La última noticia que tuve de ella fue que se encontraba en México. Al despedirse, me indicó que sólo sabría que había muerto cuando recibiese por correo su documento nacional de identidad.

—¿Y lo recibió?

—No, nunca; tal vez lo enviase Engracia a los padres adoptivos de Ángela. Aunque, francamente, no lo sé...

Elena Salvador es la viuda del doctor Antonio Puigvert. Por el amor del afamado urólogo dejó su carrera artística, iniciada en el teatro junto a grandes figuras como Lola Membrives. Luego compartió plató con Imperio Argentina, Sara Montiel o Pepe Isbert.

Enviudó en 1990, después de cuarenta años junto a Puigvert, con quien tuvo una sola hija, Rita, fallecida en 2008.

Elena no fue la única esposa del mujeriego doctor Puigvert; éste contrajo primeras nupcias con Agustina Serés, madre de Antonio, cuya hija Ana Puigvert es hoy la eminente andróloga que ya conoce el lector.

La segunda esposa se llamaba Concha y no tuvo hijos. Precisamente a Concha evocamos Elena y yo por la tarde, en su casa de Barcelona.

Aquella mujer enamorada perdidamente del seductor Antonio Puigvert, a quien éste hizo sufrir mucho por esa misma razón, decidió finalmente abandonarle. Se hizo monja e ingresó en un convento barcelonés antes de viajar como misionera a la India, donde falleció años después.

De aquel mismo convento, situado en la avenida de la República Argentina, telefonearon al doctor Puigvert una noche de 1942 para que atendiera una urgencia.

Elena Salvador recuerda haber oído hablar a su marido innumerables veces de aquella velada, que el propio doctor relató luego en sus memorias.

Aquella noche, Antonio Puigvert estaba agotado y se recluyó en su despacho para esparcirse tras largas horas en el quirófano.

Encendió un buen cigarro habano y se acomodó en el sillón destinado a las visitas. Consultó el reloj: eran las ocho. Llevaba catorce horas ya en pie y le pareció que merecía un descanso. Aún conservaba puesta la ropa de operar, pero tenía colgado su traje en el perchero del armario para salir después a cenar algo en una tasca cercana, antes de regresar a casa.

No habían transcurrido aún cinco minutos, cuando oyó

tamborilear unos dedos al otro lado de la madera de la puerta. Era la forma habitual de llamada de su secretaria, la señorita Bonet, cuando sabía que no quería ser molestado.

Algo muy importante debía suceder para que ella interrumpiese así su reposo.

—¡Adelante! —indicó Puigvert.

La secretaria entró afligida, lamentando importunarle, y se acercó al sillón para hablarle sin levantar la voz.

—Perdone, doctor.

—Diga, diga.

—Son unas monjitas que llaman por teléfono. En el convento tienen una emergencia. El médico de cabecera que las visita ha dicho que es una cuestión renal y urgente.

—¿Cólico nefrítico?

—No lo sé, doctor; las pobres hermanas no se aclaran mucho.

—Póngase al habla con el médico que las ha visitado.

—He intentado hacerlo, doctor, pero no hay forma de localizarlo.

—Entonces, no tendré más remedio que ir yo, ¿verdad?

La señorita Bonet se limitó a bajar la mirada.

Al cabo de media hora, el doctor franqueaba la entrada del convento enfundado en un traje oscuro e inmaculado.

—Buenas noches —saludó a una de las monjas.

Sus pasos resonaron en el silencio claustral, mientras era conducido hacia un departamento anexo al convento donde había unas pocas habitaciones. En una de ellas yacía en la cama una bella mujer ataviada con un camisón de seda, claro indicio de que la enferma no era precisamente monja.

Estaba nerviosa; no hacía más que moverse.

El doctor logró serenarla antes de examinarla minuciosamente y comprobar que requería ser intervenida con urgencia a la mañana siguiente en su clínica del paseo de San Juan.

La mujer se quejaba de un dolor agudo en el costado, que se le reflejaba incluso en la ingle. Tenía fiebre, sudoración y escalofríos.

El sabio Puigvert se convenció enseguida de que sufría una infección en los riñones, consecuencia probable de otra infección urinaria iniciada en la vejiga.

Anotó entonces su diagnóstico: «Absceso perirrenal».

La paciente fue registrada en la clínica como Engracia Moreno Casado.

Elena Salvador me recordaba que su difunto esposo la operó sin contratiempos para drenarle la cavidad repleta de pus alrededor de los riñones.

La paciente se recuperó pronto. Mientras estuvo ingresada, acudía a verla cada día su madre, Ángela Casado, acompañada de una niña muy calladita que resultó ser Ángeles, la hija de Ramón y Engracia.

Al cabo de una semana, Engracia ya estaba restablecida.

Una mañana, al pasar la visita, el doctor Puigvert encontró en su habitación a unos señores que le rendían cuentas de un negocio relacionado con un taller de confección de uniformes de aviación.

Sobre este particular, Elena Salvador me comentaba:

—Los compañeros de su esposo Ramón la ayudaron mucho cuando éste falleció, consiguiéndole encargos de ropa para los soldados.

Poco después, al indicarle Puigvert que podía darle ya el alta sin problemas, ella le rogó que aguardara unos días hasta que acabasen de acondicionarle un piso en la calle Balmes, donde pensaba residir con su hija Ángeles, de catorce años.

«Así dejaré de darles la lata a las pobres monjitas», dijo Engracia.

Un buen día, ella se fue a vivir con su hija a su nuevo domicilio, pero siguió acudiendo a la consulta para someterse a curas y revisiones.

Puigvert se extrañó al principio de que Engracia Moreno hubiese vivido una temporada sola en aquel convento, así como que su hija apareciera de repente en la clínica. Tampoco acababa de entender que su paciente tuviera un taller de confección de ropa militar, ni que se mudase a un piso nuevo.

Pero en 1942, en una España resacosa de la Guerra Civil, en la que existían tantos traslados, exilios y persecuciones, cualquier situación anómala terminaba siendo natural.

Poco a poco, tras varias visitas a la consulta y contactos telefónicos con la secretaria para pedir hora, se estableció un trato más directo y confiado entre médico y paciente.

Sólo entonces surgió inesperadamente la gran revelación.

El doctor Puigvert supo al fin que Engracia Moreno («una auténtica belleza», me comentaba Elena Salvador, acostumbrada de joven a contemplar la suya propia y a convivir con otras hermosas actrices de su generación) era la viuda del célebre aviador Ramón Franco, el héroe del *Plus Ultra*, que había atravesado el Atlántico Sur en 1926 y que en 1938, durante la Guerra Civil, había fallecido en acto de servicio al mando de un hidroavión de combate.

El doctor Puigvert consignó en sus memorias:

> Cuando me enteré me quedé asombrado. Porque en 1942, el llevar el apellido Franco —Ramón era hermano del general don Francisco Franco Bahamonde—, y el ser

viuda de un militar caído en el bando vencedor, eran llaves que podían abrir todas las puertas. Y a Engracia Moreno sólo se le habían abierto las de un convento de monjas y las de una clínica, pero en la vida de la ciudad no sólo vivía en el más completo anonimato sino que lo fomentaba.

Una vez curada, Engracia estableció con los años una entrañable amistad con el doctor Puigvert, hasta el extremo de confiarle a éste los amargos sinsabores que su condición de viuda de Ramón Franco le había acarreado con los parientes de su fallecido esposo.

Posiblemente Franco no olvidó jamás la célebre carta, publicada en muchos periódicos, que le dirigió su hermano Ramón, el héroe del *Plus Ultra*, para que se declarase republicano como él; ni las conspiraciones a las que era tan proclive Ramón y que dieron con sus huesos en la cárcel; ni la sublevación de Ramón Franco en el aeródromo de Cuatro Vientos y su posterior exilio; ni tal vez que su hermano menor se hubiese convertido en un héroe en toda la nación cuando él tan sólo apuntaba como una esperanza para algunos.

La propia Engracia puso el dedo en la llaga, durante una de sus largas conversaciones con Antonio Puigvert, cuando confesó al doctor:

Pero además, cuando conocí a Ramón él estaba casado. Al promulgar la República la ley del Divorcio, Ramón se divorció de su mujer y se casó conmigo. Esto su hermano Paco no lo aceptó nunca. Para él, yo no existo; ni mi hija tampoco, aunque se llame Franco como ellos porque eso lo quiso así Ramón y no puede quitárselo nadie.

Entre tanto, Ángeles se hizo mujer.

En octubre de 1950, cuando contaba veintidós años, acudió a la consulta del doctor Puigvert para pedirle que fuese su padrino de boda y la entrara del brazo en la iglesia porque no quería que nadie más que él supliese a su padre muerto.

A su tío Paco y al resto de sus parientes de El Pardo, a quienes sólo conocía por los periódicos, no deseaba verlos ni en pintura.

No podía entender la tamaña crueldad del Caudillo, impidiéndole a ella y a su madre asistir al entierro de Ramón en Palma de Mallorca, doce años atrás.

Por si fuera poco, además de eso y del informe policial para denigrarla a ella y a su madre, elaborado sólo un año después de morir Ramón, de las altas instancias del Estado se sustituyó en el Registro Civil su nombre completo por el de Ángeles Moreno, sin el apellido Franco.

«Al fin y al cabo —recordaba el doctor Puigvert—, el general, con el primogénito de su hija Carmen y de su esposo el doctor Martínez-Bordiú hizo años más tarde lo mismo, pero al revés.»

Ángeles entró, en efecto, en la iglesia vestida de blanco del brazo de su padrino Antonio Puigvert, el 12 de octubre de 1950, festividad de la Virgen del Pilar.

El novio, de veintidós años, los mismos que ella, se llamaba Jaime Crusellas Barceló y era hijo de Antonia Barceló Poch, viuda de Crusellas.

En *La Vanguardia* del día siguiente se decía escuetamente: «Por recientísimo luto del novio, la boda se celebró en la intimidad».

Durante la ceremonia religiosa, el sacerdote pronunció con toda claridad el nombre completo de la novia: Ángeles Franco Moreno. Luego se celebró un ágape en el hotel Ritz al que tampoco acudió ninguno de los hermanos de Ramón, ni nadie en su representación.

Pilar Franco justificó así su ausencia, años después: «Cuando Ángeles se casó en Barcelona, ni nos enteramos. Como estaba la situación tirante no nos lo comunicaron». Aludía así Pilar al informe policial que, según ella, encargó su hermano el jefe del Estado y que, como era natural, encolerizó a Engracia.

De todas formas, los Franco, aunque hubiesen sido invitados, jamás habrían acudido pues hacía ya tiempo que habían condenado a la viuda y a la hija de Ramón a un implacable ostracismo.

Pilar Franco aún tuvo la osadía de afirmar: «Cuando se casó la niña, Ángeles, fue a El Pardo a ver al Generalísimo, que le hizo un gran regalo pero se mostró muy seco. Por lo demás, nunca se relacionaron con El Pardo».

Pero Elena Salvador, que mantenía entonces una estrecha relación con Engracia y Ángeles, asegura que ninguna de las dos pisó jamás el palacio de El Pardo, y mucho menos invitadas por el jefe del Estado.

El matrimonio de Ángeles, que se presumía feliz, fracasó poco después.

Jaime Crusellas se desposaría en segundas nupcias con Concepción Losa Quintana, que le daría dos hijos. Falleció el 6 de octubre de 1990, a los sesenta y dos años.

Entre tanto, Ángeles y su madre abandonaron Barcelona y se instalaron en Palma de Mallorca, donde abrieron una tienda de regalos y bisutería fina que durante muchos años funcionó en la calle Tous y Morató, número 17.

«Todavía conservo un precioso collar de cristal de Swarovski que me regaló Engracia», me comentaba Elena Salvador.

Meses antes de la boda de Ángeles, en abril de 1950, se había celebrado otra que sí fue sonada y esplendorosa: la de su prima Carmen Franco Polo, hija única del jefe del Estado, que reunió a más de ochocientos invitados rendidos ante el hermoso vestido de la novia y las espléndidas alhajas que lucía.

Pero todo el mundo pasó por alto la ausencia de dos personas en las compactas líneas de la familia Franco: una tía y una prima de la novia que eran personas non gratas para los suyos; igual que Ramón fue siempre la oveja negra de la familia.

Curiosamente, al abrirse el testamento del abuelo Nicolás Franco Salgado-Araújo, fallecido en 1942, algunos se sorprendieron al comprobar que entre sus herederos figuraba la hija de su hijo Ramón, Ángeles, a quien legó algunas de sus pertenencias.

El periodista Ramón Garriga, conocedor de numerosos entresijos del Régimen franquista, escribía:

> Físicamente, Ángeles era, según el testimonio de las personas que la conocieron y trataron, de la familia Franco; caso que no se da con su prima Carmen Franco Polo, marquesa de Villaverde, de silueta esbelta, igual que sus hijos, cuyos rostros no revelan los rasgos típicos de los Franco.

Ángeles tenía una temible enemiga a la que todo el mundo en El Pardo llamaba reverenciosamente «la Señora».

Carmen Polo era una mujer de armas tomar que no soportaba, por ejemplo, la sola mención en su presencia de su suegro Nicolás, hombre a su juicio licencioso e indecente que había abandonado esposa e hijos para juntarse con otra mujer.

La mera alusión a su sobrina Ángeles la ponía también enferma.

Carmen Polo ejercía además una gran influencia sobre su marido, quien seguía siendo para ella el comandantín de los primeros tiempos de Oviedo.

De hecho, quienes trataron al matrimonio Franco en Madrid, tras su regreso de Alhucemas, o en Zaragoza, cuando la

Academia General Militar, recordaban perfectamente el imperativo «¡Cállate, Paco!» que salía de los labios de la esposa cuando el general pretendía imponerse en alguna discusión.

El propio primo del Caudillo, el teniente general Francisco Franco Salgado-Araújo, «Pacón», insistía en sus memorias póstumas en que el Caudillo, en presencia de su esposa, estaba siempre «cohibido».

Sin ir más lejos, en Burgos y Salamanca todo el mundo conocía el gran influjo de doña Carmen a la hora de conseguir indultos. Madres, esposas o hermanas recurrían a su intercesión para obtener el perdón del familiar condenado a muerte. Redactaban primero la demanda de indulto, la cual presentaban en la Oficina Jurídica del Cuartel General, pero luego entregaban una copia a la madre superiora de algún convento para que la hiciese llegar a manos de doña Carmen.

Elena Salvador me confirmó el papel determinante de la Señora en la relación de la viuda de Ramón con sus parientes: «Fue Carmen Polo, la esposa del Caudillo, la que impuso que se cortara de raíz la relación con Engracia».

Y añadía: «Ella era muy poderosa y por ahí no pasaba. Además, muchos militares del Régimen tampoco perdonaban a Engracia que hubiese posado para el conocidísimo cartel conmemorativo de la proclamación de la República».

Yo mismo quise corroborar luego la autenticidad de la gran revelación de Elena Salvador sobre Engracia y su posado como modelo para la célebre alegoría de la Segunda República.

Localicé con tal fin a Josep Oliver, un frenético coleccionista de carteles, monedas y billetes, fotografías y hasta uniformes de la República y la Guerra Civil, admirablemente conservados en un inmenso trastero de Barcelona.

Josep Oliver era, con casi setenta años, una enciclopedia abierta sobre los entresijos de las personas u objetos de aquella trascendental década de nuestra historia reciente, a quien ya tuve el placer de consultar mientras preparaba mi trilogía sobre la Guerra Civil.

Me recibió en el salón de su casa, sentado en un butacón verde de nogal tapizado en tela de damasco, junto a un velador repleto de imágenes antiguas enmarcadas.

Al preguntarle por Engracia Moreno, asintió con la cabeza. Sabía perfectamente quién era ella.

—Pobre mujer, cuánto debió sufrir por sólo casarse con el hombre a quien amaba —suspiró.

Entonces, decidí salir de dudas con quien mejor podía ayudarme:

—¿Es cierto que su rostro inspiró al cartelista para conmemorar la proclamación de la Segunda República?

Josep me miró en silencio, antes de indicarme que le siguiera hasta el sótano de la casa, donde guardaba todas sus reliquias de aquellos convulsos años.

Una vez allí, abrió la puerta del trastero, encendió la luz y me invitó a pasar educadamente.

Una cohorte de armarios y estanterías se alineaban en las paredes de la estancia.

De uno de ellos extrajo un viejo fichero de madera, el cual depositó sobre una mesa redonda a la que nos sentamos los dos.

—Veamos… —dijo calándose unos quevedos—. ¿Dónde tenemos la «d»?

Yo seguía confuso, aparentando calma.

Por fin, Josep exclamó:

—Sí, aquí está: Luis Dubón.

—¿Luis Dubón? —repetí yo sin entender nada.

—Sí, Dubón; él fue quien se inspiró en Engracia Moreno

para su alegoría de la Segunda República. Un cartelista de primera. Compruébalo tú mismo.

Y me tendió la ficha para que pudiera leerla.

Decía telegráficamente así:

> Luis Dubón (Valencia, 1892-1953). Dibujante, cartelista y constructor de fallas. En 1916 hizo sus primeros carteles y cosechó varios premios. Tres años después, participó con Benlliure y Murillo en la Exposición de Arte de la Feria de Julio. Trabajó luego como director artístico en la fábrica de perfumes Floraria, en Madrid, y fue ilustrador de la editorial Aguilar y colaborador de los diarios *Debate* e *Informaciones*. Durante la Guerra Civil, participó en los talleres de la Alianza de Intelectuales Antifascistas y confeccionó magníficos carteles en recuerdo de la Segunda República.

—Ahora mira esto —me indicó Josep.

Mientras leía la nota, se había incorporado de la silla para coger del armario un gran rollo de cartulina que sostenía en la mano derecha, dispuesto a desplegarlo sobre la mesa. En un instante pude reconocer así el rostro deslumbrante de Engracia Moreno, estampado en una litografía de aproximadamente medio metro de largo por idéntica medida de ancho.

—Todo el mundo cree que el cartel es anónimo —añadió Josep con gesto resabido.

Allí estaba, con veintitrés años, pletórica de belleza, Engracia Moreno tras posar para la posteridad con aquel gorro frigio que simbolizaba la libertad; el mismo con el que iba tocada *Marianne*, personificación de la República francesa, mientras guiaba al pueblo en el célebre cuadro pintado por Delacroix en 1830.

Engracia Moreno había querido emular también a Mariana Pineda, la heroína española fusilada el 26 mayo de 1831, tras habérsele descubierto una bandera a medio bordar con el lema «Ley, Igualdad, Libertad», estandarte de los liberales granadinos que luchaban para derrocar al tirano Fernando VII.

Al proclamarse la Segunda República, se escucharon por toda España vítores ensordecedores a Mariana Pineda, mientras los entusiastas del nuevo régimen admiraban orgullosos los carteles con el rostro de la futura esposa de Ramón Franco.

Pero ésta ignoraba que aquel posado iba a costarle muchos sufrimientos el resto de su vida.

Elena Salvador hizo buenas migas con Pilar Franco, la hermana del Caudillo, pese a que ambas estuviesen en las antípodas ideológicas.

No en vano, Pilar recriminaba a su amiga con sorna:

—¡Cállate, rojilla!

A lo que Elena aducía con gesto inocente:

—¡Pilar, qué me dices!

Y ella, erre que erre:

—¿Tú te has creído que soy tonta...?

«Jamás tocábamos el tema de Engracia», aseguraba Elena. «Una dictadura —corroboraba ella— es una dictadura. Son más dictadores los de alrededor que el propio dictador.»

Pero al principio, Pilar y Engracia se trataron mucho y llegaron a apreciarse; al menos en lo que a Engracia se refiere, pues es difícil entender cómo Pilar pudo cortar de modo tan radical con la viuda de Ramón cuando ésta había salvado la vida nada menos que a su hijo Jacinto, alistado como marinero voluntario con sólo quince años en el crucero *Baleares*, hundido por la escuadra republicana la madrugada del 6 de marzo de 1938.

Jacinto fue uno de los pocos afortunados de la tripulación

que sobrevivieron a la catástrofe, agarrados a tablones y balsas mientras los balleneros de los buques de guerra ingleses *Boreas* y *Kemperfet* los iban recogiendo del mar embravecido para transportarlos al *Canarias*.

La propia Pilar recordaba, en sus memorias, este hecho que por sí solo merece eterna gratitud:

> Yo conocí a Engracia cuando el hundimiento del *Baleares*. Buscó a mi hijo, que estaba muy grave en el hospital, en Mallorca, y se portó como una verdadera madre. Fue siempre cariñosa con mis hijos y tengo que reconocer que cada vez que iban por Mallorca los atendía muy bien.

Pilar Jaraiz, la primogénita de los diez hijos de Pilar Franco, también recordaba con cariño a Engracia:

> Teníamos todos con Engracia una deuda de gratitud ya que, cuando malherido [su hermano Jacinto] aunque aparentemente menos grave que otros, estaba tirado casi inconsciente en un pasillo del hospital después de haber sido recogido del mar en el hundimiento del *Baleares*, Engracia y Ramón se lo llevaron a una clínica particular y lo hicieron examinar a fondo, resultando que, además de extensas quemaduras, tenía unas graves heridas de metralla detrás de las piernas que le produjeron una septicemia de la cual escapó de milagro. Si Engracia no lo hubiese recogido es probable que no se hubiera salvado. Luego, como consecuencia de las heridas, Jacinto perdió un riñón.

Pero aun así, Pilar Franco dio pábulo al informe policial sobre Engracia y Ángeles.

¿Por qué lo hizo? Ella misma lo explica en sus memorias:

Es una pena que no se hubiese casado [su hermano Ramón] por primera vez con Engracia... Por supuesto, a los Franco no nos sentó nada bien ni el casamiento de Ramón con Carmenchu, ni su divorcio, ni su segundo matrimonio, que, como ya he dicho, no pudo llevarse a cabo porque el anterior fue un matrimonio sacramental, por la Iglesia. Y ese lazo sagrado no puede romperse nunca.

Sin duda, desde sus convicciones católicas, a Pilar no le faltaba razón.

Pero ¿acaso no eran también la caridad y el amor mandamientos cristianos?

La actitud de la familia Franco con Engracia y Ángeles fue inhumana.

Entre los Franco y su camarilla de El Pardo circuló con total impunidad aquel maldito informe que intentaba denigrar a las dos mujeres que más quiso Ramón Franco al final de su vida. ¿Cabía un oprobio mayor?

Pilar Franco admitió que leyó aquel documento infame y que creyó a pies juntillas todo lo que en él se decía:

Ángeles no fue hija de Ramón. Engracia había tenido esa niña tiempo atrás con un tragasables que era amigo suyo. Por entonces aún no había conocido a Ramón. La investigación policial lo demostró totalmente.

Ángeles, en efecto, fue inscrita al nacer con los apellidos de su madre: Moreno Casado. Pero eso no probaba que Ramón no fuera su padre.

Además, éste reconoció a Ángeles como hija y heredera en el testamento otorgado tres años antes de fallecer, el 29 de julio de 1935, cuando ya se había divorciado de Carmenchu y contraído nuevas nupcias con Engracia.

Cinco días antes, el 24 de julio, a las diez y media de la
mañana, Ramón se había casado con Engracia ante el juez
municipal de Barcelona Luis Martí Ramos, según consta en
el acta de matrimonio número 681 (Registro Civil de Barcelona, Tomo 101-2, Sección II).

Actuaron como testigos Alfredo Benaiges Samuell y
Amado Figueras Blanch, amigos de los contrayentes.

Luego, Ramón hizo testamento, consignando las tres
cláusulas siguientes ante el notario barcelonés Antonio Arenas
y Sánchez del Río:

PRIMERA: Reconoce por su hija a Ángeles Moreno
Casado, nacida en esta ciudad en primero de abril de mil
novecientos veintiocho, e inscrita con tal nombre en el Registro Civil del Distrito de Horta hoy número doce de esta
ciudad al folio noventa y cuatro vuelto del tomo cuarenta y
nueve de la sección primera de dicho Registro, bajo el número ochenta y que fue reconocida en el acto de su inscripción por su madre doña Engracia Moreno Casado y
como el otorgante ha contraído matrimonio con dicha señora en veinticuatro del corriente y así resulta al folio diecisiete del tomo ciento uno, bajo el número seiscientos
ochenta y uno del Registro Civil del Juzgado número dos,
queda legitimada por este subsiguiente matrimonio y llevará desde ahora los apellidos Franco y Moreno. Tengo a la
vista certificaciones del Registro Civil de los expresados
nacimiento y matrimonio.

SEGUNDA: Instituye sus universales herederos en pleno dominio a su cónyuge y a su hija que acaba de reconso-
cer y a cualquiera otro hijo o hija que acaso dejare los que
dividirán la herencia por iguales partes: si alguno le premue-
re o muere a la vez que él y en condiciones tales que no
pueda realizarse la transmisión, si es hijo o hija será sustitui-

do por su descendiente si la dejare y si no la deja así como si la premuerta fuere su cónyuge se dará el derecho de acrecer.

TERCERA: Revoca cualquier otro acto de última voluntad que como suyo pudiera aparecer con fecha anterior a la de éste que es el que quiere valga solo y como testamento, codicilo o cualquier otra forma de última disposición.

Siete años después, el 6 de agosto de 1942, y como si no las tuviera todas consigo, el jefe del Estado, Francisco Franco Bahamonde, obtuvo del notario sucesor, Simón Clavera Guarná, una copia del testamento de su hermano Ramón en dos pliegos numerados (el 0.150.415 y el 5338710, respectivamente).

Fallecido Ramón, es cierto que Engracia percibió una pensión como viuda de militar. Y ello pese a que Pilar Franco mantuviera que no la merecía al negar que fuera su viuda: «En atención a haber vivido los últimos años con él, el Gobierno la consideró como viuda, que naturalmente no lo era», manifestó.

Curiosamente, Pilar Franco intentó desligar a Engracia de su hermano Ramón, hasta el punto de cuestionar que fuera su legal heredera, como dispuso el difunto aviador: «Además, [Engracia] se quedó con todo lo suyo, cosa que nosotros no le discutimos. Luego creo que puso un taller de confección en Barcelona, donde vivía; me parece que hacía monos para los aviadores y para el Ejército. También conservó el coche de Ramón. De todas formas, todo tiene que decirse, no le dejó ninguna fortuna».

Había así dos «Pilares Franco»: la de antes y la de después del informe policial encargado, según ella, por su hermano Paco.

La de antes, se deshacía en elogios con Engracia por haber salvado la vida a su querido hijo Jacinto; la de después, era ya otra mujer que tenía una fe ciega en las conclusiones de un informe que mezclaba datos fehacientes obtenidos de registros y notarías con testimonios maledicentes de vecinos y porteras.

La propia Pilar Franco parecía extrañarse de que la viuda de su hermano Ramón se mostrase dolida con el informe encargado para deshonrarla:

> Engracia se incomodó a raíz de la investigación policial en la que se demostró que había tenido a la hija [Ángeles] antes de conocer a Ramón… El caso es que Ramón no podía reconocer como hija legítima a quien no lo era. Ella, Engracia, se disgustó mucho. Incluso conmigo. Recuerdo que vino a verme, pero yo le dije que no podía mediar en el asunto, ya que se trataba de un problema legal.

Acto seguido, comentaba, artificiosa:

> Quiero dejar constancia aquí de mi disgusto al tenerle que decir a Engracia que no podía hacer nada en el asunto de la investigación sobre su vida. Yo, personalmente, sentía un gran afecto por ella que, repito, se portó con mi hijo cuando el naufragio del *Baleares* como una verdadera madre.

Incluso admitió la apariencia rocambolesca y fantasiosa de algunos extremos del informe:

> Ya sé que la historia del tragasables es muy pintoresca y difícil de creer. Pero el informe de la policía no deja lugar a dudas. En aquella época, en los espectáculos de variedades el número de tragasables era muy corriente.

Al mismo tiempo, reconoció:

Lo que pasó entre los dos [el supuesto Leoncio Álvarez delValle, apodado Kanisca, y Engracia Moreno], como
yo no estaba no puedo decirlo... Engracia, naturalmente,
lo negó todo.

Entonces, si no podía afirmar «lo que pasó entre los dos»,
¿cómo podía asegurar que Ángeles era hija de aquel tragasables circense?

Sin embargo, ella hizo sus propias cábalas:

Ramón se enamoró de ella, que parecía una chica muy
formalita, y como además le gustaban los niños, no encontró el menor reparo en aceptar a Ángeles como hija. Más
adelante, se encontró con la sorpresa: debido a su casamiento con Carmen Díaz no podía contraer nuevo matrimonio con Engracia ni prohijar a Ángeles.

Como si Engracia no tuviera motivos para enojarse, habiendo sido víctima del espionaje de Estado, y convencida de
que el dinero todo lo cura, añadió:

De todas formas, Engracia no puede quejarse del Gobierno, ya que le concedió la pensión como si en realidad
fuera la viuda de Ramón.

Entre tanto, el doctor Puigvert siguió tratando a Engracia
y a su hija.

Un día de 1972 —treinta años después de la célebre noche
del convento— le llamó Ángeles desde Mallorca, donde residía con su madre. Se encontraba mal y quería que el doctor la
reconociese en Barcelona.

Días después, Ángeles, acompañada de su madre, cruzó el umbral de la clínica Puigvert para someterse a una delicada operación quirúrgica.

Nada más verla, el doctor había reparado en su aspecto lamentable: mucho más delgada, ojerosa, con la mirada perdida y un hilo de voz apenas perceptible, no era ni la sombra de aquella chiquilla discreta y de mejillas coloradas que acudía a verle a la consulta.

El diagnóstico cayó en su ánimo de forma similar a como un reo escucha la sentencia de muerte ante el juez. Sólo que ella era inocente.

Puigvert evitó al principio pronunciar la palabra maldita, pero al final ésta no tuvo más remedio que salir de su boca: cáncer.

La intervención quirúrgica transcurrió sin contratiempos y Ángeles se repuso con sorprendente rapidez.

Pero el cirujano sabía perfectamente que el fatal desenlace era sólo cuestión de tiempo.

Por eso aconsejó a la paciente que se alojara con su madre en el piso de la calle Balmes, no lejos de la clínica, para someterse a continuas revisiones.

Una tarde, en su casa, Ángeles dejó solos al doctor Puigvert y a su madre, con motivo de la visita de una amiga.

Engracia aprovechó entonces para pedir consejo a su médico sobre un asunto importante que nada tenía que ver con la medicina.

Abandonó un instante el salón y regresó con un papel viejo y amarillento que tendió al doctor para que lo leyera. Era una copia autentificada del acta de entrega del hidroavión *Plus Ultra* regalado por el Gobierno de Primo de Rivera a la Argentina.

La cesión del hidroavión enfureció terriblemente a Ramón Franco, hasta el punto de que, en señal de protesta, permaneció días enteros sin salir de la residencia del Intendente municipal de Buenos Aires, Carlos M. Noel, donde se hospedó con el resto de sus compañeros durante su estancia de casi un mes en Argentina.

Franco pensaba regresar a España a bordo del *Plus Ultra* para completar su *raid* y ser recibido con el resto de la tripulación en loor de multitudes.

Pero el general Primo de Rivera, resentido por el desaire del aviador, que había incumplido sus órdenes haciendo escala en Montevideo, cuyo gobierno criticaba abiertamente su dictadura, se lo impidió regalando el hidroavión para que figurase para siempre en la sala de exposición de un museo bonaerense.

Ramón comprendió finalmente la importancia de preservar el *Plus Ultra* como testimonio histórico de su hazaña para las generaciones venideras.

La propia Engracia así se lo corroboró aquella tarde al doctor Puigvert:

—Ramón me había dicho varias veces que conservar el *Plus Ultra* en un museo era importante; pero que, para él, lo era mucho más el sextante de que se sirvió en la travesía ya que, gracias a él, pudo marcar el rumbo de la nave. «El hidroavión fue el cuerpo; el sextante, el espíritu.» Él ya había querido entregarlo cuando se regaló el avión, pero don Alfonso XIII, al que se lo consultó, le dijo: «No. El sextante te lo guardas tú como recuerdo de la hazaña».

Puigvert no pudo disimular su excitación, mezcla de admiración y afecto:

—Y el sextante, ¿lo tienes tú? —inquirió.

—Sí. Lo tengo yo —repuso Engracia—. Pero ahora, desaparecido mi marido, la orden del rey ya no tiene sentido. Yo quisiera que se cumpliese ese viejo deseo de Ramón.

—Tú dirás cómo puedo ayudarte…

—He pensado que, como tienes tan buenas relaciones en Argentina, podrías ocuparte tú de gestionar su entrega. Puedes imaginarte la ilusión que le haría a Ángeles subir a ese hidroavión en el que su padre atravesó el Atlántico y alcanzó la fama, para depositar en su interior el sextante que, desde que nació, ha visto cada día en una estantería de nuestra casa.

—Pero no entiendo por qué habéis esperado tanto tiempo —se extrañó Puigvert—. Además, ¿por qué me pides a mí ahora que intervenga?

—Comprenderás que yo no puedo ni quiero hacer nada por medio de las autoridades españolas, pues quienes rodean a Paco saben perfectamente que él siempre tuvo celos de Ramón y que se opondría tajantemente a cualquier intento de resucitar algo que tuviese que ver con aquella hazaña que conmovió al mundo. En todos los aniversarios del célebre vuelo han circulado órdenes muy concretas de la censura por las direcciones de los periódicos señalando matices y dimensiones, cuando en realidad se estaba tratando de un acto glorioso para la Aviación española.

Engracia tenía razón; la propia hermana del Caudillo, Pilar, reconocería años después: «La vida aventurera de Ramón se ha silenciado quizá demasiado. No niego la posibilidad de que mi hermano Francisco diera orden de no airear la azarosa vida de Ramón antes de la guerra».

Entonces, el célebre urólogo propuso:

—¿Y si recurriéramos a las representaciones diplomáticas argentinas en España?

—Tampoco se conseguiría nada —le atajó Engracia—, pues lo primero que harían sería consultar con el Ministerio español de Asuntos Exteriores. La única solución viable sería plantear el tema directamente en Buenos Aires, y a un alto nivel que imposibilitara a las autoridades españolas trascender a cuestiones meramente personales.

Fue entonces cuando Puigvert comprendió perfectamente con qué ilusión subiría Ángeles la escalerilla del *Plus Ultra* para depositar en su interior el viejo sextante de su padre, como quien lleva un ramo de flores a su tumba.

Pensó en la emoción y el recogimiento con que aquella mujer herida de muerte penetraría en la misma carlinga en la que el valeroso Ramón Franco había permanecido horas enteras desafiando el peligro para asombro del mundo.

«Soñé —escribió el doctor—, por unos momentos, en que yo la acompañaría hasta el pie de ese altar de la fama al igual que años atrás la había acompañado al altar del matrimonio.»

Puigvert aceptó así el reto de Engracia.

«La papeleta era difícil —calibró él mismo—. Estoy hablando de unos tiempos en los que la menor desviación de la línea señalada por la voluntad de un hombre que tenía el poder de juzgarlo y decidirlo todo, podía acarrear desagradables consecuencias. Pero el empeño era limpio y hermoso.»

La mañana del martes, 3 de febrero de 1976, coincidiendo con el cincuenta aniversario de la gesta del *Plus Ultra*, el doctor Puigvert hizo entrega del sextante al embajador argentino en España, el doctor Campano, con el encargo de que fuera depositado junto al histórico hidroavión en el Museo de Luján de Buenos Aires, cumpliendo así el deseo del aviador, de su esposa y de su hija.

El instrumento de navegación correspondía al modelo Systems Admiral Gago Continho, construido por la casa C. Plath de Hamburgo.

Ramón Franco pagó por él de su bolsillo la cantidad de 3.000 pesetas meses antes de emprender la travesía del Atlántico.

El sextante estaba depositado en el interior de una caja de tamaño similar al de una vieja sombrerera. Durante muchos años, Ramón lo guardó primorosamente en el piso que poseía en Barcelona, asaltado por las turbas en los primeros días de julio de 1936. Pero, por fortuna, manos amigas lograron rescatar el precioso aparato, conservándolo en lugar seguro hasta que, concluida la Guerra Civil, fue devuelto a la viuda de su dueño, Engracia Moreno.

Aquella mañana, en la embajada argentina en Madrid, el doctor Puigvert no pudo contener su emoción sabiendo que Ángeles no podría subir jamás a la carlinga del avión de su padre, ingresada como estaba en el hospital San Pablo de Barcelona, del que ya sólo saldría en un ataúd.

Por expreso deseo de Engracia y de Ángeles, se cuidó de que a la ceremonia no fuese invitado ningún miembro del Gobierno de Franco.

Pero al llegar a la legación, se llevó una sorpresa mayúscula al comprobar que se encontraba allí un almirante español en representación del ministro.

Ni corto ni perezoso, el doctor le comentó los deseos de las donantes del sextante, pero el almirante, para quitar hierro al asunto, destacó la coincidente universalidad de los hermanos Ramón y Francisco. A lo que Puigvert le espetó: «Cierto, Ramón pasó a la historia como héroe, pero su hermano Francisco no pasará de dictador».

Luego, con sencillez y sin protocolo, entregó al embajador el sextante y la placa de plata explicativa de la donación que figura hoy al pie del hidroavión.

El embajador leyó entonces el acta rubricada por Engracia y Ángeles.

Decía así:

Las abajo firmantes DOÑA ENGRACIA MORENO
CASADO, Vda. del General de Aviación [sic] D. RA-
MÓN FRANCO BAHAMONDE y DOÑA ÁNGELES
FRANCO MORENO, hija de D. Ramón y D.ª Engracia,
declaran:

Que conservan en su poder el sextante Systems Admiral Gago Continho, de la Casa C. Plath de Hamburgo, que
su respectivo esposo y padre Ramón Franco Bahamonde
utilizó durante el histórico vuelo con el avión *PLUS UL-
TRA*, desde España a la República Argentina, partiendo de
Palos de Moguer en enero de 1926 llegando a Buenos Aires
el día 10-II-1926.

Que ha sido siempre propósito de la esposa e hija
cumplir el deseo del aviador Ramón Franco Bahamonde y
suyo propio, de entregar esta pieza fundamental para el citado vuelo, a la Nación Argentina, y a tal fin entregan a la
Representación Diplomática Argentina en España dicho
instrumento, antes del día 10 de febrero del presente año
en que se cumplirán 50 años de la llegada del *PLUS UL-
TRA* a Buenos Aires y así será integrado en el Museo de
Luján junto con el aparato.

Barcelona (Fundación Puigvert), a veintiocho de enero
de mil novecientos setenta y seis.

FDO. D.ª ENGRACIA   FDO. D.ª ÁNGELES
MORENO CASADO   FRANCO MORENO
Documento Nacional   Documento Nacional
de Identidad   de Identidad
N.º 36.799.579   N.º 361.892.55

Ángeles murió dos meses después, el 30 de abril.

Su partida de defunción, archivada en el libro 272 de la
Sección Tercera del Registro Civil de Barcelona, reza así:

> Datos de identidad del difunto:
> ÁNGELA FRANCO MORENO,
> hija de Ramón y de Engracia, casada, nacionalidad es-
> pañola, nacida el día primero de abril de mil novecientos
> treinta y ocho [garrafal error del Registro, pues Ángeles
> había nacido diez años antes, en 1928] en Barcelona.
> Domicilio último Barcelona, digo Palma de Mallorca,
> Tous y Morató, 17.
> Defunción: Hora [ilegible], día treinta de abril de mil
> novecientos setenta y seis.
> Lugar: Hospital San Pablo.
> Causa: [ilegible].
> El enterramiento será en Barcelona Sud-Oeste.
> Declaración de D. Juan Ardite, en su calidad de man-
> datario, domicilio C/ Sancho de Ávila, 2.
> Comprobación: Médico D. San Martí.
> Colegiado núm. [en blanco], número del parte 587.811.
> Otros títulos o datos [en blanco].
> Encargado: José Verdaguer Casadejús. Delegado.
> Secretario: El mismo.
> A las catorce horas del tres de mayo de mil novecien-
> tos setenta y seis.

El doctor Puigvert amortajó a Ángeles con sus propias
manos.

Luego, su esposa Elena Salvador compró una sepultura en
el cementerio del Sudoeste (hoy cementerio de Montjuich)
para que pudiera ser enterrada.

Hacia allí me dirigí yo al día siguiente de mi encuentro con
Elena Salvador en su casa de Barcelona.

—No te extrañes si en la lápida no encuentras una inscripción —me previno ella antes de despedirse.

La miré desconcertado.

—Su madre no quería dejar pistas sobre su enterramiento —añadió.

Pensé entonces cuánto debieron sufrir aquellas dos pobres mujeres indefensas tras la trágica muerte de la persona que más las quiso.

De camino hacia el cementerio, comprobé los datos de enterramiento de Ángeles en la copia del título de derecho funerario a perpetuidad que Elena Salvador tan amablemente me había facilitado.

Se trataba del nicho número 3.755, piso 2.º, Sin Vía.

Antes de llegar al cementerio, pedí al taxista que me llevase a una floristería cercana para comprar un ramo de rosas rojas.

Una vez en Montjuich, rogué al conductor que me aguardase de nuevo mientras preguntaba en la Administración del cementerio. El funcionario municipal me entregó un plano del mismo, donde localicé enseguida la ubicación del nicho.

Cinco minutos después, mi alegría fue indescriptible al comprobar con mis propios ojos que la sepultura sí tenía inscripción: «FAMILIA FRANCO», se leía con dificultad en letras grabadas sin esmalte en la lápida de mármol blanco.

Examiné detenidamente ésta y descubrí en el ángulo superior izquierdo una pequeña cruz y justo debajo, cincelado también sin pintura, el nombre completo de ella: «ÁNGELES FRANCO MORENO», seguido de sus fechas de nacimiento y muerte: «1-IV-1928. 30-IV-1976».

Recordé entonces con rubor ajeno las palabras que su tía Pilar Franco Bahamonde dejó escritas en sus memorias: «Sé que Ángeles murió poco después de su casamiento».

Había sólo una pieza que no me encajaba de aquel misterioso enterramiento y llamé por el móvil a Elena Salvador.

—¿Sabes quién era Kenneth Bariring? —le pregunté.

—¡Oh! Disculpa que no te lo dijera antes, pero a mi edad una pierde a veces la memoria. Aquel pobre chiquillo era hijo de unos amigos filipinos que no tenían dónde enterrarle. Me rogaron que les ayudara. Así que les cedí el nicho, como también hice con Engracia.

Sólo me quedaba ya una cosa por hacer: deposité el ramo de flores junto a la lápida y me despedí para siempre de Ángeles, la sobrina preferida de Francisco Franco.

21

La oveja negra

El día que España sepa que tu conducta no es
de orden y pura, desengáñate, Ramón, que
los que hasta hoy creen en ti y te rinden tributo de admiración como aviador glorioso,
te repudiarán [...].

Francisco Franco,
en carta a su hermano

La propia hermana de Franco, Pilar, lo admitía sin tapujos en
sus memorias, como ya hemos visto:

La vida aventurera de Ramón se ha silenciado quizá
demasiado. No niego la posibilidad de que mi hermano
Francisco diera orden de no airear la azarosa vida de Ramón antes de la guerra.

¿Cuestión de celos? ¿Acaso era fundada la presunta celo-
tipia del Caudillo?

Juzgue si no el lector, a la vista de los hechos que a continuación constatamos.

Para empezar, Ramón fue siempre el hijo predilecto de don Nicolás y su hermano Francisco, por el contrario, la diana constante de sus improperios.

A diferencia de Franquito, su hermano menor Monchín culminó con brillantez sus tres años de estudios en la Academia de Infantería de Toledo, graduándose con el número 37 de su XVIII Promoción, frente al puesto 251 obtenido por el futuro Caudillo de España en la suya, la XV, como también vimos.

Sin restar méritos en absoluto al acreditado valor de Francisco Franco, primero en la Guerra de África batiéndose como un jabato en el frente a cuchilladas y culatazos, y más tarde en la contienda civil española erigido finalmente en Generalísimo de los Ejércitos, es indudable que Ramón llegó a convertirse también en un hombre temerario, más que valiente, al que con justicia sus camaradas de trinchera apodaban «Chacal».

Con Ramón Franco me sucedió así algo parecido a lo que ya experimenté al recabar, con gran curiosidad, la opinión de antiguos compañeros de trabajo:

—¿Sabías que el rey tenía un hermano?

La pregunta dejó atónito a más de uno:

—¿Te refieres al rey actual?

Enseguida reparé en que sobre el hermano del rey, el infante don Alfonsito, fallecido con casi quince años de un trágico disparo de pistola efectuado por don Juan Carlos cuando éste contaba dieciocho años, se había desplegado un interesado manto de silencio.

Al emprender luego la fascinante biografía del aviador Ramón Franco pude comprobar también que todavía algunos ignoraban que Francisco Franco Bahamonde tenía un hermano pequeño.

Habían oído hablar, eso sí, de Nicolás, el primogénito, pero desconocían la existencia de Ramón.

Resultaba increíble que ni siquiera la gloriosa gesta del *Plus Ultra*, el hidroavión tripulado por Ramón Franco que atravesó el Atlántico Sur, desde Huelva hasta Buenos Aires, en 1926, para asombro del mundo entero, sirviera al cabo del tiempo para mantener viva su memoria.

Llegué así a la conclusión de que durante muchos años —en concreto, durante los casi cuarenta que su hermano ocupó el poder— todo el mundo se cuidó de no pronunciar el nombre de Ramón Franco, el hermano maldito del Caudillo.

Recordé entonces las premonitorias palabras de su viuda, Engracia Moreno, al doctor Antonio Puigvert, conocidas ya por el lector, cuando ésta se dispuso a cumplir el deseo de su difunto marido de regalar al Gobierno argentino el viejo sextante con el que había coronado su aventura: «[...] quienes rodean a Paco —advirtió Engracia— saben perfectamente que él siempre tuvo celos de Ramón y que se opondría tajantemente a cualquier intento de resucitar algo que tuviese que ver con aquella hazaña que conmovió al mundo».

Nadie, con un mínimo de rigor, puede negar hoy las grandes desavenencias entre hermanos tan distintos.

De hecho, la intensa y breve vida de Ramón —falleció con cuarenta y dos años— se caracterizó por una continua lucha contra el poder establecido: durante la Monarquía, llegó a ser el principal enemigo de Alfonso XIII, pese a que éste le nombró gentilhombre de su cámara; y luego, durante la Segunda República, acabó siendo despreciado por sus antiguos camaradas de revolución y combatiendo al lado de su hermano Francisco en la Guerra Civil, al frente de la Aviación nacional en Baleares.

Atrás quedaba su papel protagonista en la sublevación de Cuatro Vientos, su pertenencia a la logia masónica Plus Ultra (curiosa coincidencia con el nombre del avión a bordo del cual conquistó la gloria), su pasado revolucionario junto a Blas Infante en Sevilla, y su acta de diputado por la Esquerra Republicana de Catalunya.

Entre los «delitos» de Ramón, el principal, como también hemos visto, fue contraer matrimonio por la Iglesia con Carmen Díaz Guisasola, de la cual luego se divorció, acogiéndose a la legislación de la República, para desposarse por lo civil con Engracia Moreno Casado, con la que tuvo una hija llamada Ángeles.

Su hermano Francisco jamás se lo perdonó.

Mujeriego empedernido, aficionado a la bebida y en especial al juego, todo lo contrario que Francisco, acabó prescindiendo de todos esos vicios para volcarse en el apacible hogar familiar que le brindaron desde el principio su segunda esposa y su única hija.

Cuando parecía haber alcanzado la felicidad, sintiéndose querido por su única familia y respetado, cuando no admirado, por sus compañeros de armas, le sobrevino la muerte como a los grandes héroes que supieron desafiar siempre al peligro.

El 28 de octubre de 1938, poco después de despegar con la misión de bombardear el puerto de Valencia, su avión cayó en picado al abismo. ¿Accidente o sabotaje? Pilar Franco siempre creyó que su hermano había sido asesinado por la masonería internacional mientras preparaba un libro titulado *La burla del grado 33*. Pero jamás sabremos a ciencia cierta lo que sucedió, pues en su día, por increíble que parezca, se escamoteó una investigación oficial.

Paco y Ramón se hallaban así en las antípodas ideológicas: mientras el primero pretendía instaurar entonces una república por la vía revolucionaria, simpatizando con la masonería, el segundo se mantenía fiel, como un mastín, a la Corona y al catolicismo.

Incorporado al recién creado Comité Central de la Asociación Militar Republicana, junto a los generales Queipo de Llano y López Ochoa, el aviador Ramón Franco suscribió en febrero de 1930 una circular que dejaba muy clara su ideología y estrategia en aquel momento, considerando a la Monarquía «enemiga de cuanto signifique progreso y soberanía nacional».

El gran adversario a batir era así la «dictadura borbónica», la cual, a su juicio, había privado al país de relevancia política, social y militar durante el último medio siglo.

Ramón era ya un revolucionario no sólo por sus ideas progresistas, que le convertían en paladín de una república democrática y popular, sino incluso por su aspecto externo, desaliñado, creyéndose más cerca del pueblo si llevaba la ropa arrugada, el cabello rapado y la barba de varios días.

Volcado en su proselitismo para derribar a la Monarquía, no reparó en que los sabuesos del general Emilio Mola seguían celosamente sus pasos, igual que el inspector Javert acechaba al forzado Jean Valjean en *Los Miserables* de Victor Hugo.

Cierto día, Ramón se reunió con un grupo de anarquistas en Lérida.

Pues bien, sólo horas después Mola tenía ya un informe detallado del encuentro sobre el escritorio de su despacho; obra de su confidente, el comandante de Artillería Lacacy, quien percibía entre 7.000 y 14.000 pesetas por traicionar a su camarada Ramón Franco.

Decía así:

En Lérida, en un almacén de maquinaria agrícola propiedad de don Francisco Arqués, sito en el número 36 de la calle de Fernando de dicha población, el comandante Franco sostuvo con éste, y otro individuo cuyo nombre se desconoce, de unos veinticuatro años, artesano, con domicilio en Tremp, una conversación sobre la provisión de armas, o mejor dicho sobre el modo de adquirirlas, en la que el artesano citado, que parece era el encargado de ello, expuso las dificultades de comprarlas al por menor en Éibar, en donde en cambio, si se pedían de 50.000 [pesetas] para arriba, la operación sería más fácil porque los industriales de dicha zona podrían improvisar una fabricación clandestina para servir el pedido. Franco contestó que no había dinero para tanto, y entonces el joven desconocido les convenció, y así quedó acordado, en principio, de que lo más conveniente era adquirirlo en Saint-Étienne.

El tal Arqués tiene un hermano banquero en la misma Lérida, el cual cuando estaban conversando sobre esto, entregó sin explicaciones a Franco un fajo de billetes que éste se guardó sin decir una palabra.

También se dijo en dicha conversación que lo que importaba por el momento era la adquisición por lo menos de 200 pistolas, suponiendo el informante, dada la fecha en que esto sucedía —primeros de septiembre—, que de lo que se trataba era de armar a los dependientes de comercio para asaltar el local social del Sindicato Libre por el despojo de que fueron víctimas en tiempos de la Dictadura.

El comandante Franco, en sus conversaciones, alardea de haber fabricado bombas de mano con la colaboración de su suegro y cuñado, y cree el informante que esto pudiera tener relación con manifestaciones hechas por... con domicilio en... el cual, lamentándose de que en estas revueltas unos cobraban o manejaban fondos a placer y otros no hacían más que sacrificarse, afirmó que aún no le habían pagado a él quinientos metros de mecha facilitados, con algunas cantidades de dinamita, para la fabricación de bombas.

Ante el inquietante cariz que tomaban los acontecimientos, Mola decidió mover ficha y telefoneó a Francisco Franco, director de la Academia General de Zaragoza, para que disuadiese a su hermano menor de sus actividades revolucionarias y antimonárquicas, advirtiéndole de que podían conducirle a la cárcel.

Fue así como Francisco escribió una carta a Ramón, fechada en Zaragoza el 8 de abril de 1930.

Redactada con la escasa convicción de quien conocía muy bien el carácter orgulloso y rebelde de su hermano, trataba no obstante de reconducirle a los ideales monárquicos deslizando esta diplomática coletilla: «Tú, que has sido siempre elemento de orden y patriota...».

La primera pieza del interesante y casi desconocido intercambio epistolar entre ambos hermanos, dice así:

Querido Ramón:
Cuando estuve en Madrid traté de verte, pues deseaba hablar contigo un rato y con ese motivo pretendía que vinieses a cenar con Alfonso (el marido de Pilar) y conmigo; pero, no obstante mis gestiones y quedarme un día más en Madrid, no logré verte ese día.

Mi objeto principal era el frenarte en el camino que, sin darte cuenta, has emprendido y que sin que lo notes te arrastra a un desastre.

Es voz pública que tú y otros amigos pretendéis hacer labor y propaganda dentro del Ejército, incitando mover las guarniciones y oficiales, que si por cortesía os escuchan e incluso algunos con simpatía, les falta tiempo para ir a contárselo a las autoridades.

Se conocen todos vuestros pasos y propagandas, y esto no puede conducir más que a que os impongan la sanción correspondiente a vuestros desvaríos.

Yo sé que has estado recientemente en Zaragoza, y las autoridades de ésta están quejosas de vuestros pasos y gestiones, y en Madrid también se han interesado por vosotros.

Si un día una situación ilegal de Dictadura, demasiado prolongada, podía ante los ojos del país el justificar o perdonar que unos militares conspirasen, otra cosa es ante un Gobierno legal, restablecedor de las garantías ciudadanas.

Tu prestigio, Ramón, como aviador, y el de los otros chicos aviadores, en menor escala, está sirviendo de etiqueta o pedestal a unos ambiciosos y revoltosos que pretenden con ella cubrir su averiada mercancía y elevarse y adquirir nombre a vuestra costa.

El día que España sepa que tu conducta no es de orden y pura, desengáñate, Ramón, que los que hasta hoy creen en ti y te rinden tributo de admiración como aviador glorioso, te repudiarán y volverán la espalda como elemento de desorden.

Para muchos sin nombre ni arraigo, plenos de ambiciones, puede ser programa la cárcel, para de víctimas pasar a ser figuras; pero tu prestigio y nombre se pierde al compás que se exteriorice tu conducta, y la gente llegará a verte con indiferencia ir a la cárcel.

Aparte de esto, puedes estar convencido que el Ejército permanecerá dentro de la Ley y ha de defender en todo momento el orden, la disciplina y el trono, y una cosa es batirse por la Patria sin pasiones cara al deber y a la lealtad jurada, y otra cosa es hacerlo apasionado a espaldas de estos principios.

Me creo en el deber de prevenirte y aconsejarte el que no te dejes arrastrar por esa legión de conocidos, que ni amigos puedes llamar, y que te dejarán solo al primer tropezón.

Tú, que has sido siempre un elemento de orden y patriota, no pierdas el recuerdo, que sería para la Patria una desdicha la posibilidad de caer en manos de esos elementos que tantos daños la infieren.

Piensa un poco en todo esto, querido Ramón, y perdona el que, primero por ti y luego por el disgusto grande que mamá sufre con las cosas y que compartimos los demás, te escriba en este sentido.

Te quiere y abraza tu hermano,

PACO

Ramón tardó sólo cuatro días en responder.

Lo hizo extensamente, el 12 de abril, desde Madrid, reafirmándose en su credo revolucionario y asegurando a su hermano mayor que «dentro del régimen republicano es donde mejor se puede servir a la Patria».

En su carta, mejor redactada y más profunda que la de Francisco, demostraba una sorprendente clarividencia política al vaticinar la proclamación de la República justo un año antes, basándose en un sólido argumento: «Cuando un rey falta a su juramento, los demás quedamos relevados del nuestro», advertía.

Alfonso XIII, en efecto, pese a jurar fidelidad a la Constitución de 1876 ante los Santos Evangelios, se había convertido en cómplice de una dictadura que le haría pasar a la Historia como un rey perjuro. Exactamente igual que a su bisabuelo, el rey Fernando VII, quien tras pronunciar aquella célebre frase de «marchemos francamente, y yo el primero, por la senda constitucional», se desdijo tres años después de su juramento a la Constitución liberal de Cádiz para iniciar su etapa absolutista.

Un siglo más tarde, Juan Carlos I juraría también fidelidad a los Principios y Leyes Generales del Movimiento, impulsando él mismo su abolición meses después.

En su reveladora carta, Ramón hacía un diagnóstico acertadísimo de la corrupción que «reinaba», valga la redundancia, con el rey Alfonso XIII: «Los príncipes, infantes y demás parientes más o menos cercanos al trono, hacen truculentos negocios con el amparo que les presta el Poder», denunciaba.

Inculpando a la Familia Real, no hacía sino anticipar el acta de acusación que formularían al año siguiente las Cortes Constituyentes contra el monarca, incriminándole en oscuros negocios para amasar una inmensa fortuna.

Añadamos tan sólo que el patrimonio de Alfonso XIII y su familia, en el momento de proclamarse la República, superaba los 69 millones de pesetas de la época, equivalentes hoy a más de 140 millones de euros.

Un tercio aproximadamente de esa fortuna, más de 46 millones de euros, se hallaba depositado entonces en bancos de París y Londres, sobre todo.

Pero leamos ahora atentamente la extensa carta de Ramón a Francisco, quien pretendía reconducir en vano hasta el redil a la «oveja negra»:

> Querido hermano:
> Recibo atónito tu carta y me asombro de los sanos consejos que en ella me das.
> Tienes formado muy mal concepto de las fuerzas republicanas y excesivamente bueno de las monárquicas y de lo que representa el trono.

Siguiendo la monarquía en España, ya conoces el rumbo de la Nación. La nobleza, que se considera casta superior, en su mayoría descendientes bastardos de otros nobles, viviendo a costa del país al amparo de la monarquía, con delegaciones regias, negocios dudosos, puestos políticos influyentes, y escarneciendo a las clases inferiores —más morales cuanto más inferiores— con sus desenfrenos de todos conocidos. El alto clero y las congregaciones, que tienen su principal apoyo en la dinastía reinante, asfixiando las libertades públicas con sus demandas y desafueros, llevándose en forma directa o indirecta un buen trozo del presupuesto, mientras el país languidece y la incultura perdura por falta de escuelas y elementos de enseñanza, pues en los presupuestos no queda dinero para tan perentorias atenciones.

Los príncipes, infantes y demás parientes más o menos cercanos al trono, hacen truculentos negocios con el amparo que les presta el Poder. El Ejército, que debiera ser servidor de la Nación, hoy sólo sirve al Trono y, para proteger a éste, se atreve a ametrallar al pueblo ansioso de recuperar su soberanía, atropellada y escarnecida por la dictadura borbónica. Mientras, el Ejército se apropia el oficio de verdugo de la Nación, descuida su eficiencia guerrera y es tan sólo una caricatura de lo que debiera ser. En cambio, se lleva la tercera parte de los presupuestos nacionales.

La vieja política, desacreditada, dando origen al golpe de Estado del año 23, llegó a aquel punto de descrédito, gobernando, o mejor dicho, desgobernando las clases monárquicas en cooperación con el poder moderador —por no llamarle absoluto— de ese trono que tanto defiendes.

En la monarquía no aparecen valores nuevos. Las mismas causas de antaño producirán los mismos efectos. Tras una nueva etapa de desgobierno, funesta, desde luego, vendrá otra etapa de Dictadura, que completará la labor de la Dictadura anterior, terminando de ahogar todo espíritu liberal y ciudadano y convirtiéndonos en lo que son hoy algunas Repúblicas Americanas. Los pocos ciudadanos que queden, para no morir a manos reaccionarias, tendrán que emigrar, perdiéndose para España los valores que ellos representan.

Los generales —incapaces— que hoy se agrupan en torno del trono para defenderlo, no llevan otras miras que evitar la llegada de un orden nuevo, en el que por su incapacidad no tendrían puesto decoroso; y para salvar su actual posición privilegiada, defienden a su señor con instinto y dotes de esclavos, tratando de poner una vez más al Ejército enfrente del pueblo. Esto, que sucedió otras veces, ya no lo conseguirán, y el soldado y el oficial se pondrán al lado de aquél para ayudarle a sacudir sus yugos legendarios y hacer justicia, su justicia, la verdadera justicia, la justicia popular.

El pueblo paga al Ejército y al Trono para que le sirvan y no para que lo tiranicen, y cuando se cansa de pagar servidores desleales, está en su legítimo derecho prescindir de ellos.

El Trono rompió la Constitución, que es el pacto que tenía con el pueblo; roto el pacto, al pueblo, sólo al pueblo, corresponde rehacerlo o elegir el régimen de gobierno que le ofrezca más sólida garantía de progreso y bienestar. Un régimen que por evoluciones parlamentarias y no por revoluciones sangrientas consiga que no sea un mito el significado de las tres palabras «Libertad, Igualdad, Fraternidad». Ese régimen no puede ser ya la monarquía, puesto que ha demostrado cumplidamente que sólo satisface sus egoísmos, sin importarle un ardite las necesidades del país.

El mundo en pocos años ha evolucionado rápidamente. Casi todas las naciones de Europa están hoy constituidas en repúblicas, lo están todas las de América. Los que sentimos el culto de la Patria, debemos quererla republicana, única forma de que progrese y se coloque al nivel del resto de Europa, respecto al cual vamos atrasados muchos años.

Una República moderada sería la solución al actual estado de cosas. Ella atraería a la gobernación del país a las clases privilegiadas sin espantarlas ni ponerlas enfrente, como sucedería con el establecimiento de una República radical. Los elementos más radicales la respetarían, porque verían siempre en ella la posibilidad de evolucionar hacia sus ideales, tratando de ganar puestos en los comicios con su conducta, sus programas y una adecuada propaganda. El país se gobernaría en definitiva como quisiera y evitaríamos la llegada de una revolución que camina con pasos de gigante y que cuanto más tarde más violenta ha de ser.

Dices en tu carta con un profundo desconocimiento que las izquierdas son averiada mercancía. ¡Mercancía y bien averiada son las derechas! ¡Ya hemos visto cómo se vendían o alquilaban! Lo poco bueno que en ellas quedaba, se ha marchado a la República, por no convivir con tanto profesional de la indignidad y de la falta de decoro. Los partidos monárquicos ¡¡ésos sí que son averiada mercancía!!

Dices también en ella que si el patriotismo, el deber, la fe jurada, etc.; todo ello debes decírselo al perjuro que olvidó y violó la Constitución jurada solemnemente, llevando al país a la bancarrota y a la inmoralidad. Y todo para evitar que se exigieran las responsabilidades de Marruecos, todavía sin liquidar y aumentadas ahora con las de la pasada Dictadura.

Cuando un rey falta a su juramento, los demás quedamos relevados del nuestro. Cuando se ventilan los sagrados intereses del país, los juramentos son papeles mojados.

Si desciendes de tu tronito de general y te das un paseo por el estado llano de capitanes y tenientes, verás que pocos piensan como tú y cuán cerca estamos de la República. Quitando el generalato, la mayoría de los jefes y casi toda la aris-

tocrática arma de Caballería, el resto del Ejército es republicano, las clases lo son también, lo son las de Marina, y la
oficialidad de esta última, por no ser menos, dio una pequeña muestra de su republicanismo el día 11 de febrero, con-
memorando el aniversario de la primera República española.

Como estoy profundamente convencido de que los
males de España no se curan con la monarquía, por eso soy
republicano, ¿está bien claro? Creo sería una gran desdicha
para España que perdurase la monarquía. Hoy se es más
patriota siendo republicano que siendo monárquico, pero
claro es, esto es incomprensible cuando la vida que se ha
creado uno le lleva a tratarse con las clases aristocráticas y
más acomodadas del país, como te pasa a ti.

Todavía es tiempo de que rectifiques tu conducta y no
pierdas el tuyo en vanos consejos de burgués. Tu figura al
lado de la República se agigantaría; al lado de la monarquía
pierdes los laureles tan bien ganados en Marruecos. Si te
gusta una postura más cómoda, más de cuco, siéntete cons-
titucionalista como han hecho muchos políticos viejos, y
conviértete en censor de la pureza de las nuevas elecciones
y no olvides que se puede ser amigo de la persona del rey
—aunque el monarca no lo sea tuyo— y ser un buen republicano. A la República no debe irse por odios, solamente por ideales, y cuanto más amigo se fuere del rey y
más favores se hayan alcanzado de él, más mérito tiene ser
republicano.

Siento el terrible disgusto que a la familia le ocasiono
con mi actitud, pero la familia debe considerar que el ma-
nifestarme su disgusto para que pese en mis decisiones, es
una decisión intolerable. En ellas, como siempre, procederé
sólo con arreglo a mi conciencia, y el tiempo nos dirá con
quién estaba la Razón y la Justicia.

Te remito una carta de un amigo que debes leer con
calma, y ella te dará una ligera idea de lo que es hoy el Ejér-

cito y a qué extremos ha llegado. También te servirá ahora que estamos en la Cuaresma, para que hagas un pequeño examen de conciencia.

Para terminar, un consejo. Ya sé que a los alumnos les dais una educación física maravillosa, que saldrán de la Academia siendo brillantísimos oficiales, pero contemplo con dolor que serán muy malos ciudadanos. Necesitaban clase de ciudadanía, pero ¡mal podéis ser vosotros los que la inculquéis!

De cuanto me dices no tomo nada, dejo el resto y termino diciéndote que hago y seguiré haciendo lo que quiera, que siempre es lo que me dicte mi conciencia, menos aristócrata y más ciudadana que la vuestra. Si para ello me estorba la carrera, no vacilaré en colgarla y ganarme la vida como ciudadano, consagrándome al servicio de la República, que es en definitiva el servicio de la Nación.

Te abraza tu hermano,

RAMÓN

Había así «dos Francos» irreconciliables: monárquico uno, republicano el otro.

22

Historia de una traición

El ingreso de Ramón en prisiones yo me
inclino a pensar que fue una de las jugadas
magistrales de Paco.

PILAR FRANCO BAHAMONDE

Delatado por el comandante Lacacy, quien tras acompañarle a
Lérida y Barcelona informaba luego a Mola con todo detalle
de sus actividades subversivas, e incluso por su propio hermano Francisco, quien, según su hermana Pilar, «arregló» su encarcelamiento con el director general de Seguridad, Ramón
no tuvo más remedio que ingresar el 11 de octubre de 1930
en Prisiones Militares.

La noche anterior, Francisco le había advertido que, si persistía en su actitud revolucionaria, sería detenido.

Pilar Franco justificaba así el posible acuerdo de Francisco
con Mola: «Mi hermano Francisco siempre trató de proteger
a Ramón. Esto para empezar. El ingreso de Ramón en prisiones yo me inclino a pensar que fue una de las jugadas magistrales de Paco».

Resulta curioso que Francisco Franco llegara a convencerse, como aseguraba su hermana, de que el mejor modo de ayudar a Ramón era recluirle en una prisión.

Pero aun así, Pilar insistía: «En resumidas cuentas, y por lo que yo pude oír, me inclino a pensar que aquello tuvo trazas de haber sido un arreglo entre Paco y el general Mola para que Ramón estuviera a salvo».

Ramón fue encarcelado al mismo tiempo que otros cabecillas del movimiento revolucionario; empezando por el capitán Alejandro Sancho, quien murió más tarde de tuberculosis en la prisión; y siguiendo por el abogado Lluís Companys, el sindicalista Ángel Pestaña, y otros hombres que alcanzarían mayor renombre luego, como Tomás Tussó, Francisco Escrich y Manuel Sirvent.

La víspera de su detención, el diario cordobés *Política* publicó unas declaraciones suyas que colmaron la paciencia de las autoridades civiles y militares. Ramón manifestó:

> La Dictadura no solamente arruinó la hacienda, sino que destrozó el Ejército y elevó a los hombres ineptos. El país sabe perfectamente dónde nació y se amparó la Dictadura. Por eso mismo yo soy republicano y deseo la implantación de la República en España.

Aquella misma noche, Francisco y Ramón cenaron juntos y charlaron hasta las tres de la madrugada.

El hermano mayor le previno del castigo que le aguardaba si no rectificaba enseguida. Pero Ramón pensó que su ingreso en prisión no era inminente y que aún disponía de varios días para desaparecer de la circulación.

Regresó así confiado a casa y se acostó sobre las tres y media de la madrugada.

Solía despertarse a las seis y media. La policía conocía sus costumbres y se presentó a las siete en su casa de La Guinda-lera. Su primera esposa, Carmen Díaz, alegó que aún dormía y los agentes se retiraron con intención de volver luego.

Sobre las diez, Ramón abandonó su domicilio con el tam-bién comandante Pedro Romero, creyendo que ya no había nadie en los alrededores.

Pero cuando el viejo Chrysler de Romero dobló la es-quina, un Fiat sin insignia oficial se cruzó ante ellos, cerrán-doles el paso.

Minutos después, los dos amigos cruzaban el umbral de la Dirección General de Seguridad. Ramón se negó a hablar con nadie que no fuera el propio Mola. Una vez en el despacho del director general, éste le comunicó que iba a ingresar en la cárcel.

A mediodía, fue conducido en efecto al recinto de Prisio-nes Militares de San Francisco el Grande, donde quedó inco-municado con un centinela armado a la puerta de su celda.

Por la tarde, su hermano Francisco, avisado por el pro-pio Mola, le visitó allí para informarle de los cargos contra él: fabricación de bombas de mano, contrabando de armas, pro-paganda revolucionaria... Francisco le habló de otros turbios asuntos que, según sus palabras, «sólo a un loco podrían ocu-rrírsele».

Recordó así a Ramón su descabellada idea de bombar-dear el multitudinario mitin monárquico celebrado meses atrás en la plaza de toros de Madrid, la Monumental, para acabar de modo tan salvaje con la vida de los partidarios más representativos de Alfonso XIII.

En el rostro de Francisco se adivinaba su satisfacción por haberse salido ahora con la suya, tras el intercambio epistolar efectuado seis meses atrás.

Por si fuera poco, sobre Ramón pesaba también la acusación de intento de asesinato en la persona de Iván Bustos, duque de Estremera, a quien gustaba sobrevolar el centro de Madrid en su avioneta para que todo el mundo pudiera leer el mensaje que había pintado bajo sus alas: «¡Viva el Rey!».

Una de aquellas mañanas, el duque de Estremera fue a recoger su avioneta al hangar del Aeroclub, en Cuatro Vientos. Minutos después, cuando volaba sobre Madrid, su motor se detuvo repentinamente. El piloto no se mató de milagro gracias a su acreditada pericia, pues era director y propietario de una escuela de vuelo. A duras penas, logró aterrizar en un descampado en las afueras de la capital.

Pero, al investigarse la presunta avería, se descubrió que, tras forzar la cerradura del hangar, alguien había mezclado medio kilogramo de polvo de esmerilar con el aceite del motor. Enseguida se acusó a Ramón del sabotaje.

De su conversación con Francisco, la misma tarde de su ingreso en prisión, supo que el comandante Lacacy era un traidor al servicio de Mola.

Al cabo de cuarenta y ocho horas, Mola ordenó que cesara su incomunicación.

Entre tanto, la noticia de su encarcelamiento había causado gran conmoción en todo el país. El 14 de octubre, trescientas personas, entre aviadores, amigos y periodistas, pidieron autorización en Capitanía General para visitar al héroe del *Plus Ultra*.

Pero sólo pudieron hacerlo los familiares y amigos más íntimos, a quienes el detenido aseguró que sus declaraciones al diario cordobés habían sido publicadas sin su permiso.

Su vida en prisión mantenía en vilo a la opinión pública de todo el mundo.

La agencia norteamericana United Press difundió un reportaje explicando que Franco realizaba todas las mañanas una completa tabla de gimnasia para mantenerse en forma a sus treinta y cuatro años; añadió que se había dejado crecer la perilla al estilo moruno, que leía a Valle-Inclán y atendía visitas, sobre todo la de su esposa.

En sólo una semana entre rejas, las cartas y cablegramas de Buenos Aires y Montevideo, sobre todo, se amontonaban en su celda.

Berenguer y Mola se veían impotentes para silenciar la enorme popularidad del preso. Uno de aquellos días llegó a Madrid el gigantesco avión alemán G-38 y su jefe técnico, Bertheim, dirigió una carta de admiración al comandante Franco, a la que éste contestó desde su celda, expresándole su «gratitud por su deferencia al recordarme con motivo de la llegada del avión».

El 18 de noviembre, la Justicia militar se pronunció, condenándole a cuatro meses de arresto con pérdida de tiempo de servicio y de antigüedad por cada uno de los artículos publicados en *Heraldo de Madrid* los días 28 y 31 de octubre.

El general Goded explicó así el veredicto a los periodistas: «Precisamente por tratarse de uno de los jefes más prestigiosos del Ejército, no podemos sustraernos a cumplir el Código de Justicia militar, pues el arresto ha sido impuesto por el capitán general de la región».

Pero Ramón no estaba dispuesto de ningún modo a cumplir los ocho meses de arresto que le correspondían por sus dos artículos publicados en la prensa.

Por si fuera poco, el preso se enteró un día de que pensaban trasladarle a la fortaleza de San Cristóbal, en Pamplona, para evitar que recibiera tantas visitas.

Enseguida protestó con ironía: «Debe hacer mucho frío en Pamplona, y yo ando muy delicado. Me parece que voy a tener una ciática que va a impedirme todo movimiento». Pero a esas alturas ya había decidido fugarse.

Gracias a los amigos y familiares que le visitaban, logró hacerse con un auténtico arsenal de sierras, limas, cuerdas y demás herramientas necesarias para la huida.

Pronto tuvo en su poder hasta pistolas y bombas de mano. El detenido temió así que los centinelas descubriesen todo su arsenal en uno de los registros rutinarios de su celda.

Fue entonces cuando experimentó una profunda reconversión interior, que le llevó a pedir permiso una mañana para orar en la capilla de la prisión.

El capellán, sorprendido, sólo sabía dar gracias al Cielo por el milagro obrado en aquella alma.

Pero en realidad, Ramón pretendía obtener así un molde de la cerradura que abría la verja del camarín donde, en un altar, se veneraba la imagen de la Virgen de la Merced. Bajo esa imagen, en un hueco que había, ocultó todo su arsenal.

Previamente, Pablo Rada, el antiguo mecánico del *Plus Ultra*, le había hecho llegar, mediante una visita, la llave fabricada por él mismo.

En su último día de prisión, Carmen Díaz le llevó un cestillo con la comida y las mudas de ropa limpia. En el canasto iban una bandeja de aperitivos, una cacerola con percebes recién cocidos, obsequio de su familia, y una botella de coñac, la cual identificó él como la señal convenida para la fuga.

Hurgó entre la ropa del canastillo y descubrió el último accesorio que necesitaba: una cuerda anudada, larga y resistente, por la que pensaba deslizarse unos quince metros hasta el pavimento de la calle Rosario, donde le aguardaría Rada con un automóvil para emprender la huida.

Durante varias noches, Ramón serró pacientemente los barrotes de la ventana de la capilla con ayuda del comandante

Alfonso Reyes, que cumplía condena por un presunto delito de malversación de fondos. Ambos se turnaban, aprovechando el ruido del motor de la amasadora de una panadería cercana.

Pronto, todo estuvo listo para la gran evasión.

Ramón había cuidado incluso su forma física, gracias a un duro entrenamiento gimnástico y a un régimen alimenticio que le hizo perder ocho kilos.

Pero el plan era más complicado de lo que parecía, pues a la altura que debían salvar Ramón y Reyes para alcanzar la calle, se unía el peligro de ser descubiertos por el centinela de guardia permanente, cuya garita estaba muy cerca de allí.

A las dos de la madrugada del domingo, 24 de noviembre, los dos presos se descolgaron por la cuerda.

Rada les aguardaba con el coche al pie de la ventana, acompañado de un capitán de mutilados al que le faltaba una pierna, que era hermano del comandante Reyes.

En las inmediaciones se habían apostado varios hombres armados, dispuestos a intervenir si el plan fracasaba.

Rada había detenido el automóvil, fingiendo una avería. Levantó el capó y dejó los faros encendidos. El centinela se acercó a comprobar qué pasaba, mientras Franco y Reyes descendían por la soga.

Rada le entretuvo unos minutos, tras los cuales el guardia regresó a su garita convencido de que la avería estaba resuelta.

Durante su breve diálogo, el mecánico del *Plus Ultra* se había percatado de que, con la intensa luz de los faros, el centinela no podía ver absolutamente nada de lo que estaba sucediendo en la parte posterior del coche.

Horas después, mientras los evadidos se hallaban ya a salvo, un funcionario de la prisión halló en la celda de Franco una carta de éste para el general Berenguer.

Tras recordarle su responsabilidad en el desastre de Annual, propiciado por su subordinado Fernández Silvestre, Ramón le advertía que tenía los días contados como presidente del Gobierno.

Era el sarcástico colofón de un revolucionario:

Excelentísimo Sr. D. Dámaso Berenguer:

No he perdido ningún territorio ni he producido por ineptitud la muerte de 10.000 españoles.

Confié en sus palabras cuando vino a restablecer la Constitución en todas partes. No fue eso lo que hizo, sino solamente salvar a la Monarquía, haciendo caso omiso del sentir popular, hoy más oprimido que nunca.

Los que de corazón somos liberales sentimos sonrojo al ver la libertad escarnecida y pisoteada. Me habéis encerrado en una jaula de hierro, sin pensar que los gorriones mueren dentro de las jaulas, y pensando en su ofuscación que era de la misma naturaleza que usted, que vivió encantado en una jaula de oro.

Por salir en defensa de la libertad ciudadana me tuvisteis aprisionado, pero nunca amordazado. Mi pensamiento vuela más alto que toda la gloria que para España ganó el *Plus Ultra*. Poco a poco el pájaro rebelde, con su pico, ha quebrado los barrotes de hierro, y todo el orín de los mismos lo ha lanzado al viento para que sirva de ejemplo al país, que está anhelando romper sus cadenas.

Hoy soy yunque y usted martillo; día vendrá en que usted sea yunque y yo martillo pilón.

Mientras tanto, no olvide que a la libertad he entregado mi vida y que sólo a ella he de servir.

Si para ello tuviera que ponerme frente a mis amigos de hoy, también lo haría cumpliendo un penoso deber.

Salgo de Prisiones por la puerta grande, que es la del sacrificio por un ideal. Creo que en estos momentos mi papel se desarrollará en el extranjero.

Allí intento ir. Si caigo, no importa; mi nombre pasará al martirologio de la libertad. ¿No envidia usted mi camino recto cuando el suyo se aparta cada día más de la senda liberal?

Deseo que siga usted cosechando desaciertos en su tortuoso camino de gobernar.

Que Dios guarde su vida.

RAMÓN FRANCO
Cavernas Militares, 24 de noviembre de 1930

Obsesionado con derribar al monarca, Ramón Franco ya había pensado en una alternativa mejor.

El nuevo plan para asestar el golpe definitivo al Régimen debía comenzar con una sublevación en el aeródromo de Cuatro Vientos, secundada enseguida por el levantamiento de guarniciones militares en toda España.

Poco después, la guarnición de Campamento, cercana a Cuatro Vientos, se dirigiría a Madrid para, una vez allí y ayudada por el pueblo, los estudiantes y los obreros, adueñarse del Palacio Real y de los edificios públicos más representativos.

El Partido Socialista y la UGT estaban preparados para declarar simultáneamente la huelga general en toda España, mientras los aviones sobrevolaban Madrid lanzando proclamas revolucionarias.

La tarde del mismo domingo en que Galán y García Hernández habían sido fusilados, Ramón hizo acto de presencia en el domicilio del también aviador González Gil, donde estaban reunidos los comandantes Hidalgo de Cisneros y Pastor, junto con varios capitanes.

Con la barba crecida y su típico desaliño indumentario, Ramón parecía un bandolero de Sierra Morena. Pronto se le convenció para que se afeitara y vistiese de uniforme, argumentándole que si iba arreglado causaría mejor efecto entre quienes debían sumarse a la rebelión en Cuatro Vientos.

Al amanecer del lunes, 15 de diciembre, los conjurados llegaron al aeródromo en dos automóviles.

Ramón viajaba en el coche de Rada, junto con el comandante Reyes; pero el vehículo se quedó sin combustible por el camino y tuvieron que ingeniárselas para repostar en una gasolinera a centenares de metros de donde estaban.

Queipo de Llano e Hidalgo de Cisneros llegaron en un taxi al aeródromo.

Su entrada no revistió dificultades, pues todos iban uniformados y Queipo lucía incluso el fajín de general.

Ramón se dirigió a los barracones de la tropa de Aviación y logró que todos los soldados, sin excepción, le siguiesen, haciéndoles formar en su presencia para entregarles el armamento.

Hidalgo de Cisneros no tuvo en cambio tanta suerte en los dormitorios de oficiales, pues de los veinticinco que había entonces allí, sólo dos decidieron secundar el golpe: el comandante Roa y el capitán La Roquette.

Ambos hicieron imprimir en el mismo aeródromo las octavillas que Franco y sus compañeros arrojarían luego desde sus aviones por todo Madrid, en las que se decía:

> ¡Españoles!
> Se ha proclamado la República. Hemos padecido muchos años de tiranía y hoy ha sonado la hora de la libertad.
> Los defensores del régimen caduco, que salgan a la calle, que en ella los bombardearemos.
> ¡Viva la República Española!

Hidalgo de Cisneros y Álvarez Buylla fueron los primeros que lanzaron octavillas desde sus aparatos sobre las estaciones del Norte y de Atocha.

Y ambos comprobaron con disgusto que la población se apeaba de los tranvías y caminaba luego por las calles como si nada extraño sucediese.

Entre tanto, el general Queipo avanzaba hacia Campamento al frente de una columna; pero, a medio camino, tuvo que regresar a Cuatro Vientos incapaz de contener la fuerte hostilidad del regimiento de Campamento.

Más tarde, Ramón atribuyó parte del fracaso a esa retirada.

Entonces, Franco cargó su avión con bombas y despegó decidido a soltarlas sobre el Palacio Real.

Él mismo relataba así su vuelo:

> Me acompaña Rada, que se encarga de hacer el bombardeo. Llegamos sobre Palacio. Hay dos coches en la puerta. En la plaza de Oriente y explanadas juegan numerosos niños. Las calles tienen su animación habitual. Paso sobre la vertical del Palacio, dispuesto a bombardear, y veo la imposibilidad de hacerlo sin producir víctimas inocentes. Paso y repaso de nuevo, y la gente sigue tranquila, sin abandonar el peligroso lugar. Doy una vuelta por Madrid, regreso a Palacio y no me decido a hacer el bombardeo. Si llevara un buen observador precisaría uno de los patios interiores; pero Rada no es más que un aficionado, y no puedo responder del lugar donde caerán nuestros proyectiles.

Abajo, encaramado a la ventana de su habitación, el infante don Jaime atisbaba, temeroso e indignado, las maniobras aéreas de Ramón, las cuales evocaría así, años después:

Una mañana voló [el aparato pilotado por Franco] sobre el Palacio Real lanzando proclamas en las que amenazaba con bombardearnos. Sencillamente. Aún recuerdo el ligero alboroto que produjo entre los guardias y la servidumbre de Palacio, y veo como si fuese ahora al duque de Hornachuelos, que mandaba el Regimiento de Wad Ras número 50, que estaba de guardia aquel día, cuando dio orden de que se disparase con ametralladora.

Franco no recordaba, desde luego, que alguien llegase a dispararle con ametralladora. Pero aun así, decidió regresar a Cuatro Vientos.

Su corto viaje de vuelta fue desolador.

Desde el aire, observó la difícil situación de los sublevados: el polvorín se hallaba en manos de los leales, mientras numerosos carros de asalto trataban de apoderarse del aeródromo en una maniobra envolvente; dos compañías de ametralladoras avanzaban desde Madrid, apoyadas por unidades de caballería y de ingenieros; y los artilleros tomaban posiciones estratégicas alrededor de Cuatro Vientos, igual que varios efectivos de la Guardia Civil.

Nada más aterrizar en el aeródromo, informó de todo ello a Queipo, quien dispuso que la mejor solución para no sacrificar inútilmente más vidas humanas era huir enseguida a Portugal.

Poco después, Ramón despegó en su avión con Rada, rumbo a Lisboa, en cuyo aeropuerto aterrizaron a las cuatro de la tarde de aquel mismo lunes, 15 de diciembre.

Al levantar el capó del motor, descubrió tres impactos de bala que atribuyó a disparos de la Guardia Civil efectuados mientras despegaba de Cuatro Vientos.

El Gobierno portugués decidió confinarles, junto con Queipo y el resto de los cabecillas de la conspiración, en la Escuela de Infantería de Mafra, en espera de un acuerdo con las autoridades de Madrid.

El trato en aquella «prisión» fue correcto, e incluso amable. Se les permitió circular libremente por las calles de Mafra con la única garantía de su palabra de honor de que no escaparían; y hasta fueron invitados a participar de la mesa de los oficiales portugueses en el aeródromo de Alverça, donde se brindó por el comandante Franco y sus compañeros, lamentando que fuesen sus prisioneros.

El aviador español respondió con este otro sincero deseo: «¡Brindo por la España republicana!», exclamó con la copa en alto.

Entre tanto, su figura era mucho peor tratada en Madrid que en su nueva «prisión».

A última hora de la tarde del 15 de diciembre, una avioneta sobrevoló la capital arrojando centenares de proclamas en defensa de la Monarquía, en las que se leía, en alusión a Ramón:

> Un mal nacido, ebrio al parecer de vuestra sangre, robando un avión militar, ha lanzado esta mañana sobre Madrid unas hojas excitándoos a la rebelión y a que proclaméis la República.

El propio Francisco Franco pidió explicaciones a Berenguer y a Mola sobre las calumnias a su hermano menor; pero ambos le aseguraron que nada tenían que ver con aquellas proclamas.

La presencia del héroe del *Plus Ultra* en Portugal inquietaba a las autoridades españolas. Ramón temió que por esa razón pudiera solicitarse su extradición al Gobierno de Oliveira Salazar. Trató así de anticiparse al peligro, logrando un pasaporte uruguayo para él y Rada, pues a los dos se les había concedido aquella nacionalidad tras su gloriosa estancia en Montevideo.

De esta forma, dispusieron de otro pasaporte tras su entrevista con el embajador uruguayo en Lisboa, por si les confiscaban el suyo español.

Pero de nada les servía su nuevo salvoconducto sin un duro en el bolsillo para salir del país. Necesitaban dos pasajes en uno de los buques que zarpaban de Portugal directamente a puertos franceses y belgas, sin recalar, claro estaba, en aguas españolas.

Fue entonces cuando Francisco le sacó del gran apuro, en un gesto que siempre le honrará como hermano.

Ambos acababan de reanudar su esporádico intercambio epistolar.

Primero fue Francisco, cuya misiva fechada en Zaragoza el 21 de diciembre, proporcionaba antes de nada a su hermano el remedio que tanto necesitaba:

> Mi querido y desgraciado hermano:
> Acudiendo a tu llamada te remito la cantidad de 2.000 pesetas que es a cuanto alcanzan mis posibilidades en el día de hoy, y que deseo te lleguen para resolver los primeros apuros económicos por tu situación.

Acto seguido, Francisco reprendía a su hermano, tratando de que recapacitara:

> Además, vino a unirse tu última locura que si terminó con tu huida a un país extranjero, pudo tener por corolario

tu fusilamiento con arreglo a los Códigos, en igual forma que pagaron con su vida dos de los capitanes que, secundándote en Jaca, se levantaron con sus tropas en armas contra sus jefes y fuerzas leales.

Es posible, Ramón, que en tus desvaríos no sientas las amarguras que a todos nos causas, en que al dolor de verte equivocado, apasionado y ciego, fuera de la Ley y de todo principio, se une la posibilidad de que termines tu vida fusilado y abandonado por todos, ante la indiferencia de cuando no el aplauso del pueblo, que un día te aclamó como aviador y que te repudia como revolucionario.

Si serenamente meditas sobre los resultados de tu actuación, si lees los comentarios de la totalidad de la prensa extranjera, si pudieras escuchar hoy a los que se embarcaron contigo en la loca aventura, desengañados de sus errores, te convencerías de lo que podía encajar en el cuadro de mediados del pasado siglo, es imposible hoy en que la evolución razonada de las ideas y de los pueblos, democratizándose dentro de la Ley, constituye el verdadero progreso de la Patria, y que toda revolución extremista y violenta la arrastrará a la más odiosa de las tiranías.

Que tu apartamiento del viciado ambiente en que has vivido estos dos años, en que el odio y la pasión de las personas que te rodean te engaña en tus quimeras, que el obligado destierro de nuestra Patria serene tu espíritu y te eleve sobre toda pasión y egoísmo, que rehagas tu vida alejado de estas luchas estériles que colman a España de desdichas, y que encuentres el bienestar y la paz en tu camino, es cuanto desea tu hermano que te abraza,

PACO

A este fuerte «tirón de orejas», respondió Ramón reafirmándose en sus ideales republicanos, mientras acusaba a su hermano de ser «más conservador que Romanones», calificaba de «asesinato» la ejecución de los capitanes Galán y García Hernández, y recordaba la grave afrenta de Berenguer, quien, según él, le había llamado «mal nacido».

Ramón apreciaba mucho a Fermín Galán, quien le había visitado en su casa varias veces. Ambos se creían ungidos por el destino para representar el papel de héroes. En cierto modo, eran rivales, pues trataban de acaparar siempre el protagonismo; pero se trataba de una sana rivalidad para luchar, como le dijo Galán en cierta ocasión, «por la nobleza de la causa que los dos perseguimos».

Ramón, desde luego, discrepaba del juicio de Miguel Maura sobre Galán: «No fue otra cosa que un anarquista suelto y desbocado, que hizo con su conducta un grave daño a la República», sentenció el futuro ministro.

La carta a su hermano Paco, fechada en París el 13 de enero de 1931, dice así:

> Querido hermano:
> Recibí tu carta y las 2.000 pesetas, que te devolveré en cuanto pueda, supongo que será pronto.
> No estoy conforme con nada de lo que en ella me dices, y me apena ver que tus ideas liberales son más conservadoras que la de Romanones.
> No me asusta el fusilamiento. Si me marché de España fue para seguir en la brecha y creo que haré mayor bien por España y su República desde fuera que encerrado por tu amigo Berenguer, que no vaciló en llamarme «mal nacido».
> El asesinato de Galán y Hernández, de cuyo Consejo de Guerra formó parte el señor Gay, conspirador republicano; los crímenes cometidos por vuestra legión en tierras alicantinas y los demás desafueros del Régimen no tardarán en ser castigados, y no os extrañe que la moderación

del reciente movimiento se convierta en extremada violencia en el próximo e inevitable. *J'y serais*.

Los que no estéis ciegos y hayáis seguido los sucesos sin apasionamiento reaccionario, habréis podido ver la voluntad republicana del país, bien puesta de manifiesto a pesar de estar detenidos los *leaders* de los partidos.

El entusiasmo republicano es cada día mayor. Los que se empeñen en oponerse a la voluntad del pueblo, perderán todo su prestigio. No te creas que los periódicos graznadores de la derecha reaccionaria podrán hacer algo para salvarlos. Podrás ver que el general Sanjurjo va perdiendo el suyo, y tú debes estar muy contento de no haber figurado entre las fuerzas represoras.

Que esta carta te haga reflexionar y te muestre el camino a seguir. El mío sigue bien recto.

Un fuerte abrazo de tu hermano,

RAMÓN

Nunca, insistamos una y mil veces, dos hermanos fueron tan distintos.

23

El gran desafío

[...] hasta los que solicitan sea fusilado [Ramón Franco]; pero unos y otros tienen el denominador común de rechazar, por ahora, la convivencia, alegando que es masón, que ha sido comunista [...].

ALFREDO KINDELÁN,
en carta a Francisco Franco

Francisco Franco protagonizó una decisión muy difícil y comprometida que consistió en nombrar a su hermano Ramón, masón y republicano, como jefe de la Aviación nacional en Baleares; como es natural, semejante desafío provocó la indignación de sus más estrechos colaboradores: los también generales Mola, Queipo de Llano y Kindelán.

¿Qué oculta razón impulsó a Franco a dar ese crucial paso en contra de su propia manera de actuar, exponiéndose a que por primera vez en su vida pudiesen acusarle de nepotismo con fundamento? ¿Por qué decidió el Caudillo mirar entonces hacia otro lado cuando en otros muchos casos, incluido el de su primo hermano Ricardo de la Puente Bahamonde, que abordaremos en el próximo capítulo, motivos menores habían servido para colocar a los acusados ante el paredón sin la más remota esperanza del indulto? Nunca lo sabremos con certeza absoluta, aunque siempre se cernirán sobre este insólito hecho largas sombras de sospecha.

El 15 de septiembre de 1936, *The Washington Post* publicó un sensacional titular en páginas interiores: «Ramón Franco asegura que está preparado para unirse a su hermano».

Poco después, en una entrevista concedida a la agencia Associated Press, Ramón declaraba: «Acepto que una dictadura fuerte será necesaria cuando termine la lucha. Pero una dictadura para la cual el bienestar de la nación será lo primero. Lo que España necesita es una dictadura de clase media, que luche contra el gran capital y los trabajadores revolucionarios».

¿Cómo era posible que él supiese ya entonces la futura forma de gobierno que regiría los designios de España tras la Guerra Civil? ¿A qué se debía el radical cambio en sus ideas políticas que, al decir de muchos, suponía una clara perfidia a la República? ¿Por qué esperó tanto para decantarse por el bando de los sublevados?

Parece evidente que sólo su hermano Paco, o tal vez Nicolás, con quien seguía cruzándose correspondencia, pudieron informarle del régimen político que ya entonces barruntaba el futuro Caudillo de España, el cual no era precisamente la Monarquía que con tanto ahínco él había combatido.

Pero en su ánimo pesó, sin duda, un trágico suceso acaecido el 22 de agosto anterior, en la cárcel Modelo de Madrid.

Aquel día, la prisión ardió como una enorme falla.

¿Se provocó el incendio para masacrar a los presos aprovechando como excusa el caos reinante? ¿Fue una treta para que el Gobierno no resultase comprometido en la matanza? ¿Fueron acaso los propios prisioneros, como llegó a especularse, quienes provocaron el incendio para escapar?

Al parecer, quienes originaron las llamas fueron los presos comunes.

Acto seguido, un numeroso grupo de milicianos armados hasta los dientes asaltó el edificio convencido de que los verdaderos autores del incendio eran los fascistas que pretendían evadirse.

A las seis de la tarde, corrió por Madrid la alarma de que la prisión era pasto de las llamas. Enseguida se concentraron familiares de presos, junto a multitud de curiosos, en la plaza de la Moncloa, donde estaba la cárcel.

Murieron allí, vilmente asesinados, muchos inocentes. Entre ellos, Julio Ruiz de Alda, falangista y amigo de Ramón, que había acompañado a éste en las dos mayores aventuras de su vida: la del *Plus Ultra* y el *Numancia*, cara y cruz en la historia de la aviación mundial.

La muerte de Julio conmovió a Ramón.

Poco a poco, éste fue conociendo más detalles. Supo que aquel maldito día los cobardes milicianos dispararon a bocajarro sus armas automáticas sobre los indefensos presos de la Modelo.

Aunque no pensara como él, Julio jamás dejó de ser su amigo.

Para entonces, Ramón ya había decidido dar el gran paso.

Aguardó, sin embargo, hasta el 4 de octubre, cuando el gobernador militar de Salamanca leyó el decreto que nombraba «jefe del Gobierno del Estado Español al excelentísimo señor general de División don Francisco Franco Bahamonde, quien asumirá todos los poderes del nuevo Estado».

Sólo si su hermano era designado jefe del Estado, podía regresar él a España con plenas garantías.

Poco después, embarcó con Engracia y Ángeles en el trasatlántico que zarpó de Nueva York rumbo a Lisboa.

A finales de octubre, el barco atracó en su destino y él, que aún conservaba el pasaporte diplomático de la República, tomó con su familia un coche hacia el puesto fronterizo de Fuentes de Oñoro, provincia de Salamanca. Allí se encontró con su hermano Nicolás, quien poco después le condujo hasta la residencia de Paco.

El nuevo jefe del Estado había decidido perdonar a su hermano menor.

Ordenó que se tramitase de inmediato su expediente de depuración por haber pertenecido a la masonería, y le designó a dedo jefe de la Aviación nacional en Palma de Mallorca, sin consultarlo siquiera con Kindelán, máximo responsable del Ejército del Aire, quien se enteró del nombramiento al verlo publicado en el Boletín Oficial.

Mola, Queipo y Kindelán, los grandes enemigos de Ramón, pusieron el grito en el cielo, como ya hemos dicho.

Humillado y ofendido, Kindelán escribió al Caudillo la carta más dura que éste recibió jamás de un subordinado.

En ella, Kindelán no se mordía la lengua: aludía al hermano del Generalísimo como «masón, que ha sido comunista, que preparó hace pocos años una matanza durante la noche de todos los Jefes y Oficiales de la Base de Sevilla» y al que algunos mandos «solicitan sea fusilado».

Fechada en Salamanca, el 26 de noviembre, la insólita carta dice así:

Mi respetado General:

Hondamente preocupado y disgustado me marché anoche a casa, y como creo que el asunto que motivaba mi preocupación tiene importancia, quiero concretar mis ideas por escrito, para que usted pueda meditar sobre el tema con pleno conocimiento de causa.

Se trata de que en el Boletín Oficial se ha publicado un decreto nombrando al comandante don Ramón Franco, su hermano, Jefe de la Base Naval de Palma de Mallorca y ascendiéndole o habilitándole para el empleo superior inmediato, sin que dicha disposición se haya tramitado ni conocido su publicación por esta Jefatura del Aire y sin esperar el resultado de la información que según lo dispuesto por V. E. para los jefes y oficiales que se incorporan, se estaba efectuando.

No es discutible en buenos principios militares, que V. E. tiene perfecto derecho a hacer lo que ha hecho y que a los inferiores sólo nos toca acatar lo dispuesto y suponer que el mando ha tenido razones para ordenar lo más acertado al servicio nacional.

Tampoco tiene importancia la mortificación personal que supone el prescindir de los órganos y conductos habituales, y ni una ni otra cosa motivan mis renglones, sino una obligación de lealtad al Jefe que me ha demostrado siempre afecto y consideración que sé agradecer y un deber hacia mis subordinados de encauzar y ser único portavoz de sus agravios y sus aspiraciones.

La medida, mi General, ha caído muy mal entre los aviadores, quienes muestran unánime deseo de que su hermano no sirva en Aviación, a lo menos en puestos de mando activos. Los matices son varios: desde los que se conforman con que trabaje en asuntos aéreos fuera de España, hasta los que solicitan sea fusilado; pero unos y otros tienen el denominador común de rechazar, por ahora, la convivencia, alegando que es masón, que ha sido comunista, que preparó hace pocos años una matanza durante la noche de todos los Jefes y Oficiales de la Base de Sevilla, y sobre todo que por su semilla, por sus predicaciones de indisciplina, han tenido que ser fusilados, Jefes, Oficiales y Clases de Aviación.

Yo me encargo de que la medida no se discuta en Aviación, aunque ello se achaque a debilidad o adulación por mi parte. No es mi prestigio lo que importa, mi General, sino el del Jefe del Estado, pues no podré impedir que en la conciencia colectiva de los aviadores germine la idea de que nada ha cambiado.

Perdona mi General que crea obligación mía el expresarme con esta sinceridad y cuente con la adhesión respetuosa de

ALFREDO KINDELÁN

El Caudillo hizo mutis por el foro, ratificando el nombramiento de su hermano.

Ramón fue recibido con frialdad en Mallorca. Los aviadores españoles habían acordado que acatarían su nombramiento por disciplina, pero que ninguno de ellos le estrecharía la mano.

A su llegada a la isla, se instaló con Engracia y Ángeles en el Gran Hotel, situado en el centro de la población.

El capitán honorario Mateo Jiménez Quesada, quien con los años sería un célebre doctor y miembro de la Real Academia de Medicina de Zaragoza, le vio aparecer en el recinto del hotel y no dudó en fundirse en un abrazo con él. Jiménez Quesada recordaba:

Una vez que subió a sus habitaciones, con su mujer e hija, dos jefes de aviación, dos amigos míos de la infancia «de cuyos nombres no quiero acordarme», me reprocharon duramente mi cariñosa acogida a Franco, haciendo duros comentarios despreciativos a los que se sumaron un grupo de aviadores italianos, cuya plana mayor residía en el hotel.

Al día siguiente, Jiménez Quesada convenció a Ramón para que se trasladase con su familia a una casa lindante con la suya, situada en Font y Roch, en la zona de El Terreno.

De todas formas, al insigne aviador no le costó demasiado ganarse el respeto y la admiración de sus jefes y oficiales.

Un día, según relataba Jiménez Quesada, ordenó bombardear los principales depósitos de combustible del puerto de Barcelona. Al avión pilotado por él mismo, le acompañarían otros tres italianos.

Pero ante el pésimo tiempo que hacía, los aviadores aliados le aconsejaron que aplazase la operación, a lo que él repuso, tajante: «En la guerra no existen tiempos prohibitivos».

Así que los cuatro bombarderos despegaron poco después hacia Barcelona.

Sin embargo, transcurridos unos minutos, los tres aparatos italianos volvieron a la base, mientras el héroe del *Plus Ultra* culminaba en solitario la misión.

Los aviadores extranjeros miraron luego a Ramón cabizbajos, al verle regresar al aeródromo. A esas alturas, Ramón Franco ya no era ni la sombra de sí mismo.

Jamás pisó el Casino ni el café Formentor, donde se daba cita la oficialidad; tampoco asistió a fiesta alguna con sus compañeros.

Sabía que era persona non grata para la mayoría y se cuidó de no provocar incidentes.

Engracia, con quien estaba casado civilmente, tampoco era bien vista por las mujeres de otros militares, de modo que la pareja no tenía vida social.

Su círculo de amistades era muy reducido; solía jugar al parchís casi siempre con Engracia, y su existencia transcurría invariable entre los servicios en la base y su residencia familiar.

Solía, eso sí, fumarse un espléndido veguero al día, acompañado por algún oficial al que invitaba a sentarse a su lado, obsequiándole con uno de ellos.

Para las grandes ocasiones, reservaba los cigarros que le regalaba su hermano Paco, anillados con la bandera española y la inscripción: «Al Generalísimo Franco».

Circuló enseguida por Mallorca una curiosa anécdota, según la cual, cuando Paco pronunció su primer discurso al ser nombrado jefe supremo de los Ejércitos, Ramón, que le escuchaba por la radio, comentó en presencia de varios oficiales:

—Mi hermano habla cada vez peor. Debería ponerse garbanzos en la boca para aprender a hablar. —Y añadió, en tono anticlerical—: Este discurso seguro que se lo ha escrito el padre Menéndez [Ignacio Menéndez Reigada, confesor entonces del Caudillo].

Sólo hubo que lamentar un incidente, que tuvo como protagonistas a Ramón y al comandante Colmeiro, del Cuerpo de Inválidos.

Un día Colmeiro, que había sobrevivido a un aparatoso accidente en el avión que pilotaba el célebre Joaquín García Morato, le preguntó en público:

—Ramón, ¿tú no eras comunista?

A lo que éste, muy serio, replicó:

—A mí lo que ahora me interesa es que se salve España. Poco me importa lo que haya sobre su escudo, con tal de que sea honrado y haya alguien que mande.

El episòdio no tuvo mayor repercusión, pues Colmeiro, al parecer, padecía un trastorno mental.

Los viejos tiempos de mujeres, bebida y escándalos eran ya cosa del pasado.

Ramón llegaba ahora todos los días a la base con puntualidad marcial, nunca después de las ocho de la mañana.

Poco antes, él mismo recogía a alguno de sus pilotos para trasladarse a la guarnición de Pollensa en un potente Chevrolet traído de América, que aún conservaba su matrícula original.

Una vez allí, despachaba correspondencia, recibía los distintos partes y volaba en cuanto le era posible.

Se había familiarizado ya con el Cant Z-501, un hidroavión monomotor que había pulverizado el récord mundial de distancia de ese tipo de aparatos, situándolo en 4.122 kilómetros.

Aun así, este modelo no era fácil de manejar, pues al despegar levantaba tal remolino de espuma y oleaje que dificultaba e incluso impedía la visibilidad al piloto.

Poco a poco, Ramón convirtió la base de hidroaviones de Pollensa en una formidable unidad que cortaba el paso por el Mediterráneo a cualquier buque o avión que intentase abastecer a la República.

Volando casi ocho horas seguidas con el Cant Z-501, realizaba exhaustivos servicios de reconocimiento desde Palma de Mallorca hasta Orán, Túnez, Cerdeña y Pollensa.

Si avistaba un buque durante la travesía, tomaba fotografías del mismo y comprobaba su procedencia antes de intervenir.

Entre enero de 1937 y octubre de 1938, realizó un total de 158 horas y 43 minutos de vuelo, la mayor parte de ellas de reconocimiento.

Pero, casi desde su misma llegada a Palma, Ramón tuvo problemas con la llamada «Aviación legionaria».

La flota de aviones italiana estaba al mando del comandante Leone Gallo, conocido en España por Luigi Cirelli; y la alemana, al de su homólogo Harlinghausen.

El propio Jiménez Quesada contaba que una mañana, mientras tomaba café con Ramón en su casa, éste recibió una llamada telefónica urgente desde la torre vigía del puerto de Sóller, advirtiéndole de que una escuadrilla enemiga se dirigía a la isla con intención de bombardearla.

Telefoneó de inmediato al aeródromo, exigiendo hablar precisamente con Leone Gallo. Pero una voz desganada le contestó que el jefe almorzaba a esa hora con sus compañeros, y que volviera a llamar más tarde.

Después de despotricar contra el oficial, colgó indignado el auricular.

Poco después, Jiménez Quesada y él contemplaron desde la terraza a diez bombarderos Martin Bomber con dotación rusa que sobrevolaban la ciudad en dirección a las instalaciones militares de Son Bonet y Son San Juan, sobre las que poco después descargaron toda su munición, infligiendo graves daños materiales.

La pasividad de los italianos enervaba al jefe de la Aviación nacional en la isla, quien aun así tuvo que afrontar las injustas críticas de italianos y alemanes.

En mi archivo conservo copia de una comunicación inédita de Ramón al almirante Francisco Moreno, jefe de la Flota nacional, quejándose precisamente por el bajo número de horas de vuelo de la Aviación legionaria comparado con el de los nacionales, pese a contar aquélla con aparatos y repuestos en mejores condiciones que las suyas.

Ramón insinuaba incluso que él y sus hombres se jugaban a menudo la vida pilotando esos aparatos, pues «cuando algunos de estos motores se ha de reparar, el avión correspondiente ha de esperar a que termine tal reparación, que se hace sin repuestos ni medios suficientes».

La desconocida carta dice así:

> Arma de Aviación
> Jefatura de la Base de Palma
> RESERVADO
> Excmo. Sr.
> En la tarde de ayer he sido advertido por V. E. de las injustas apreciaciones que sobre el empleo de los Cant Z nacionales hizo ante su autoridad el coronel jefe de la base aérea legionaria.
> Es muy frecuente, E. S., que una exagerada apreciación producida por la visión aumentada de los éxitos propios, lleve a mirar los servicios ajenos con los prismáticos puestos al revés, empequeñeciéndolos, y sin duda así ha ocurrido a tan brillante jefe con la escuadrilla nacional de hidros Cant Z, la cual desde hace varios meses presta servicios ininterrumpidos en esta región aérea, con un total de más de mil quinientas horas de vuelo, a pesar de no contar con repuestos de motor y de aparato, ni tener el menor relevo para su ya cansado material.
> No obstante este agotamiento del material, su actual servicio semanal pasa de las ochenta horas de vuelo, lo que representa un total de más de trescientas horas al mes, con sólo cinco aviones y ningún motor de repuesto. Cuando algunos de estos motores se ha de reparar, el avión correspondiente ha de esperar a que termine tal reparación, que se hace sin repuestos ni medios suficientes.
> Cuando la aviación legionaria tiene su material cansado, le envían el relevo de su propio país de origen y no se

da el caso de que su material llegue al final de su vida por agotamiento y además de esto, sus almacenes están surtidos de repuestos de todas clases y las reparaciones pueden hacerse en las mejores condiciones. Con todas estas ventajas, el servicio medio de los aviones de bombardeo legionarios no pasa de 12 servicios al mes con un promedio de tres aviones y tres horas por cada vuelo o servicio, que hacen un total mensual de 108 horas de vuelo al mes para toda una escuadrilla de nueve aviones.

El servicio diario de un solo Cant Z suma tantas horas como el completo de la escuadrilla legionaria; el servicio de dos Cant Z, servicio muy frecuente, dobla el número de horas del servicio que suele hacer en un día la escuadrilla legionaria.

No es mi deseo, E. S., hacer comparaciones que siempre resultan odiosas, pero no tengo más remedio que exponer ante V. E. estos datos, en defensa ante mis jefes y autoridades de la labor oscura, abnegada y llena de sacrificios que realiza el personal nacional de la escuadrilla Cant Z.

Palma de Mallorca, 7 de agosto de 1937
Dios guarde a V. E. muchos años,
El Jefe de la Región Aérea,

RAMÓN FRANCO

La situación se hizo tan insostenible para Ramón, que llegó a pedir la baja en su actual destino y su traslado al Cuerpo de Regulares.

La instancia solicitando nuevo destino lleva fecha de 19 de agosto de 1937.

Dos días después, escribió al general Kindelán, quien acusó así recibo de su petición:

Recibí su carta del 21 y con ella la instancia de baja, que retengo unos días en mi poder hasta que Vd., en vista de ésta y de las modificaciones de conducta que puedan haberse producido, me telegrafíe si desiste o insiste en ella.

Comprendo por propia experiencia las pruebas a que está sometida su paciencia, pero no podemos olvidar lo que a Italia debemos y lo que su aviación ha hecho por la Causa.

Por razones jerárquicas de concurrencia de mandos está plenamente justificada la existencia allí de un jefe de elevada categoría, tanto más cuanto mayor incremento toman las aviaciones amigas, incremento al que yo no estimo deban ponerse limitaciones; al contrario, yo trato de enviar a esas fuerzas material bueno y eficiente. Fracasada, por el momento, la entrega de los aviones negrillos y sin acabar de llegar los flotadores para los Ju 52 [el avión Junker], estoy apretando mucho en Roma para la entrega inmediata de cuatro Cant 506 (trimotores como el de la línea de Cádiz) de los ocho que la casa nos ofrece. Calvo marchó nuevamente a Roma para activar tal gestión.

Kindelán aludía así al avión de elevadas prestaciones en el que Ramón iba a encontrar la muerte sólo un año después, el fatídico 28 de octubre de 1938, poco después de despegar del aeródromo. Todavía hoy su muerte sigue siendo un misterio insondable.

24
Generales malditos

[...] fiel a los principios de nuestra gloriosa
Cruzada, que siempre estimé habrían de
culminar en la restauración monárquica.

GENERAL ALFONSO DE ORLEÁNS Y BORBÓN,
en carta a Franco

Franco hizo rodar la cabeza gubernamental del general Varela, como ministro del Ejército, destituyéndolo en septiembre
de 1942.

El malestar contra el Caudillo dentro del Ejército era todavía latente, hasta hacerse manifiesto con la carta dirigida a
Franco por ocho de los generales más reputados, el 8 de septiembre de 1943, la cual le fue entregada en mano una semana después por el mismísimo Varela que había protagonizado
el año anterior los célebres sucesos de Begoña relatados ya en
otro capítulo.

La carta era de las que dejan una huella indeleble en la
Historia: en ella, los ocho generales que enseguida nombrare-
mos pedían al Caudillo que abandonase el poder y diese paso
a una Monarquía constitucional. Así, como suena.

Los ruidos de sables contra Franco cobraron ya intensidad con la separación del Ejército del general laureado Helí Rolando de Tella, antiguo ayudante personal del infante don Carlos de Borbón. Concluida la guerra, Tella fue destituido como gobernador militar de Burgos y acusado de participar en la conjura monárquica.

Al cese de Tella se sumó el de Kindelán como capitán general de Cataluña, cuyas fuertes desavenencias con Franco a raíz del nombramiento de su hermano Ramón como jefe de la Aviación nacional en Baleares durante la guerra tendremos oportunidad de ver más adelante, y la postergación de Queipo de Llano.

Llegó así el 15 de septiembre de 1943, cuando Franco recibió a Varela en su despacho del palacio de El Pardo para que le entregase la carta firmada por él y sus homólogos de armas Luis Orgaz, Fidel Dávila, José Solchaga, Alfredo Kindelán, Andrés Saliquet, José Monasterio y Miguel Ponte.

¿Qué suscribían al alimón estos ocho prestigiosos generales? Ni más ni menos que esto:

Excelencia:

No ignoran las altas jerarquías del Ejército que éste constituye hoy la única reserva orgánica con que España puede contar para vencer los trances duros que el destino puede reservarle para fecha próxima. Por ello no quieren dar pretexto a los enemigos exteriores para que supongan quebrantada su unión o relajada la disciplina, y tuvieron cuidado de que en los cambios de impresiones a que les obligó su patriotismo no intervinieran jerarquías subordinadas.

Por ello también acuden al medio más directo y respetuoso para exponer a la única jerarquía superior a ellos en el Ejército sus preocupaciones, haciéndolo con afectuosa sinceridad, con sus solos nombres, sin arrogarse la representación de la colectividad armada, ni requerida ni otorgada.

Son unos compañeros de armas los que vienen a exponer su inquietud y su preocupación a quien alcanzó con su esfuerzo y su propio mérito el supremo grado de los Ejércitos de Tierra, Mar y Aire, ganando en victoriosa y difícil guerra los mismos, con variantes en las personas, impuestas algunas por la muerte, que hace cerca de siete años, en un aeródromo de Salamanca, os investimos de los poderes máximos en el mando militar y en el Estado.

En aquella ocasión, la victoria rotunda y magnífica sancionó con laureles de gloria el acierto de nuestra decisión, y el acto de voluntad exclusivo de unos cuantos generales se convirtió en acuerdo nacional por el asenso unánime, tácito o clamoroso, del pueblo, hasta el punto de que fue lícita la prórroga del mandato más allá del plazo para el que fue previsto.

Quisiéramos que el acierto que nos acompañó no nos abandonara hoy al preguntar con lealtad, respeto y afecto a nuestro Generalísimo si no estima, como nosotros, llegado el momento de dotar a España de un régimen estatal que él, como nosotros, añora, que refuerce el actual con aportaciones unitarias, tradicionales y prestigiosas inherentes a la forma monárquica.

Parece llegar la ocasión de no demorar más el retorno a aquellos modos de gobierno genuinamente españoles que hicieron la grandeza de nuestra patria, de los que se desvió para imitar modas extranjeras. El Ejército, unánime, sostendrá la decisión de V. E., presto a reprimir todo conato de disturbio interno u oposición solapada o clara, sin abrigar el más mínimo temor al fantasma comunista, como tampoco a injerencias extranjeras.

Éste es, Excelentísimo Señor, el ruego que unos viejos camaradas de armas y respetuosos subordinados elevan dentro de la mayor disciplina y sincera adhesión al Generalísimo de los Ejércitos de España y Jefe de su Estado.

Lejos de surtir el efecto deseado, la carta reafirmó a Franco en su anhelo de perpetuarse en el poder. Astuto y frío como militar de raza que siempre fue, el Caudillo recibió por separado a cada uno de los firmantes de la misiva redactada «en términos de vil adulación», según José María Gil Robles, para decirles que no descartaba una restauración o más bien instauración monárquica sin más plazo que el incierto futuro.

Entre ascensos y condecoraciones se atrajo, por ejemplo, a José Monasterio y al díscolo de Juan Yagüe, a quienes nombró tenientes generales.

El estilo sumiso y resignado de la carta, y sobre todo la inacción de sus firmantes, enervó también a Indalecio Prieto, tal y como éste manifestó en uno de sus artículos publicados años después en el exilio mexicano, incluido en su libro *Convulsiones de España*:

> Franco despreció las comedidas palabras de aquel mensaje (8 de septiembre), como desdeñará las ásperas del discurso de Yagüe, sucesor en el mando que ejercía uno de los firmantes de entonces. No bastan palabras, duras o blandas; son necesarios actos. Y éstos, por muchas circunstancias, incumben preferentemente a cuantos crearon y sostienen la inmoral y ruinosa situación.

Llamaba la atención, entre tanto, el sigilo de otros insignes generales como Agustín Muñoz Grandes, atado de pies y manos como Jefe de la Casa Militar del propio destinatario de la carta, Juan Vigón, Moscardó, Jordana... y Yagüe, a quien Franco había confinado durante veintinueve interminables meses en su localidad natal de San Leonardo, en la provincia de Soria.

¿Qué delito había cometido el general falangista por excelencia, Juan Yagüe Blanco, fiel camarada de Franco en África y en la Guerra Civil, para merecer la pena de aislamiento?

Sus primeras discrepancias con Franco se remontaban ya a los primeros compases de la contienda, cuando la columna a su mando que partió de Sevilla en dirección a Madrid, vía Extremadura, no se desvió en auxilio del Alcázar de Toledo, como deseaba el futuro Caudillo. Como consecuencia de ello, Yagüe fue relevado del mando de la misma y sustituido por Varela.

Para colmo, en abril de 1937, una vez promulgado el Decreto de Unificación y asumida por Franco la jefatura política de Falange Española Tradicionalista y de las JONS, Yagüe envió un telegrama a Manuel Hedilla, sucesor de José Antonio, que decía: «Hoy más que nunca, a tus órdenes».

Y encima, Yagüe pensó hasta en conspirar contra Franco, si nos atenemos a lo que consignó Serrano Súñer en sus memorias:

> ¿Llegó entonces a aspirar Yagüe no sólo al mando militar de la Falange, sino a su mando supremo, y tras ello a anticiparse a Franco en la constitución del Caudillaje? Así se me ha asegurado; e incluso parece que se pensó en una concentración armada so pretexto de homenaje en Salamanca a la que Franco sería invitado y en la que se le conminaría a entregar la jefatura del Gobierno al jefe militar falangista o a ser sustituido por éste en todos sus aspectos.

De cualquier forma, el 18 de julio de 1938, Yagüe pronunció en Burgos uno de sus más célebres discursos que le costaría la suspensión del servicio durante varios meses. Abogó entonces por el perdón y la generosidad con el prójimo, como sin duda hubiese hecho José Antonio Primo de Rivera de haber vivido.

Juzgue si no el lector:

> Vengo a pedir perdón por los que sufren, a tratar de sembrar amor y restañar heridas. Para darle a la unificación calor humano, para que ésta sea sentida y bendecida en todos los lugares, hay que perdonar. Perdonar sobre todo. En las cárceles hay, camaradas, miles y miles de hombres que sufren prisión... Entre estos hombres hay muchos honrados y trabajadores a los que con muy poco esfuerzo, con un poco de cariño, se les incorporaría al Movimiento... Hay que ser generosos, camaradas. Hay que tener el alma grande y saber perdonar.

Respaldado en el relato de Armando Romero en su libro *Objetivo: matar a Franco* (1976), el también escritor Carlos Fernández refiere en el suyo, *Tensiones militares durante el franquismo* (1985), la participación de Yagüe, siendo entonces ministro del Aire, en «el intento de eliminación, en 1940, del propio Franco, que le valió —tras arrepentirse— un confinamiento de dos años y cinco meses en su pueblo natal de San Leonardo».

Al parecer, todo empezó a finales de 1939 con la constitución en Madrid de una junta política clandestina de la Falange autónoma, presidida por el coronel Emilio Rodríguez Tarduchy, carnet número 4 de Falange, y de la que era secretario general Patricio González de Canales.

El principal contacto entre esa junta y el Ejército era precisamente el general Yagüe. En la primavera de 1940, Tarduchy y Canales se reunieron con Yagüe en sus domicilios particulares e incluso en su despacho del Ministerio del Aire. El «general azul», como entonces se le conocía, era partidario del «golpe de Estado incruento que relegase a Franco a un papel estrictamente militar y dejara el poder político en manos de la Falange», según apunta Carlos Fernández.

Pero delatado finalmente por un teniente coronel a su servicio, Yagüe mantuvo poco después una tensa entrevista con Franco, tras la cual éste le destituyó como ministro del Aire, enviándole confinado a San Leonardo.

El sentido de lealtad a su viejo camarada de armas prevaleció sobre cualquier resquicio de rencor. Yagüe fue nombrado así, tras su confinamiento, jefe del Cuerpo del Ejército destacado en Melilla y comandante general de esa plaza. En septiembre de 1943 ascendió a teniente general y fue elegido capitán general de la VI Región Militar, la de Burgos.

A su muerte, Franco le ascendió al grado sumo de capitán general, distinguiéndole con el marquesado de San Leonardo de Yagüe y otorgándole finalmente la Palma de Plata, uno de los más preciados galardones de la Falange.

Entre los generales descontentos con el poder omnímodo de Franco figuraba, cómo no, el infante don Alfonso de Orleáns y Borbón, primo del rey depuesto Alfonso XIII, quien junto con Kindelán representaba a don Juan de Borbón en España durante los años cuarenta.

De forma parecida, aunque no idéntica a la de don Juan de Borbón, como ya vimos con detalle en su momento, el infante don Alfonso tampoco pudo luchar al principio en el bando nacional durante la Guerra Civil por más energías que derrochó en su empeño. Al estallar el Alzamiento, el infante se hallaba en Bucarest como jefe de la Oficina de Control Europeo de la compañía de automóviles Ford. Pese a ser coronel adscrito al Servicio Aeronáutico del Ejército, condecorado incluso con la Medalla Militar Individual, el general Mola le puso de patitas en la frontera por razón de su linaje, impidiéndole así combatir en las filas nacionales.

Sin darse por vencido, el infante visitó luego dos veces a Franco con la misma intención, pero éste le indicó que permaneciese en Londres, adonde se había trasladado desde Bucarest. A diferencia de don Juan, él sí logró incorporarse finalmente en el otoño de 1937 a la Aviación nacional.

Desde la primavera de 1943, el general Alfonso de Orleáns actuó como representante de don Juan en España tratando de convencer sin éxito a Franco para que instaurase un régimen monárquico. En una de sus entrevistas, el Caudillo le advirtió que «él escogería el momento de traer la Monarquía». Y en efecto, Franco convertiría a España en reino con su Ley de Sucesión de 1947, designando sucesor finalmente, tras efectuar el salto dinástico, al príncipe Juan Carlos, en julio de 1969.

Pero hasta entonces, Alfonso de Orleáns y Borbón fue cesado por el Caudillo en su cargo y confinado en Sanlúcar de Barrameda.

El detonante fue la carta que dirigió a éste el 4 de abril de 1945, en línea con el célebre Manifiesto de Lausana publicado por don Juan en marzo anterior.

Hela aquí:

> Mi querido general:
> En los actuales momentos, ante una carta que acabo de recibir de Vigón, pienso en la incompatibilidad de mi cargo de representante de S.M. el Rey, para cuyo ejercicio tú me aceptaste, con el mando que ejerzo en Sevilla.
> Por ello, con harto sentimiento, pues bien te consta mi amor a la honrosa carrera de las armas, pongo a tu disposición mi mando actual; con la esperanza de que pronto vol-

veré a desempeñarlo al servicio de los altos intereses de mi Patria y fiel a los principios de nuestra gloriosa Cruzada, que siempre estimé habrían de culminar en la restauración monárquica.

Estoy a tus órdenes para darte cuantas explicaciones o aclaraciones quieras de mí, y a este fin, acudiré inmediatamente a tu primera llamada. Tu afmo., subordinado y compañero de Academia,

ALFONSO

De este modo todo un infante de España se unió también a la lista de «generales malditos» de Franco.

25

La bomba atómica

España es uno de los países de Europa
merecedores de atención por su posible
proliferación (de armas nucleares) en los
próximos años.

Informe de alto secreto de la CIA

No es historia-ficción ni nada por el estilo; como tampoco lo
fue el empleo de armas químicas durante la Guerra Civil española, según vimos.

Uno de los documentos probatorios de cuanto vamos a
relatar en este nuevo capítulo se desclasificó por el Gobierno de Estados Unidos en enero de 2008, a petición del Archivo Nacional de Seguridad de la Universidad George Washington.

Se trata de un informe de alto secreto de la CIA (Central
Intelligence Agency), del 17 de mayo de 1974, año y medio
antes del fallecimiento de Franco, según el cual éste proyec-
taba y desarrollaba ya entonces un ambicioso plan nuclear que
había levantado fuertes reticencias en las mismas entrañas de la
Casa Blanca.

Por si fuera poco, en el plan de Franco se incluía la instalación de una planta para enriquecimiento de uranio que dependía, entre otras cosas, de la voluntad de su sucesor en la Jefatura del Estado y del Gobierno que se formase tras su muerte.

Del citado informe, de cincuenta páginas y con el membrete de *Top secret*, se hizo eco en España el diario *El País* el 18 de enero de 2008, días después de la desclasificación del mismo, el cual decía textualmente con detalle y sin tapujos de ninguna clase:

> España es uno de los países de Europa merecedores de atención por su posible proliferación (de armas nucleares) en los próximos años. Tiene reservas propias de uranio de moderado tamaño, un extenso programa de desarrollo nuclear (tres reactores operativos, siete en construcción y otros diecisiete en proyecto), y una planta piloto para enriquecimiento de uranio.

La CIA incluía a la España de Franco entre los países que necesitaban «al menos una década para desarrollar su programa de armas nucleares». El resto de la lista de candidatos a la bomba atómica la integraban entonces Irán, Egipto, Pakistán, Brasil y Corea del Sur.

El informe agregaba:

> Alguno de ellos podría detonar un ingenio experimental antes de ese tiempo, quizás considerablemente antes adquiriendo material u obteniendo ayuda extranjera. Cada uno de estos países es objeto de diferentes motivaciones y presiones.

La CIA advertía que el Gobierno de Franco no había firmado el Tratado de No Proliferación de Armas Nucleares (TNP) suscrito por diecinueve países, pero señalaba que el dictador mantenía un acuerdo bilateral con Estados Unidos que los propios gobernantes españoles veían como una oferta de mayor seguridad que su independiente capacidad nuclear.

Por último, la agencia de inteligencia norteamericana expresaba sus dudas sobre el futuro nuclear de España:

> Sólo una improbable combinación de circunstancias derivadas de la localización de España respecto a Gibraltar, Portugal y Norte de África, junto con la pérdida de los lazos de seguridad con Estados Unidos y la NATO, y quizás un gobierno post-Franco inseguro de sí mismo, pudieran convertirse en una razón para que España desarrolle una capacidad nuclear.

Se preguntará el lector, con razón, por qué Franco planeó la obtención de un arma de destrucción tan masiva. El Caudillo no era ajeno, ni mucho menos, al enorme poder intimidatorio de la bomba atómica, sobre todo a raíz del genocidio cometido contra las poblaciones japonesas de Hiroshima y Nagasaki en plena Segunda Guerra Mundial, saldado con casi 100.000 muertos.

Entrar en el selecto club nuclear constituía así todo un privilegio para una nación como la española, que podía fortalecer su poder geoestratégico en Europa si se convertía, junto con Francia, en el único país del continente poseedor de la bomba atómica.

Qué duda cabe, además, que un arma de semejante poder destructivo supondría para España una enorme baza disuasoria sobre su sempiterno rival, Marruecos, haciéndolo extensible a todo el Magreb.

¿Acaso no eran éstos motivos suficientes para que Franco se plantease en serio la anhelada y difícil meta nuclear?

Todo empezó en la primera mitad de la década de los años cincuenta, cuando Franco encargó a dos de sus máximos hombres de confianza, el almirante Luis Carrero Blanco, que espiaría en su nombre a Falange Española, como vimos en su momento, y el general Juan Vigón, jefe de Estado Mayor, que pusiesen en marcha los resortes necesarios para iniciar la gran aventura nuclear.

José Luis Hernández Garvi, en su excelente investigación *Episodios ocultos del franquismo*, relata con detalle los pasos de ese frustrado anhelo que llegó a convertirse para Franco en toda una obsesión.

El 22 de octubre de 1951, para ser exactos, se constituyó la Junta de Energía Nuclear, presidida por Juan Vigón, precisamente.

Uno de sus primeros objetivos fue buscar yacimientos de uranio por todo el territorio español. Sólo un escogido grupo de militares, bajo el más estricto sigilo, participaron en la operación. Para ninguno de ellos era un secreto que la construcción de una bomba atómica requería alrededor de veinte kilos de uranio altamente enriquecido o de seis kilos de plutonio. Era obvio que España no disponía de una sola planta para obtener toda esa cantidad de uranio ni de plutonio de uso militar. Además del material atómico, se necesitaba la tecnología balística para lanzar la bomba. No era así un objetivo sencillo conseguir la bomba atómica entonces, sino que más bien parecía una quimera.

Fallecido el general Vigón el 25 de mayo de 1955, le sustituyó el almirante José María Otero al frente de la Junta de

Energía Nuclear, quien, junto con Carrero Blanco, prosiguió con más ahínco aún si cabe con los planes de Franco.

En julio de ese mismo año, España firmó con Estados Unidos un acuerdo de cooperación nuclear amparado en el programa «Átomos para la paz», gracias al cual el Gobierno de Franco recibió un crédito de 350.000 dólares que le permitió conseguir un primer reactor nuclear, así como reducidas cantidades de uranio enriquecido del todo insuficientes para fabricar la ansiada bomba.

Estas ayudas permitieron al Generalísimo inaugurar también el Centro de Energía Nuclear Juan Vigón, el 21 de diciembre de 1958, en la Ciudad Universitaria de Madrid; el mismo Centro que provocaría, doce años después, uno de los mayores escándalos silenciados del franquismo: un grave accidente nuclear en el corazón mismo de la capital de España sin que los españoles tuviesen conocimiento de ello, y sobre el que nos detendremos en el último capítulo.

Aclaremos ahora que el programa «Átomos para la paz», impulsado por el propio presidente de Estados Unidos, Dwight David «Ike» Eisenhower, se proponía fomentar el uso pacífico de la energía nuclear en los países aliados como España, y facilitar al mismo tiempo a las empresas estadounidenses la obtención de futuros contratos.

El almirante José María Otero, como decíamos, no se quedó cruzado de brazos: además de contactar con científicos extranjeros para seguir al corriente de todos los avances en la energía nuclear, encargó un informe en 1963 a fin de averiguar a ciencia cierta las posibilidades reales de España para construir la bomba atómica.

Redactado bajo la supervisión directa del general de Aviación y catedrático de Física Nuclear Guillermo Velarde, las conclusiones del estudio no fueron muy edificantes que digamos:

los expertos españoles poseían los suficientes conocimientos teóricos y técnicos para fabricar la bomba atómica, cierto, pero les faltaba el uranio enriquecido, imprescindible para su obtención.

Lejos de cundir el desaliento, Carrero Blanco en persona puso todavía más empeño en alcanzar el complicado objetivo facilitando a los técnicos el dinero y el instrumental necesarios para seguir adelante con sus investigaciones.

España dispuso de otra gran oportunidad para avanzar en su carrera nuclear a finales de 1963, cuando el entonces embajador español José María de Areilza fue convocado por el Gobierno francés, que acababa de acceder al selecto club de países que poseían la bomba atómica, a una importante reunión en la que se le ofreció a Franco la adquisición de una central nuclear de tecnología gala. Fue así como al final se inauguró la central de Vandellós I, tras el acuerdo firmado por Carrero Blanco con el presidente francés Charles de Gaulle sin conocimiento previo del Gobierno de Estados Unidos.

José Luis Hernández Garvi contextualiza a la perfección el gran interés de Franco por la bomba atómica en aquel momento:

> La Guerra Fría provocaba una desenfrenada carrera de armamentos y poseer la capacidad técnica y militar necesaria para fabricar una bomba atómica suponía detentar cierta ventaja, imponiendo el respeto desde el miedo. Franco era consciente de los supuestos beneficios estratégicos que la posesión de armas nucleares podía brindarle a la hora de llevar a cabo sus ambiciones en materia de política internacional. [...] El hecho de poder fabricar bombas atómicas debía suponer ya de por sí un poderoso elemento de disuasión frente a los países del Norte de África... Para los militares de entonces el mayor peligro podía venir de un

posible acuerdo entre Rabat y Argel que hubiera supuesto un enorme riesgo para la seguridad de Ceuta, Melilla y el Sáhara español. Señalando a otros posibles enemigos, tampoco hay que descartar que Franco pretendiese dar un impulso a las reivindicaciones españolas sobre Gibraltar.

Entre tanto, la carrera nuclear española adquirió un ritmo mucho más veloz. Hernández Garvi deja constancia, en este sentido, de que el primer documento oficial donde se reconocía la capacidad de Franco para fabricar la bomba atómica data de 1967; se trata de una circular interna del Ministerio de Asuntos Exteriores a varias de sus embajadas en el extranjero.

Pero fue al año siguiente, según Hernández Garvi, cuando se instaló en la sede de la Junta de Energía Nuclear, en la Ciudad Universitaria madrileña, «el primer reactor rápido nuclear de tecnología española, el Coral-1, con capacidad para trabajar con plutonio de carácter militar».

Advierte el mismo autor otro hecho de suma importancia, como el que «los primeros gramos de plutonio obtenidos con el nuevo reactor, los únicos en el mundo que no fueron fiscalizados por el Organismo Internacional de la Energía Atómica, institución creada para velar por la no proliferación de armas nucleares, se obtuvieron en 1969 en medio del más absoluto de los secretos».

Dos años después, en 1971, las posibilidades atómicas del Gobierno de Franco eran ya una realidad insoslayable, como evidenciaba un informe confidencial del Centro Superior de Estudios de la Defensa Nacional (Ceseden), según el cual «España podía poner en marcha con éxito la opción nuclear militar».

El citado organismo iba aún más lejos al sugerir en su estudio la posibilidad de llevar a cabo una prueba nuclear en el

Sáhara español con un coste aproximado de 8.700 millones de pesetas de la época.

Pero ni todo el secretismo del mundo impidió que las autoridades competentes de Estados Unidos se enterasen finalmente de la situación nuclear española y mostrasen enseguida sus recelos. Días antes de su asesinato a manos de la banda terrorista ETA, en diciembre de 1973, el almirante Carrero Blanco se entrevistó con el secretario de Estado Henry Kissinger sobre este inquietante asunto. Al convencimiento de la firme voluntad de Franco de emplear la energía nuclear con fines militares se debe precisamente el informe de alto secreto de la CIA con el que arrancábamos este mismo capítulo.

El progresivo empeoramiento de la salud de Franco aplazó los planes nucleares pero en modo alguno los desbarató. Sin ir más lejos, en 1976 el ministro de Asuntos Exteriores, José María de Areilza, manifestó todavía que España estaba en condiciones de fabricar la bomba atómica «en siete u ocho años si nos pusiéramos a ello». Y añadió: «No queremos ser los últimos de la lista».

Pero, finalmente, el Gobierno del socialista Felipe González ratificó en 1987 el Tratado de No Proliferación de Armas Nucleares, renunciando así al sueño nuclear de Franco.

26
El sueldo y la quiniela

La última nómina de Franco como militar, cobrada por su viuda, ascendió a 154.710 pesetas netas.

Pagaduría Central de Haberes del Ejército

Entre el formidable arsenal de legajos de la Fundación José María Castañé, cuyo presidente, el propio Castañé, hombre culto y afable como pocos, me abrió generosamente las puertas de su archivo en mayo de 2015, se conserva digitalizada la nómina de Franco correspondiente a noviembre de 1935 y reproducida en el anexo documental.

Era entonces éste, de manera oficial, el jefe militar más importante de la República tras sofocar la revolución de Asturias en octubre del año anterior, lo cual acendró su prestigio dentro y fuera del Ejército.

Precisamente en noviembre de 1935, fecha de su nómina, Franco entregó el estudio del plan de modernización de las Fuerzas Armadas que implicaba un gasto de 1.100 millones de pesetas repartido en tres años.

Si se repara en su infatigable trabajo hasta altas horas de la noche durante esos largos meses, que incluía su paso por el ministerio cada domingo para comprobar que todo marchaba bien, tras la misa de diez en el Cristo de la calle Ayala, así como su enorme responsabilidad al frente del Estado Mayor, no parecen exagerados sus emolumentos: 2.429,98 pesetas, equivalentes a poco más de 5.250 euros, según mis propios cálculos.

Para hallar la correspondencia en euros, me he basado en la serie 4.653 de los índices de precios elaborados por Prados de la Escosura, sumado el «conjunto urbano» (serie 4.655) y teniendo en cuenta desde enero de 1961 hasta hoy las sucesivas variaciones del IPC facilitadas por el INE; en concreto, la referencia de que una peseta de enero de 1961 se ha revalorizado más de 32 veces en la actualidad.

Las cuentas coinciden, euro arriba, euro abajo, con las efectuadas por Ernesto Poveda, del Grupo Icsa, con arreglo a la tabla de actualización del IPC establecido por Jordi Maluquer de Motes, catedrático de la Universidad Autónoma de Bellaterra (Barcelona), a quien el periodista Jesús Ruiz Mantilla consultó antes de publicar por primera vez la nómina de Franco en *El País*, el 11 de marzo de 2015.

Ruiz Mantilla facilitaba la conversión a euros de la nómina de la Pagaduría Central de Haberes del Ejército hasta el último céntimo: 5.261,80 euros exactamente (63.142 euros anuales).

La mitad, más o menos, del sueldo que percibe hoy el homólogo de Franco al frente de las Fuerzas Armadas, el almirante general Fernando García Sánchez: más de 118.000 euros brutos anuales.

En sus últimos meses de vida, el sueldo mensual de Franco como jefe del Estado alcanzaba ya las 754.710 pesetas de 1975, de las cuales 600.000 pesetas procedían de las arcas del Ministerio de Hacienda como jefe del Estado propiamente dicho, y las 154.710 restantes en calidad de capitán general y Generalísimo de los Ejércitos.

Previamente, en la década de 1960, el sueldo mensual había oscilado entre 200.000 y 300.000 pesetas, más dos pagas extraordinarias.

Mucho se ha aludido a Franco como modelo de austeridad o despilfarro, según los casos. El periodista Carlos Fernández Santander recordaba, a este propósito, cómo Millán Astray, Ruiz Albéniz o Mendoza Guinea elogiaban la exquisita sobriedad y moderación del Caudillo.

Mendoza, sin ir más lejos, anotó en un libro de *Formación del Espíritu Nacional*, que Franco cobraba en un mes menos de la mitad de lo que percibía en un día el presidente de la República.

El propio Fernández Santander testimoniaba que, durante los ocho años que pasó en el Colegio de Huérfanos del Ejército, a los alumnos siempre se les dijo que el sueldo del Generalísimo iba destinado íntegro para ellos.

El día de la Patrona de la Infantería, nada menos que la Inmaculada Concepción, incluso se les obsequiaba con un par de zapatos a cada uno en una caja de cartón que decía: «Regalo personal de S. E. el Generalísimo».

«Los zapatos eran negros —recuerda Carlos Fernández—, pero al caerles encima dos gotas de lluvia se desteñían y se volvían rojos, color ciertamente peligroso en la época.»

La última nómina que cobró Franco como militar, o más bien su viuda Carmen Polo, dado que correspondía a noviembre de 1975, fue por los siguientes conceptos y en pesetas:

—Sueldo: 48.750
—Trienios: 26.250
—Dedicación especial: 29.625
—Cruz Laureada de San Fernando: 24.375
—Dos medallas militares individuales: 19.500
—Gran Cruz de San Hermenegildo: 1.667
—Representación: 12.700
—Indemnización familiar: 375
—Masita vestuario: 360
—Cruz de María Cristina: 4.875

TOTAL ÍNTEGRO: 168.477
Descuentos por IRPF: 13.279
Por huérfanos: 488

TOTAL LÍQUIDO: 154.710

Por si fuera poco, gracias a su gran *baraka* de la que nos ocuparemos con detalle más adelante, Franco ganó casi un millón de pesetas en mayo de 1967. No fue una remuneración por su trabajo, sino derivada del juego...

Para ser exactos, percibió 900.333,10 pesetas como premio máximo por su quiniela correspondiente a la XXXV jornada del 28 de mayo de 1967, cuya copia se reproduce en el cuadernillo de fotos y el original se conserva hoy enmarcado para la posteridad en el Patronato Nacional de Apuestas Mutuas.

El Caudillo fue uno de los diez máximos acertantes de doce resultados de los encuentros de la Liga italiana de fútbol, de los cuales se suspendieron finalmente dos. Aquel día, la selección española jugaba en el extranjero.

Comprobado el premio, el ganador envió eufórico a su ayudante Carmelo Moscardó a cobrar el boleto MM0034719, de seis columnas, que le había costado 24 pesetas.

Pleno de intuición, el Caudillo acertó cada uno de estos partidos:

1. Foggia I.-Atalanta
2. Milán-Lecco
3. Napoli-Torino
4. Roma-Fiorentina
5. Livorno-Messina
6. Módena-Catania
7. Palermo-Génova
8. Sampdoria-Reggina
9. Varese-Pisa
10. Catanzaro-Reggiana
11. Padova-Alessandria
12. Savona-Verona

A eso sí que se le llama *baraka*.

27

El embajador adúltero

> Estoy satisfecho de que el cargo de adulterio
> se haya reconocido.
>
> Juez del Tribunal de Divorcios
> de Londres

La carta es de las que quitan el hipo, empezando por su destinatario: el propio Franco, enemigo furibundo de los escándalos.

Disimulada entre el arsenal de papeles privados del Generalísimo, la misiva fue exhumada en su día por el periodista Jesús Palacios del Archivo de la Fundación Nacional Francisco Franco y publicada en su meritorio trabajo *Las cartas de Franco* (2005).

Pero curiosamente, pese a su llamativa importancia, ha pasado casi inadvertida hasta ahora entre el copioso epistolario del Caudillo.

El firmante de la misma es Miguel Primo de Rivera y Sáenz de Heredia, el hermano menor de José Antonio que oyó entre lágrimas de impotencia, desde su celda de la prisión de Alicante, los disparos que segaron la preciosa vida del fundador de Falange Española la madrugada del 20 de noviembre de 1936.

La epístola revela el tremendo lío de faldas en que se vio envuelto su mujeriego firmante mientras era embajador de España en la capital británica desde la normalización de relaciones diplomáticas con Inglaterra, ocho años atrás.

Advirtamos, antes de reproducirla entera, que Miguel Primo de Rivera no era un hombre vulgar: a su doble grandeza de España, como heredero del título de marqués de Estella que llevó antes que él José Antonio, y del ducado de Primo de Rivera, se unía su magnífica relación con el rey Jorge VI y luego con Isabel II, a quien acompañaba a las carreras de caballos cada año.

En mayo de 1941, Franco le había nombrado ministro de Agricultura para despejar las reticencias iniciales de los falangistas hacia su Movimiento, cargo en el que permaneció hasta julio de 1945.

Pero, más que ministro y diplomático, Miguel Primo de Rivera era un auténtico rompecorazones, tal y como evidenciaba su sobrina nieta Rocío Primo de Rivera:

> Su vida privada siempre fue suficientemente «rica» para no tener que buscar otros medios con que justificarse. Y quizá por ello fue el embajador más popular que habitó en Belgrave Square. De su estancia en Londres dan constancia las innumerables anécdotas que de él se cuentan. «Pero, Miguel, ¿por qué tienes tanto éxito con las mujeres?», le preguntaba un día preso de la curiosidad Mayans, el agregado cultural de la embajada. «Pues mira, normalmente la gente está agobiada con la hipoteca del piso, con los colegios de los chicos, con la mujer, las compras, con llevar una excitante vida social, en ir a este sitio o al otro, con una cantidad de cosas… y yo la verdad es que en lo único que pienso es en las mujeres, y ellas lo notan.»

Le chiflaban tanto las mujeres, que Miguel no quiso reparar, o si lo hizo le importó un bledo, en que una de sus conquistas fuese toda una infanta de España. Morena y Habsburgo por los cuatro costados, con el característico desarrollo mandibular desproporcionado, como su abuela la reina regente, la infanta Beatriz de Borbón, primogénita de los reyes Alfonso XIII y Victoria Eugenia, bebió los vientos por el también moreno y apuesto Miguel, cinco años mayor que ella y futuro II duque de Primo de Rivera y IV marqués de Estella.

Beatriz y Miguel dieron largos paseos a caballo por los pinares del Puente de los Franceses; se les vio también participar juntos en varias pruebas hípicas en el Real Sitio de El Pardo, en el lugar conocido como Zarzuela, donde se enclavaba el histórico palacio.

En mayo de 1925, sin ir más lejos, con casi veintiún años él y dieciséis ella, recorrieron sobre sus monturas diez kilómetros de parajes accidentados, con motivo de una prueba organizada por la Escolta Real en honor de la reina Victoria Eugenia; José Antonio, que aún no había fundado la Falange, también participó con uno de sus grandes amores de juventud, Cristina de Arteaga, hija de los duques del Infantado y hoy en proceso de beatificación tras tomar los hábitos de monja jerónima.

Lo más granado de la nobleza y aristocracia españolas se dio cita aquella jornada en el campo madrileño: la marquesa de Laula, los duques de Fernán-Núñez y de la Unión de Cuba, los condes de San Miguel, Valdesevilla y Floridablanca...

Miguel residía entonces en un piso alquilado por su padre en el número 26 de la calle de Los Madrazo, muy cerca de los teatros de la Zarzuela y del Apolo.

Beatriz y él se las prometían muy felices, dispuestos tal

vez a jurarse fidelidad eterna, pero el autoritario Miguel Primo de Rivera y Orbaneja, que presidía ya entonces el Directorio Militar, se interpuso en su camino.

Contaba así Ana de Sagrera, biógrafa del dictador Miguel Primo de Rivera:

> A Primo de Rivera se le ocurrió ofrecer a los reyes una verbena en los jardines iluminados del Palacio de Buenavista, donde se colocaron puestos de churros, juegos y atracciones. La cena fue servida por el hotel Ritz a los 3.000 invitados, asistiendo toda la Real Familia, llevando la soberana y las infantas mantones de Manila, como las demás señoras. Cuando los reyes se disponían a marcharse, una de las infantas quedó rezagada charlando animadamente con el hijo segundo del dictador, a quien conocía porque, como alférez de húsares, hacía la guardia en Palacio, siendo invitado a la mesa regia. «¿Dónde se ha metido Beatriz?» La reina, visiblemente preocupada, preguntó por su hija...
>
> Poco después, José Antonio, charlando con su padre, le comunicó que Miguel solía recibir con frecuencia llamadas telefónicas de una de las infantas, con quien departía largamente. El dictador no lo dudó y decidió que aquella simpatía se debía cortar de raíz, enviando a su hijo a Norteamérica para que se perfeccionara en la escultura, acompañado del primogénito del duque de Tetuán, que se dedicaba a la pintura.

En Nueva York, Miguel hizo estudios de economía pero su gran afición, que le conectaba directamente con su irrefrenable pasión por las mujeres, la ejercía en su propio taller de escultura que daba al Central Park, por el que desfilaron las más atractivas modelos inmortalizadas en sus cartulinas con lapiceros de carbón.

Poco después de enterarse del idilio, y sin que apenas mediase explicación, don Miguel envió así a su hijo a Nueva York durante un año entero para alejarle del peligro.

¿Qué inconfesable razón indujo al dictador a tomar una decisión tan drástica, aun poniendo en riesgo la felicidad de su segundo hijo varón?

Enseguida lo sabremos.

Hagamos notar antes que aquella separación temporal resultó definitiva, hasta el punto de que Miguel Primo de Rivera acabó desposándose con Margarita Larios y Fernández de Villavicencio el 24 de marzo de 1933, de quien acabaría separándose sin hijos, mientras la infanta Beatriz permanecía aún soltera, en el exilio, antes de contraer matrimonio finalmente con Alessandro Torlonia, príncipe de Citivella Cesi, el 14 de enero de 1935.

La propia infanta Beatriz fue consciente, años después, de haber sido uno de los peores partidos de la realeza europea:

Siempre tuvimos la preocupación de si podíamos transmitir la hemofilia y así se lo decíamos a cada uno de los posibles «novios»... y algunos se escapaban y era mejor así.

Desposándose con Victoria Eugenia de Battenberg, el rey Alfonso XIII había introducido la hemofilia a sabiendas en la Casa Real española.

Las consecuencias de su decisión resultaron funestas: de sus cuatro hijos varones —Alfonso, Jaime, Juan y Gonzalo—, el mayor y el pequeño sufrieron la enfermedad y perecieron a causa de la misma, tras sendos accidentes de automóvil; sus dos hijas, Beatriz y María Cristina, quedaron estigmatizadas al ser sospechosas de tener el terrible gen.

Las mujeres portaban el mal y lo transmitían a los varones.

Y Alfonso XIII lo sabía, a juzgar, entre otros, por el testimonio del célebre historiador Claudio Sánchez Albornoz, quien, en su *Anecdotario político* evocaba la visita que realizó con su mujer a la infanta Paz, tía de Alfonso XIII, en 1927.

Mientras paseaban los tres por los hermosos jardines del palacio muniqués de Nymphenburg, donde residía la infanta española con su marido Luis Fernando de Baviera, ésta le preguntó a don Claudio, muy preocupada:

—Le ruego que me diga sin rodeos lo que piensa sobre la dictadura de Primo de Rivera.

—Al establecerla y disolver las Cortes —advirtió el historiador— el rey se ha jugado la Corona.

—Eso le hemos dicho todos —añadió la infanta—, pero no nos hace nunca caso. Cuando se proyectó su boda con la reina, le previnimos de que las Battenberg transmitían la hemofilia. No nos escuchó.

Tampoco quiso escuchar Alfonso XIII a su propia madre, la reina María Cristina, cuando ésta intentó en vano hacerle recapacitar nada más enterarse del descabellado propósito de su hijo.

La propia infanta Beatriz confirmaba a la escritora Pilar García Louapre la pura verdad:

> —La que no estaba contenta era mi abuela (la reina Cristina) porque había la hemofilia [sic].
> —Pero se dice que no lo sabían —insinué yo [Pilar García Louapre].
> —Sí, lo sabía mi abuela. La leyenda deforma —añadió Beatriz—, pero mi abuela María Cristina lo sabía. Por eso no quería este matrimonio, y cuando se lo dijo a mi padre él no le hizo caso.

Para nadie era un secreto, ni mucho menos para la reina madre, la especie de maldición que asolaba a los Battenberg, transmitida en origen por la reina Victoria de Inglaterra, que había visto morir desangrado a su hijo, el príncipe Leopoldo, duque de Albany, tras sufrir una hemorragia cerebral en Cannes, en 1884.

Por si fuera poco, la segunda de las hijas de la reina Victoria, la princesa Alicia, había alumbrado a un hijo hemofílico que sólo vivió hasta los tres años: el príncipe Federico, el cual estuvo enfermo desde el día en que nació. Pero sobre su enfermedad se extendió luego un interesado manto de silencio que excluía a la reina Victoria, consciente de que su nieto había fallecido de una hemorragia interna tras un trágico accidente.

La zarina de Rusia, hija también de la princesa Alicia, transmitió la enfermedad al zarevich. Y para colmo de males, otra de sus hijas, la princesa Beatriz, hizo llegar la tara a su hija Victoria Eugenia, convertida tras su compromiso con Alfonso XIII en una amenazante bomba de relojería para la Familia Real española. Y no sólo para ella...

¿Comprende ahora el lector por qué el dictador Miguel Primo de Rivera se opuso al noviazgo de su hijo Miguel con la infanta Beatriz, alejándole de ella para someterle a una cura de olvido en Nueva York?

Ahora sí, nos disponemos a transcribir la terrible carta que anunciábamos al principio del todavía embajador Miguel Primo de Rivera a Franco.

Fechada en Londres el 29 de enero de 1958 y con el sello de la embajada, su autor evidenciaba el tremendo escándalo desatado en Londres que el destinatario de la misma trató de silenciar a toda costa, por razones obvias, en una España católica, apostólica y romana. Dice así:

> Excmo. Señor:
>
> Por entender que debo dar a Su Excelencia cumplida explicación de lo decidido por mí esta mañana al comunicar al Ministro de Asuntos Exteriores y al Foreign Office mi dimisión como Representante de España en Londres, le envío esta carta en la que espero quede bien clara la razón de lo hecho por mí.
>
> Después de mi entrevista con Su Excelencia el pasado mes de diciembre, fui dos veces recibido por el Sr. Ministro Castiella (la última el pasado día 8 de enero), y una vez por el Sr. Carrero Blanco el martes 21 del crte. A los dos les pedí, igual que a Su Excelencia, que mi cese como Embajador, que yo mismo recomendaba y pedía, se hiciese de manera en que el buen nombre de España y, a ser posible, el mío, fuesen debidamente amparados y protegidos, solicitando de ellos que mi cese no coincidiese con la tramitación del pleito en cuestión ante los Tribunales británicos, ya que ello sería tanto como dar a entender que el Gobierno español prejuzgaba el caso en contra mía, dejando, como es natural, en posición bien desairada tanto el nombre de España como el mío propio.
>
> En mi carta fecha 22 de enero a Don Luis Carrero Blanco, en la que pedía comunicase a Su Excelencia la situación legal y política del asunto, señalaba un plazo de aproximadamente dos meses para evitar las consecuencias que temía y que, desgraciadamente, ya se han producido.
>
> Desde que se tuvo noticia en Inglaterra de que había sido pedido a través de la Embajada británica en Madrid (lo que califico como ligereza y proceder indigno) el «placet» para el Marqués de Santa Cruz, yo quedaba irreme-

diablemente perdido ante la prensa y ante los Tribunales ingleses, por más o menos largo que sea el plazo de inmunidad diplomática al que podía acogerme.

Pero el Gobierno español no ha dudado en sentenciarme, antes de que los Tribunales ingleses pronunciasen su veredicto y, en consecuencia, el *Daily Express* de esta mañana, y el *Evening Standard* de esta tarde (ambos diarios de fabulosa circulación mundial), han abierto el fuego en forma escandalosa, dando a conocer a sus lectores, en los términos que más pueden perjudicarme, la desgraciada situación en que me veo envuelto.

Desamparado por mi Gobierno y sin más armas que las de mi propia estimación, sólo me quedaba el hacer lo que he hecho esta mañana: dimitir mi cargo y someterme a la justicia inglesa. En Nota que he entregado hoy a toda la prensa de Londres, y cuya copia envío a Su Excelencia, queda claramente manifiesta mi actitud.

No tengo que decir a Su Excelencia hasta qué punto me duele el pago que se da a mis servicios después de siete años. Presenté el caso con toda lealtad ante Su Excelencia. Recomendé mi cese y sólo pedí el que se me ayudase a salir por la puerta y no por la ventana. No obstante, la ambición y la impaciencia de Pepito Villaverde presentándome como el más indigno de los Embajadores que jamás ha tenido España, han servido para que se resuelva sin piedad contra mí, dejándome en situación tan desairada como insostenible.

Mi general: ¡Qué poco dice en favor de su Ministro el que sólo la acusación improbada de un marido celoso baste para desmontar a un Embajador de España, teniendo en cuenta sobre todo (y esto lo sabe muy bien el Sr. Castiella, porque se lo expuse muy claro) que el Gobierno y los Tribunales ingleses me amparaban, como cualquier país digno ampara al Representante de un Estado soberano!

Ante lo ocurrido, sólo me queda el resolver mi aleja-
miento de España por no sé cuánto tiempo. Siento que un
Primo de Rivera, Marqués de Estella y Duque de Primo de
Rivera, dos veces Grande de España (una por el Rey y otra
por Su Excelencia), hijo de un ilustre General y hermano
de José Antonio, se vea obligado a tener que vivir fuera de
su Patria.

Y nada más, respetuosamente,

MIGUEL PRIMO DE RIVERA

El firmante estaba enfadadísimo con el comportamiento
del Gobierno español en un asunto del que él mismo era responsable, como mujeriego impenitente.

Tenía razón, eso sí, al reivindicar al Gobierno que su relevo al frente de la legación española en Londres no coincidiese
con la tramitación del pleito ante los tribunales británicos.
Pero la prensa londinense se enteró de que en su embajada de
Madrid, el Ministerio de Asuntos Exteriores había solicitado el
plácet para el marqués de Santa Cruz y se cebó con la figura
del embajador saliente.

Anthony Greville-Bell, mayor británico del Ejército del
Aire y héroe en la Segunda Guerra Mundial, presentó en los
tribunales ingleses una demanda de adulterio contra su tercera
mujer, Helen Scott-Duff de soltera, con quien había contraído matrimonio en 1955, y contra el propio Miguel Primo de
Rivera, a quienes acusaba de mantener una relación extramatrimonial.

El marido herido era gran aficionado a la escultura, y se
había desposado ya en primeras nupcias con Diana Carnegie,
en 1945; tras el divorcio de su segunda esposa infiel, volvería
a casarse en 1972 con Ann Kennerley; y por cuarta y última
vez, con Lauriance Rogier, en 1996, doce años antes de su

muerte acaecida en 2008, tras una vida longeva pues había nacido en 1920.

En el diario *Times* del 24 de noviembre de 1958 se informó sobre la sentencia. El magistrado Barnard declaró, en referencia a la carga de la prueba:

> El Tribunal debe estar satisfecho de que la acusación se efectuase; era bastante obvio que si el juez o el jurado hubiesen tenido alguna duda razonable, no habrían quedado satisfechos. El juez de apelación David Jenkins, en un caso reciente, lo explicó de otro modo diciendo que si todas las pruebas llevaban a una alta probabilidad de que el adulterio había existido, era seguro y adecuado encontrarlas.
>
> Aparte de la confesión de la esposa, corroborada por las anotaciones en su agenda, él [el juez] estaba satisfecho con las pruebas sobre el adulterio cometido por la demandada y el codemandado a finales de 1957 y posiblemente a partir del 6 de junio; pero ciertamente durante esa larga y constante relación se cometió adulterio cada vez que se presentaba la oportunidad.

No sólo la prensa tabloide inglesa cargó sin la menor compasión contra el duque de Primo de Rivera y su amante. El escándalo traspasó las fronteras y desató con mayor motivo aún la ira del ex embajador afectado.

Titulada de modo explícito «Un juicio arruina la carrera del duque», la crónica del corresponsal en Londres del rotativo australiano *The Sydney Morning Herald* impactó como un dardo afilado en el corazón mismo del objetivo. Se daba la circunstancia, además, de que el marido ofendido había nacido en Australia.

El artículo se publicó el 23 de noviembre de 1958, cuando el caso ya había sido visto para sentencia:

Las palabras que le hundirán —«Estoy satisfecho de que el cargo de adulterio se haya reconocido»— provenían del juez del Tribunal de Divorcios de Londres.

El duque Primo de Rivera, antiguo embajador de España en Londres, ha renunciado a su cargo negando las alegaciones contra su persona.

El apuesto duque, de 54 años de edad, ha sido acusado por el mayor Anthony Greville-Bell, de 38 años, de mantener una relación con su esposa de 28 años, Helen Greville-Bell, belleza de la sociedad londinense.

En uno de los casos más sensacionalistas jamás oídos en el Tribunal, el Sr. Juez Barnard le concedió al mayor Greville-Bell el grado de separación judicial imputando los costes a su esposa basándose en el cargo de adulterio.

El abogado del mayor Greville-Bell, el Sr. Geoffrey Crispin, dijo al Tribunal que el duque estaba tan seguro de que su inmunidad diplomática le protegería que no se preocupó lo más mínimo de esconder su relación con la Sra. Greville-Bell.

El Sr. Crispin declaró que los asesores legales de la Embajada española le aseguraron al duque que tendría inmunidad por ser él embajador.

«Para decirlo llanamente, se le dijo que no era necesario que tuviera cuidado», dijo Crispin.

Esto ha resultado ser un error fatídico, porque el mayor Greville-Bell estaba tan decidido a iniciar un proceso, que presentó un requerimiento ante un Tribunal inglés para que se revocara la inmunidad del duque.

Ante esto, el duque renunció voluntariamente a su cargo para luchar en el juicio de manera privada.

El resultado del veredicto es que el esposo ha perdido a su esposa, que la esposa pierde por su parte 8.000 libras esterlinas en costes y que el duque —una de las figuras más poderosas de España— pierde su carrera.

Es poco probable que el duque pueda casarse con la Sra. Greville-Bell, porque en Inglaterra es virtualmente imposible obtener el divorcio cuando se ha concedido el grado de separación judicial.

A sus 54 años, el duque es un hombre sorprendentemente apuesto y elegante, con rasgos fuertes e imponentes y cabellos plateados.

Es hijo de Primo de Rivera, el dictador que gobernó España en los años veinte. Y es hermano del primer duque Primo de Rivera, fundador del Partido Falangista que aún sigue gobernando el país [sic].

Como Embajador de España tenía un sueldo anual, libre de impuestos y gastos, de 18.000 libras esterlinas que él utilizaba para dar las fiestas de embajada más espectaculares que se han visto en Londres desde la Segunda Guerra Mundial.

Su matrimonio con la hija de una de las más nobles familias de España, de veinte años de duración, fue anulado hace cuatro mientras era embajador en Londres.

No es seguro que su alto nivel y sus poderosas conexiones puedan salvarle de caer en desgracia en España, el país católico más firme y devoto de Europa.

Es improbable que se le dé un alto cargo de nuevo. La Sra. Greville-Bell, descrita por el Sr. Crispin como «una mujer con muchas experiencias extraconyugales» y que «se ofreció a sí misma al duque», es una mujer rica.

Su marido dejó el ejército cuando iba a ser enviado al servicio exterior para poder así permanecer con ella. Y durante los cuatro años en los que ella fue primero su amante y luego su esposa, ella le mantuvo.

En el juicio, ella declaró que el hecho de que él no tuviera trabajo fue una de las causas de los problemas entre ellos.

El juez dijo que esto probablemente ocasionó un complejo de inferioridad en el marido y disminuyó el respeto de su esposa hacia él, por lo que ella estaba disponible para cualquier otro hombre que se presentara.

En el momento de la ruptura del matrimonio, en junio pasado, el ex marido había encontrado trabajo en Londres y ganaba 650 libras al año.

En el juicio fue descrito como un testigo más honesto que la Sra. Greville-Bell y el juez dijo que prefería el testimonio del marido.

Declaró así el juez: «Sería burlarse del matrimonio si dos personas se comportasen como se han comportado ellos y el Tribunal rechazara la conclusión de adulterio. Estoy satisfecho de que el cargo de adulterio se haya reconocido».

Miguel Primo de Rivera fallecería seis años después, el 8 de mayo de 1964, sin que las Grandes Cruces del Mérito Agrícola, del Mérito Naval y del Mérito Militar, esta última con distintivo blanco, le sirviesen de nada.

A esas alturas, su regio y frustrado amor de juventud, la infanta Beatriz de Borbón y Battenberg, había sido protagonista también contra su voluntad de las mismas portadas de los tabloides británicos. El terrible suceso sobrevino el 14 de agosto de 1934.

Franco, entre tanto, con el Gobierno de centro-derecha formado por Alejandro Lerroux en España, había ascendido a general de división y muy pronto dirigiría desde Madrid, como asesor del ministro de la Guerra, Diego Hidalgo, la represión de la huelga revolucionaria de Asturias, que lograría dominar en sólo unos días. El futuro Caudillo de España, como monárquico que era, mostró sus condolencias a la Familia Real española en el exilio y acabaría sabiendo él también lo que en verdad sucedió aquella aciaga jornada.

El *Daily Mail* se hizo eco del luctuoso acontecimiento: «Tragedia de un hijo del rey Alfonso», tituló en su portada. El rotativo añadía en un subtítulo: «Sufre un accidente en el coche que conducía su hermana», y concluía sin esperanzas: «Muere desangrado».

La víctima era el hermano pequeño de Beatriz, el infante hemofílico don Gonzalo, nacido el 24 de octubre de 1914.

El desgraciado veinteañero pasaba unas semanas de vacaciones con su padre y sus hermanos en casa del barón Born, en la ribera norte del lago Worther, en la localidad austríaca de Pörtschach.

Alfonso XIII se había distanciado ya de su esposa, que veraneaba entonces en Francia, en Divonne-les-Bains, cerca de Ginebra.

Al monarca exiliado le acompañaban aquel verano Gonzalo, Beatriz y María Cristina; Juan, enrolado en la Royal Navy, permanecía a bordo del crucero británico *Enterprise*.

El lunes 13 de agosto, Alfonso XIII ofreció una gran cena de gala en el hotel Werzer. Por la tarde, sobre las tres, había asistido a un torneo de tenis en compañía de Gonzalo, Beatriz y el conde Khevenhüller, que residía en Austria.

A media tarde, esperaban a la infanta María Cristina.

Gonzalo y Beatriz estaban invitados en el hotel del Golf de Dellach y pidieron permiso a su padre para ir allí, prometiéndole que regresarían a las siete, para la cena.

Alfonso XIII accedió, prestándoles su espléndido Horch negro de seis cilindros, descapotable. El rey confiaba en la sensatez de su hija mayor al volante. Pero aun así, al verla partir con su benjamín, no pudo evitar gritar a los dos su consejo de padre: «¡Tened cuidado! ¡No corráis!...».

El automóvil se alejó por la carretera, en dirección a Klagenfurt.

Alfonso XIII, María Cristina y sus amigos charlaron un rato y fueron luego a dar un paseo, antes de regresar a Villa Born, alrededor de las cinco de la tarde, para cambiarse de ropa con motivo de la cena.

Sobre las seis, llegaron al hotel Werzer, donde tomaron unas copas con el barón Born en espera de Beatriz y Gonzalo.

A las siete, Alfonso XIII empezó a impacientarse; se levantó de la mesa y paseó por el salón, mientras consultaba el reloj.

Al cabo de media hora, no pudo resistir más y pidió al conde Khevenhüller y a su hija María Cristina que le acompañasen en busca de los infantes; al volante de su coche, el rey no dejaba de escudriñar, muy alterado, la carretera hacia Krumpendorf. Al virar a la derecha, poco antes de llegar allí, divisó el Horch descapotable a la izquierda de la calzada: la rueda delantera derecha del coche estaba montada sobre la acera y el guardabarros del mismo lado aparecía abollado. De pie, junto al vehículo, estaba Beatriz, acompañada de un gendarme. Gonzalo se hallaba en el interior del coche, en el asiento del copiloto.

Alfonso XIII se apeó del automóvil y corrió como una centella al encuentro de sus hijos. Al ver a Gonzalo, le preguntó cómo estaba. El muchacho, pese a su notoria palidez, logró tranquilizarle: «Ha sido un pequeño golpe, estoy bien, papá», le aseguró.

Más sereno, el monarca se dispuso a escuchar el relato de lo sucedido: sus hijos regresaban a casa cuando, de repente, Beatriz se vio obligada a dar un volantazo para esquivar a un ciclista, que resultó ser el barón Von Neinmann; el vehículo se estrelló contra la fachada del castillo de Krumpendorf; en apariencia, ninguno de los dos hermanos resultó herido.

Alfonso XIII pidió entonces al gendarme que corriese un tupido velo sobre el asunto. Comprobaron, además, que el

Horch funcionaba perfectamente, de modo que regresaron todos a Pörtschach en los dos automóviles.

A su llegada allí, Beatriz y Gonzalo se fueron a cambiar de ropa como si tal cosa, mientras su padre partía directamente al hotel Werzer para tranquilizar a sus invitados con estas palabras: «Gonzalo viene enseguida; un poco pálido, pero sano y salvo».

Al filo de las ocho, Beatriz llegó completamente sola. «El susto —alegó la infanta— le ha provocado a Gonzalo un dolor de cabeza y os pide que le disculpéis; sólo quiere descansar un rato.»

La cena duró muy poco, pues antes de las nueve Alfonso XIII cruzaba ya el umbral de Villa Born para ver a su hijo. Gonzalo yacía en la cama de su habitación, en el último piso de la casa, tapado con una colcha.

El muchacho siguió restando importancia al accidente; aseguró que sólo le dolía la cabeza. Pero su padre insistió en avisar al médico. «No —replicó el infante—. No quiero a ningún médico; seguro que se me pasará enseguida…»

Durante la tensa espera, todos imploraron al Cielo el pronto restablecimiento de don Gonzalo. Nadie osó pronunciar la palabra maldita, latente en el ánimo de todos. Era como si temieran que, con sólo nombrarla, sobreviniese el maleficio. Permanecieron así en silencio más de una hora, en espera del milagro. Pero, pasadas las diez de la noche, Beatriz decidió romper el hielo:

—¿Estás mejor? —preguntó a su hermano.

Gonzalo sonrió y dijo con un hilillo de voz apenas perceptible:

—Creo que sí…

Pero sus labios, cada vez más descoloridos, indicaban lo contrario.

Poco antes de las once, el muchacho se incorporó de repente del lecho, profiriendo un grito de dolor que sobresaltó a los que estaban junto a su cama.

Alfonso XIII cogió una lámpara de la mesilla de noche para iluminar el rostro de su hijo; comprobó que estaba tan blanco como las hojas que utilizaba para escribir sus cartas.

Sin pérdida de tiempo, reclamó la presencia de un médico. El conde Khevenhüller, que acompañaba entonces al monarca y a su hija Beatriz, localizó al doctor Michaelis. Cuando fue a comunicar al rey que el médico se dirigía ya hacia allí, halló a don Alfonso y a la infanta inclinados sobre Gonzalo, que estaba inconsciente.

Poco después, llegó el doctor. Gonzalo respiraba con dificultad. Tras auscultarle, Michaelis temió lo peor: «Parece una hemorragia interna», dijo.

Alfonso XIII escuchó el diagnóstico como si fuera su propia sentencia de muerte. Su numantina resistencia para impedir que en las cortes europeas se supiese la verdad se vino entonces abajo. Vencido y desarmado, Alfonso XIII pronunció al fin la cruel condena: «Mi hijo Gonzalo, doctor, es hemofílico».

Michaelis soltó el estetoscopio como si fuese una serpiente de cascabel. «¡Dios mío! ¿Cómo no me lo han dicho antes? ¿Por qué no han llevado a su hijo al hospital?», inquirió, alarmado.

Acto seguido, preguntó: «¿Dónde ha sido el golpe?».

Beatriz señaló el pecho y el estómago de su hermano.

Tras palparle, el médico apreció una gran tumefacción en el bazo. Luego, se inclinó un poco más sobre el enfermo para oprimirle debajo de las costillas. «Está sangrando por dentro», afirmó.

Alfonso XIII perdió entonces los nervios, reclamando a gritos una transfusión urgente para su hijo, que se apagaba como una vela. Pero ya era tarde. «La hemorragia es demasiado abundante... De nada servirían las transfusiones. Tampoco estamos ya a tiempo de operarle», concluyó Michaelis.

El doctor halló sólo un consuelo: «Camino del cementerio, a la izquierda, vive el sacerdote. Pero tendrá que darse prisa. ¡Lo lamento de veras!», dijo.

Eran casi las doce de la noche cuando el conde Khevenhüller llamó a la puerta de la casa del párroco; apenas veinte minutos después, cuando llegaron a Villa Born, Gonzalo ya había muerto.

La versión oficial del accidente ocultó un hecho trascendental que, años después, revelaría el biógrafo y amigo íntimo del rey, Ramón de Franch: el coche siniestrado no lo conducía Beatriz sino Gonzalo, a quien, en un claro acto de imprudencia, había cedido aquélla el volante.

Era fácil entender así cómo Beatriz se había desmoronado al sentirse culpable de la muerte de su hermano pequeño. Sobre todo si, como aseguraba Ramón de Franch, ella había accedido a que su hermano condujese aun siendo menor de edad.

Mientras permanecía velándole de rodillas, durante horas enteras, al pie de su cama, Beatriz prometió incluso a la Virgen que ingresaría en un convento si le salvaba. Pero todo resultó igual de inútil que la defensa de su antiguo novio, Miguel Primo de Rivera, de la acusación de adulterio.

28
Un Borbón en la Corte de Franco

¿Gonzalo...? Gonzalo es una calamidad.

DON JUAN DE BORBÓN

Franco no ganó para escándalos... silenciados.

La censura franquista logró al final, como hizo con algún otro episodio comprometido en la convulsa historia de los Borbones de España, que el gran tumulto internacional se disipase.

Prueba de ello es que hoy, más de cuarenta años después de la enorme polvareda que el caso levantó en el extranjero, casi todo el mundo ignora aquí su existencia.

Todo lo contrario que el denominado «caso Matesa», otro escándalo que había estallado tan sólo tres años atrás, en agosto de 1969.

El caso Matesa era el resultado de la ofensiva de un sector del Régimen franquista contra otro, personalizado en unos «ministros azules», los atacantes, y otros ministros tecnócratas.

La excusa perfecta fueron las irregularidades cometidas por una empresa textil, Maquinaria Textil del Norte de España (Matesa), que había realizado una agresiva actividad exportadora y que adeudaba nada menos que 10.000 millones de las pesetas de entonces al Banco de Crédito Industrial.

Manuel Fraga Iribarne y José Solís aprovecharon la ocasión para intentar desprestigiar a los ministros tecnócratas Juan José Espinosa San Martín (Hacienda) y Faustino García-Moncó (Comercio), a quienes se unían Laureano López Rodó (ministro sin cartera) y el gobernador del Banco de España, Mariano Navarro Rubio, ambos miembros del Opus Dei.

Franco zanjó el escándalo remodelando el Gobierno el 29 de octubre con la salida de los ministros atacantes y agredidos, pero mantuvo a López Rodó, principal responsable de los Planes de Desarrollo.

Finalmente, el 1 de octubre de 1971 y alegando que se cumplían los treinta y cinco de su «exaltación» a la Jefatura del Estado, el Caudillo indultó las penas impuestas o que pudieran imponerse por actos cometidos desde el 21 de julio de 1965 hasta el 23 de septiembre de 1971. No era extraño así que a este decreto de gracia se le conociera como el «indulto Matesa».

Pero Matesa, con todo el ruido mediático que levantó, no podía compararse en modo alguno con la repercusión internacional del caso que estamos a punto de desentrañar y que, como ya advertíamos, pasó sin pena ni gloria en España por los motivos que el lector enseguida comprenderá.

Todo empezó el 25 de octubre de 1972, cuando Franco recibió en audiencia privada al segundo nieto del rey Alfonso XIII en su residencia de El Pardo.

Aquel día tan señalado, Gonzalo de Borbón Dampierre, hijo del infante sordomudo don Jaime de Borbón, hermano menor de Alfonso, duque de Cádiz, y primo del entonces príncipe Juan Carlos, acudió a ver al Generalísimo con sus mejores galas.

Retratemos, antes de proseguir con esta nueva e inquietante historia, al invitado en pocas pero certeras pinceladas. Sus amigotes de fiestas y correrías nocturnas le motejaban, con gran elocuencia, «Gonzalón»: el niño grande que bordeó peligrosamente el abismo tantas veces en su vida.

Gonzalo fue siempre, en efecto, el simpático y juerguista de la familia, como su padre; además, claro está, de ser un vago redomado, lo cual no significaba que fuese tonto en absoluto, como daba fe su propia madre Emanuela Dampierre, duquesa de Segovia, en sus memorias publicadas hace ya más de veinte años en el semanario *Hola*:

> Gonzalo, que siempre me ha divertido mucho, era mal estudiante y temía que no pudiera ingresar junto a su hermano en la universidad. Alfonso, más responsable y un año mayor, intentaba ayudarle, pero era tarea ardua y difícil, porque el menor de mis hijos se las ingeniaba de mil modos para no estudiar, justificando su pereza con un exceso de imaginación. Ambos leían mucho, también para ir conociendo el idioma, pero mientras uno se interesaba por la Historia y la Geografía, el otro prefería las novelas de aventuras. Siempre han estado muy unidos, como uña y carne, y Alfonso estaba muy preocupado porque su hermano tenía que aprobar el bachillerato en Zug o no podría ir a España. Pero como siempre ha hecho, en el último momento se puso a estudiar y sus notas fueron de sobresaliente. Gonzalo siempre fue un chico inquieto que difícilmente aceptaba las normas y tal vez por ello a mí me divertía... Debo decir que Gonzalo ha aportado a mi vida de madre la chispa, la alegría y el orgullo también. De ambos, se parece más a su padre el menor; incluso en sus

maneras, en su forma de caminar... Mi esposo tenía un talante alegre y Gonzalo también. Nada le divertía más que saltarse las clases particulares, pero de una forma tan especial... Por ejemplo, yo le mandaba a la casa de su profesor, le explicaba qué autobús debía tomar, en qué parada bajarse, caminar unos metros, llegar ante la puerta y tocar el timbre. Él hacía todo, pero una vez tocado el timbre de la puerta volvía sobre sus pasos sin esperar ser recibido. En efecto, había cumplido todas y cada una de mis órdenes, pero regresaba a casa sin haber cumplido su obligación.

«Un chico inquieto que difícilmente aceptaba las normas...»

Pocas veces, una sola frase bastó para quintaesenciar con tanto acierto a una persona.

Sobre aquel mismo muchacho expansivo que soñaba despierto, volcó todo tipo de alabanzas Luis María Anson, siendo corresponsal de *ABC* en Hong Kong, en una desconocida crónica publicada a mediados de los años sesenta. El futuro director del diario monárquico escribió entonces:

> Don Gonzalo de Borbón ha pasado unos días en Hong Kong, adonde vino en viaje de negocios. Es don Gonzalo hombre de una simpatía desbordante y recuerda en todo a aquel inolvidable monarca que fue su abuelo, don Alfonso XIII. Hombre joven, hombre de nuestro tiempo, inteligente, agudo, lleno de sencillez y de espontaneidad, don Gonzalo es un conversador agradabilísimo. Le encontré en el hotel Mandarín, y tuve una larga charla con él. Ayer domingo aparecieron en el *South China Sunday Post* unas interesantes declaraciones de don Gonzalo de Borbón y Dampierre. En ellas, el entrevistado se refiere a los proble-

mas políticos de España con gran ponderación y objetividad, y, al hablar del futuro español, señala como candidato a la Corona a don Juan de Borbón, conde de Barcelona. Por su simpatía, su sencillez y su inteligencia, don Gonzalo ha tenido un gran éxito personal en Hong Kong.

Curiosamente, sobre el mismo sobrino que le consideraba legítimo sucesor al trono de España, don Juan de Borbón comentó a uno de sus íntimos: «¿Gonzalo...? Gonzalo es una calamidad».

Pues bien, aquel joven que ensalzaba Anson y añoraba, cariñosa siempre con él, su madre Emanuela Dampierre, pero que denostaba su tío don Juan de Borbón, volvió a cruzar el umbral del palacio de El Pardo para ser recibido por Franco.

Tampoco en esta ocasión iba solo; le acompañaban Robert Lee Vesco, consejero financiero de Costa Rica, y Rafael Díaz-Balart Gutiérrez, agregado agrónomo de la embajada de Costa Rica en Madrid, a quienes aludiremos de nuevo enseguida.

Advirtamos que don Gonzalo había visitado ya aquel mismo palacio para conocer a Franco, tras pisar por primera vez en su vida suelo español, en septiembre de 1954.

En aquella ocasión acompañó a su hermano Alfonso a la entrevista gestionada por el general Fuentes de Villavicencio, durante la cual ambos escucharon los elogios del Caudillo a la figura de su abuelo Alfonso XIII.

El jefe del Estado se mostró partidario de la institución monárquica y les preguntó:

—¿Conocen ustedes la Ley de Sucesión?

—Sí, mi general —asintieron los jóvenes.

—No he decidido nada absolutamente todavía acerca de la cuestión de saber quién será llamado mañana a la cabeza del Estado.

El primo de Franco, general Salgado-Araújo, consignó luego el comentario que le hizo éste sobre esa visita:

> Me resultaron muy simpáticos y presentaron amables excusas por no haberme visitado antes. Hablamos de diferentes asuntos y aunque el mayor me dijo que él no siente apetencia por subir al trono, yo le dije que el futuro rey tiene que educarse en centros docentes de España para que, viviendo dentro de su ambiente, ame a la Patria y la conozca mejor, y así pueda servir con eficacia. El mayor me pareció inteligente y culto.

Gonzalo, como decimos, volvió a celebrar una audiencia privada con Franco en octubre de 1972, el mismo año que su hermano Alfonso contrajo matrimonio con la nieta del Caudillo, Carmen Martínez-Bordiú.

La boda se celebró el 8 de marzo y reabrió las quinielas sucesorias, pese a que Juan Carlos había sido ya designado tres años atrás como sucesor en la Jefatura del Estado a título de rey.

Su propio primo Gonzalo estuvo presente en el acto celebrado en La Zarzuela pero, al no confirmar a tiempo su asistencia por hallarse de vacaciones en Grecia, no pudo estampar su firma como testigo, a diferencia de su hermano Alfonso.

Sin embargo, como luego se demostró, la boda de la discordia llegó demasiado tarde, cuando Franco ya había cortado su baraja sucesoria por el naipe de don Juan Carlos; además, quienes conocían bien al Caudillo aseguraban que éste jamás iba a correr el riesgo de que alguien pudiera acusarle de nepotismo.

Cuando Gonzalo acudió de nuevo a El Pardo, su hermano Alfonso se hallaba aún en Estocolmo, en calidad de embajador del Régimen.

Trece días antes de la audiencia, se había casado su prima la infanta Margarita, hermana de don Juan Carlos. Y sólo cuatro días antes, el 21 de octubre, el propio don Juan Carlos montó en cólera al enterarse, por Laureano López Rodó, de que Franco pretendía conceder a su primo Alfonso el título de príncipe, faltándole tiempo para presentarse también en El Pardo.

Finalmente, don Juan Carlos pudo convencer al Caudillo de que desistiese, argumentándole que la existencia de dos príncipes confundiría a la opinión pública a la vez que podía convertirle en blanco de las críticas por favorecer a su familia.

Don Juan Carlos propuso entonces que se le otorgase a su primo el título de duque de Cádiz con tratamiento de Alteza Real, a lo que Franco accedió, no sin lamentarse: «Siempre se le ha llamado Príncipe a Alfonso de Borbón y ahora que se ha casado con mi nieta no le quieren reconocer esa condición».

Así estaban las cosas cuando el espabilado de Gonzalo puso de nuevo los pies en El Pardo, donde hasta entonces era bien recibido.

Con la inestimable ayuda de su padrastro, el financiero italiano Antonio Sozzani, casado con su madre en segundas nupcias, Gonzalo se había convertido en un reputado agente de cambio y bolsa, primero en Nueva York y luego en Manila y Madrid.

A su cargo de vicepresidente de la Cámara de Comercio de España y Costa Rica, sumó luego Gonzalo la vicepresidencia de la Cámara de Comercio Hispano-Italiana.

De Costa Rica, precisamente, eran consejeros en Madrid los dos hombres que le acompañaban aquel 25 de octubre de 1972, a quienes presentó al jefe del Estado español con toda la diplomacia del mundo.

Uno de ellos, Robert Lee Vesco, pretendía hacer negocios en Madrid mediante una nueva empresa denominada Compañía Española de Finanzas y Administración (Cefasa), que resultó ser al final una tapadera de turbias actividades.

Pero los sabuesos de Franco, lejos de morder el anzuelo, descubrieron el fraude. La compañía fue automáticamente disuelta, sin que los trapos sucios afectasen en España al buen nombre de los Borbones, a quienes el Generalísimo tanto respetaba.

Pero lo peor vino tan sólo mes y medio después, cuando se supo que Gonzalo de Borbón Dampierre, nieto del rey Alfonso XIII y primo hermano del sucesor en la Jefatura del Estado, figuraba como sospechoso en uno de los mayores fraudes financieros investigados por las autoridades de Estados Unidos en toda su historia.

No en vano, se estimaba que al menos 224 millones de dólares, procedentes de cuatro fondos de inversión (Venture Fund, Fondo de Fondos, International Investment Trust y Transglobal Growth Fund) gestionados por Robert Lee Vesco y sus colaboradores, entre ellos el propio Gonzalo de Borbón, habían sido desviados a empresas de otros países para lucro personal de los desleales administradores.

Cefasa, sin ir más lejos, estaba destinada a ser una de esas compañías encargadas de absorber la fortuna saqueada de los fondos particulares por Vesco y sus cómplices.

En tan sólo cuatro años, de 1968 a 1972, Gonzalo de Borbón se había metido en los dos mayores líos de su vida, el primero de los cuales veremos enseguida.

Entre tanto, las autoridades estadounidenses le involucraban en un gran escándalo que cuestionaba ante los ojos del mundo la honradez del primo hermano del sucesor de Franco en la Jefatura del Estado y futuro Juan Carlos I nada menos.

El propio Philip Loomis, miembro de la Securities and Exchange Commission, la agencia independiente de Estados Unidos encargada de regular los mercados de valores, conocida popularmente como «la SEC», proclamó a bombo y platillo que las autoridades se enfrentaban entonces a «uno de los mayores fraudes de valores jamás perpetrado».

Y no era para menos: las redadas de la Interpol se extendieron desde Nueva York, centro financiero del mundo, a Luxemburgo, Bahamas, Puerto Rico y Costa Rica. Había en total 43 personas y empresas acusadas. Junto a don Gonzalo de Borbón, figuraba en el punto de mira nada menos que Donald A. Nixon, sobrino del presidente de Estados Unidos.

Donald, de veintiséis años, era hijo de Donald Nixon, hermano menor del presidente, a quien Sean Stone interpretaría en la película *Nixon*, dirigida por Oliver Stone en 1995.

Robert Vesco había sido acusado de financiar de modo irregular las campañas políticas de Richard Nixon a través de su sobrino Donald.

Por si fuera poco, entre los acusados se hallaba también James Roosevelt, primogénito del trigésimo segundo presidente de Estados Unidos y único en ganar cuatro elecciones presidenciales, Franklin Delano Roosevelt.

Nacido en 1907, James Roosevelt había sido condecorado por su valor en la Segunda Guerra Mundial, siendo oficial del Cuerpo de Marines.

En 1932 creó su propia agencia de seguros, Roosevelt y Sargent, tras abandonar la carrera de Derecho. Cinco años después, se incorporó a la Casa Blanca como secretario oficial del presidente. Desde 1966, presidía la multinacional Overseas Management Company.

Gonzalo de Borbón había conocido a Robert Vesco en Nueva York; trabó luego buena relación con él en Costa Rica y en Madrid.

Recordemos que el protagonista de la trama, Robert Vesco, era consejero financiero de Costa Rica cuando fue recibido por Franco en El Pardo, gracias a la mediación de don Gonzalo, vicepresidente de la Cámara de Comercio de España y Costa Rica.

El propio presidente costarricense, José Figueres, concedió asilo a Vesco en su país e intercedió por él ante Jimmy Carter.

En 1981, Figueres declaró: «Vesco ha cometido muchas estupideces, pero yo siempre he defendido el asilo y volvería a protegerle; nunca abandono a mis amigos».

El primo de don Juan Carlos tenía la extraña habilidad de rodearse de pájaros de cuidado como sin duda era Robert Vesco.

Nacido en Detroit (Michigan, Estados Unidos), el 4 de diciembre de 1935, Robert Lee Vesco vivió siempre en la cuerda floja.

Estafó a inversores, sobornó a presidentes de Gobierno y coqueteó con los cárteles del narcotráfico. Era un tipo muy peligroso, que sedujo en un abrir y cerrar de ojos a Gonzalo de Borbón.

Cuando llegó a New Jersey siendo un muchacho, procedente de Detroit, para trabajar en una fábrica de maquinaria industrial, nadie imaginó que Robert Lee Vesco fuera a convertirse en el dueño y señor de aquella empresa a la que rebautizó como International Controls Corporation (ICC).

Desde entonces, todo fue coser y cantar para este prestidigitador de las finanzas: reflotó empresas en quiebra, como por ensalmo, hasta configurar su propio holding industrial.

Con apenas treinta años, era ya inmensamente rico. Pero aún no había escalado todos los peldaños del poder financiero. El último y definitivo escalón llegó al asociarse con otro elemento de cuidado como él, Bernard Confeld, propietario de la Investment Overseas Service (IOS).

Acuciado por la crisis energética de los años setenta, Confeld cedió el control de la empresa a Vesco. Fue entonces cuando éste empezó a saquear los fondos de la compañía, desviándolos a empresas suyas radicadas en otros países.

La SEC estadounidense acusaba a Vesco de vender acciones de IOS a Kilmorey Inversiones, una empresa ficticia creada por él mismo para apropiarse de esos fondos. Hasta que el 30 de octubre de 1971, Kilmorey traspasó el control de IOS a un grupo de empresarios españoles y latinoamericanos encabezado por Gonzalo de Borbón y Rafael Díaz-Balart, cuñado del presidente cubano Fidel Castro.

El mismo Díaz-Balart que acompañó a Gonzalo de Borbón y a Robert Lee Vesco en la audiencia con Franco, figuraba también entre los acusados por la SEC.

Díaz-Balart pasaría de ser el amigo íntimo de Fidel Castro, con quien compartió el aula de la facultad de Derecho en la Universidad de La Habana, en la segunda mitad de los años cuarenta, a ser enemigo acérrimo del héroe de la revolución cubana.

Pero antes de eso, se alegró naturalmente de que su amigo Fidel engatusase a su hermana Mirtha mientras ésta estudiaba Filosofía y Letras en la misma universidad. En 1948, cuando Fidel y su flamante esposa viajaron a Nueva York de luna de miel, Díaz-Balart y su mujer les acompañaron.

El socio de Gonzalo de Borbón había sido senador y subsecretario de Gobernación, cargo equivalente en Cuba al de ministro del Interior, en el último Gobierno de Fulgencio Batista.

En julio de 1953, Fidel Castro fracasó en su asalto al cuartel militar Moncada, siendo encarcelado en la prisión de Isla de Pinos junto a un centenar de seguidores. Pues bien, cuando Batista decretó una amnistía dos años después, Díaz-Balart se opuso a su excarcelación. Hasta tal punto habían cambiado ya las tornas entre ambos, mientras Castro y su esposa iniciaban los trámites de divorcio.

En 1959, cuando Castro se hizo con el poder en Cuba, su antiguo cuñado huyó de la isla con su familia a Estados Unidos. En cuanto llegó a Nueva York, le faltó tiempo para constituir uno de los primeros grupos anticastristas, al que denominó La Rosa Blanca.

Gonzalo de Borbón le conoció cuando ya pertenecía al cuerpo diplomático de Costa Rica, para el que también trabajaba Robert Vesco.

La quiebra del holding de Vesco arruinó a numerosos bancos e inversores. Confeld fue detenido. Vesco se esfumó. Por si fuera poco, el escándalo Watergate y la consiguiente caída de Nixon impidieron que éste pudiese ayudar al hombre que había financiado alguna de sus campañas políticas.

Desde entonces, Vesco se convirtió hasta su muerte, en noviembre de 2007, en prófugo de las autoridades norteamericanas. Su huida permanente de la Justicia le llevó primero a Costa Rica, luego a Nicaragua y finalmente a Cuba, convertida en santuario para los fugitivos de Estados Unidos.

En La Habana, donde falleció, montó su propio negocio de tráfico de cocaína.

Muchos se preguntaron entonces cómo un escándalo de semejante magnitud, en el que la SEC estadounidense involucraba a Gonzalo de Borbón junto al sobrino de Nixon, el primogénito del presidente Roosevelt y el cuñado de Fidel Castro nada menos, pudo pasar casi desapercibido en España, donde enseguida se le dio carpetazo.

Añadamos tan sólo, sin que eso desvele todo el misterio, que España tenía entonces un alto valor geoestratégico para Estados Unidos. Prueba de ello es que, en marzo de 1971, el presidente Nixon encargó a Vernon Walters, agregado militar en Italia y coronel de los servicios de inteligencia, una misión confidencial en España, según revelaba el experto en política internacional Joan E. Garcés, tras exhumar antiguos documentos *top secret* de la Administración norteamericana.

Walters transmitió a Franco que «España era vital para el Oeste y Nixon no quería ver desarrollarse una situación caótica o anárquica. Nixon expresó la esperanza de que Franco entronizara al joven príncipe Juan Carlos», mientras reservaba para sí la Jefatura vitalicia de las Fuerzas Armadas.

Garcés recordaba que en otoño de 1971 se habían producido movilizaciones de protesta en Euskadi, así como los juicios del Tribunal Militar de Burgos contra nacionalistas vascos.

Con el mensaje confiado a Walters, Nixon «entendía que ésta sería una situación ideal que aseguraría una transición pacífica y ordenada que el propio Franco supervisaría».

El presidente de Estados Unidos barajaba también la posibilidad de que Franco optase al final por permanecer en la Jefatura del Estado, en cuyo caso le pedía que renunciase a las funciones de presidente del Gobierno en beneficio de una persona que asegurase, cuando él falleciese, la «pacífica y ordenada» entronización de don Juan Carlos.

Franco dio garantías a Nixon de que seguiría el plan previsto: «La sucesión se llevará a cabo en orden. No hay alternativa al Príncipe», aseguró.

El propio Vernon Walters consignó en sus memorias:

> Todos los oficiales superiores con los que hablé dudaban que Franco pusiera al Príncipe en el trono antes de morir. Creían, sin embargo, que nombraría a un primer ministro. No creían que hubiera disturbios de importancia en el país cuando Franco muriera, y dijeron que las Fuerzas Armadas podrían manejar fácilmente tales problemas.

Franco cumplió con la segunda opción ofrecida por Nixon, designando en junio de 1973 presidente del Gobierno a Luis Carrero Blanco, quien, sin embargo, voló por los aires dentro de su automóvil en diciembre del mismo año.

El Caudillo, en cualquier caso, no se desmarcó de la intención última del Gobierno de Estados Unidos, pues de su decisión de instaurar la Monarquía en la persona de don Juan Carlos se derivó luego la transición de una dictadura a un régimen democrático con la legalización de partidos políticos.

Si algo ponía de manifiesto Joan E. Garcés era el intervencionismo soterrado de Estados Unidos en los planes de Franco.

Don Juan Carlos encarnaba así la esperanza de Estados Unidos en el advenimiento de una democracia en España.

¿Cómo iban a permitir entonces Franco y Nixon que el primo hermano del sucesor en la Jefatura del Estado español mancillase el buen nombre de los Borbones, llamados a reinar de nuevo, viéndose mezclado con Robert Vesco en uno de los mayores escándalos financieros de todos los tiempos?

29

La hija secreta

Me tumoré el útero, que salió varios años
después con tres kilos. Yo noté que algo se
me había roto para toda la vida. Fue un dolor
muy profundo. [...] La ruptura fue brutal.

CARMEN DÍEZ DE RIVERA

Hace ya casi quince años, en noviembre de 1999, que supe con
pelos y señales la increíble historia, por lo de aciaga e impactan-
te, de Carmen Díez de Rivera e Icaza.

Acababa de fallecer en Madrid con cincuenta y siete abri-
les, el lunes 29 de noviembre de aquel año, esta política y
eurodiputada española, antigua directora del Gabinete de
Adolfo Suárez y amiga del rey Juan Carlos, a la que se atribuía
un papel destacado en el proceso democrático, hasta el punto
de hacerla pasar a la historia, tal vez de modo exagerado, como
«la musa de la Transición».

Sentado en un sofá de cuero añejo, con un veguero hu-
meante en la mano y las altas cumbres del Guadarrama como
marco privilegiado de fondo, mi suegro Pepe se refirió el martes 30 de noviembre a la dramática historia de Carmen sin es-

catimarme un solo detalle y rogándome que no se la contase a nadie mientras él viviese; murió en la Semana Santa de 2014.

Como amigo íntimo de Francisco, «Paco», Serrano Súñer («Pepe» llamaba siempre a su amigo con los dos apellidos paternos), cuarto de los hijos varones del «cuñadísimo» de Franco, con quien había trabajado durante muchos años en uno de los principales grupos constructores de España, el padre de mi esposa, doctor ingeniero de caminos, fue cómplice así del gran secreto sobre el calvario sufrido por Ramón, el hermano mayor de su amigo, con Carmen Díez de Rivera, enamorados uno del otro hasta el tuétano.

Varios autores se habían hecho eco sólo hasta entonces del romance adúltero entre Ramón Serrano Súñer y Sonsoles de Icaza y León, marquesa de Llanzol. Pero ninguno de ellos había revelado aún, por ignorancia, inseguridad o más bien temor a las represalias jurídicas, la poderosa razón que impidió a Ramón y Carmen desposarse, como ingenuamente pensaban hacer.

De todos ellos, Carlos Fernández fue el más audaz en su libro *Tensiones militares durante el franquismo* (junio de 1985), donde, tras aludir a la relación sentimental de Serrano Súñer y la marquesa de Llanzol, deslizaba este párrafo insinuante que bastó por sí solo para desatar la reacción iracunda del propio «cuñadísimo»:

> En efecto, la comparación de fotografías del supuesto padre [Ramón Serrano Súñer] y de Carmen Díez de Rivera puede llevar a la conclusión de que existe un parecido. Sin embargo, esto es difícil de demostrar jurídicamente y, como ocurrió antes con Carmencita Franco Polo, todo quedó en rumor.

Antes que él, el historiador británico Thomas Hamilton fue el primero en aludir, en 1943, a la relación sentimental entre Serrano Súñer y la marquesa de Llanzol. Lo hizo en su libro *Appeasement's Child: The Franco Regime in Spain*, publicado en Londres, limitándose a comentar el romance prohibido en aquella época pero sin mencionar en ningún momento a la hija extramatrimonial de Serrano Súñer. Igual que el historiador estadounidense Herbert Feis, Premio Pulitzer de Historia, en su obra *The Spanish Story: Franco and the Nations at War*, distribuida en Nueva York, en 1966.

Tampoco Paul Preston, en su biografía de Franco publicada en 1993, refirió la verdadera paternidad de Carmen, centrándose sólo en el adulterio de don Ramón con Sonsoles de Icaza, el cual constituyó el segundo factor, a su juicio, que precipitó la caída del cuñado de Franco en 1942.

El primero consistió, según Preston, en el «resentimiento [del Caudillo] porque Serrano Súñer acaparara la atención», dado que «Franco era muy sensible a los comentarios de que su cuñado le estaba robando el papel»; actitud recelosa que parece un remedo de la observada con la figura de su gran rival José Antonio Primo de Rivera, como vimos en su momento.

Ramón Serrano Súñer, conocido por obvias razones entre sus admiradoras como «jamón Serrano», contaba treinta y nueve años cuando embelesó con su rubia cabellera y su magnética mirada azul, siempre tan pulcro y elegante, a Sonsoles de Icaza, la esposa del marqués de Llanzol, Francisco de Paula Díez de Rivera y Casares, un cincuentón que bebió los vientos, a pesar de los pesares, por su infiel mujer.

La marquesa tampoco le andaba a la zaga a su amante: morena de 1,72 metros de estatura, pasaba por ser con sólo veintiséis años una de las damas más deslumbrantes de España, convertida en musa del prestigioso diseñador de moda Cristóbal Balenciaga.

Corría el otoño de 1940. Serrano había sido ya nombrado flamante ministro de Asuntos Exteriores por su cuñado. Era entonces lo que se dice un partidazo también en el terreno político, que había sido ministro en los dos primeros gobiernos de Franco y diseñador de la arquitectura estatal del nuevo régimen. Casi nada.

Además de guapo, la frente despejada de Serrano bajo unas cejas rectas y bien perfiladas era sinónimo en su caso de gran inteligencia. No en vano, aprobó las oposiciones a la abogacía del Estado con el número uno de su promoción antes de desposarse con Ramona, «Zita», Polo, la hermana pequeña de la mujer de Franco, a quien éste condujo del brazo hasta el altar durante una boda en la que José Antonio, amigo íntimo del contrayente, actuó como testigo, como ya sabe el lector.

Desde el estallido de la Guerra Civil, Serrano no dejó de moverse en busca de refugio: primero en casa de sus hermanos, luego en la de su tía, y a continuación en una discreta pensión de la calle Velázquez.

Cuando lo detuvieron, se encontraba en el domicilio de un amigo. Un guardia de Asalto y un miliciano se lo llevaron después de la cena a bordo de un automóvil que continuó su trayecto por la calle de Alcalá, dejó a su izquierda la Cibeles y subió por la Gran Vía, deteniéndose finalmente en el desierto parque del Oeste. El detenido tembló de miedo, presintiendo que iban a darle el «paseo».

De hecho, sus captores le hicieron andar en la oscuridad y le pusieron contra un árbol para interrogarle sobre Franco, la insurrección y los demás generales, así como sobre sus relaciones con Gil Robles, el jefe de la CEDA, e incluso con el rey Alfonso XIII.

Sometido a la tensión nerviosa acentuada por su insomnio crónico, que le había provocado una úlcera de estómago, procuró responder con firmeza pese al pánico evidente. Insatisfechos con sus respuestas, el guardia y el miliciano le apuntaron con un fusil y una pistola ametralladora, respectivamente. Él rezó en silencio, en espera de lo inevitable. Pero los dedos de sus verdugos permanecían inertes en los gatillos. Siguió rezando.

El miliciano dijo:

—Mire, voy a pedir información a mis superiores. Aún está usted a tiempo. Deme alguna noticia y no le mataré.

Serrano se distanció unos pasos del árbol e insistió en que no podía suministrarle información útil.

—Pues lo siento —replicó el miliciano, colocándole de nuevo de espaldas contra el árbol y apuntándole.

Pero tampoco esta vez hubo disparos.

Introdujeron finalmente en el coche al tembloroso detenido, que poco después ocupaba una celda en el cuarto y último piso de la Modelo.

Fue así como la noche del 22 de agosto, Serrano creyó llegada de nuevo su última hora. Pero uno de los jefes milicianos que irrumpieron en la prisión, nada partidario de las matanzas, indicó que debían ser selectivos con los presos políticos. Mientras discutían entre ellos, se apagaron todas las luces. Tardaron unos minutos en reunir velas suficientes para alumbrar la fúnebre escena. Sentado a una mesa, un joven harapiento gritó los nombres de los camaradas de Serrano. Una treintena de políticos fueron conducidos a empellones hasta el sótano para ser ejecutados. Serrano escuchó estremecido, durante horas, los disparos de los verdugos.

Tras escapar luego milagrosamente de la Modelo, como ya vimos con todo detalle, Serrano asesoró a Franco en Salamanca, hasta que éste le nombró ministro del Interior en sustitución de Martínez Anido; de modo que cuando él y Sonsoles de Icaza se enamoraron, Franco acababa de adjudicarle ya la cartera de Asuntos Exteriores en su segundo gobierno, concretamente el 17 de octubre de 1940. .

Aquella tarde del martes 30 de noviembre de 1999, mi suegro Pepe me reveló en el hermoso salón de su residencia de Guadarrama toda la verdad que le había referido a su vez de palabra, con gran dolor de corazón, su buen amigo Francisco Serrano Súñer Polo. Reconozco mi estupefacción en aquel momento y el enorme pudor que aquella historia luego suscitó en mí, hasta el punto de impedirme realizar la más mínima referencia a ella en las ocasiones que estuve con dos de sus principales protagonistas: Ramón Serrano Súñer, padre e hijo.

¿Y qué fue lo que Pepe me contó aquella tarde? Ni más ni menos que lo que muchos hoy ya saben, pero que entonces la inmensa mayoría ignoraban.

Ramón Serraño Súñer Polo, el tercer hijo varón de Ramón Serrano Súñer y de Zita Polo, se había enamoriscado perdidamente de Carmen Díez de Rivera, a quien conocía desde su más tierna infancia. Sus respectivas familias, los Serrano y los Llanzol, mantenían entonces una estrecha relación. A Carmen, por su parte, Ramón le parecía guapísimo y en cierta forma veía reflejada en él su idéntica y penetrante mirada azul. Así que le amaba también con locura y pensaba que su novio era hermano de una amiga suya, Pilar, nacida dos años antes que ella, el 5 de octubre de 1940.

Carmen y Ramón se las prometían muy felices; tanto, que ya habían puesto fecha a su boda. Pero el 28 de diciembre de 1959, festividad de los Santos Inocentes para más inri, antes de que Carmen se dispusiese a pedir su partida de bautismo en la iglesia de la Concepción de Goya para iniciar los trámites matrimoniales, le comunicó a su madre su firme decisión de casarse con Ramón.

La prometida tenía sólo diecisiete años, pero aquel día le cayeron encima muchos más. La respuesta que escuchó de labios de su tía Carmen de Icaza, pues su propia madre no tuvo el valor de decírselo a la cara, acompañada de un sacerdote amigo de la familia, provocó en ella un shock traumático para el resto de sus días: Carmen y Ramón no podían contraer matrimonio por la sencilla razón de que eran hermanastros y de lo contrario cometerían incesto.

El sábado 11 de diciembre de 1999, once días después de que mi suegro me revelase el gran secreto de familia, el escritor Gregorio Morán, biógrafo de Adolfo Suárez y gran experto en la Transición española, publicó el obituario de Carmen Díez de Rivera en *La Vanguardia* de Barcelona.

Titulado «Flores de verdad en la tumba de Carmen», su autor demostraba estar demasiado bien informado sobre el peliagudo asunto en estos dos párrafos:

> Agosto de 1942 marca la linde del orto y el ocaso de la figura perenne de Ramón Serrano Súñer, destituido del Ministerio de Asuntos Exteriores días más tarde del nacimiento de Carmen. Una casualidad que por suerte para su madre, que no para ella, no nació de la inseminación artificial sino de la relación entre el todopoderoso número dos

del régimen y la marquesa de Llanzol. Aquella niña rubia, casi albina, que destaca incluso en las fotos en blanco y negro, de una belleza fría a la que salvaba siempre la mirada, era un producto emblemático de la posguerra española. No hay ningún otro caso tan evidente de un nacimiento concebido para la gloria.

Y así fue hasta que un día descubrió, como en la novela de Eça de Queiroz y en tantos y tantos folletines que salieron de la vida y no de caletres quejumbrosos, que aquel joven con el que pensaba casarse y tener hijos y formar un hogar cristiano —¡estamos en 1959!—, era su hermano. Ahorro los detalles para no ensañarme con don Ramón Serrano Súñer, por más que se mereciera eso y mucho más.

Ramón Serraño Súñer, en efecto, entonces aún vivía y debió encolerizarse tras leer el obituario dedicado a su hija secreta.

Permítame el lector efectuar ahora un salto cronológico, hasta mayo de 2002, cuando la periodista Ana Romero, con quien tuve el privilegio de trabajar en el diario *El Mundo* durante casi diez años, publicó por fin su extraordinario libro-testimonio *Historia de Carmen*, convertido hoy en toda una rareza bibliográfica.

Ana Romero pudo conversar con Carmen Díez de Rivera antes de su muerte: «Yo, desde los diecisiete años, Ana, no he sabido vivir. Lo del hermano, ya te lo he dicho muchas veces, fue peor que el cáncer», declaró, herida ya de muerte, a la intrépida reportera.

Confesión a tumba abierta la de Carmen con su interlocutora al saber que Ramón, el gran amor de su vida, era medio hermano suyo:

Yo noté que algo se me había roto dentro. Algo tremendo hizo clac, yo noté ese ruido. Me tumoré el útero, que salió varios años después con tres kilos. Yo noté que algo se me había roto para toda la vida. Fue un dolor muy profundo. En aquel momento era imposible permanecer con esa persona. La situación estaba tan penalizada... La ruptura fue brutal. En cinco minutos. Acabar con la globalidad de un amor, en el que se había despertado todo. ¡A mí se me partió el alma! Yo no juzgué, nada, que conste, porque el amor no se juzga. Lo que sí pensé es: «¿Ustedes cómo han sido tan insensatos y no me lo hicieron saber?». Eso sí. Pero cómo vas a juzgar el amor de dos personas... Yo no lo hice en ningún momento; ahora tampoco. Se me partió el alma porque supe que difícilmente volvería a encontrar esa globalidad otra vez. Él era una persona, de verdad, muy excepcional.

Pese a marcharse hasta África para intentar olvidarle, lo cierto es que, como ella misma reconocía, siguió viendo a Ramón durante varios años; por encima de todo, ambos se querían. Pero, ya enferma, se pasó el tiempo huyendo de él y de sí misma: entre 1960 y 1964 estuvo en París, sometiéndose a una cura de sueño; luego, en Suiza; y finalmente, probó apenas cuatro meses como monja carmelita de clausura en la localidad abulense de Arenas de San Pedro.

Gregorio Morán hilaba a la perfección el amanecer y el ocaso de la vida política de Ramón Serrano Súñer al manifestar en su obituario de Carmen, como ya hemos visto: «Agosto de 1942 marca la linde del orto y el ocaso de la figura perenne de Ramón Serrano Súñer, destituido del Ministerio de Asuntos Exteriores días más tarde del nacimiento de Carmen».

Y no sólo él. La propia Carmen Díez de Rivera estaba convencida de que fue su propio nacimiento, registrado el 29 de agosto de 1942, el que hizo caer en desgracia a su padre biológico a los ojos de Franco.

Paradojas del destino: el lunes 31 de agosto, el Caudillo llamó a su cuñado para felicitarlo por su santo, san Ramón Neonato, patrono de... ¡las parturientas!

Según Serrano, aquel día Franco no quiso amargarle su onomástica, de modo que esperó al día siguiente para citarle en su despacho de El Pardo y comunicarle su destitución fulminante como ministro de Asuntos Exteriores, que significaba el fin de su carrera política con tan sólo cuarenta años de edad.

El miércoles 2 de septiembre se hizo público su cese.

Nada amigo de los escándalos, como ya sabemos, Franco acabó sucumbiendo también ante la gran influencia que siempre ejerció sobre él su esposa Carmen Polo, indignada como ninguna otra, incluida su propia hermana, por el imperdonable engaño a que fue sometida ésta por un hombre sin escrúpulos.

Por mucho que algún autor considere que el detonante principal de la destitución de Serrano fueron los ya relatados sucesos de Begoña, tras los cuales el propio ministro de Asuntos Exteriores salió en defensa del falangista Juan José Domínguez, condenado a muerte por Franco, ningún episodio como el de la hija secreta resultó tan decisivo para el desahucio político del «cuñadísimo».

Ana Romero señalaba, a este propósito:

> Los rumores tardaron muy poco en llegar a El Pardo, sobre todo por boca de la maquiavélica Pura Huétor, que actuaba de «filtro» de Carmen Polo sobre los chismes de la

calle. Pura Huétor reemplazó en el corazón de Carmen Polo a su hermana pequeña, Zita, cuando Ramón Serrano Súñer salió del Gobierno. Pura no soportaba a la familia Serrano Súñer.

El también periodista Ignacio Merino, autor de una biografía autorizada de Serrano Súñer, lo veía con una transparencia meridiana:

> Era cada vez más claro que en torno a Serrano se estaba urdiendo una red para la emboscada, una estrategia que no parecía partir directamente del Caudillo, quien mantenía la relación con su cuñado más estrecha que nunca. [...] El recelo no venía del propio Franco, sino de alguien muy próximo, una figura en el claroscuro que le hacía tomar algunas decisiones y llevar a cabo ciertos nombramientos. La que se titulaba ya por orden de su marido «Señora», al modo mayestático de las antiguas reinas y ante cuya aparición pública debía sonar el himno nacional [...]. Los tés de El Pardo se convirtieron en fragua de nombramientos y fábrica de cesantías. [...] Un comentario inocente de quien veía las cosas sin matices pudo ser el detonante de la alarma interior de doña Carmen cuando un día su hija Nenuca, joven de quince años sin pelos en la lengua y que prestaba oídos a cuanta murmuración pasaba cerca de ella, preguntó a bocajarro: «Pero, bueno, mamá: ¿quién manda aquí?, ¿papá o el tío Ramón?».

Franco cortó así para siempre la baraja política de su cuñado, evitando una vez más el escándalo. Y lo hizo diecisiete años antes de que la principal afectada, Carmen Díez de Rivera, hallase al fin respuesta a su curiosidad femenina mientras contemplaba absorta un retrato en sepia de Ramón Serrano

Súñer con su familia al completo, guardado en un cajón de su casa: «¿Quién es este señor tan guapo? Guapísimo. Pero ¿quién es? Y ¿por qué tiene ese aire hermosamente doliente, casi melancólico? Y ¿por qué anda rodeado de señores con fajines, bigotes y uniformes?»...

30
Pánico nuclear en Madrid

Se han producido muertes por cáncer entre la población madrileña como consecuencia del consumo de verduras contaminadas durante años.

MIGUEL YUSTE,
miembro del Ciemat

Las ínfulas atómicas de Franco desembocaron, como ya vimos en un capítulo anterior, en la instalación del Centro Nacional de Energía Nuclear Juan Vigón en el corazón de la Ciudad Universitaria de Madrid, en diciembre de 1958; en concreto, en el número 22 de la avenida Complutense, donde desde aquel año los madrileños estuvieron expuestos, sin saberlo, al mínimo fallo que pudiese poner en peligro su salud e incluso sus vidas. Y ese fallo se produjo sin que los madrileños tampoco tuviesen constancia del mismo, minutos después de las once de la mañana del fatídico sábado, 7 de noviembre de 1970, casi ya en el ocaso del franquismo.

Una junta mal soldada provocó el vertido de entre cuarenta y ochenta litros de refrigerante del reactor nuclear Co-

ral-1 a las aguas del río Manzanares, de éste al Jarama y finalmente al Tajo. Un desastre nuclear silenciado, en un acto de
flagrante irresponsabilidad. La más grave contaminación radiactiva de la Historia de España. No en vano, los litros de
líquido radiactivo vertidos al Manzanares contenían nada
menos que Estroncio-90, Cesio-137, Rutenio-106 y partículas de Plutonio; una auténtica bomba atómica para el organismo.

En mayo de 2015 conocí en persona a Miguel Yuste,
asesor de Seguridad del director del Centro de Investigaciones Energéticas, Medioambientales y Tecnológicas (Ciemat),
organismo público adscrito al Ministerio de Economía y
Competitividad, poco antes de entrar en el plató del programa *Cuarto Milenio* que dirige Iker Jiménez en Cuatro TV
y con quien me enorgullece colaborar. Yuste había sido invitado en calidad de testigo para relatar estos increíbles sucesos registrados cuarenta y cinco años atrás, a tan sólo quince
minutos del centro de Madrid.

Mientras conversábamos él y yo afablemente en una sala
cercana al plató, comentó, provocando mi estupefacción:
«Hubo entonces un trasvase de residuos de alta actividad radiactiva en una instalación donde se quería obtener plutonio
para fabricar armamento nuclear. En un fallo imperdonable
durante la operación, los líquidos radiactivos se escaparon a la
red del alcantarillado municipal. Presos del pánico, en lugar
de evitarlo, los técnicos introdujeron agua por la alcantarilla y
empujaron los residuos radiactivos que fueron a parar al río
Manzanares, de éste al Jarama y finalmente al Tajo. Con esa
agua altamente contaminada se regó toda la Vega del Manzanares, Jarama y Tajo. Se regaron las verduras, hortalizas y fru-
tales, consumidas luego por los madrileños. ¿Consecuencias?
Cánceres de pulmón, de riñón, de huesos…»

Yuste puso así el triste epitafio a tamaño despropósito: «Se han producido muertes por cáncer entre la población madrileña como consecuencia del consumo de verduras contaminadas durante años».

Los detalles del accidente nuclear figuran en un informe confidencial de la Junta de Energía Nuclear (JEN), actual Ciemat, fechado once días después del trágico suceso, el 18 de noviembre de 1970; informe recogido por el diario *El País* el 24 de octubre de 1994, en un sensacional reportaje firmado por Carlos Yárnoz y José Yoldi.

A las once de la mañana del 7 de noviembre, un grupo de técnicos del Centro Nacional de Energía Nuclear Juan Vigón inició el trasvase de setecientos litros de desechos de alta radiactividad. Al cabo de cinco minutos, decenas de litros de ese líquido tan pernicioso para la salud corrían ya, como si fuera agua, por los desagües de la capital en dirección al río Manzanares. Sólo que, en vez de agua, era puro veneno.

«Los habitantes de Madrid y sus alrededores no fueron informados del hecho y consumieron toneladas de verduras y hortalizas contaminadas», corroboraba el rotativo de tirada nacional.

El origen de la catástrofe fue, como ya apuntábamos, el desprendimiento de una placa soldada a la tubería del trasvase de líquidos radiactivos. La placa había sido colocada tan sólo diez meses antes, pero hubo «falta de control en la instalación», según admitió la propia Junta de Energía Nuclear en su informe.

Y añadió ésta, aunque resulte increíble: «Ni el jefe de la Sección de Combustibles irradiados, ni el jefe del Grupo de Operación de la Planta M-1 ni el jefe del Grupo de Residuos conocían la reglamentación en materia de seguridad nuclear».

Por si fuera poco, el trasvase de los líquidos radiactivos se efectuó con una «planificación inadecuada», mientras permanecía abierta una válvula que podía comunicar posibles fugas del líquido, como al final sucedió, con el alcantarillado general de Madrid.

El informe añadía el término «confusionismo» para referirse al instante mismo en que se detectó el escape de líquido; y para colmo, «mientras el representante de Medicina y Protección recomendaba que no se vertiese más agua a la red general, se hacía, al parecer, lo contrario», advertía.

Recapitulando los hechos con más detalle aún, añadamos que aquel infausto 7 de noviembre los desechos radiactivos debían trasvasarse desde el tanque A-1 de la planta M-1, donde se hallaba el reactor nuclear Coral-1, hasta el depósito T-3 de la planta CIES, donde se trataban los residuos.

Como consecuencia de un acto tan impune como negligente, decenas de kilómetros cuadrados de huertas se regaron con aguas del Manzanares, el Jarama y el Tajo contaminando desde lechugas hasta coliflores.

Aunque parezca mentira también, los técnicos del Centro Nacional de Energía Nuclear se marcharon de fin de semana, como si tal cosa. Sabemos que fue así por el informe del 18 de noviembre de 1970, según el cual, «a las 2.45 horas aproximadamente cesaron las actividades relacionadas con el accidente y no se reanudaron hasta el lunes siguiente, día 9 de noviembre».

¿No resulta acaso increíble semejante pasividad ante la más grave contaminación radiactiva de la Historia de España, como ya advertíamos, y estando en juego nada menos que un número insospechado de vidas humanas?

Las autoridades nucleares tardaron demasiado en reaccionar, ya que hasta el 14 de enero de 1971, es decir, más de dos meses después de la catástrofe, la Comisión Asesora de Seguridad del Centro Nacional de Energía Nuclear Juan Vigón no redactó otro informe confidencial en el que deslizaba estas recomendaciones: «Impedir el consumo de los vegetales que crezcan en las parcelas contaminadas... Impedir el riego con agua de los canales y ríos que contengan agua o fangos contaminados».

Pero ya era tarde, dado que a esas alturas muchos madrileños habían consumido frutas y verduras contaminadas, tal y como se sospechaba en este otro párrafo del citado informe: «[Evalúense] los riesgos a causa de la ingestión de alimentos contaminados con Estroncio-90».

La indolencia de los responsables, que al final no fueron tales, llegó así hasta el extremo de que los consejos de retirar hortalizas de los canales habituales de consumo y prohibir el riego sólo se siguieron en muy contadas excepciones para no provocar alarma entre la población y aun a costa de poner en riesgo la vida de numerosas personas.

Yárnoz y Yoldi, en su excelente reportaje, transcribieron en su día una interesante conversación con el hortelano Benigno Girón, que cultivaba verduras en Valcarra Chica (Villaverde Bajo), a seis kilómetros más o menos del lugar del escape de líquido radiactivo y lindante con el río Manzanares: «Se llevaron —evocaba Girón, en alusión a dos inspectores acompañados de un policía que irrumpieron en su campo— dos o cuatro sacos de escarolas, lechugas y repollos; hicieron lo mismo dos semanas más tarde... Nunca me dijeron qué pasaba y, como siempre, vendí todo en el mercado de Madrid».

El propio Benigno Girón comió algunos productos de su cosecha y fue intervenido años después de un cáncer de garganta. ¿Casualidad... o no?

Al también hortelano Luis Lafuente, de Perales del Río, localidad madrileña próxima al Jarama, le dijeron que sus hortalizas habían empezado a secarse «por un vertido de gasoil». Pero él añadió: «Las plantas que no se secaron fueron vendidas en el Mercado Central de Madrid».

Más rocambolesca, si cabe, fue la versión que le dieron a José Manuel Garayalde, propietario de una finca en Gózquez de Abajo, en el municipio madrileño de San Martín de la Vega: «Vinieron —recordaba— unos técnicos de la Junta de Energía Nuclear, vestidos con batas blancas, y compraron toda la cosecha de coliflor que teníamos. Dijeron que estaban haciendo investigaciones sobre un nuevo pienso para el ganado».

En otro documento datado el 21 de diciembre de 1970, se cuantificaban en 48 las parcelas con elevada contaminación, algunas de las cuales presentaban una radiactividad veinte veces superior a la permitida. Pero jamás se conoció el verdadero alcance de la catástrofe «por orden superior», según constaba en un acta del 3 de febrero de 1971 de la Comisión Asesora de Seguridad Nuclear del Centro Nacional de Energía Nuclear Juan Vigón.

Hasta más de cuatro meses después de la tragedia, en marzo de 1971, la prensa de la época no se hizo eco de algunas filtraciones sobre el accidente. Pero a esas alturas, ya se habían regado los campos y consumido productos contaminados con residuos radiactivos. Aun así, las autoridades en materia nuclear difundieron una nota para tranquilizar a la población en la que minimizaban los hechos.

Pero esa calma aparente contrastaba con la opinión de cinco miembros de la Organización Internacional de Energía Atómica (OIEA) que visitaron las instalaciones del centro madrileño, en julio de 1971. En su informe reconocieron luego la contaminación «en los lechos del Manzanares, Jarama y Tajo, así como en los canales de riego alimentados por esos ríos».

Se dio la circunstancia además de que las cosechas de las huertas con mayor nivel de radiactividad fueron adquiridas por la propia Junta de Energía Nuclear y enterradas en su mayor parte en un descampado del mismo centro de investigación, el Ciemat actual, en plena Ciudad Universitaria. «Las lechugas están hoy bajo un talud hecho al efecto junto al campo de fútbol del centro», señalaban Yárnoz y Yoldi.

Entre tanto, Miguel Yuste sigue denunciando todavía hoy, al cabo de cuarenta y cinco años, la existencia de elementos radiactivos guardados o enterrados en la misma sede del Ciemat, con el grave peligro que eso encierra. Y quede claro que todo lo expuesto hasta ahora no es un relato de ciencia-ficción, aunque pueda parecerlo cuarenta años después de la muerte del hombre que tanto anheló la bomba atómica.

ANEXO DOCUMENTAL

DOCUMENTO N.º I

Recibo de la Pagaduría Central de Haberes donde se recoge el sueldo de Franco en 1935. (Archivo de la Fundación José María Castañé.)

Núm. _1_

PAGADURIA CENTRAL DE HABERES

Excmo. Sr. Gral. D. _Francisco Franco_

ADAJA.-11

A B O N O S	Pesetas	Cts.
Su paga líquida del mes de la fecha.............		
Líquido abono............	2458	63

C A R G O S	Pesetas	Cts.		
Sello de nómina.................	1	15		
Cooperativa................				
Descuento para cargos............				
Id. pagas anticipadas........				
Id. por anticipo............	15	-		
Socorros mínimos.......				
Colegio de _____	12	50	28	62
Filantrópica..................				
Patronato...........·.........				
Boletín				
Memoriales y revistas............				
Pan........................				

Líquido a percibir........ | 2.429 | 98

Madrid, _30_ de _nobre_ de 193_5_

El Pagador,

DOCUMENTO N.º 2

Copia del acta de matrimonio entre Ramón Franco y Engracia Moreno Casado, celebrado en 1935, después de que el aviador se divorciase de Carmen Díaz Guisasola. (Acta n.º 681 / Archivo personal del autor.)

MINISTERIO
DE JUSTICIA
ACTA DE MATRIMONIO

Folio 17

REGISTROS CIVI
ESPAÑA

NÚMERO 681

Don Ramón
Franco Baamonde
y Doña Engracia
Moreno Casado

En (1) Barcelona (Cataluña) a las diez y media del veinticuatro de Julio de mil novecientos treinta y cinco

ANTE Don Luis Martí Ramos, Juez municipal, y Don Rodrigo Cruo Palos, Secretario,

COMPARECEN a fin de contraer matrimonio:

1. Don (2) Ramón Franco Baamonde, natural de (3) Ferrol

cuyo nacimiento se inscribió en el Registro civil de el mismo, en (4) cuatro de Febrero de mil ochocientos noventa y seis, de treinta y nueve años de edad, de estado divorciado, de profesión (u oficio) aviador, domiciliado en (5) Cerdeña - 232 -, hijo de don Nicolás Franco Salgado - Araujo natural de (6) Ferrol, de profesión (u oficio) marino, y domiciliado en Madrid, y doña Pilar Baamonde Pardo, natural de Ferrol, de profesión (u oficio), y domiciliada en (difunta); nieto por línea paterna de don Francisco, natural de Ferrol, y de doña Hermenegilda, natural de Ferrol, y por línea materna de don Ladislao, natural de Ferrol, y de doña Carmen, natural de Ferrol; y

2. Doña Engracia Moreno Casado, natural de Alcubilla de Avellaneda (Soria)

cuyo nacimiento se inscribió en el Registro civil de el mismo, en dieciseis de Abril mil novecientos ocho, de veintisiete años de edad, de estado soltera, de profesión (u oficio), domiciliada en Cerdeña -232-, hija de don Martí Moreno Calvo, natural de Osona, de profesión (u oficio), y domiciliado en (difunto), y de doña Ángela Casado Boillos, natural de Cantalucia, de profesión (u oficio), y domiciliada en Cerdeña -232-; nieta por línea paterna de don Juan, natural de Carcajosa, y de doña Juana, natural de Osona, y por línea materna de don Juan, natural de Torralba, y de doña Juliana, natural de Torreblacos.

Habiéndose (7) publicado los correspondientes edictos;

y formado el oportuno expediente, donde constan todas las diligencias preliminares y los documentos que la Ley exige; Resultando (8) no haverse *presentado denuncia alguna de impedimento*

El Sr. Juez municipal acordó proceder a la celebración del referido matrimonio.

Al efecto, el Secretario leyó el artículo 56 del Código civil [9]

Acto continuo, el Sr. Juez municipal preguntó a cada uno de los contrayentes si persistía en la resolución de celebrar el matrimonio y si, efectivamente, lo celebraba, respondiendo ambos afirmativamente. El Sr. Juez declaró en este punto terminado el acto de la celebración del matrimonio y mandó que se procediese a extender la correspondiente acta en el Registro civil de este Juzgado.

Todo lo cual se verificó y declaró ante los testigos designados por los contrayentes Don *Alfredo Benaiges Samuell*, natural de *Valls*, mayor de edad, de estado *casado*, de profesión (u oficio) *empleado*, domiciliado en *M. Pelayo 105* y don *Amado Figueras Blanch*, natural de *Campro*, mayor de edad, de estado *casado*, de profesión (u oficio) *empleado*, domiciliado en *Avenida 14 Abril 281*, a quienes conoce el Juez municipal.

Extendida acto continuo la presente acta, se leyó íntegramente a las personas que deben suscribirla y se las invitó, además, a que la leyeran por sí mismas si lo deseaban, [10] *habiéndolo hecho los contrayentes* estampándose en ella el sello del Juzgado municipal, firmándola el Sr. Juez, los cónyuges y los testigos

, y

todo ello certifico. [11]

DOCUMENTO N.º 3

Recibo del Patronato de Casas Militares del pago de 60 pesetas efectuado por Franco por el disfrute de su vivienda oficial en mayo de 1936. (Archivo de la Fundación José María Castañé.)

Documento n.° 4

Certificación de otorgamiento de Ramón Franco de testamento a favor de
Engracia Moreno. (Archivo personal del autor.)

	DIRECCIÓN GENERAL DE LOS REGISTROS Y DEL NOTARIADO	REGISTRO GENERAL DE ACTOS DE ULTIMA VOLUNTAD
MINISTERIO DE JUSTICIA	SUBDIRECCIÓN GENERAL DEL NOTARIADO Y DE LOS REGISTROS DE LA PROPIEDAD Y MERCANTILES	Correo: c/ San Bernardo, 45 Ventanilla: Plaza Jacinto Benavente, 3 Tfnos: 913 902 000 / 902 007 214

CERTIFICACIÓN   Serie SRO   VE   N. 192905210494 23/02/2009 Página 1

Esta certificación carece de validez si presenta cualquier tipo de raspadura, enmienda o tachadura.
Los datos son los existentes en el Registro, pudiendo no coincidir con la partida de defunción.

Primer apellido del causante: FRANCO	Segundo apellido del causante: BAHAMONDE	Nombre: RAMON
Fecha de nacimiento:	Lugar de nacimiento: FERROL	Provincia (o Estado): A CORUÑA
Nombre del padre: NICOLAS	Nombre de la madre: PILAR	Fecha de defunción: 28.10.1938

Sexo: HOMBRE	Estado civil: CASADO	Apellidos y nombre del cónyuge: MORENO CASADO, ENGRACIA

Consultados los antecedentes del Registro por el funcionario correspondiente, resulta que la
persona arriba expresada **OTORGÓ TESTAMENTO**:

29.07.1935 ANTE: ARENAS, ANTONIO,

EN: BARCELONA (BARCELONA) (TESTAMENTO ABIERTO)

****

MINISTERIO DE JUSTICIA
SUBD. GRAL. DE INFORMACIÓN ADMINISTRATIVA
E INSPECCIÓN GENERAL DE SERVICIOS

2 3 FEB 2009

Fdo.: Mª Mar Serrano Rodríguez

FIN DE LA CERTIFICACION

MADRID   , FECHA DEL SELLO DE LA OFICINA   V°B°) EL DIRECTOR GENERAL   EL JEFE DEL REGISTRO
                                                            POR DELEGACIÓN DE FIRMA

Documento n.º 5

En la partida de nacimiento de Ángeles Franco, sobrina de Francisco Franco, se hizo constar de forma canallesca, tras la muerte de Ramón Franco, una nota manuscrita para arrebatarle a aquélla su legítimo apellido cuando tan sólo contaba catorce años. (Archivo personal del autor.)

REGISTRO CIVIL DE

DISTRITO

Número

NOMBRE Y APELLIDOS (18)

(Viene del folio 940ª)
(del libro 49

Nota: La precedente nota de fecha treinta y uno de Julio de mil novecientos treinta y cinco, sobre reconocimiento de la hembra inscrita en esta acta hecho por Don Ramón Franco Baamonde, ha sido anulada de oficio por Resolución de la Dirección General de los Registros y del Notariado, según comunicación recibida de dicha Dirección de fecha cinco de los corrientes y de conformidad con lo dispuesto en dicha Resolución se declara cancelada la referida nota.

Barcelona once de Noviembre de mil novecientos cuarenta y dos.

El Juez Municipal

El Secretario

Esta certificación se expide para los asuntos en que sea necesario probar la filiación, sin que sea admisible a otros efectos, Artículo 30 reglamento del Registro Civil.

REGISTRO CIVIL DE BARCELONA CERTIFICO que la presente certificacion literal expedida con la autorizacion prevista en el articulo 26 del Reglamento del Registro Civil, contiene la reproducción integra del asiento correspondiente obrante en el tomo ____ de la Sección Primera de este Registro Civil.

REGISTRE CIVIL DE BARCELONA CERTIFICO: que la present certificació literal expedida amb l'autorizació prevista a l'article 26 del Reglament del Registre Civil, conté la reproducció íntegra de l'assentament corresponent que figura en el tom ____ de la Secció Primera d'aquest Registre Civil.

Barcelona, a 4 FEB. 2009

Delegada María Rosa Rodríguez López

Documento n.º 6

Copia de la certificación de defunción de Ángeles Franco, acaecida en 1976, en la que el registrador confunde la fecha de nacimiento de la difunta, que no se produjo en 1938, sino diez años antes. (Archivo personal del autor.)

MINISTERIO DE JUSTICIA
REGISTROS CIVILES ESPAÑA

L 004644 P 224

Número _22h._

REGISTRO CIVIL DE _Barcelona_

DATOS DE IDENTIDAD DEL DIFUNTO:

Nombre `A N G E L A`
Primer apellido `F R A N C O`
Segundo apellido `M O R E N O`
hijo de _Ramón_ y de _Engracia_
Estado _casada_ nacionalidad _española_
Nacido el dia _primero_ de _abril_
de _mil novecientos treinta y ocho_
en _Barcelona_

Inscrito al tomo ___
Domicilio último _Barcelona_ _Avda. Palma de Mallorca –_
Away y Morato 17.
DEFUNCION: Hora _veintidós_ dia _treinta_
de _ABRIL_ de _mil novecientos setenta y seis_
Lugar _Hospital San Pablo_
Causa _neoplasia difusa vesical_
El enterramiento será en _Barcelona_ _Sud-oest_
DECLARACION DE D. _Juan arené_
En su calidad de _funcionario_
Domicilio _C. Sancho de Avila 2_
Comprobación: Médico D. _Juan marti_
Colegiado núm. _____ número del parte _587811_
OTROS TITULOS O DATOS ___

ENCARGADO D. DELEGADO **JOSÉ VERDAGUER CASADEJÚS**
SECRETARIO D. EL MISMO
A las _ocho_ horas del _tres_ de
MAYO de ___

N.º 5523236 /08

DOCUMENTO N.º 7

Certificación de partida de bautismo de Carmen Franco Polo, única hija del matrimonio de Francisco Franco y Carmen Polo. (Archivo personal del autor.)

ARCHIDIOCESIS DE OVIEDO
ESPAÑA

Certificación de Partida de Bautismo

Parroquia *San Juan el Real*
Arciprestazgo *de Oviedo*
de *Oviedo*

Libro *22*
Folio *66 vto.*
Núm.

Confirmado - (a)
En *la Catedral de Palma de Mallorca* el *26* de *V* de *1933*

NOTAS MARGINALES

Don *Fernando Rubio Bardón*
Encargado del Archivo Parroquial de *San Juan el Real de Oviedo* Arciprestazgo de *Oviedo* de

Principado de Asturias.

CERTIFICA: Que según consta del acta reseñada al margen, correspondiente al Libro de Bautismos.

D.(ña) *María del Carmen Ramona Felipa María de la Cruz* fue BAUTIZADO(A) el día *18* de *Setiembre* de *1926*, Nació el día *14* de *Setiembre* de *1926*, en *C/ Uría - 44*, de *Oviedo*
de

PADRES D. *Francisco Franco Bahamonde*
natural de *El Ferrol*,
y D.ª *María del Carmen Polo Martínez*,
natural de *Oviedo*,

ABUELOS PATERNOS: D. *Nicolás*,
natural de *El Ferrol*,
y D.ª *María del Pilar*,
natural de *El Ferrol*.

ABUELOS MATERNOS: D. *Felipe*,
natural de *la Parroquia de la Corte*,
y D.ª *Ramona*,
natural de *San Cucufate — Llanera*.

PADRINOS: *Felipe Polo Martínez y Ramona Polo Martínez*

MINISTRO: *Rvdo. D. Maximiliano Cuesta*
Oviedo, a *29* de *Enero* de *2009*

(Sello) (Firma del encargado del archivo)

(Para otras Diócesis)
V.º B.º
Vicario General

Jesús Álvarez
Pro-Vicario General

Documento n.º 8

Copia de la inscripción de nacimiento de Carmen Franco Polo en el Registro Civil de Oviedo. (Archivo personal del autor.)

MINISTERIO
DE JUSTICIA

REGISTROS CIVILES
ESPAÑA

Tomo: 00636 - Página: 439

L 050297 P 439

Número 844

REGISTRO CIVIL DE OVIEDO

DATOS DEL INSCRITO:

Nombre CARMEN
Primer apellido FRANCO-Y-
Segundo apellido POLO
Sexo Mujer
Hora de nacimiento Nueve treinta
Día Catorce mes Septiembre
Año Mil novecientos veintiseis
Lugar Oviedo

PADRE: D. Francisco Franco y Bahamonde
hijo de Nicolás
y de Pilar
nacido en Ferrol - La Coruña
el cuatro de diciembre de 1.893
Estado casado Nacionalidad española
Domicilio Profesión

MADRE: D.ª María del Carmen Polo y Martínez-Valdés
hija de Felipe
y de Ramona
nacida en Oviedo
el nueve de junio de 1900
Estado casada Nacionalidad española
Domicilio Profesión
MATRIMONIO DE LOS PADRES: Existe

Día celebración Veintidós
Mes Octubre año 1923
Lugar Oviedo
Tomo 41 Pág. 250
DECLARANTE: D.

P. 1/3

N.º 6470652 /08

L 050297 P 440

Calidad en que declara

Domicilio

Comprobación

OBSERVACIONES: Esta inscripción se practica en virtud de auto de fecha 8 de mayo de 1.998, expediente nº 376/98.

ENCARGADO D. Ángel Luis Campo Izquierdo

SECRETARIO D. Dª Mª Visitación Fernández Gutiérrez

A las ____ nueve ____ horas del diez y nueve de junio de mil novecientos noventa y ocho

P: 2/3

N.º 6470651 /08

Documento n.º 9

Carta de Ester Gregori a Franco dándole el pésame por el fallecimiento de su hermano Ramón en accidente aéreo, en octubre de 1938. La carta lleva el sello de «Censura militar». (Archivo de la Fundación José María Castañé.)

Trieste, 1 de noviembre de 1938

III Año Triunfal

A S.E. el Sr. Generalísimo
D. Francisco Franco

En la dolorosa circunstancia de la muerte del sobrino Ramón Franco, hermano de V.E. me permito presentar a V.E. el mi sincero condolence y mi solidaridad y adhesión a la Causa Nacional.

¡Viva Franco! ¡Arriba España!

Ester Gregori

Falangista desde 20/11/1936

DOCUMENTO N.° 10

Carta de la presunta novia de José Antonio a Franco y respuesta de éste.
(Archivo de la Fundación José María Castañé.)

24 Noviembre 1936

Excmo. General Franco
Jefe del Estado Español

Mi General:

soy la novia de José Antonio. Como de Rusia. Prefiero darle esta explicación escueta, con la sobriedad que él ha impuesto a su Falange, por que creo que ella excluye comentarios. De lo que está siendo para mí estos meses en que se han dicho y hecho sobre José todas las suposiciones, y se han dado las noticias mas contradictorias

Hoy me dirijo a V. mi General. Yo he esperado antes de molestarle el probar todos los medios y todos los métodos —por si fuese posible el que V. me diera alguna noticia. Nos va V. en ... su una innocencia de sus preocupaciones trabajo su mucho menos una falta de respeto. La verdad es que se ha convertido en hábito en todos los españoles la costumbre de confiar, y poner en V. su General, muchas esperanzas.

Porque quiero evitar la posibilidad de tener una entrevista y no inútila —por estar aquí de paso— las señas más seguras son Maria Santos Kant doción Femenina de Falange. Juan Bravo 6. Segovia

Que Dios le premie mi General, y nos le guarde por muchos años.

M. I. Kant

Arriba España!

SALAMANCA 1 de Diciembre de 1.936.

Srta. M; S. KANT.

Distinguida Srta:

El Sr. GENERAL FRANCO me encarga manifieste a Vd. que recibió su carta del 24 del actual referente al Sr. Primo de Rivera.

El Sr. General no sabe directamente nada relativo a la suerte de dicho señor, porque las emisoras rojas aseguran haberlo fusilado y no es creíble lo digan sin que sea ello verdad, pués el mentir en éste asunto no tendría para ellos utilidad.

Sintiendo no poderle dar mejores noticias. Vd. disponga de su affmo. s.s.

q. s. p. b.

DOCUMENTO N.° 11

Documento rubricado por Juan Carlos I para que los restos de Franco descansen para siempre en el Valle de los Caídos. (Archivo personal del autor.)

Excmo. y Rvdmo. Padre Abad de la Basílica de la Santa Cruz del Valle de los Caídos y Reverenda Comunidad de Monjes: Habiéndose Dios servido llevarse para SI, a SU EXCELENCIA EL JEFE DEL ESTADO Y GENERA - LISIMO DE LOS EJERCITOS DE ESPAÑA, DON FRANCISCO FRANCO BA - HAMONDE (q.e.G.e.) el pasado jueves día 20 del corriente, he decidido que los Excmos. Señores Don Ernesto Sánchez-Galiano Fernández, y Don José Ramón Gavilán y Ponce de León, Primer y Segundo Jefes de la Casa Militar y Don Fernando Fuertes de Villavicencio, Jefe de la Casa Civil de S.E. e Intendente General, que acompañan a los Restos Mortales de SU EXCELEN- CIA, os los entreguen. Y así os encarezco los recibáis y los coloqueis en el Sepulcro destinado al efecto, sito en el Presbiterio entre el Altar Mayor y el Coro de la Basílica, encomendando al Excmo. Señor Ministro de Justicia, Notario Mayor del Reino, Don José María Sánchez-Ventura y Pascual, que levante el Acta correspondiente a tan Solemne Ceremonia.

Palacio de la Zarzuela, a las dieciseis horas del día 22 de no - viembre de mil novecientos setenta y cinco.

Al Excmo. y Rvdmo. Padre Abad Mitrado de la Basílica de la Santa Cruz del Valle de los Caídos, Don Luis María de Lojendio é Iruré.

Fuentes consultadas

1. ARCHIVOS, REGISTROS Y OTRAS INSTITUCIONES PÚBLICAS

—Archivo de la Fundación José María Castañé
—Archivo de la Guerra Civil de Salamanca
—Archivo del Palacio Real
—Archivo Histórico del Ejército del Aire
—Archivo Histórico Nacional
—Archivo parroquial de la iglesia de San Juan el Real de Oviedo
—Biblioteca Nacional
—Fundación Nacional Francisco Franco
—Hemeroteca Municipal de Madrid
—Hemeroteca Nacional
—Registro Civil de Barcelona
—Registro Civil de El Ferrol
—Registro Civil de Oviedo
—Registro Civil de Palma de Mallorca

2. ARCHIVOS PRIVADOS

—Archivo de Josep Oliver
—Archivo de Llanitos Marco
—Archivo de Orlov

—Archivo de Pilar Primo de Rivera
—Archivo del general Juan Yagüe
—Otros

3. ENTREVISTAS PERSONALES

—Ana Puigvert
—Elena Salvador de Puigvert
—Federico von Knobloch
—Josep Oliver
—María Ángeles Garcerán
—Y doce más

4. PERIÓDICOS Y REVISTAS

—*ABC* (Madrid)
—*El Carbayón* (Oviedo)
—*El Mundo* (Madrid)
—*El País* (Madrid)
—*El Salt*, Instituto Alicantino de Cultura
—*Estampa* (Madrid)
—*Ferrol Análisis* (El Ferrol)
—*La Almudaina* (Palma de Mallorca)
—*La Vanguardia* (Barcelona)
—*The Sydney Morning Herald* (Sidney, Australia)

5. ARTÍCULOS

Couce Doce, Alfonso, «Ferrol y Ramón, en su infancia y adolescencia», *Ferrol Análisis*, El Ferrol, 2006.

Martínez López, Francisco, «Recuerdos y semblanzas de la familia Franco», *Ferrol Análisis*, El Ferrol, 2005.

Mayor, Rosalía, «Charla con José Ramón Clemente», *El Salt*, Alicante, 2004.

Romañá, José Miguel, *Ramón Franco, Historia y Vida*, Barcelona, 1984.

6. Libros

Aguilar Hornos, Jaime, *Habla un protagonista*, inédito.

Aguirre Prado, Luis, *Ruiz de Alda*, Publicaciones Españolas, Madrid, 1955.

Alcázar de Velasco, Ángel, *La gran fuga*, Planeta, Barcelona, 1977.

—, *Los 7 días de Salamanca*, G. del Toro, Madrid, 1976.

Alcofar Nassaes, José Luis, *La aviación legionaria en la guerra española*, Euros, Barcelona, 1975.

Baón, Rogelio, *La cara humana de un Caudillo*, Editorial San Martín, Madrid, 1975.

Bardavío, Joaquín; Sinova, Justino, *Todo Franco*, Plaza & Janés, Barcelona, 2000.

Bayo, Eliseo, *Los atentados contra Franco*, Plaza & Janés, Barcelona, 1976.

De la Cierva, Ricardo, *Franco: la historia*, Editorial Fénix, Madrid, 2000.

Díaz, Carmen, *Mi vida con Ramón Franco contada a José Antonio Silva*, Planeta, Barcelona, 1981.

Escolar Sobrino, Hipólito, *Gente del libro*, Gredos, Madrid, 1999.

Fernández Santander, Carlos, *El general Franco*, Crítica, Barcelona, 2005.

Franco, Pilar, *Cinco años despúes*, Planeta, Barcelona, 1981.

—, *Nosotros, los Franco*, Planeta, Barcelona, 1980.

Franco Salgado-Araújo, Francisco, *Mi vida junto a Franco*, Planeta, Barcelona, 1977.

—, *Mis conversaciones privadas con Franco*, Planeta, Barcelona, 1976.

—, *La Señora de El Pardo*, Planeta, Barcelona, 1979.

—, *Nicolás Franco, el hermano brujo*, Planeta, Barcelona, 1980.

Garriga, Ramón, *Ramón Franco, el hermano maldito*, Planeta, Barcelona, 1978.

Gracia, Vicente, *Las cartas de amor de Franco*, Ediciones Actuales, Barcelona, 1978.

Hidalgo de Cisneros, Ignacio, *Cambio de rumbo*, Laia, Barcelona, 1977.

Isabel Sánchez, José Luis, *La Academia de Infantería de Toledo*, CECAF, Toledo, 1991.

Jaraiz Franco, Pilar, *Historia de una disidencia*, Planeta, Barcelona, 1981.

Jiménez Quesada, Mateo, *De Fleming a Marañón*, Madrid, 1972.

Jurado, Paco, *Hermanísimos por la gracia de Dios*, Tertulia Mundo Abierto, Madrid, 1994.

Kindelán, Alfredo, *Mis cuadernos de guerra*, Planeta, Barcelona, 1982.

Launay, Alain, *Franco, España y los españoles*, Círculo de Amigos de la Historia (2 vols.), Madrid, 1975.

Martínez Reñones, José A., *Los Durruti, apuntes sobre una familia de vanguardia*, Lobo Sapiens, León, 2009.

Millán Astray, José, *Franco, el Caudillo*, M. Quero y Simón, Salamanca, 1939.

Mola, Emilio, *Lo que yo supe, memorias de mi paso por la Dirección General de Seguridad*, Bergua, Madrid, 1932.

Montero Aróstegui, José, *Historia de El Ferrol del Caudillo*, Gersán, El Ferrol, 1972.

Palacios, Jesús, *Las cartas de Franco*, La Esfera de los Libros, Madrid, 2005.

Payne, Stanley G., *La revolución española*, Ariel, 1972.

—, *Franco, una biografía personal y política* (Con Jesús Palacios), Espasa, Barcelona, 2014.

Preston, Paul, *Franco, Caudillo de España*, Grijalbo, Barcelona, 2002.

Puigvert, Antonio, *Mi vida... y otras más*, Planeta, Barcelona, 1981.

Romero, Ana, *Historia de Carmen*, Planeta, Barcelona, 2002.

Rubio Bardón, Fernando, *Parroquia y Templo de San Juan el Real de Oviedo*, ídem, Oviedo, 1990.

Rueda, Andrés, *Vengo a salvar a España*, Nowtilus, Madrid, 2005.

Salmador, Víctor, *El Caudillo y «El Otro»*, Ediciones Actuales, Barcelona, 1977.

Salom, Jaime, *El corto vuelo del gallo*, Grijalbo, Barcelona, 1981.

Salvador de Puigvert, Elena, *Tratando a los famosos*, Ninfa Publicaciones, Barcelona, 1997.

Sánchez Silva, José María; Sáenz de Heredia, José Luis, *Franco... ese hombre*, Lidisa, Madrid, 1975.

Suárez, Luis, *Franco*, Ariel, Barcelona, 2005.

Vilallonga, José Luis de, *El sable del Caudillo*, Plaza & Janés, Barcelona, 1997.

Índice onomástico

Pedrero García, Ángel, segundo jefe de la checa, 130, 135

Pemartín, Julián, 255, 256

Penabad Rodríguez, Pedro, abogado galleguista, 130, 132, 140, 141

Peral, Luis, teniente coronel, 180

Perales, Narciso, líder falangista, 166, 168, 169

Pérez, Blas, 263

Pérez de Urbel, Justo, 263

Pérez Díaz Federico, 125

Pérez Galdós, Benito, 50

Perón, Juan Domingo, 98

Pestaña, Ángel, 153, 354

Pétain, Philippe, mariscal, 62

Pineda, Mariana, 320-321

Pintos, general, 71

Plá y Frige, Demetrio, alcalde de Ferrol, 21

Polo y Flórez, Felipe, suegro de Franco, 112-113

Polo y Martínez-Valdés, Felipe, 113, 118-119

Polo y Martínez-Valdés, María del Carmen, esposa, 62, 81, 84, 96, 107, 109-110, 112-113, 117-119, 202, 220, 317-318, 405, 452-453

Polo y Martínez-Valdés, Ramona (Zita), 54, 113, 116, 117, 237, 279, 446, 452-453

Ponce Mulero, José, cenetista, 217

Ponte, Miguel, general, 277, 386

Poveda, Ernesto, 404

Preston, Paul, 13, 95, 96, 101, 109

Franco, 445

Prieto y Tuero, Indalecio, 132, 140-141, 184-185, 201, 204-206, 210-211, 281

Convulsiones de España, 388

Prim, Juan, general, 214

Primo de Rivera, Pelayo, 262

Primo de Rivera, Rocío, 410

Primo de Rivera y Orbaneja, Miguel, general, 14-15, 83, 227, 237, 239, 328-329, 412-413, 414, 415, 421

Primo de Rivera y Sáenz de Heredia, Fernando, 240, 276

Primo de Rivera y Sáenz de Heredia, José Antonio, 14, 15, 111, 123-124, 148, 149, 151, 153, 166, 169, 170, 176, 179, 202, 209, 227, 233-249, 260, 261, 265, 270-271, 273-283, 390, 411, 421, 445, 446

Primo de Rivera y Sáenz de Heredia, Miguel, 243, 244, 245, 247, 255, 409-413, 415-422, 427

Primo de Rivera y Sáenz de Heredia, Pilar, 14, 148, 152, 154, 243, 244, 245-247, 248, 251, 253, 254-257, 259, 261-262

Puente Bahamonde, Ricardo de la, general, primo hermano de Franco, 14, 144-146, 169, 303, 371